国家级精品课程教材
浙江省高等教育重点建设教材

Analysis of Public Expenditure

公共支出分析

◎ 金 戈 赵海利 著

ZHEJIANG UNIVERSITY PRESS
浙江大学出版社

图书在版编目（CIP）数据

公共支出分析 / 金戈, 赵海利著. —杭州：浙
江大学出版社，2011.4(2025.8重印)
ISBN 978-7-308-08431-4

Ⅰ. ①公… Ⅱ. ①金…②赵… Ⅲ. ①财政支出—研
究 Ⅳ. ①F810.45

中国版本图书馆 CIP 数据核字（2011）第 024356 号

公共支出分析

金　戈　赵海利　著

责任编辑	朱　玲	
封面设计	刘依群	
出版发行	浙江大学出版社	
	（杭州市天目山路 148 号　邮政编码 310007）	
	（网址：http://www.zjupress.com）	
排　版	杭州青翙图文设计有限公司	
印　刷	杭州钱江彩色印务有限公司	
开　本	787mm×1092mm　1/16	
印　张	19.25	
字　数	465 千	
版印次	2011 年 4 月第 1 版　2025 年 8 月第 10 次印刷	
书　号	ISBN 978-7-308-08431-4	
定　价	69.00 元	

版权所有　侵权必究　印装差错　负责调换

浙江大学出版社市场运营中心联系方式：0571 - 88925591；http://zjdxcbs.tmall.com

前　言

缘　起

从 2005 年春我开始在浙江财经学院给学生讲授公共支出分析课程算起,这本书从最初的酝酿到最终出版经历了整整六年时间。起初因为没有合适的教材,我为学生写了一份简单的讲义,但由于讲义过于粗糙,学生只能以课堂笔记为主。那个学期没有用多媒体教室,全程以黑板讲课,学生都很认真地记笔记。现在想来,这真是一次很难忘的经历。虽然后来可以使用多媒体,课间还能听音乐、看视频,但我还是怀念最初在黑板上讲课的感觉。记得当时有学生这样评价我的课——就像听音乐一样愉快,这给了我很大的鼓舞。学期结束的时候,我惊喜地发现很多学生的笔记记得就像是一本书,有正文、有眉批、甚至还有小贴士,令人赏心悦目。后来我才知道,他们都是在上课时先记一遍草稿,课后再重新整理誊写,并在页边加上注解,对需要特别说明的内容还配以小贴士。他们的努力和勤奋让我感动,也让我决心要为他们写一本能够令他们满意的《公共支出分析》教科书。

这年暑假,我扩充了讲义,形成了一份大约百页的书稿,涵盖了公共支出理论的主要内容,我的一位学生根据这份讲义帮助我制作了 PPT 课件,从秋季开始,学生就可以在多媒体教室里拿着讲义听我讲课了。此后几年,我不断根据研究生和本科生在学习这门课程中所遇到的各种问题以及他们提出的意见和建议,结合国内外经济形势和公共政策的变化,逐步修改和完善这份讲义以及配套的课件(课件的修改总是先于讲义)。

在此期间,不断有学生向我表示,期望讲义能够早日出版,但我总希望能尽量完善一点,就一直拖着。到去年春季学期结束时,我开始意识到这份讲义及其课件的内容已经比较成熟,是时候出版成书了,这既是对广大学生的一个交代,也是对自己的一个交代。接下来的整整半年时间,我呆在家里,埋首写作,有些章节在原讲义基础上逐字逐句进行修改,有些章节则全新写过。此外,我还邀请我的同事赵海利老师与我合作,请她为本书撰写了教育支出等四章的初稿,这些内容都是她所擅长的领域。这样,全部书稿终于在今年年初顺利完成并提交给出版社付印。

内容与体例

这是一部关于公共支出理论与政策实践的教科书,其目标是让读者了解和掌握现代公共支出理论的主要内容,同时对中国的公共支出体系有一个基本的认识,并且能够运用理论去分析和评价实践中的公共支出政策。

在内容编排上,本书非常注重对基础理论的讲解,并且力求所有的经典理论都取材于第一手的文献资料,而不是从其他教科书上东拼西凑。因此,本书的一个特色就是脚注特别多,作者希望通过脚注为读者在课本与原始文献之间建立一个连接。

公共支出分析作为公共经济学(财政学)的一个重要分支,要求读者具备一定的微观经济学理论基础,为此,我还专门为读者撰写了一章微观经济学理论回顾,尽管是浓缩的,但体系和内容都是经过精心编排的。

为了满足不同读者的需求,对公共支出理论的主要内容,作者都试图分别运用数学分析和几何图形两种方式来进行表述。那些希望对公共支出理论有一个基本了解并能够初步加以应用的读者,完全可以跳过这些令人烦恼的数学公式;而那些数学程度较好且旨在掌握正规公共支出理论的读者,则应该把注意力重点放在模型的数学推导上。

在重视理论讲解的同时,我们还希望读者通过学习本书,能够对中国现行的公共支出政策体系有一个基本而全面的了解,同时本书也非常重视政策的国际比较。

在体例上,每一章都会安排一段引言,并引用一句"名言"作为开始,正文中一般都会穿插若干个专栏,作为对正文的补充。这些专栏有的追本溯源,让读者体会经济学理论发展的脚步;有的则直接取材自公共支出领域中大家普遍关心的案例。总之,专栏的设置是为了进一步激发读者对于公共支出分析乃至整个经济学更广泛的兴趣。在每一章后面,都会有一个本章小结、一些复习思考题以及几篇推荐阅读的文献目录——这是我们为想要进一步深入学习相关内容的读者所推荐的阅读文献,而非通常意义上的参考文献(虽然很多时候它们会出现重合)。为了方便读者阅读与查找,本书所有的参考文献都以脚注的形式注出。在书后,我们还为读者提供了一份以汉语拼音音序排列的词汇索引。

分　工

本书由我和赵海利博士合作完成,具体分工如下:

第 1—7 章,第 10—11 章,第 13—15 章由我独立完成。

第 8—9 章,第 12 章,第 16 章由赵海利博士完成初稿,为使全书保持统一的风格与结构,我在其初稿基础上进行了全面的修改和扩充,形成了最终的书稿。

在全部书稿完成后,我对所有章节又进行了完善和统稿。

结　构

本书分四篇,共十六章。

第一篇为基础篇,旨在为读者提供一个学习公共支出分析的基本框架和必要的微观经济学基础知识,共三章。

第 1 章,导论,围绕着什么是公共支出分析,为什么要学习公共支出分析这两个问题展开,介绍了公共支出理论的发展历史,并对各国的公共支出规模扩张进行了一个概览。

第 2 章,微观经济学基础,回顾了微观经济学的核心内容,包括消费者理论、生产者理论与市场均衡理论,最后重点推导了福利经济学第一基本定理。后者是微观经济学与公共支出分析的一个理论衔接点。

第3章,混合经济下的政府职能,从政府与市场的关系出发,探讨政府的三大经济职能,即资源配置职能、收入分配职能及经济稳定职能。本质上,公共支出是政府履行这些职能的成本。

第二篇为理论篇,系统讲述公共支出理论的核心内容,包括公共产品理论、外部性理论、公共选择理论以及公共支出规模扩张理论等,共四章。

第4章,公共产品,这是本书最核心的章节,在界定公共产品概念与性质的基础上,推导公共产品的最优提供条件,探讨市场机制不能有效提供公共产品的原因以及公共部门介入的必要性,介绍诱导消费者对公共产品真实偏好的克拉克机制。

第5章,外部性,分析外部性带来的效率损失,介绍和比较矫正外部性的私人对策与公共对策,重点考察科斯定理、庇古税与可交易许可证。

第6章,公共选择,探讨公共支出政策的决策程序,介绍公共选择理论的主要领域,包括投票理论、政党理论、官僚理论以及寻租理论,重点考察中间投票人定理和阿罗不可能定理。

第7章,公共支出规模与结构,针对20世纪世界各国公共支出规模的迅速扩张与结构变化,介绍和比较一系列相关理论,包括瓦格纳法则、皮科克—怀斯曼假说、尼斯坎南模型以及马斯格雷夫—罗斯托模型,最后考察中国的公共支出体系及其变化趋势。

第三篇为方法篇,介绍在具体公共支出项目分析中采用的两种主要方法,即成本收益分析(效率维度)和利益归宿分析(公平维度),共两章。

第8章,成本收益分析,基于私人项目成本收益分析的基本原理,重点探讨公共项目成本收益分析过程中的一系列问题,包括社会收益与社会成本的度量、社会贴现率的选择以及风险的处理等。

第9章,利益归宿分析,介绍公共支出利益归宿方法的前提假设、分析步骤、参照系以及衡量指标,并对影响利益归宿分析结果的主要因素进行探讨。

第四篇为专题篇,依次考察国防、行政管理、教育、研究开发、社会保障、医疗卫生以及基础设施投资等七类主要的公共支出类型,共七章。

第10章,国防支出,重点考察随国内外政治经济局势变化的中国国防支出政策实践,并进行国际比较,探讨最优国防支出水平的确定以及国防支出与经济增长的关系。

第11章,行政管理支出,重点分析中国行政管理支出的历史变化趋势,并进行国际比较,进而考察导致行政管理支出不断扩张的政治经济因素及相应的控制方法。

第12章,教育支出,探讨公共部门介入教育的原因,分析中国教育支出的总量与结构及其变化趋势,并进行国际比较,最后考察教育支出与经济增长的关系。

第13章,研究开发支出,分析政府在不同层次研究开发活动中所应承担的责任,考察中国研究开发支出的规模与结构及其变化趋势,并进行国际比较,最后探讨公共与私人研究开发支出的关系及其对经济增长的作用。

第14章,社会保障支出,考察社会保障的内涵、范围、发展历史,政府介入社会保障的理由,社会保障的制度设计和存在的问题,以及政府在社会保障领域的支出。重点分析中国的情况,但也充分注重国际比较。

第15章,医疗卫生支出,首先分析医疗卫生服务的层次、性质以及政府的相应责任,进而考察中国医疗卫生支出变化趋势,并进行国际比较。本章还将对中国30年医改历程进行回顾,同时以 2010 年美国医改作为比较。

第 16 章,基础设施投资,在界定基础设施概念与范围的基础上,探讨基础设施的提供与生产方式,进而分析中国的基础设施投资及其变化趋势,并进行国际比较,最后考察经济增长中最优基础设施投资比例的确定。

阅读与教学建议

本书是为财政学、经济学、金融学、会计学、税收、公共管理及其他经管类专业的高年级本科生与研究生而撰写的教科书,同时也适用于广大的经济学爱好者。对于非财政学专业的经济学者而言,本书也不失为一部可供选择的介绍公共支出理论及政策实践的参考书。

对于不同的读者类型,我们推荐三种不同的阅读与教学方式。

第一种方式是学习全部内容。这种方式适用于财政学专业与税收专业本科生。

第二种方式是跳过第二章微观经济学基础以及其他各章中对理论的几何分析部分。这种方式适用于各专业的研究生以及对本书感兴趣的经济学者。

第三种方式则是跳过所有的数学分析部分以及其他一些过于专业性的内容,这种方式适用于除财政学专业与税收专业以外的本科生以及广大经济学爱好者。具体的教学建议如下:第 1 章、第 2 章(2.5,2.6)、第 3 章、第 4 章(4.2.1,4.2.2,4.3,4.4,4.6)、第 5 章(5.1,5.2.1,5.3.1,5.3.4,5.3.5,5.4,5.5,5.6)、第 6 章(6.1,6.2,6.5,6.6.1,6.7)、第 7 章、第 10 章(10.1,10.2.1,10.3,10.4)、第 11 章(11.1,11.2,11.3)、第 12 章(12.1,12.2,12.3.1,12.3.2)、第 13 章(13.1,13.2,13.3,13.4)、第 14 章(14.1,14.2,14.3.2,14.4,14.5,14.6.1)、第 15 章(15.1,15.2,15.3)、第 16 章(16.1,16.2,16.3)。

致　谢

本书从酝酿、写作到出版的整个过程中,都得到了浙江财经学院钟晓敏教授的大力支持,在此表示衷心感谢。感谢我的学生在这六年来为本书的改进和完善所提供的大量意见和建议,他们对本书的期望是我写作本书的强大的动力,其中特别要感谢朱丹同学为本书提供了关于外部性理论的一些原始素材,并根据最终的书稿重新制作了精美的课件;还有傅杰同学为早期讲义制作了第一份课件,她在里面加入了很多卡通元素,使我的课增色不少。感谢浙江大学出版社朱玲女士等相关编辑在本书的校对和编印过程中所付出的大量心血。还有很多需要感谢的人,在此不能一一言表,作者心存感激。

最后,我想引用一段萨缪尔森曾经说过的话来作为这篇前言的结语。

撰写教科书是项困难的工作,但报酬十分可观——我指的不单是金钱的报酬。与整个时代成千上万的心灵接触,是学者一生难逢的际遇。把我们经济学者所知的经济学化为文字,实在是令人兴奋的事。我但愿能与读者分享这份兴奋之情。

金　戈

2011 年 3 月 20 日

目　录

第一篇　基础篇

第1章　导　论 …………………………………………………………………… 003

　　1.1　现代社会中的公共支出与收入 …………………………………………… 003

　　1.2　公共支出理论的发展 ……………………………………………………… 004

　　1.3　什么是公共部门？什么是公共支出？ ………………………………… 011

　　1.4　为什么要研究公共支出？ ………………………………………………… 012

第2章　微观经济学基础 ………………………………………………………… 014

　　2.1　消费者行为 ………………………………………………………………… 014

　　2.2　生产者行为 ………………………………………………………………… 018

　　2.3　竞争性市场均衡 …………………………………………………………… 020

　　2.4　福利经济学第一基本定理：数学分析 ………………………………… 021

　　2.5　福利经济学第一基本定理：几何分析 ………………………………… 022

　　2.6　福利经济学第二基本定理 ………………………………………………… 027

第3章　混合经济下的政府职能 ……………………………………………… 029

　　3.1　资源配置职能 ……………………………………………………………… 030

　　3.2　收入分配职能 ……………………………………………………………… 035

　　3.3　经济稳定职能 ……………………………………………………………… 040

　　3.4　进一步的讨论 ……………………………………………………………… 043

第二篇　理论篇

第4章　公共产品 ………………………………………………………………… 047

　　4.1　公共产品概述 ……………………………………………………………… 047

　　4.2　公共产品的有效提供 ……………………………………………………… 051

　　4.3　林达尔均衡 ………………………………………………………………… 055

　　4.4　公共产品的提供与生产 …………………………………………………… 058

　　4.5　公共产品的偏好显示机制 ………………………………………………… 061

　　4.6　公共产品的受益范围 ……………………………………………………… 066

第5章　外部性 ……………………………………………………… 071

5.1　什么是外部性? ……………………………………………… 071

5.2　外部性的经济学分析 ……………………………………… 073

5.3　私人行动 …………………………………………………… 076

5.4　公共对策 …………………………………………………… 082

5.5　正外部性 …………………………………………………… 086

5.6　共有资源与公地的悲剧 …………………………………… 086

第6章　公共选择 …………………………………………………… 091

6.1　什么是公共选择? …………………………………………… 091

6.2　投票理论 …………………………………………………… 093

6.3　阿罗不可能定理与社会福利函数的存在性 ……………… 098

6.4　投票理论的其他方面 ……………………………………… 100

6.5　政党理论 …………………………………………………… 103

6.6　官僚理论 …………………………………………………… 107

6.7　寻租理论 …………………………………………………… 108

第7章　公共支出规模与结构 ……………………………………… 112

7.1　公共支出的分类 …………………………………………… 112

7.2　公共支出的规模扩张与结构变化:实证 ………………… 116

7.3　公共支出的规模扩张与结构变化:解释 ………………… 118

7.4　中国的公共支出 …………………………………………… 122

第三篇　方法篇

第8章　成本收益分析 ……………………………………………… 131

8.1　私人部门的成本收益分析 ………………………………… 131

8.2　公共支出项目的成本收益分析 …………………………… 135

8.3　公共项目成本收益分析的案例 …………………………… 141

8.4　成本收益分析的进一步讨论 ……………………………… 144

第9章　利益归宿分析 ……………………………………………… 148

9.1　利益归宿分析的定义 ……………………………………… 148

9.2　利益归宿分析的步骤 ……………………………………… 151

9.3　利益归宿分析的参照系及其衡量指标 …………………… 153

9.4　利益归宿分析结果的影响因素 …………………………… 158

第四篇　专题篇

第10章　国防支出 ………………………………………………… 167

10.1　国防支出概述 …………………………………………… 167

10.2　最优国防支出的确定 …………………………………… 168

10.3　中国的国防支出 ………………………………………… 171

10.4 国防支出的国际比较 ……………………………………………… 175
10.5 国防支出与经济增长 …………………………………………… 178

第11章 行政管理支出 …………………………………………………… 181
11.1 行政管理支出概述 ……………………………………………… 181
11.2 中国的行政管理支出 …………………………………………… 182
11.3 行政管理支出的国际比较 ……………………………………… 185
11.4 对行政管理支出扩张的解释 …………………………………… 187
11.5 控制和削减行政管理支出的设想 ……………………………… 192

第12章 教育支出 ………………………………………………………… 195
12.1 教育支出概述 …………………………………………………… 195
12.2 中国的教育支出 ………………………………………………… 199
12.3 教育支出的国际比较 …………………………………………… 205
12.4 教育投入与个体收入及经济增长的关系 ……………………… 212

第13章 研究开发支出 …………………………………………………… 215
13.1 科学技术支出 …………………………………………………… 215
13.2 研究开发的层次 ………………………………………………… 218
13.3 中国的研究开发支出 …………………………………………… 223
13.4 研究开发支出的国际比较 ……………………………………… 225
13.5 公共、私人研究开发支出与经济增长 ………………………… 228

第14章 社会保障支出 …………………………………………………… 231
14.1 社会保障概述 …………………………………………………… 231
14.2 政府介入社会保障的理由 ……………………………………… 232
14.3 中美社会保障制度比较 ………………………………………… 235
14.4 中国的社会保障支出 …………………………………………… 241
14.5 社会保障支出的国际比较 ……………………………………… 242
14.6 对社会保障制度设计的进一步探讨 …………………………… 244

第15章 医疗卫生支出 …………………………………………………… 249
15.1 医疗卫生服务概述 ……………………………………………… 250
15.2 中国的医疗卫生支出 …………………………………………… 253
15.3 医疗卫生支出的国际比较 ……………………………………… 256
15.4 中国医疗卫生体制改革历程 …………………………………… 260
15.5 公共医疗卫生支出的均等化分析：泰尔指数的应用 ………… 266

第16章 基础设施投资 …………………………………………………… 268
16.1 什么是基础设施？ ……………………………………………… 268
16.2 基础设施的提供与生产 ………………………………………… 269
16.3 中国的基础设施投资 …………………………………………… 275
16.4 基础设施投资的国际比较 ……………………………………… 278
16.5 经济增长中的最优基础设施投资 ……………………………… 280

词汇索引 …………………………………………………………………… 283

图目录

图 1.1 公共部门的范围

图 2.1 无差异曲线

图 2.2 生产集

图 2.3 生产可能性集

图 2.4 埃奇沃斯方形图

图 2.5 帕累托改善

图 2.6 帕累托集

图 2.7 带有生产的埃奇沃斯方形图

图 2.8 消费者的选择

图 3.1 自然垄断企业的边际成本与平均成本曲线

图 3.2 效用可能性集

图 3.3 社会无差异曲线与福利最大化点

图 3.4 洛伦兹曲线

图 3.5 宏观经济的路径

图 3.6 总需求曲线的移动

图 3.7 财政政策与经济增长

图 4.1 连续型公共产品的有效提供

图 4.2 确定有效率的公共产品数量

图 4.3 林达尔经济

图 5.1 生产中的外部性问题

图 5.2 庇古税

图 5.3 公地的悲剧

图 6.1 单峰偏好示意图

图 6.2 多峰偏好示意图

图 6.3 对应表 6.2 的偏好图（投票悖论）

图 6.4 对应表 6.1 的偏好图（投票稳定）

图 6.5 选民的分布与政党的竞选立场

图 6.6 "超级女声"投票观众的分布

图 6.7　尼斯坎南的官僚模型

图 6.8　经典寻租模型

图 7.1　瓦格纳法则

图 7.2　公共支出的梯度增长趋势

图 7.3　1950—2008 年中国财政支出及其占 GDP 比例变化趋势

图 8.1　价格变化引起的消费者剩余和生产者剩余的变化

图 8.2　公路扩建的收益

图 9.1　收入分配的洛伦兹曲线

图 9.2　公共支出的集中曲线

图 10.1　大炮—黄油转换线

图 10.2　最优国防支出的确定

图 10.3　不同时期最优国防支出的变动

图 10.4　1950—2008 年中国国防支出占财政支出和占 GDP 的比例之变化趋势

图 10.5　1940—2009 年美国国防支出及占 GDP 比例之变化趋势

图 11.1　1952—2006 年中国历年行政管理支出名义增长率(比上年)

图 11.2　1952—2006 年中国行政管理支出占财政支出和占 GDP 的比例之变化趋势

图 12.1　不同教育类型的外部性与政府补贴强度

图 12.2　1992—2008 年中国教育总经费的构成

图 12.3　1952—2008 年中国财政教育支出及其占财政支出的比例

图 12.4　世界主要国家公共教育投入的比例

图 12.5　1980—2007 年公共教育支出占 GDP 比例的国际比较

图 13.1　1953—2008 年中国财政科技支出及其占财政支出的比例

图 15.1　1978—2007 年中国卫生总费用的构成

图 16.1　各类基础设施的性质

图 16.2　伦敦地铁 PPP 模式示意图

图 16.3　1981—2008 年中国全社会固定资产投资中预算内资金的比例之变化趋势

图 16.4　1984—2008 年私人参与基础设施投资情况

表目录

表1.1　1870—2007年世界主要工业国家政府支出占GDP的比例

表3.1　四口之家的所得税表

表4.1　商品的分类

表4.2　生产和提供的各种组合

表4.3　克拉克税的应用

表5.1　外部性的分类

表6.1　三个投票人的偏好（投票稳定）

表6.2　三个投票人的偏好（投票悖论）

表6.3　投票人偏好的支出规模

表6.4　互投赞成票（有效率）

表6.5　互投赞成票（无效率）

表6.6　1958年欧共体各国的权力指数

表7.1　公共支出的经济分类与时间分类的交叉划分

表7.2　1870—2007年世界主要工业国家政府支出占GDP的比例

表7.3　世界主要工业国家政府支出结构的变化（占GDP的比例）

表7.4　1870—1995年世界主要工业国家补贴和转移支付占政府支出的比例

表7.5　1870—1995年世界主要工业国家公共投资支出占政府支出的比例

表7.6　1870—1990年主要工业国家人均GDP的增长

表7.7　1950—2008年中国财政支出

表7.8　2007—2008年中国政府支出的构成

表8.1　在不同贴现率下项目1和项目2的净现值

表8.2　公路扩建的成本与收益

表8.3　社会分配权数实例

表8.4　三个备选方案的净现值

表9.1　利益归宿分析案例

表9.2　卫生支出的利益归宿

表9.3　1995年科特迪瓦的教育支出利益归宿和教育服务需求

表9.4　总人口比例和公共支出份额

表 9.5 教育集中曲线(集中指数)与教育洛伦兹曲线(基尼系数)的区别

表 9.6 世界银行对收入的不同定义及其所包含的内容

表 9.6 1992 年加纳不同福利指标划分福利水平情况下教育补贴利益归宿

表 9.7 1995 年科特迪瓦不同五等分定义标准下的公共教育支出利益归宿

表 10.1 1950—2008 年中国国防支出

表 10.2 2009 年世界国防支出排名前 15 位国家

表 11.1 1952—2006 年中国行政管理支出

表 11.2 2007—2008 年中国行政管理支出

表 11.3 2007—2008 年中国行政管理支出(IMF 科目体系)

表 11.4 各国一般公共服务与公共秩序和安全支出占政府支出的比例

表 11.5 1978—2008 年中国国家机关、政党机关和社会团体从业人员

表 12.1 1992—2008 年中国教育总经费

表 12.2 1978—2008 年中国生均预算内教育事业费的三级教育结构

表 12.3 2006—2008 年中国各级教育生均预算内教育事业费的地区分布

表 12.4 中国城乡普通初中、普通小学生均预算内公用经费和事业费

表 12.5 世界主要国家 2006 年公共教育支出和私人教育支出占 GDP 比例

表 12.6 部分国家生均教育投入的三级教育结构(生均投入/人均 GDP)

表 12.7 部分国家公共教育支出的三级教育结构

表 12.8 世界主要国家生均公共教育支出的三级教育结构

表 12.9 部分国家公共教育支出的利益归宿

表 13.1 1953—2008 年中国财政科技支出

表 13.2 1995—2008 年中国科技支出总量及其筹资结构

表 13.3 基础研究、应用研究与试验开发的区分

表 13.4 研究开发的层次

表 13.5 1995—2008 年中国研究开发支出及其结构

表 13.6 2008 年按执行部门和资金来源分组的研究开发支出

表 13.7 世界主要国家研究开发支出

表 13.8 2008 年或最近年份世界各国研究开发支出结构

表 14.1 中美社会保障体系比较

表 14.2 1998—2008 年中国财政社会保障支出

表 14.3 1998—2008 年中国社会保险基金收支及累计结余

表 14.4 2007—2008 年中国社会保障总支出

表 14.5 各国社会保障支出占政府支出和 GDP 的比例

表 15.1 医疗卫生服务体系的框架

表 15.2 1978—2007 年中国卫生总费用及其构成

表 15.3 2001—2007 年中国公共医疗卫生支出

表 15.4 2006 年各国卫生总费用及其构成

表 15.5 各国卫生指标排名(世界卫生组织 2000 年发布)

表 15.6　中国的医疗保障制度
表 16.1　基础设施的市场化指数
表 16.2　1981—2008 年中国的基础设施投资
表 16.3　中国水处理设施以及安全饮用水覆盖率的变化
表 16.4　2003—2008 年中国基础设施投资的城乡比较
表 16.5　发展中国家政府用于基础设施投资的平均状况

专栏目录

专栏 1.1　亚当·斯密

专栏 1.2　萨缪尔森

专栏 1.3　温家宝总理谈政府与公共财政

专栏 3.1　四种典型的市场结构

专栏 3.2　自然垄断与公共定价

专栏 3.3　弗里德曼的思想实验：负所得税

专栏 4.1　萨缪尔森笔下的公共产品

专栏 4.2　可自由处置的公共产品

专栏 4.3　经济学中的灯塔

专栏 4.4　蒂博特模型与地方性公共产品的偏好显示

专栏 4.5　全球变暖与《京都议定书》

专栏 5.1　马歇尔和庇古笔下的外部性理论

专栏 5.2　一场见证了经济学历史的家庭聚会

专栏 5.3　美国的二氧化硫排放权交易市场

专栏 5.4　西溪湿地的变迁

专栏 6.1　布坎南的两位老师

专栏 6.2　卢森堡的权力指数

专题 6.3　"超级女声"的政治经济学分析

专栏 7.1　中国的复式预算体系

专栏 7.2　中国的政府收入分类与估计

专栏 8.1　生命的价值

专栏 8.2　实践中的社会贴现率选择

专栏 9.1　利益归宿分析的代数表达：以公共教育支出为例

专栏 9.2　教育基尼系数与教育集中指数

专栏 10.1　抗美援朝

专栏 10.2　百万大裁军

专栏 10.3　伊拉克战争

专栏 11.1　2007 年政府收支分类科目体系下"行政管理支出"的内容

专栏 11.2　中国的政府机构改革：三十年回顾

专栏 11.3　公务员工资改革

专栏 12.1　中国义务教育的免费历程

专栏 12.2　"教育券"制度

专栏 13.1　如何区分不同层次的研究开发活动？

专栏 13.2　制度环境与西方世界的兴起

专栏 13.3　国家中长期科学与技术发展规划纲要(2006—2020 年)(摘录)

专栏 14.1　炉边谈话与"免于匮乏的自由"

专栏 14.2　中国农村的养老和医疗保障制度

专栏 14.3　中国的老龄化趋势

专栏 15.1　回归《阿拉木图宣言》之路(陈冯富珍)

专栏 15.2　无论贫富　政府埋单——关于英国医疗体制的问答(周其仁)

专栏 15.3　奥巴马医改

专栏 16.1　关于中国的基础设施私人投资问题

专栏 16.2　基础设施融资的新模式：PPP 模式

第一篇　　基础篇

第1章 导 论

我们的每一分钱都来自人民，必须对人民负责。所有工程建设都要坚持百年大计、质量第一，给子孙后代留下宝贵财富。

——国务院总理温家宝，《2009 年政府工作报告》

公共支出分析是财政学，或者说公共经济学的一个重要分支。财政学研究公共收支与经济主体(包括个人、家庭和企业)行为之间的关系；而公共支出分析则将注意力集中于考察公共支出与经济行为人之间的关系。

本章首先在现代社会背景下考察公共支出与公共收入的关系，并对财政学和公共支出分析的研究范围分别做出界定，进而探讨公共支出理论如何随着财政学的发展而逐渐成长为一个重要的分支学科。在回顾了公共支出理论发展史之后，我们将对政府与公共部门的范围以及公共支出的概念做出正式的界定，并对中国以及世界主要工业国家公共支出规模的历史变化趋势进行概览。

1.1 现代社会中的公共支出与收入

在现代社会，不管你是否愿意，你每天都在和政府打交道。

清晨你醒来，揉揉眼睛伸个懒腰，打开灯，起床，洗脸刷牙(你用的电和水都是政府的公共企业生产和输送的)。然后你开始吃早餐，你也许想今天换换口味，对了，来个荷包蛋再喝一碗大米粥(别忘了，政府每年都在对农产品进行大量补贴)。吃完早饭，你准备出门去上学。你坐上公交车来到学校(你走的公路是政府投资建设的，为你提供公交车服务的公交公司也是政府的公共企业，还有你就读的学校刚好是政府兴办的公立学校)。到了下午，也许你忽然感到肠胃不适，决定去一趟医院，在医生的指点下，你配了一盒"健胃消食片"回家(你去了一家政府的公立医院，还用了政府向你提供的医疗保险金支付药费)。吃过晚饭，你感到舒服多了，于是你打开电视，电视上正在播放中央电视台的气象预报(对了，中央电视台和气象局也都是政府办的)。深夜你正要入睡，忽听窗外有警车声呼啸而过(你应该感谢人民警察正在努力为我们的城市提供一个安全的环境，当然公安局也是政府部门)。然后你悄然进入梦乡直到次日清晨醒来，开始了新的一天。

没错，在现代社会，就像离不开水和电一样，人们一天也离不开政府。政府部门为我们提供了各种各样的公共服务，然而所有这些服务都要花钱，钱从哪儿来呢？所谓"羊毛长在羊身上"，这些钱自然也是要由我们这些享受公共服务的人来支付的。换言之，政府通过向公众课税来筹集收入（当然也包括其他一些收入形式，如举债、收费，但税收是最重要的收入来源）。作为纳税人，我们实际上是以缴纳税收的方式购买了政府提供的各种服务。

上面我们已经提到了政府部门的两种最重要的经济行为：一是支出行为，也就是政府通过公共支出来提供各种公共服务；二是收入行为，也就是政府通过向社会公众征税（以及其他一些方式）来筹集收入。显然，公共支出与公共收入是相互依存，相辅相成的。首先，公共支出的来源是公共收入，没有收入何有支出；其次，公共收入的用途是公共支出，如果不是以提供公共服务作为目的，那么公共收入就失去了征收的依据。

政府的支出行为与收入行为合在一起被称作财政行为（financial behavior），围绕着这一主题展开的理论学科就是所谓的财政学（Public Finance）。然而正如罗森（Harvey Rosen）在他具有国际影响力的《财政学》教科书中所指出的，这里的关键问题不是资金问题，而是实际资源的利用和收入分配问题，这些本质上都是经济学的研究主题，因此从马斯格雷夫（Richard Musgrave）1959年出版《财政学理论：公共经济研究》开始，越来越多的财政学家和经济学家开始将其称为公共部门经济学（Public Sector Economics），或者简称为公共经济学（Public Economics）[①]。

公共支出分析作为公共经济学的一个分支，是一门专门研究政府部门支出行为及其对社会资源配置、收入分配以及经济稳定与增长的影响的经济学科。在历史上，公共支出理论曾经长期遭到研究者的忽略，发展滞后，直到20世纪马斯格雷夫、布坎南（James Buchanan）等人将财政学的英美传统与欧洲大陆传统汇合之后，公共支出理论才获得了长足发展并成为财政学的核心分支（另一核心分支是税收理论）。下面我们追根溯源，沿着财政学的发展脉络对公共支出理论的进展做一简要回顾。

1.2 公共支出理论的发展

一般认为，古典政治经济学体系的缔造者亚当·斯密（Adam Smith）创立了财政学的传统理论框架。在1776年出版的巨著《国富论》中，他谈到了政府支出和政府收入等财政学基本问题。他指出[②]：

> 按照自然自由的制度，君主只有三个应尽的义务——这三个义务虽很重要，但都是一般人所能理解的。第一，保护社会，使不受其他独立社会的侵犯。第二，尽可能保护社会上各个人，使不受社会上任何其他人的侵害或压迫，这就是说，要设立严正的司法机关。第三，建设并维持某些公共事业及某些设施（其建设和维持绝

---

① 哈维·罗森、特德·盖亚. 财政学（第八版）. 北京：中国人民大学出版社，2009：4.
② 亚当·斯密. 国民财富的性质和原因的研究（下卷）. 北京：商务印书馆，1974：252—253.

不是为着任何个人或任何少数人的利益),这种事业和设施,在由大社会经营时,其利润常能补偿其所费而有余,但若由个人或少数人经营,就决不能补偿所费。

以上论述就是有名的"义务论",提出了政府的三项社会和经济职能(义务):第一是保护社会(国防),第二是管理社会(司法公正),第三是提供社会公共设施。为了行使这些职能(义务),政府必须花钱并为之筹集资金,为此亚当·斯密深入分析了政府的三类基本支出及其收入来源,并探讨了征税原则和税收体系。斯密的贡献在于他使财政学成为了一门独立的学科。

 专栏 1.1

亚当·斯密

亚当·斯密(1723—1790),苏格兰启蒙者,经济学之父。1723 年,亚当·斯密生于苏格兰法夫郡,他的父亲也叫亚当·斯密(1679—1723),是一位律师,据文献记载,老亚当·斯密于 1723 年 1 月 9 日下葬,而小亚当·斯密则于当年 6 月 5 日受洗(具体生日不详)。亚当·斯密的母亲玛格丽特·道格拉斯(1694—1784)是当地一名大地主的女儿。亚当·斯密幼年体弱,一生未婚,与母亲的相依为命在他长达 67 年的人生中持续了 61 年。

1737 年,亚当·斯密 14 岁,进入了格拉斯哥学院(现为大学),1740 年又去了牛津大学,并在那里取得了文学硕士学位。斯密勤勉好学,兴趣广泛,他死后才发表的《天文学史》就是在牛津期间开始撰写的。

亚当·斯密在牛津的经历并不愉快,1746 年,他离开牛津回家看望母亲,从此再未回过牛津。1748—1751 年期间,他在爱丁堡进行了一系列关于修辞和道德哲学的公开讲座,对象主要是法律系和神学系的学生。1751 年,亚当·斯密开始在格拉斯哥学院担任逻辑学教授,次年又成为道德哲学教授。亚当·斯密的道德哲学课包括神学、伦理学、法学和政治学等内容。他的伦理学讲义后来经过修订在 1759 年以《道德情操论》为名正式出版,而他关于法学和政治学的讲义则包含了贸易、价格、税收等经济问题,这表明他在这个时期就已经开始思考政治经济学问题。

亚当·斯密在格拉斯哥一直居住到 1764 年,这使得他能够长期实地观察这个工业中心的经济生活。1764 年,他辞去了大学教授的职务,成为布克莱公爵的私人教师,并陪同公爵到欧洲大陆旅行。在法国巴黎,他结识了启蒙思想家伏尔泰、重农学派代表人物魁奈和杜尔哥等人,这对他的经济学说的形成产生了很大的影响。1767 年,亚当·斯密辞去私人教师的职务,回到自己的家乡埋首于《国富论》的写作。1776 年,这部凝聚了他十年心血的《国富论》终于问世。

《道德情操论》(1759)和《国富论》(1776)无疑是亚当·斯密一生最重要的著作,后者更是开创了古典政治经济学的体系,为亚当·斯密赢得了"经济学之父"的巨大声誉。

《道德情操论》关心的主题是,人类社会是如何维系在一起的?当人与人比邻而居的时候,是什么迫使他们遵守某些最低的行为标准?为了回答上述问题,亚当·斯密构想了一个"公正的旁观者"的形象,这个旁观者的存在使得人类可以相对和谐地生活在一起。其实,这

个旁观者就是人内心的良知。亚当·斯密相信,正是人内心的良知使得人类社会得以可能。他写道:

> 它是一种在这种场合自我发挥作用的一种更为强大的力量,一种更为有力的动机。它是理性、道义、良心、心中的那个居民、内心的那个人、判断我们行为的伟大的法官和仲裁人。每当我们将要采取的行动会影响到他人的幸福时,是他,用一种足以镇慑我们心中最冲动的激情的声音向我们高呼:我们只是芸芸众生之一,丝毫不比任何人更为重要;并且高呼:如果我们如此可耻和盲目地看重自己,就会成为愤恨、憎恨和咒骂的合宜对象(第165—166页)。

从这段文字中我们可以看出,在亚当·斯密看来,人的天性和良知才是人类社会相互维系的基础。很多人以为亚当·斯密一味鼓吹自利,其实是对斯密的一种误解。

《国富论》是《道德情操论》的延续,从对人类社会的一般考察转向了这样一个基本的经济学问题:是什么原因使得一个国家的财富能够出现持续的增长? 亚当·斯密通过细心观察,得出结论:劳动分工是导致经济增长的源泉,而分工又是由人类"互通有无,物物交换,互相交易"这一倾向引发的。在此基础上,亚当·斯密对商业经济的运行规律进行了考察,他发现:

> 人类几乎随时随地都需要同胞的协助,要想仅仅依赖他人的恩惠,那是一定不行的。他如果能够刺激他们的利己心,使有利于他,并告诉他们,给他作事,是对他们自己有利的,他要达到目的就容易得多了。不论是谁,如果他要与旁人作买卖,他首先就要这样提议。请给我以我所要的东西吧,同时,你也可以获得你所要的东西:这句话是交易的通义。我们所需要的相互帮忙,大部分是依照这个方法取得的。我们每天所需的食料和饮料,不是出自屠户、酿酒家或烙面师的恩惠,而是出于他们自利的打算(上卷第13—14页)。

结合《道德情操论》,我们可以这样来看亚当·斯密的思想:自利和良知都是人类的天性,良知是人类社会得以可能的道德基础,也是市场存在的道德基础和约束条件,自利则是市场交易的原动力和目标。而每个人的自利天性(受到良知的约束)又将在一只"看不见的手"的引导下,去促进社会的利益:

> 确实,他通常既不打算促进公共的利益,也不知道他自己是在什么程度上促进那种利益……在这场合,象在其他许多场合一样,他受着一只看不见的手的指导,去尽力达到一个并非他本意想要达到的目的。也并不因为事非出于本意,就对社会有害。他追求自己的利益,往往使他能比在真正出于本意的情况下更有效地促进社会的利益(下卷第27页)。

在对劳动分工、商业经济运行和国际贸易等问题进行了广泛的讨论之后,亚当·斯密在

《国富论》的第五篇考察了政府的作用,探讨了政府的职能和公共支出(如国防、司法、公共设施),以及政府的收入来源及税收原则等一系列问题。这些内容构成了财政学的传统框架。

参考文献

1. 亚当·斯密. 国民财富的性质和原因的研究. 北京:商务印书馆,1974.
2. 亚当·斯密. 道德情操论. 北京:商务印书馆,北京:商务印书馆,1997.
3. 加文·肯尼迪. 亚当·斯密. 北京:华夏出版社,2009.

由亚当·斯密创立的传统财政学体系,经大卫·李嘉图(David Ricardo)、约翰·穆勒(John Mill)、马歇尔(Alfred Marshall)和庇古(Arthur Pigou)等人的发展,形成了公共财政学的英美传统,也称为盎格鲁—萨克森传统(Tradition of Anglo-Saxon)。其核心是马歇尔关于税收转嫁和税收归宿的实证理论以及庇古的规范税收理论。但是英美传统忽略了两个重要问题:(1)忽略了公共支出;(2)没有涉及公共决策过程。

与英美盎格鲁—萨克森传统并存的是欧洲大陆的斯堪迪纳维亚传统(Scandinavian Tradition)。与英美经济学家不同,欧洲大陆的学者更多地从交换的视角研究公共财政问题,他们习惯将税收和公共支出整合在同一个框架里。其中最重要的代表人物是两位瑞典的经济学家维克塞尔(Wicksell)和林达尔(Lindahl)。

维克塞尔1896年出版了专题论文《财政理论研究》,通过将新古典经济学的边际效用理论应用于公共部门,维克塞尔提出了著名的公平税收原则[①]。他认为,税收通过政治程序对个人或利益集团进行分配,应当使得政府支出带给个人的边际效用等于个人因纳税而损失的边际效用。换言之,维克塞尔提出了一个关于税收与公共支出的自愿交换理论,并将公共决策过程看作是一个集体选择的过程。因此,维克塞尔被认为是公共选择理论的先驱(详见第6章专栏6.1)。

林达尔的《公平税收:一个积极的解决方案》(1919)一文进一步发展了维克塞尔的自愿交换理论[②]。他认为公共产品的价格并非取决于强制性税收,恰恰相反,每个人都可以按照自己意愿确定的价格来购买公共产品。据此,林达尔提供了一个准市场机制,每个人都面临着公共产品的个性化价格。当经济达到均衡时,这些不同的林达尔价格使每个人需要相同的公共产品数量,而且按照这些价格总和供给的公共产品数量也恰好等于人们需要的数量(详见第4章第4.3节)。

维克塞尔—林达尔提出的"自愿交易理论"同时考虑了公共支出和税收两个问题,并引入了公共决策机制,弥补了马歇尔—庇古财政理论的不足之处。从20世纪30年代开始,欧洲大陆传统的影响力逐渐渗透到英美传统中来。美国经济学家马斯格雷夫(Musgrave,

---

① Wicksell, Knut. *Finanztheoretische Untersuchungen*, Jena: Gustav Fischer, 1896; Partly Translated as, "A New Principle of Just Taxation" in Richard A. Musgrave and Alan T. Peacock eds. *Classics in the Theory of Public Finance*, London: Macmillan, 1958: 72-118.

② Lindahl, Erik R. *Die Gerechtigkeit der Besteurung*, Lund: Gleerup, 1919; Translated as, "Just Taxation: A Positive Solution" in Richard A. Musgrave and Alan T. Peacock eds. *Classics in the Theory of Public Finance*, London: Macmillan, 1958: 168-176.

1939)的《公共经济的自愿交换理论》发展了林达尔的自愿交换理论[1],鲍温(Bowen,1943)的《对资源配置投票的解释》为公共产品的需求和投票理论作出了先驱性的贡献[2]。布莱克(Black,1948)《团体决策的原理》一文发展了鲍温的投票理论,提出了著名的单峰偏好理论和中间投票人定理(详见第6章第6.2.3节)[3]。

公共选择学派的领袖人物,1986年诺贝尔经济学奖得主布坎南(Buchanan)在1948年芝加哥大学哈普图书馆里发现了尘封已久的维克塞尔的论文《财政理论研究》,深受启发,并发表了一篇绪言性的论文《政府财政的纯理论》(1949),向庇古的传统财政学提出了挑战。这篇重要的论文标志着财政学的英美传统和欧洲大陆传统两大流派的汇合。在此之后,现代财政学,特别是公共支出理论和公共选择理论在新古典经济学的框架里取得了长足发展[4]。

在公共选择和社会选择领域,一般均衡理论大师,1972年诺贝尔经济学奖得主阿罗(Arrow)在其1951年出版的博士论文《社会选择与个人价值》中系统研究了建立在个人偏好基础上的社会福利函数是否存在的问题,并提出了著名的阿罗不可能定理(详见第6章第6.3节)[5]。布坎南、塔洛克(Tullock)在1962年出版的《同意的计算——立宪民主的逻辑基础》一书中研究了集体选择、决策规则和投票交易等问题,提出了一个关于政客、选民和利益集团的经济学框架,被认为是公共选择理论的经典之作[6]。唐斯(Downs,1957)的《民主的经济理论》则提出了一个研究政党行为的经济学模型(详见第6章第6.5节)[7]。尼斯坎南(Niskanen,1971)的《官僚制和代议制政府》对官僚的行为进行了经济学分析(详见第6章第6.6节)[8]。此外,塔洛克(Tullock,1967)和克鲁格(Krueger,1974)对非生产性的寻租行为进行了开创性研究(详见第6章第6.7节)[9]。

在纯公共支出理论领域,20世纪最伟大的经济学家之一,1970年诺贝尔经济学奖得主萨缪尔森(Samuelson)在他的两篇经典论文《公共支出的纯理论》(1954)和《公共支出理论的图解》(1955)里正式构建了现代公共支出理论和公共产品理论,探讨了公共产品有效率提供的条件和可能性(详见第4章第4.1至4.2节)[10]。

然而,由于非排他性和搭便车等问题,人们往往会隐藏自己对公共产品的真实偏好,从

---

① Musgrave, Richard A. The Voluntary Exchange Theory of Public Economy. *Quarterly Journal of Economics*, 1939, 53(2): 213-237.

② Bowen, Howard, R. The Interpretation of Voting in the Allocation of Economic Resources. *Quarterly Journal of Economics*, 1943, 58(1): 27-48.

③ Black, Duncan. On the Rationale of Group Decision-Making. *Journal of Political Economy*, 1948, 56(1): 23-34.

④ 本书将公共选择理论也视为公共支出理论的一个部分。

⑤ 阿罗. 社会选择:个性与多准则. 北京:首都经济贸易大学出版社,2000.

⑥ 布坎南,塔洛克. 同意的计算——立宪民主的逻辑基础. 北京:中国社会科学出版社,2000.

⑦ 唐斯. 民主的经济理论. 上海:世纪出版集团,2005.

⑧ 尼斯坎南. 官僚制与公共经济学. 北京:中国青年出版社,2004.

⑨ Tullock, G. The Welfare Costs of Tariff Monopolies and Theft. *Western Economic Journal*, 1967, 5(3): 224-232; Kruger, A. O. The Political Economy of the Rent-Seeking Society. *American Economic Review*, 1974, 64(3): 291-303.

⑩ Samuelson, Paul A. The Pure Theory of Public Expenditure. *Review of Economics and Statistics*, 1954, 36(4): 387-389; Samuelson, Paul A. Diagrammatic Exposition of A Theory of Public Expenditure. *Review of Economics and Statistics*, 1955, 37(4): 350-356.

而不能实现公共产品的有效率提供。对此,蒂博特(Tiebout,1956)在《地方支出的纯理论》一文中提出了一个通过居民"以足投票"选择居住地的方式实现地方性公共产品有效率配置的经典框架[①],蒂博特模型中的"以足投票"机制实际就是一种对公共产品偏好的间接显示机制(详见第 4 章专栏 4.4)。克拉克(Clarke,1971)《公共产品的多部定价》和格罗夫斯(Groves,1973)《团队中的激励》则进一步研究了公共产品的直接偏好显示机制,被称为是格罗夫斯—克拉克机制。格林和拉丰(Green and Laffont,1977)在《满足公共产品显示原理的机制的特征》一文中则证明了格罗夫斯—克拉克机制是唯一的激励高度相容的直接偏好显示机制(详见第 4 章第 4.5 节)[②]。

上述公共支出理论本质上是静态的,为了进一步研究动态公共支出问题,阿罗和库兹(Arrow and Kurz,1970)首先在一个新古典经济增长模型里引入了公共支出,巴罗(Barro,1990)则进一步在一个内生经济增长模型中考察了最优公共支出的时间路径,对动态公共支出理论作出了开创性贡献(详见第 16 章第 16.5 节)[③]。

专栏 1.2

萨缪尔森

萨缪尔森(Paul A. Samuelson,1915—2009),20 世纪最伟大的经济学家之一。1915 年 5 月 15 日,萨缪尔森出生于美国印第安纳州的加里城,可以说在整个 20 世纪的经济学发展史上,萨缪尔森处于核心地位。他天生聪颖,有着很好的数学天赋,又得到了芝加哥的奈特、维纳,哈佛的熊彼特、里昂惕夫等多位经济学大师的指导。我们知道,芝加哥和哈佛代表了美国经济学的两大流派,一派主张自由放任,一派主张政府干预,萨缪尔森横跨两大学派,是一位真正的集大成者,被誉为经济学界的"最后一位通才"。

他超越常人的数学功底使得他的博士论文《经济分析基础》从 1941 年开始改变了现代经济学的研究工具和发展方向,早在博士阶段,他的老师就已经跟不上他的步伐,有传言说,他博士论文答辩通过的时候,他的导师熊彼特对里昂惕夫说我们也终于可以毕业了。萨缪尔森撰写的《经济学》教科书则从 1948 年开始就成了整个世界广大经济学爱好者的入门摇篮。他在经济学的各个领域都作出了卓越贡献,他也是现代公共支出理论和公共产品理论的开创者。

萨缪尔森于 1970 年获得了第二届诺贝尔经济学奖,可谓实至名归。后来,《诺贝尔之路》一书的编辑伯烈特先后邀请了十三位诺贝尔经济学奖得主在美国得克萨斯州圣安东尼奥的三一大学,以"我成为经济学者的演化之路"为题做主题讲演,萨缪尔森就是其中之一。以下内容节选自萨缪尔森的讲演,有意思的是,他用了第三人称来讲述他自己的故事。

---

① Tiebout, Charles, M. A Pure Theory of Local Expenditure. *Journal of Political Economy*, 1956, 64(5): 416-424.

② Clarke, E. H. Multipart Pricing of Public Goods. *Public Choice*, 1971, 11(1): 17-33; Groves, T. Incentives in Teams. *Econometrica*, 1973, 41(4): 617-631; Green, J. and J. J. Laffont Characterization of Satisfactory Mechanisms for the Revelation of Preferences for Public Goods. *Econometrica*, 1977, 45(2): 427-438.

③ Arrow, K. J. and M. Kurz. *Public Investment*, *The Rate of Return and Optimal Fiscal Policy*. Baltimore: Johns Hopkins Press; 1970; Barro, Robert J. Government Spending in a Simple Model of Endogenous Growth. *Journal of Political Economy*, 1990, 98(5): S103-S126.

　　萨缪尔森老是受幸运之神眷顾，一辈子都是待遇偏高而工作量偏低。他自幼聪颖，深受父母宠爱，成绩一直名列前茅，但到了高中，学业却一落千丈。他的出生日期按日历记载是 1915 年 5 月 15 日，但事实上应该是 1932 年 1 月 2 日，地点是芝加哥大学。

　　他天生是从事学术研究的料，在芝加哥的平均成绩是 A，在哈佛是 A^+，但他进入经济学的领域纯属偶然。结果证明，经济学这一行如天造地设般地适合他，仿佛是历代经商先祖的基因，找到了命定的归宿。

　　他想争取的荣耀无不手到擒来，而且来得很早。他在大学阶段获得大学部社会科学奖章，而就在毕业之前，社会科学研究委员会新设了一个试验性经济学奖学金计划，他成为首位得主，而能从容地在哈佛就读。他在芝加哥曾受业于奈特、维纳、舒尔兹、西蒙斯、道格拉斯、内夫与明兹等大师，再到哈佛接受熊彼特、里昂惕夫、威尔逊、哈伯勒、张伯伦与汉森的教导。在奖学金用完之前，他克服了研究学会对经济学的排斥，骑在帕累托的肩上进入初级研究员的神圣圈子。他在学会的同僚有哲学家昆恩、数学家伯克霍夫、两度获诺贝尔奖的物理学家巴定、化学家威尔逊与伍德沃德以及博通诸家的列文等人。他在那里迈开步伐，发表论文的速度极快，连期刊都来不及容纳他那些半数学化的东西。

　　有人说萨缪尔森是由物理学家与数学家的身份出道，这并不正确。但他在大学时代就察觉到，数学会为现代经济学带来革命。他持续研究数学，到现在还记得第一次看到拉格朗日乘子的情景。他的《经济分析基础》一书，大部分是担任初级研究员时所写，后来成为他的博士论文，并获得哈佛的威尔斯奖，后来在 1947 年又获美国经济学会的克拉克奖，这项奖励是以 40 岁以下具学术潜力的人士为对象。到 1970 年，《经济分析基础》的水准得到三度肯定，协助他赢得诺贝尔奖，这是经济学奖项开始颁发的第二年，也是美国学者首次获奖。

　　对于万事不缺的人，神仙还能赐给他什么呢？施蒂格勒在提到萨缪尔森 1947 年的《基础》与当时刚出版不久的 1948 年畅销教科书《经济学》时，用了以下的文字介绍："萨缪尔森功成名就，如今要追求财富了。"不久之后，麻省贝尔蒙特即可闻到燃烧房地产抵押证明的烟味。不止于此，盖伯瑞斯在《财富》的一篇书评中曾预言，新生代的经济学将是来自《经济学》一书，结果此一预言也真的应验了。曾有人听到萨缪尔森志得意满地自语："只要这个国家的教科书是由我写的，就让其他人去拟定法律条文吧！"这本教科书在耶鲁遭到巴克利抨击为诋毁上帝与人，结果反而为它营造了全新的声势，世界各地的销售也直线上升。

　　四分之一世纪前，对某位写了一本畅销书的学者乍得的声名，《经济学》的作者曾恳切地作了一番评述："撰写教科书是项困难的工作，但报酬十分可观——我指的不单是金钱的报酬。与整个时代成千上万的心灵接触，是学者一生难逢的际遇。把我们经济学者所知的经济学化为文字，实在是令人兴奋的事。我但愿能与读者分享这份兴奋之情。"

参考文献

伯烈特等编.诺贝尔之路:十三位经济学奖得主的故事.成都:西南财经大学出版社,1999.

....

1.3 什么是公共部门？什么是公共支出？

本书是关于公共支出理论、研究方法与政策实践的教科书。简言之,公共支出就是公共部门的支出。那么,什么是公共部门？

不太严格的,我们可以说,公共部门即政府部门,比如布朗、杰克逊,鲍德威、威迪逊的《公共部门经济学》教科书都认为公共部门就是政府[①]。但公共部门相比政府而言,还是有所差异的。国际货币基金组织(IMF)在《2001年政府财政统计手册》和《2007年财政透明度手册》中对公共部门的范围及其与政府部门的关系进行了权威界定。如图1.1所示,公共部门包括各级政府和公共法人机构。后者是政府的附属物,IMF将其进一步划分为公共金融法人机构和公共非金融法人机构两个部分。

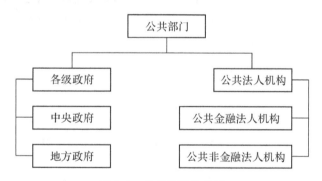

图 1.1 公共部门的范围

公共法人机构也可以划分为公共事业和公共企业。前者包括公立学校、医院和研究院所等事业单位,后者则包括由政府经营的企业,如公共电厂、水厂和公交公司等。那么,是否所有政府经营的企业都应计入公共部门？那些参与市场竞争,其运作模式与私人企业相似的政府企业是否也应计入公共部门？这里并没有形成统一的意见。因而公共部门的边界实际上是相当模糊的[②]。

所谓公共支出,从理论上讲,它是公共部门执行政策履行职能的全部成本。然而在统计上,由于公共部门本身存在着边界上的模糊性,我们很难统计确切的"公共部门支出"。因此,通常人们在统计公共支出时,实际上都采用了"政府支出"的口径,也就是计入各级政府

_____

① 布朗,杰克逊.公共部门经济学.北京:中国人民大学出版社,2000:3;鲍德威,威迪逊.公共部门经济学.北京:中国人民大学出版社,2000:11.

② 参见:阿特金森、斯蒂格利茨(1980)关于公共部门边界的讨论。阿特金森,斯蒂格利茨.公共经济学.上海:三联书店,1992:18—20

经常账户和资本账户的支出总量。

为了保持一致,在本书中,我们始终定义公共支出即政府支出。

1.4 为什么要研究公共支出？

公共支出作为政府执行公共政策的成本,与整个国家的福利水平密切相关。表 1.1 显示从 19 世纪后半叶以来,世界主要工业国家的政府支出规模(以政府支出占 GDP 的比例衡量)都快速扩张了,大致从 1870 年的 5%～13% 上升到了 2007 年的 36%～53%,平均规模扩大了 5 倍。中国自 1994 年分税制改革以来,政府支出的规模也不断提高,2008 年已经超过了 30%(详见第 7 章 7.4 节)。

这说明,在当今世界,越来越多的社会资源被政府掌握,公共支出对国民经济和社会福利的影响可谓举足轻重。显然,研究公共支出的意义不仅仅是理论上的,而且有着极其重要的现实意义。

让我们出发吧!

表 1.1 1870—2007 年世界主要工业国家政府支出占 GDP 的比例　　单位:%

年份	美国	英国	法国	德国	意大利	瑞典	挪威	日本
1870	7.3	9.4	12.6	10.0	13.7	5.7	5.9	8.8
1913	7.5	12.7	17.0	14.8	17.1	10.4	9.3	8.3
1920	12.1	26.2	27.6	25.0	30.1	10.9	16.0	14.8
1937	19.7	30.0	29.0	34.1	31.1	16.5	11.8	25.4
1960	27.0	32.2	34.6	32.4	30.1	31.0	29.9	17.5
1980	31.4	43.0	46.1	47.9	42.1	60.1	43.8	32.0
1990	32.8	39.9	49.8	45.1	53.4	59.1	54.9	31.3
1996	32.4	43.0	55.0	49.1	52.7	64.2	49.2	35.9
2007	37.15	44.43	52.37	43.81	48.18	52.81	40.64	36.08*

* 为 2006 年数据。

数据来源:1870—1996 年数据来源为坦齐,舒克内希特. 20 世纪的公共支出. 北京:商务印书馆,2005:10—11;2007 年数据来源为 IMF. *Government Finance Statistics Yearbook* 2008.

专栏 1.3

温家宝总理谈政府与公共财政

关于政府改革和机构改革,我们已经讲了很多。我今天就你这个问题再讲三个方面的看法。

第一,政府及其所有的机构都是属于人民的,遵守宪法及法律是政府工作的根本原则,政府的任务就是保护人的自由、财产和安全。我们所说的公共服务,就是要为人民的根本利益服务,我们要在继续加强经济调节、市场监管的同时,更加重视社会管理和公共服务。

第二,要使政府的工作在阳光下运行,这就需要公开、透明。只有政府了解基层和群众的情况,它才能够进步;也只有人民了解政府行为的真实情况,人民才能给政府以有力的支持和合理的批评。我和我在座的同事们都懂得一个道理:只有把人民放在心上,人民才能让你坐在台上。

第三,我想讲一个公共财政的问题,这是很少涉及的问题。我们要推进财政体制改革,使公共财政更好地进行结构调整和促进经济发展方式的转变,更好地改善民生和改善生态环境。其实一个国家的财政史是惊心动魄的。如果你读它,会从中看到不仅是经济的发展,而且是社会的结构和公平正义。

在这五年,我要下决心推进财政体制改革,让人民的钱更好地为人民谋利益。

——本文节选自 2008 年"两会"国务院总理温家宝答中外记者问

本章小结

1.公共支出反映了政府部门执行政策、履行职能的成本。公共支出分析是财政学的一个分支,重点研究公共支出对于经济主体(个人、家庭和企业)行为的影响。

2.财政学的传统框架由亚当·斯密在《国富论》(1776)一书中创立,经过一百多年的发展,到 19 世纪末 20 世纪初形成了英美传统和欧洲大陆传统两大流派,前者侧重于税收,后者则侧重于决策过程。20 世纪上半叶,两大传统发生了汇合并在新古典经济学的框架里获得了长足发展,其中,萨缪尔森开创了现代公共支出理论,而布坎南等人则开创了公共选择理论。

3.从 19 世纪后期以来,世界主要国家的公共支出规模都快速扩张了。越来越多的社会资源掌握在政府的手里,公共支出对社会福利的影响也越来越大。因此,研究公共支出有着非常重大的意义。

复习与思考

1.谈谈公共支出与税收的自愿交换原则。

2.为什么我们要研究公共支出?

进一步阅读文献

1.亚当·斯密.国民财富的性质和原因的研究(第 5 篇).北京:商务印书馆,1974.

2.坦齐,舒克内希特.20 世纪的公共支出.北京:商务印书馆,2005.

第2章 微观经济学基础

> 但他在大学时代就察觉到,数学会为现代经济学带来革命。他持续研究数学,到现在还记得第一次看到拉格朗日乘子的情景……
>
> ——萨缪尔森,《我成为经济学者的演化之路》(1985)

公共支出的理论建立在微观经济学基础之上。我们假定读者已经具备了中级水平的微观经济理论知识,本章的任务是对与公共支出理论有关的一些微观经济学基础知识进行简要回顾和梳理,以帮助读者更好地进入公共支出的研究领域。因为是基础(foundation),所以本章的语言相当数学化(2.5 节除外,这一节采用了几何分析)。对于想要全面学习中高级微观经济学的读者,我们建议使用专门的教材。

微观经济学的研究内容主要由消费者行为(需求)、生产者行为(供给)和市场均衡三个部分构成,下面我们就分别从这三个方面进行考察。

2.1 消费者行为

2.1.1 偏好

为了分析消费者行为,我们首先需要描述消费者的偏好(preference)。经济学对于消费者偏好做出了一些基本的假定,主要包括:

(一)完备性(completeness)

完备性定义:给定消费空间里任何一对消费组合 x 和 y,下列三者关系之一必成立:或者 $x \succ y$,或者 $y \succ x$,或者 $x \sim y$。

完备性意味着,消费者总可以在两组消费组合中做出明确的判断。

(二)传递性(transitivity)

传递性定义:给定三组消费组合 x、y 和 z,如果 $x \succsim y$ 且 $y \succsim z$,则蕴含着 $x \succsim z$;如果 $x \sim y$ 且 $y \sim z$,则蕴含着 $x \sim z$。

传递性是说,如果消费者认为 x 比 y 好,y 又比 z 好,那么,他一定认为 x 比 z 好。也就是消费者的选择一定是保持一致的,不会自相矛盾。

完备性和传递性是关于消费者偏好的两个最基本的公理性假定。如果一个消费者的偏好同时满足完备性和传递性，那么他的偏好就是理性的。

考虑一个幼儿园老师的偏好，她喜欢又聪明又漂亮的小孩子，那么她的偏好是理性的么？答案是否定的，因为她的偏好虽然符合传递性，却违反了完备性。

接下来再介绍几个比较重要的关于偏好的基本假定。

（三）连续性（continuity）

连续性定义：给定消费空间里的一个成对序列 $\{x^n, y^n\}_{n=1}^{\infty}$，如果对任意有限的 n，$x^n \succsim y^n$ 均成立，且当 $n \to \infty$ 时，$x^n \to x, y^n \to y$，则 $x \succsim y$。

连续性的含义是，消费者的偏好不会发生突然的跳跃或逆转。我们可以举一个违背连续性的例子。考虑词典式偏好，也就是消费者在比较两个消费组合时，总是先比较两个组合中第一种商品的数量（即第一个元素）而不管其他商品（即其他元素）的数量多少，只有当两个组合的第一种商品数量相等时，才会比较第二种商品的数量，以此类推。这种偏好与词典的排序类似，故此得名。显然，词典式偏好是理性的，但它不是连续的。假定具有词典式偏好的消费者面临两个消费组合的序列，$x^n = (1/n, 0), y^n = (0, 1)$。对于任意有限的 n，均有 $x^n \succ y^n$，然而当 $n \to \infty$ 时，两个序列的极限分别是 $x = (0, 0), y = (0, 1)$，这时 $y \succ x$，偏好发生了逆转。

（四）单调性（monotonicity）

单调性定义：以 $x = (x_1, x_2, \cdots, x_L)$ 和 $y = (y_1, y_2, \cdots, y_L)$ 表示两个消费组合，如果对所有的 $j = 1, 2, \cdots, L$，都有 $x_j \geqslant y_j$，且其中至少存在一个 k 使得 $x_k > y_k$，则 $x \succ y$。[1]

单调性意味着消费者是永不满足的，她总是希望"越多越好"，即在其他条件都不变的前提下，某种商品数量越多，她的满意程度也就越高。

（五）凸性（convexity）

凸性定义：如果 $x \sim y, z = \alpha x + (1-\alpha)y$，其中 $0 \leqslant a \leqslant 1$，则 $z \succsim x$。用文字表示，就是如果消费者认为 x 和 y 是无差异的，而 z 是 x 和 y 的线性组合，那么，他一定认为 z 至少和 x 一样好。

凸性偏好的意思是说，消费者喜欢多样化消费。

2.1.2　效用函数与无差异曲线

直接利用偏好排序来分析经济问题不太方便，我们还需要引入效用函数来刻画消费者的偏好关系。

并不是所有的偏好关系都存在效用函数，但可以证明，如果消费者的偏好是理性的（完备的和传递的），连续的，那么就一定存在一个能代表该偏好的连续效用函数 $u: \mathbf{R}_+^L \to \mathbf{R}$。其中，$L$ 表示消费空间的维度，也就是商品的种类，除非做特别说明，我们总是假定 $L = 2$，即消费者消费 x_1 和 x_2 两种商品。我们还假定偏好是单调的和凸的，则效用函数 u 是单调递增和

[1]　严格而言，这是强单调性的定义。

拟凹的[①]。

给定上述假定,我们还能够得到一组形状良好的无差异曲线,如图 2.1 所示,消费者的无差异曲线是一组向下倾斜和凸向原点的曲线,离原点越远,其代表的效用水平越高[②]。课后习题要求读者思考这样一个问题,究竟是哪个关于偏好的假设导致了无差异曲线向下倾斜,又是哪个假设保证了无差异曲线凸向原点。

一个常用的效用函数形式是柯布—道格拉斯效用函数:

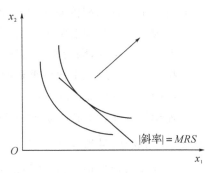

$$u(x_1, x_2) = A x_1^{\alpha} x_2^{\beta} \tag{2.1}$$

图 2.1　无差异曲线

其中,$A > 0, 0 < \alpha < 1, 0 < \beta < 1$。显然它是连续的,凹的[③],在每个变量之上都是递增的。

2.1.3　效用最大化

给定效用函数和预算约束,消费者面临的问题就是在预算约束条件下追求效用最大化。其预算约束可以表示为:

$$p_1 x_1 + p_2 x_2 \leqslant w \tag{2.2}$$

其中,p_1, p_2 分别为两种商品的市场价格,w 则表示消费者拥有的财富(或收入)。给定偏好的单调性,这一约束必定是紧的,也就是 $p_1 x_1 + p_2 x_2 = w$。

则消费者的效用最大化问题可以描述为:

$$\max_x \quad u(x_1, x_2)$$
$$\text{s.t.} \quad p_1 x_1 + p_2 x_2 = w \tag{2.3}$$

上述问题的拉格朗日函数可以写为:

$$L = u(x_1, x_2) + \lambda(w - p_1 x_1 - p_2 x_2) \tag{2.4}$$

这一问题的一阶条件为:

$$\frac{\partial u}{\partial x_1} = \lambda p_1 \tag{2.5}$$

$$\frac{\partial u}{\partial x_2} = \lambda p_2 \tag{2.6}$$

在效用函数拟凹和约束集凸的前提下,上述条件是充分必要的[④]。两式相除,得到:

$$\frac{\partial u}{\partial x_1} \Big/ \frac{\partial u}{\partial x_2} = p_1 / p_2 \tag{2.7}$$

---

① 拟凹函数等价于函数上等值集为凸集。可以证明,所有凹函数都是拟凹函数,但反之并不成立。

② 关于偏好与效用函数的进一步讨论,参见:马斯-克莱尔等. 微观经济学. 北京:中国社会科学出版社,2001;瓦里安. 微观经济学(高级教程). 北京:经济科学出版社,1997.

③ 凹函数的判定条件是函数的海塞矩阵负定,其导数条件为 $u_{11} \leqslant 0, u_{22} \leqslant 0, u_{12}^2 - u_{11}u_{22} \leqslant 0$。

④ 对于约束条件下的最优化问题,保证其一阶必要条件也是充分条件的前提是目标函数拟凹,同时约束集为凸集。在这个例子里,效用函数是凹函数,符合拟凹条件;而约束集是预算线与坐标轴围成的三角形,显然这是一个凸集。所谓凸集,要求集合中任意两个点的线性组合(即两点间的连线)仍然包含在该集合内部。

(2.7)式意味着消费者实现效用最大化的条件是消费两种商品最后一单位的边际效用之比等于这两种商品的价格之比。

我们将消费者无差异曲线的斜率(绝对值)定义为边际替代率(MRS),表示在保持效用水平不变(比如 $\bar{u}$)的前提下,增加一单位商品 x_1 的消费,消费者愿意放弃的商品 x_2 的消费数量,即 $MRS = -\dfrac{\mathrm{d}x_2}{\mathrm{d}x_1}$,用商品 x_2 的数量衡量了消费者对商品 x_1 的边际评价。无差异曲线的数学形式为:$u(x_1, x_2) = \bar{u}$,表示使消费者的效用水平达到 $\bar{u}$ 的所有商品组合。两边全微分,有 $\dfrac{\partial u}{\partial x_1}\mathrm{d}x_1 + \dfrac{\partial u}{\partial x_2}\mathrm{d}x_2 = \mathrm{d}\bar{u} = 0$,这样我们就得到,$-\dfrac{\mathrm{d}x_2}{\mathrm{d}x_1} = \dfrac{\partial u}{\partial x_1} / \dfrac{\partial u}{\partial x_2}$。这一结果表明,边际替代率(MRS)等于边际效用之比。

求解上述问题,可以得到消费者效用最大化的解:

$$x_1^* = x_1(p_1, p_2, w) \tag{2.8}$$
$$x_2^* = x_2(p_1, p_2, w) \tag{2.9}$$

(2.8)和(2.9)式就是消费者的(马歇尔)需求函数,表示当市场价格和消费者财富水平分别为 p_1, p_2, w 时,消费者愿意购买的商品 x_1 和 x_2 的数量。

将 x_1^*, x_2^* 代入效用函数。显然,$u(x_1^*, x_2^*) = u[x_1(p_1, p_2, w), x_2(p_1, p_2, w)]$ 是在给定价格和财富水平时消费者所能达到的最大效用。我们令:

$$v(p_1, p_2, w) = u[x_1(p_1, p_2, w), x_2(p_1, p_2, w)] \tag{2.10}$$

$v(p_1, p_2, w)$ 是一个值函数,它表示随着价格和财富水平的变化,消费者所能够达到的最大效用的变化。我们将其称为间接效用函数,因为价格和财富水平的变化是通过改变需求间接影响了消费者的最大效用水平。

下面我们给出两个特例。

(一)柯布—道格拉斯偏好

消费者的效用最大化问题为:

$$\max_x \quad A x_1^\alpha x_2^\beta$$
$$\text{s.t.} \quad p_1 x_1 + p_2 x_2 = w$$

一阶条件为:$A\alpha x_1^{\alpha-1} x_2^\beta = \lambda p_1$ 和 $A\beta x_1^\alpha x_2^{\beta-1} = \lambda p_2$,两式相除得到:

$$\frac{\alpha x_2}{\beta x_1} = \frac{p_1}{p_2}$$

将上式代入约束条件,可以得到:$x_1^* = \dfrac{\alpha w}{(\alpha+\beta)p_1}, x_2^* = \dfrac{\beta w}{(\alpha+\beta)p_2}$。

(二)拟线性偏好

如果消费者的偏好是拟线性的,那么他的效用函数的形式为:$u(x_1, x_2) = x_1 + \phi(x_2)$,这时,给定相对价格不变,消费者愿意消费的商品 x_2 的最优数量是唯一的,无论消费者的财富水平怎样变化(只要满足 $w \geqslant p_2 x_2^*$)。为了说明这一点,我们来解消费者的最大化问题:

$$\max_x \quad x_1 + \phi(x_2)$$
$$\text{s.t.} \quad p_1 x_1 + p_2 x_2 = w$$

一阶条件是:$1 = \lambda p_1, \phi'(x_2) = \lambda p_2$,得到:$\phi'(x_2) = p_2/p_1$,则 $x_2^* = \phi'^{-1}(p_2/p_1)$,这意味着 x_2^* 仅仅是相对价格的函数,与财富水平无关。给定相对价格不变,财富的变化只会

改变消费者对 x_1 的消费数量,而不会改变他对 x_2 的消费数量。

假定 $\phi(x_2) = \ln x_2$,则有:$x_2^* = p_1/p_2, x_1^* = w/p_1 - 1$。

拟线性偏好在公共经济学领域,特别是公共产品和外部性理论中有广泛的应用。

2.2 生产者行为

2.2.1 生产集与生产函数

现在我们考察生产者(企业)的行为。企业总是在特定的技术约束下将投入品转化为产品,从而可行的生产计划总是受到特定技术的约束。我们把在技术上可行的所有投入和产出组合(生产计划)的集合称作生产集,用 Y 表示。如图 2.2 所示,假定只有一种投入品 z,一种产品 y,图中的阴影部分就是生产集。通常,我们假定生产集是一个非空的闭集,也就是说生产集包括它的边界,这条边界线所对应的函数就是生产函数,用 $y = f(z)$ 表示。这样,我们就可以把生产集 Y 写成:$Y = \{(z,y): y - f(z) \leqslant 0, z \geqslant 0\}$。

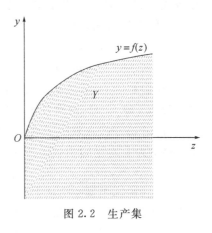

图 2.2 生产集

通常,我们还假定生产集是凸的,也就是任意两个可行的生产计划的线性组合也一定是可行的。可以证明,对于单一产出的生产技术,生产集凸等价于生产函数凹[①]。

2.2.2 产出最大化

为了考察企业在成本约束下的最优投入品组合,现在我们假定生产中存在两种投入要素:z_1 和 z_2(比如资本和劳动)。生产函数为 $y = f(z_1, z_2)$。企业面临的问题是给定成本约束,选择最优的投入品组合,使其产出最大化,即:

$$\max_z \quad f(z_1, z_2) \tag{2.11}$$
$$\text{s.t.} \quad \omega_1 z_1 + \omega_2 z_2 \leqslant c$$

其中,c 为企业的最高成本约束;ω_1, ω_2 分别为两种投入品的市场价格。一阶条件分别是 $\partial f/\partial z_1 = \lambda \omega_1$ 和 $\partial f/\partial z_2 = \lambda \omega_2$。假定生产函数是凹的,则上述条件是充分必要的。两式相除,得到:

$$\frac{\partial f/\partial z_1}{\partial f/\partial z_2} = \frac{\omega_1}{\omega_2} \tag{2.12}$$

上式表明产出最大化要求使两种要素投入的边际产出之比(即边际技术替代率 MRTS)

[①] 关于生产集及其与生产函数关系的进一步讨论参见马斯-克莱尔等:《微观经济学》;瓦里安:《微观经济学(高级教程)》。

等于要素价格之比。

2.2.3 成本最小化

上述产出最大化问题的一个对偶问题是成本最小化问题,即给定产出约束,选择最优投入品组合使成本最小化:

$$\min_z \quad \omega_1 z_1 + \omega_2 z_2 \tag{2.13}$$

$$\text{s. t.} \quad f(z_1, z_2) \geqslant y$$

其中,y 为企业的最低产出约束。一阶必要条件为 $\lambda \partial f / \partial z_1 = \omega_1$ 和 $\lambda \partial f / \partial z_2 = \omega_2$。假定生产函数凹(即约束集凸),上述条件是充分必要的。将其代入约束条件,可以解得:

$$z_1^* = z_1(\omega_1, \omega_2, y) \tag{2.14}$$

$$z_2^* = z_2(\omega_1, \omega_2, y) \tag{2.15}$$

(2.14)和(2.15)被称为条件要素需求函数,也就是在产量水平达到 y 的条件下使成本最小化的要素需求。令:

$$c(\omega_1, \omega_2, y) = \omega_1 z_1^* + \omega_2 z_2^* = \omega_1 z_1(\omega_1, \omega_2, y) + \omega_2 z_2(\omega_1, \omega_2, y) \tag{2.16}$$

$c(\omega_1, \omega_2, y)$ 实际上就是企业的成本函数,表示给定要素价格和产量水平条件下的最小成本。如果生产函数是凹的,可以证明成本函数对于产量 y 是凸的。

2.2.4 利润最大化

企业的最终目标是利润最大化,而成本最小化实际上只是实现利润最大化的必要条件,在此基础上,企业还需要根据产品的市场价格选择产量使得利润水平达到最大。上述问题可以表示为:

$$\max_y \quad py - c(\omega_1, \omega_2, y) \tag{2.17}$$

在完全竞争市场上,企业是价格的接受者,也就是价格 p 对于企业而言是给定的。这时,上述问题的一阶必要条件是 $p = \partial c / \partial y$,由于目标函数对 y 是凹的,这一条件也是充分必要的[①]。这意味着企业要实现利润最大化的条件是选择产量使得生产的边际成本刚好等于产品价格。因此,边际成本函数实际上就是企业的供给函数。

2.2.5 生产可能性集

现在我们考虑两种产品的情况,为了与 2.1 节的符号保持一致,分别用 x_1 和 x_2 表示这两种产品。生产函数分别为:$x_1 = f^1(z_1^1, z_2^1)$ 和 $x_2 = f^2(z_1^2, z_2^2)$。我们可以分别求解得到这两种产品的要素需求函数:

$$z_l^{j*} = z_l^j(\omega_1, \omega_2, x_j) \quad l = 1, 2; \quad j = 1, 2 \tag{2.18}$$

假定投入品总量分别为 $\bar{z}_1$ 和 $\bar{z}_2$,且被完全充分利用,则有:

$$\bar{z}_l = z_l^1(\omega_1, \omega_2, x_1) + z_l^2(\omega_1, \omega_2, x_2) \quad l = 1, 2 \tag{2.19}$$

图 2.3 画出了所有可能的两种产品的生产组合(我们不考虑负产出),称为生产可能性

---

① 对于无约束最大化问题,保证其一阶必要条件也是充分条件的前提是目标函数凹。

集,其中 FF 曲线被称为生产可能性边界,它表示当资源(所有投入要素)被充分利用时,两种产品所有的最大可能性组合,也就是,随着其中一种产品的产量变化,另一种产品所能获得的最大产量的变化轨迹。

我们将生产可能性边界的斜率(绝对值)定义为边际转换率(MRT),表示当资源充分利用时,多生产一单位 x_1,需要放弃多少单位的 x_2。因此,边际转换率实际上是以一种产品数量表示的另一种产品的边际生产成本。

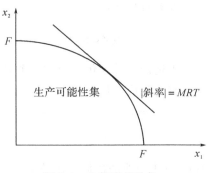

图 2.3　生产可能性集

一般用生产转换函数 $F(x_1,x_2)=0$ 来表示生产可能性边界,则生产可能性集就可以写作:$\{(x_1,x_2):F(x_1,x_2)\leqslant 0,\text{且 } x_{1,2}\geqslant 0\}$。我们通常假定生产可能性集是一个凸集,$F(x_1,x_2)$ 是一个凸函数。对生产转换函数两边全微分,得到:$\frac{\partial F}{\partial x_1}\mathrm{d}x_1+\frac{\partial F}{\partial x_2}\mathrm{d}x_2=0$。这意味着,$\frac{\partial F}{\partial x_1}\Big/\frac{\partial F}{\partial x_2}=-\frac{\mathrm{d}x_2}{\mathrm{d}x_1}=MRT$。

另外,经济学中还有一个常用的结论,就是边际转换率等于两种产品的边际成本之比。现在我们来证明这个结论。

首先,在生产可能性边界上,资源被充分利用,因此,无论两种产品的产量怎么组合,其总成本不变,记为 $\bar{c}$。这样,在生产可能性边界上两种产品的总成本函数可以表示为:

$$c(x_1,x_2)=\bar{c} \tag{2.20}$$

对上式两边进行全微分,得到 $\frac{\partial c}{\partial x_1}\mathrm{d}x_1+\frac{\partial c}{\partial x_2}\mathrm{d}x_2=0$,即沿着生产可能性边界,必然有,

$MRT=-\frac{\mathrm{d}x_2}{\mathrm{d}x_1}=\frac{\partial c}{\partial x_1}\Big/\frac{\partial c}{\partial x_2}$。这意味着,两种产品之间的边际转换率等于它们的边际成本之比。

2.3　竞争性市场均衡

市场均衡是一种状态,它表示影响市场活动的各种力量之间达到了一种平衡。对于竞争性市场而言,均衡就是影响供给和需求的力量之间的平衡。

一般而言,完全竞争市场的本质特征是所有参与人都是价格接受者(price taker),这就要求经济中存在许多消费者和生产者。但为了分析方便,我们假定只有两个消费者,两个生产者。当然我们也可以把两个消费者理解为两群消费者,把两个生产者理解为两群生产者。

假定这两个消费者 A 和 B,消费两种商品 x_1 和 x_2,分别由企业 1 和 2 生产。假定有两种生产投入品 z_1 和 z_2,但投入品不能直接用于消费。我们还假定投入品禀赋属于消费者,分别由 z_l^A 和 z_l^B($l=1,2$)表示,满足:$z_l^A+z_l^B=\bar{z}_l$($l=1,2$)。假定消费者拥有企业利润,其利润份额用 θ_j^i 表示($i=A,B,j=1,2$),满足:$\theta_j^A+\theta_j^B=1$($j=1,2$)。

我们用 x_1^A 和 x_2^A 表示消费者 A 消费两种产品的数量,用 x_1^B 和 x_2^B 表示 B 消费的数量,则:$x_j^A+x_j^B=x_j$($j=1,2$)。

所谓竞争性市场的一般均衡(general equilibrium),是指完全竞争市场上的一组资源配置 $\{(x_1^{A*}, x_2^{A*}), (x_1^{B*}, x_2^{B*}); x_1^*, x_2^*; (z_1^{1*}, z_2^{1*}), (z_1^{2*}, z_2^{2*})\}$ 和一组价格 $\{p_1^*, p_2^*; \omega_1^*, \omega_2^*\}$,使得:

(一)生产者实现了利润最大化

即对每一家企业 j,x_j^* 满足:

$$p_j^* x_j^* - c^j(\omega_1^*, \omega_2^*, x_j^*) = \max_x p_j^* x_j - c^j(\omega_1^*, \omega_2^*, x_j), j = 1, 2$$

我们假定成本函数对 x_j 是凸的,则上述条件等价于:

$$p_j^* = \frac{\partial c^j(\omega_1^*, \omega_2^*, x_j^*)}{\partial x_j}, j = 1, 2$$

将 $j = 1$ 式与 $j = 2$ 式两式相除,得到:

$$p_1^* / p_2^* = \frac{\partial c^1(\omega_1^*, \omega_2^*, x_1^*)}{\partial x_1} \Big/ \frac{\partial c^2(\omega_1^*, \omega_2^*, x_2^*)}{\partial x_2} = MRT \tag{2.21}$$

(二)消费者实现了效用最大化

即对每一个消费者 i,(x_1^{i*}, x_2^{i*}) 满足:

$$u^i(x_1^{i*}, x_2^{i*}) = \max_x u^i(x_1^i, x_2^i), i = A, B$$

$$\text{s. t.} \quad p_1^* x_1^i + p_2^* x_2^i \leqslant \omega_1^* z_1^i + \omega_2^* z_2^i + \sum_{j=1}^{2} \theta_j^i [p_j^* x_j - c^j(\omega_1^*, \omega_2^*, x_j)]$$

我们假定效用函数是拟凹的,成本函数对 x_j 是凸的,则上述条件等价于:

$$\frac{\partial u^i(x_1^{i*}, x_2^{i*})}{\partial x_j^i} = \lambda p_j^*, i = A, B, j = 1, 2$$

将 $j = 1$ 式与 $j = 2$ 式相除,得到:

$$p_1^* / p_2^* = \frac{\partial u^i(x_1^{i*}, x_2^{i*})}{\partial x_1^i} \Big/ \frac{\partial u^i(x_1^{i*}, x_2^{i*})}{\partial x_2^i} = MRS^i, \quad i = A, B \tag{2.22}$$

(三)市场出清

即 $x_j^{A*} + x_j^{B*} = x_j^*, j = 1, 2; z_l^{1*} + z_l^{2*} = \bar{z}_l, l = 1, 2$。

可以证明,在消费者偏好和生产技术凸性等前提下,竞争性市场均衡是存在的[①]。

2.4 福利经济学第一基本定理:数学分析

下面我们讨论竞争性市场均衡的福利性质。其中最重要的结论包含在下面的福利经济学第一基本定理中。

福利经济学第一基本定理
每一个竞争性市场均衡配置都是帕累托有效的。

———————————

① 关于竞争性均衡存在性问题的进一步讨论参见马斯—克莱尔等:《微观经济学》;瓦里安:《微观经济学(高级教程)》。

下面我们来证明这个重要的定理。

首先我们给出帕累托效率(Pareto efficiency)的数学条件。所谓帕累托效率,也称为帕累托最优,是一种资源配置的状态,在这种状态下没有一个社会成员能够改善自己的福利(境况),而不损害其他人的福利(境况)[①]。帕累托效率也可以表示为,在不损害其他人效用的前提下使某个人的效用达到最大。数学上,一个帕累托最优问题可以写作:

$$\max_x \quad u^A(x_1^A, x_2^A)$$
$$\text{s.t.} \quad u^B(x_1^B, x_2^B) \geqslant \bar{u} \tag{2.23}$$
$$F(x_1, x_2) \leqslant 0$$

这里,我们用 $F(x_1, x_2) = 0$ 表示生产可能性边界。在单调性假设下,上述约束实际上都是紧的。这一问题的拉格朗日函数是:

$$L = u^A(x_1^A, x_2^A) - \lambda[\bar{u} - u^B(x_1^B, x_2^B)] - \mu F(x_1, x_2) \tag{2.24}$$

该问题的一阶条件分别是:

$$\frac{\partial u^A}{\partial x_1^A} = \mu \frac{\partial F}{\partial x_1} \tag{2.25}$$

$$\frac{\partial u^A}{\partial x_2^A} = \mu \frac{\partial F}{\partial x_2} \tag{2.26}$$

$$\lambda \frac{\partial u^B}{\partial x_1^B} = \mu \frac{\partial F}{\partial x_1} \tag{2.27}$$

$$\lambda \frac{\partial u^B}{\partial x_2^B} = \mu \frac{\partial F}{\partial x_2} \tag{2.28}$$

我们假定效用函数是拟凹的,生产转换函数是凸的,则上述一阶条件是充分必要的。将(2.25)和(2.26)两式相除,得到:

$$\frac{\partial u^A}{\partial x_1^A} \Big/ \frac{\partial u^A}{\partial x_2^A} = \frac{\partial F}{\partial x_1} \Big/ \frac{\partial F}{\partial x_2} \tag{2.29}$$

将(2.27)和(2.28)两式相除,得到:

$$\frac{\partial u^B}{\partial x_1^B} \Big/ \frac{\partial u^B}{\partial x_2^B} = \frac{\partial F}{\partial x_1} \Big/ \frac{\partial F}{\partial x_2} \tag{2.30}$$

(2.29)和(2.30)两式意味着:$MRS^A = MRS^B = MRT$,这实际上就是资源配置实现帕累托最优的条件。

回忆 2.3 节中的(2.21)和(2.22)式,这三个式子意味着竞争性市场达到均衡时必定满足 $MRS^A = MRS^B = MRT$。因此只要竞争性均衡存在,那么均衡就一定符合帕累托最优的条件,也就是说,竞争性均衡一定是帕累托最优的。这样,我们就完成了福利经济学第一基本定理的证明。

2.5 福利经济学第一基本定理:几何分析

对于不太喜欢数学证明的读者,下面我们运用几何方法,对福利经济学第一基本定理给

---

① 帕累托效率也称作帕累托最优(Pareto optimality),是由 19 世纪末 20 世纪初的意大利经济学家帕累托(Pareto)最早提出来的一个衡量资源配置效率的标准,也是经济学中最重要的概念之一。

出一个非技术性的讨论。

福利经济学第一基本定理是说每一个竞争性均衡配置都是帕累托有效的。为了理解这个定理,我们的分析思路是,先讨论实现帕累托有效配置需要满足什么条件,然后再讨论竞争性市场均衡是否满足这些条件。如果满足,那就表明福利经济学第一基本定理成立。

所谓帕累托效率,即一种资源配置的状态,在这种状态下没有一个社会成员能够改善自己的境况而不损害其他人的境况。一般而言,帕累托有效配置需要满足两个条件,其中第一个条件是所谓的纯交换条件,要求每个人的边际替代率(MRS)都要相等。

我们可以通过埃奇沃斯方形图(Edgeworth box)来说明这个纯交换经济里的条件[①]。考虑一个两人经济,由 A 和 B 组成,他们拥有 x_1 和 x_2 两种禀赋(不需要生产出来的商品)。如图 2.4 所示,横轴 $Os(=O'r)$ 表示 x_1 的总量,纵轴 $Or(=O's)$ 表示 x_2 的总量,O 点为 A 的原点,O' 点为 B 的原点,w 为初始的禀赋分配点,表示 A 拥有 x_1 商品的数量是 Oe,B 拥有 X 商品的数量是 $O'f$,合计为 $Os(=O'r)$;A 拥有 x_2 商品的数量是 Ou,B 拥有 Y 商品的数量是 $O'v$,合计为 $Or(=O's)$。

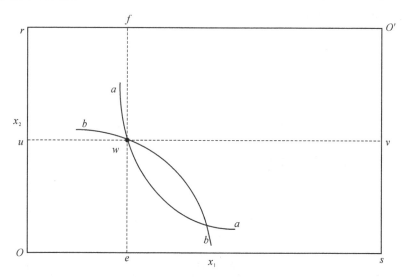

图 2.4　埃奇沃斯方形图

现在我们假定 A 和 B 之间可以就双方拥有的商品进行交换,原则上如果不考虑交换的得失,那么从初始点 w 出发,他们可以来到方盒中的任何位置,因为方盒中的任一点都代表了两种禀赋在 A 和 B 之间的一种分配。

在经济学里,假定所有消费者都是理性的,他们总是选择给自己带来更大效用的消费组合,因此 A 和 B 之间可行的交换组合只是方盒中很小的一部分。我们分别画出两人通过初始禀赋点 w 的无差异曲线,aa 代表 A 的无差异曲线,bb 代表 B 的无差异曲线[②]。我们知道无差异曲线表示所有给消费者带来效用水平相同的消费组合的集合,也就是 aa 曲线上所有

---

① 埃奇沃斯方形图是由 19 世纪末 20 世纪初的爱尔兰经济学家埃奇沃斯(Edgeworth)提出的一种分析工具。

② 我们是在假定 A 和 B 的偏好都是理性的、连续的、单调的、严格凸的条件下,才能画出这样形状良好的无差异曲线。

的点对于 A 的效用是相同的或无差异的,而 aa 曲线右上方的消费组合给 A 带来的效用要比 w 点高。同样对 B 而言,bb 曲线上所有的点给 B 带来的效用是无差异的,而 bb 曲线的左下方的组合给 B 带来的效用要比 w 点高(注意 B 的原点是 O')。由于 A 和 B 都是理性的,那么他们一定会选择给自己带来的效用比 w 点高的组合进行交换。这样所有可行的交换组合就一定在两条无差异曲线之间的棱镜形区域中。

现在考虑 A 和 B 两人经过交换各自的禀赋来到棱镜形区域里的某个位置,比如 t 点(图中没有画出),显然在 t 点双方的效用都提高了(或至少没有改变),但是故事并没有结束。只要双方经过 t 点的无差异曲线仍然有两个交点,那么这两条无差异曲线之间就一定还会存在一个棱镜形区域可以作进一步交换。

那么何时双方会停止交换呢?答案是当双方的无差异曲线相切的时候。如图 2.5 所示,双方交换到 m 点。A 和 B 经过 m 点的无差异曲线 $a'a'$ 和 $b'b'$ 在 m 点相切,这时双方的交换将停止下来。因为如果双方作进一步交换,那么至少有一个人的效用将会下降。根据帕累托效率的标准,m 点就是一个帕累托有效配置。A 和 B 双方从 w 点出发通过交换来到 m 点的过程,称为帕累托改善(Pareto improvement)。

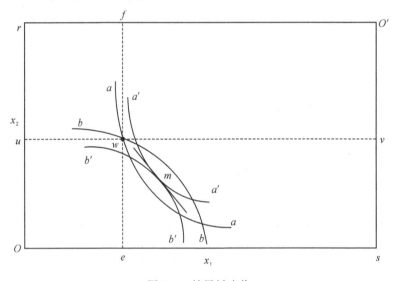

图 2.5   帕累托改善

上面的分析说明,帕累托有效配置要求双方的无差异曲线相切,而两条无差异曲线在切点处的斜率相同。我们知道无差异曲线的斜率就是边际替代率,这就意味着:

$$MRS^A = MRS^B \qquad (2.31)$$

消费者的边际替代率相等是纯交换经济里实现帕累托有效配置的条件。

在埃奇沃斯方形图中,存在着众多交换双方无差异曲线相切的点,它们都满足帕累托有效配置的条件。所有帕累托有效配置点的集合被称为帕累托集(Pareto set),如图 2.6 所示,连接 O 和 O' 点,经过 m 点的曲线就是帕累托集,它包含了所有 A 和 B 的无差异曲线相切的点。反过来说,帕累托集上的所有点都是帕累托有效的,当然对于不同的初始禀赋分配,不是所有的帕累托有效配置都是可行的。比如双方从 w 点出发进行交换,可行的帕累托有效配置集合只是 cd 间的一小段曲线。这时,曲线 cd 被称为契约曲线(contract curve),它

是从 w 点出发,双方有可能达成契约的所有点的集合。但究竟会到达契约曲线 cd 的哪个位置,依赖于双方讨价还价的能力(m 点只是无数种可能性中的一种)。

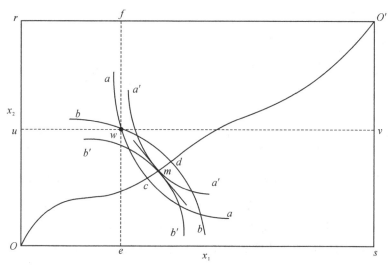

图 2.6　帕累托集

帕累托有效配置的第二个条件是在一个带有生产的经济里生产和交换的最优组合条件,这一条件要求消费者的边际替代率等于生产的边际转换率,即:

$$MRS_{12} = MRT_{12} \tag{2.32}$$

现在我们来说明这个条件。在一个带有生产的经济里,资源禀赋不再能够直接用于消费,需要经过生产才能转化为可供消费的商品。假定全部资源用来生产 x_1 和 x_2 两种商品,如图 2.7 所示,FF 曲线为生产可能性边界。

当生产组合确定时(比如是图中的 O' 点,生产两种商品数量分别为 $\bar{x}_1$ 和 $\bar{x}_2$),也就定义了一个交换的埃奇沃斯方形图。在这个方形图中,OO' 为交换的帕累托集,其中所有的点都满足交换的帕累托效率条件,但是在带有生产的经济里,这些点并不都满足生产和交换组合的帕累托效率条件。

我们知道无差异曲线的斜率,即边际替代率衡量了消费者对商品 x_1 的边际评价(用商品 x_2 表示)。而生产可能性边界的斜率,即生产的边际转换率则衡量了用商品 x_2 表示的生产商品 x_1 的边际成本。如果 $MRS_{12} > MRT_{12}$,就意味着消费者对 x_1 的边际评价大于生产 x_1 的边际成本,增加 x_1 的产量能够提高消费者的福利。反之,如果 $MRS_{12} < MRT_{12}$,意味着消费者对 x_1 的边际评价小于生产 x_1 的边际成本,应该减少 x_1 的产量。两种情况都不满足帕累托效率的要求。只有当边际替代率等于边际转换率,即消费者对商品的边际评价等于生产的边际成本时,才达到福利最大化。

在图 2.7 中,E 点满足这一条件,经过 E 点的无差异曲线的切线与经过 O' 点的生产可能性边界的切线平行,即它们的斜率相等。

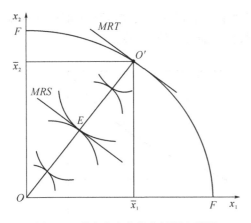

图 2.7　带有生产的埃奇沃斯方形图　　　　图 2.8　消费者的选择

我们已经表明,要实现帕累托有效配置,就必须满足(2.31)和(2.32)两个条件[1],现在我们来讨论,为什么竞争性均衡配置能够满足上述帕累托效率条件[2]。

在完全竞争市场上,所有的消费者和生产者都是价格接受者,他们面临给定的市场价格。追求效用最大化的消费者会选择无差异曲线与预算线相切的商品组合,意味着无差异曲线的斜率等于预算线的斜率,即边际替代率等于两种商品的价格之比。如图 2.8 所示。由于在竞争性市场上所有的人都面临同样的价格,他们的边际替代率也就一定相等,即:

$$MRS^A = MRS^B = p_1/p_2 \tag{2.33}$$

这说明在竞争性市场上,消费者的效用最大化行为将导致均衡配置必然满足帕累托效率的条件(2.31)。

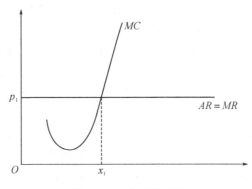

图 2.9　生产者的选择

追求利润最大化的企业则会选择使边际成本等于市场价格的产量来进行生产。考虑一家生产商品 x_1 的企业,作为价格接受者,它面临水平的需求曲线,为了实现利润最大化,它将选择满足 $MC_1 = p_1$ 的点进行生产,如图 2.9 所示。

---

[1]　有些作者还强调第三个条件,即生产要素的边际技术替代率 MRTS 相等。但如果把生产要素也看做是商品的话,那么这个条件就已经包含在第一个条件(即边际替代率相等)中了。

[2]　这里我们假定完全竞争市场的一般均衡配置是存在的。关于均衡的存在性问题的讨论超出了本书的范围,这里关键的一点是要求消费者具有凸性偏好而生产者具有凸性技术。

也就是说当完全竞争市场达到一般均衡时，每种商品的边际成本都会等于其价格，这意味着两种商品之间的边际转换率，也就是两种商品的边际成本之比等于两种商品的价格之比，即：

$$MRT_{12} = MC_1/MC_2 = p_1/p_2 \qquad (2.34)$$

综合(2.33)和(2.34)式，我们得到：

$$MRS_{12} = p_1/p_2 = MRT_{12} \qquad (2.35)$$

这意味着竞争性市场的一般均衡配置必然满足帕累托有效的条件(2.31)和(2.32)。因此，竞争性市场的均衡配置必然是帕累托最优的，这就是福利经济学第一基本定理的含义。

2.6　福利经济学第二基本定理

本章对微观经济学基础的回顾以福利经济学第二基本定理作为终点。后者实际上就是福利经济学第一基本定理的逆定理，但需要满足一些凸性条件。

福利经济学第二基本定理

在满足消费者偏好和生产技术凸性等条件下，每一个帕累托有效配置都是一个竞争性市场均衡配置。

对福利经济学第二基本定理的证明超出了本书的范围，我们在此仅给出一个简单的说明：福利经济学第二基本定理是说任何一个帕累托有效配置都能得到竞争性市场机制的支持，也就是说对于任何一个帕累托有效配置（即帕累托集里的每一个点）而言，完全竞争市场上总会形成一组价格，在这组价格上，该帕累托有效配置是某个适当禀赋配置条件下的竞争性市场均衡配置。

福利经济学的两个基本定理是微观经济学与公共支出理论的衔接点。下一章，我们将在此基础上，探讨政府的经济职能。

本章小结

1. 经济学通常假定消费者偏好是理性的（即完备性和传递性），连续的，从而存在一个连续的效用函数来代表消费者偏好。而偏好的单调性与凸性则保证了无差异曲线具有良好的性状，即向下倾斜并凸向原点。

2. 在竞争性市场上，消费者的效用最大化行为决定了需求，最大化条件是两种商品之间的边际替代率等于其市场价格之比。而生产者的利润最大化行为则决定了供给，其条件是生产的边际成本等于产品的市场价格。

3. 竞争性市场均衡配置是一组资源配置和价格，使得消费者实现效用最大化、企业实现利润最大化以及市场出清。

4. 福利经济学第一基本定理指出，每一个竞争性市场均衡都是帕累托有效的。

5. 福利经济学第二基本定理是第一基本定理的逆定理，它意味着在满足某些凸性条件下,每一个帕累托有效配置都是某个适当禀赋条件下的竞争性市场均衡配置。

复习与思考

1. 为什么偏好的单调性和凸性决定了无差异曲线向下倾斜并凸向原点？

2. 设 $u(x_1, x_2) = 1/2\ln x_1 + 1/2\ln x_2$，证明 x_1, x_2 的边际效用递减。

3. 假定消费者的效用函数为 $u(x_1, x_2) = x_1^2 x_2$，商品 1 和 2 的价格分别为 p_1, p_2，消费者收入为 w。推导马歇尔需求函数和间接效用函数。

4. 假定生产函数为 $q = K^\alpha L^\beta$，劳动工资率和资本租金率分别为 w, r，产品价格为 p。证明成本函数可以写作：$c(q, r, w) = Bq^{1/\alpha+\beta} r^{\alpha/\alpha+\beta} w^{\beta/\alpha+\beta}$（$B$ 是依赖于 α, β 的常数）。

5. 已知成本函数为 $c(q) = q^2 + 5q + 4$，产品价格为 p，求企业的供给函数 $s(p)$ 和利润函数 $\pi(p)$。

6. 考虑两个消费者和两种商品的纯交换经济，消费者的效用函数与禀赋如下：

$$u^A(x_1^A, x_2^A) = (x_1^A x_2^A)^2 \qquad \bar{\omega}^A = (18, 4)$$
$$u^B(x_1^B, x_2^B) = \ln x_1^B + 2\ln x_2^B \qquad \bar{\omega}^B = (3, 6)$$

(1) 写出契约曲线的函数形式（提示：所谓契约曲线，就是所有符合帕累托效率条件和禀赋条件的配置的集合）。

(2) 找到竞争性市场均衡配置（提示：先求出需求函数，再利用禀赋条件求出相对价格）。

进一步阅读文献

1. 范里安. 微观经济学：现代观点（第六版）. 上海：格致出版社，2006.

2. 平新乔. 微观经济学十八讲. 北京：北京大学出版社，2001.

3. 马斯克莱尔等. 微观经济学. 北京：中国社会科学出版社，2001.

第 3 章　混合经济下的政府职能

> 我们今天提出的问题不在于我们的政府太大还是太小，而是它是否行之有效。
>
> ——美国总统奥巴马，2009 年就职演说

现代市场经济和亚当·斯密时代的古典市场经济有了很大的差别。在斯密时代，人们崇尚自由竞争，市场环境比较简单，政府在经济中的作用比较有限，相应的政府的职能也比较简单，根据斯密提出的义务论，政府只有三项应尽的义务，分别是保护社会、维持司法公正和提供某些社会公共设施[①]。

现代市场经济与古典市场经济相比，市场环境复杂了很多，垄断、外部性、贫富分化、经济周期等问题接踵而来，政府必须承担起更多的责任，相应的政府职能和政府规模也扩大了很多。与古典市场经济以私人部门为主体的社会经济格局相比，现代市场经济的格局则是公共部门和私人部门两大部门相互依存，这种格局被称为混合经济[②]。

在混合经济背景下，政府对社会经济运行进行广泛的干预。马斯格雷夫（Richard Musgrave），这位 20 世纪最伟大的财政学家之一，在他 1959 年出版的经典著作《财政学理论：公共经济研究》一书中，首次全面概括了现代政府的三大经济职能[③]。

（一）资源配置职能（allocation function）

政府部门对经济如何配置资源进行直接或间接的干预，包括提供公共产品和矫正外部性等，其目的是实现资源的有效配置。

（二）收入分配职能（distribution function）

政府部门对社会产品在不同成员间的分配进行干预和再分配，其目的是缩小收入差距、促进公平。

（三）经济稳定职能（stabilization function）

政府部门通过宏观经济政策熨平短期的经济波动，实现充分就业和物价稳定，并且促进

---

① 详见第 1 章第 1.2 节。

② 中国现在的市场经济体制也属于混合经济。与西方工业国家从早期以私人部门为主体的古典市场经济格局走向私人部门和公共部门并存的混合经济道路不同，中国是从过去单纯以公共部门为主体的格局逐渐转向混合经济的。我国在 1978 年以前实行计划经济，整个经济以公共部门为主。1978 年实行改革开放以来，特别是 20 世纪 90 年代实行市场经济体制以来，私人部门在国民经济中的比重越来越大，地位越来越高，中国的经济格局也相应地转变为混合经济。

③ Musgrave, Richard A., *The Theory of Public Finance：A Study in Public Economy*, New York：McGraw-Hill, 1959.

经济的长期增长。

上述三项职能,资源配置职能和收入分配职能为政府的微观经济职能,而经济稳定职能则是政府的宏观经济职能。

公共支出本质上是政府部门履行职能的成本,因此只有充分理解政府的职能,才能真正理解公共支出。而要理解政府的三大职能,关键是要弄清楚市场运行过程中可能出现的各种缺陷,以及政府作为市场的补充如何弥补市场种种不合意的地方。

本章的任务是对政府的三大职能进行逐一阐述。

3.1 资源配置职能

政府的资源配置职能与市场效率联系在一起。如果市场运行出现了没有效率的情况,也就是市场失灵了,那么政府就需要采取适当的措施来实现资源的有效率配置。

3.1.1 市场失灵

我们在第 2 章第 2.4 至 2.5 节详细阐述了福利经济学第一基本定理的含义,即竞争性市场均衡是帕累托有效的。然而这一结论依赖于一些隐含的假定,包括:(1)所有的商品都存在市场;(2)所有市场都是完全竞争的。在这些假定不能满足的时候,市场均衡就未必是有效率的,这就是所谓的市场失灵(market failure)。常见的市场失灵有以下四种类型。

(一)市场势力(market power)

完全竞争市场意味着所有的消费者与生产者都是价格的接受者。如果某些人或企业是价格制定者,也就是说,他们具备了市场势力(即影响价格的能力),那么最终的市场均衡往往是没有效率的。

为什么呢?考虑一家拥有市场势力的企业,当它把产品价格提高到边际成本之上时,消费者面临的边际替代率(等于价格之比)不再等于生产的边际转换率(等于边际成本之比),这时帕累托有效配置的必要条件——边际替代率等于边际转换率——就不再成立。因此,最终的市场均衡就不是帕累托有效的。

在现实中,完全竞争市场是很难得的。一般而言,现实中无论是生产者还是消费者,都或多或少拥有一定的市场势力。常见的市场结构形式有:垄断竞争(monopolistic competition)、寡头垄断(oligopoly)和完全垄断(monopoly)。其中,完全垄断是最极端的市场结构形式,当某种商品(或要素)的市场供给被一家企业(或工会)垄断时,它可以通过减少供给和提高价格的方式增加净收益,后果是整个社会的福利损失。事实上,除了完全竞争市场,其他几种市场结构一般都是没有效率的[①]。

---

① 这种说法并不完全准确。有时候寡头市场和完全垄断市场也能够实现帕累托效率配置。微观经济学中的产业组织理论专门讨论各种市场结构和市场势力,感兴趣的读者可以参见:泰勒尔. 产业组织理论. 北京:中国人民大学出版社,1997.

 专栏 3.1

四种典型的市场结构

（一）完全竞争市场（perfectly competitive market）。也称为纯粹竞争市场（purely competitive market），具有四个基本特征：(1)产品同质；(2)市场由众多的买者和卖者组成，所有的人都是价格接受者（price taker），也就是没有人能够单独影响市场价格；(3)信息是完全的；(4)资源是自由流动的。在现实世界里，完全符合上述四个条件的市场是找不到的，完全竞争市场就像物理学里面的无摩擦世界一样，是一种理想化的世界。一般认为某些农产品如小麦的市场比较接近完全竞争市场。

（二）垄断竞争市场（monopolistically competitive market）。这种市场结构与完全竞争市场相似之处在于市场上存在着众多的买者和卖者，而两者的本质区别在于垄断竞争市场上的产品是有差异性的，这种差异性导致厂商具有一定的定价能力，同时由于替代品十分接近，厂商的定价能力是微弱的。现实中存在着大量的垄断竞争市场，比如牙膏市场就是一个典型的垄断竞争市场，存在着佳洁士、高露洁、黑人、中华、两面针等众多牙膏品牌，代表了各种具有差异性和替代性的牙膏产品。

（三）寡头垄断市场（oligopolistic market）。在寡头市场上，产品可以同质的，也可以异质的，关键在于整个市场被极少数的厂商所占据。现实中不乏各种寡头市场，一个典型的例子是可乐市场，整个市场几乎被可口可乐和百事可乐两大厂商所占领。寡头同样具有定价能力，但是它们之间的竞争可能导致其产品价格接近于竞争性价格，反过来，如果寡头们联合起来行动，那么它们的行为就接近于完全垄断厂商的行为。

（四）完全垄断市场（monopolistic market）。在完全垄断市场上，整个市场被一个厂商占据。它具有很强的定价能力，它会选择 $MC=MR$ 时的产量，并将价格确定为在这一产量水平上消费者愿意支付的最高价格。完全垄断市场又分为完全卖方垄断市场和完全买方垄断市场。现实中完全垄断市场也是十分常见的，比如通常一个城市就只有一家自来水公司，一家电网公司。

（二）信息不对称（asymmetric information）

福利经济学第一基本定理的另一个隐含假定是，所有的商品都有市场。现实中某些商品的市场是不存在的。以保险为例，在不确定的世界里，保险是一类不可或缺的商品，然而由于保险公司和投保人之间的信息不对称，某些重要而特殊的保险险种在私人保险市场上往往是买不到的。

比如，私人保险市场上一般很少会有"失业保险"。考虑一下，为什么在竞争性市场上，私人保险公司不愿意销售"失业保险"？我们假定存在两种类型的投保人，一种是高失业风险的，另一种是低失业风险的。如果保险公司与投保人之间的信息是对称的，那么保险公司就可以根据投保人的不同类型来确定不同的保险费率，两种类型的投保人将按照不同费率购买保险，均衡时保险公司面临的索赔概率等于失业的平均概率。但问题在于，保险公司与投保人之间的信息往往是不对称的，投保人属于哪一种类型，这些信息只有投保人自己知道,而保险公司却很难获知。这样保险公司只能按照失业的平均概率来确定保险费率,在这个平均费率上,低风险的投保人就会退出市场,而大部分购买保险的人都是高风险的投保人,这样保险公司面临的索赔概率就会远远大于失业的平均概率。这种由于买卖双方信息不对称,导致保险公司面临的索赔概率大于平均概率的现象,被称为逆选择(adverse selection)。这样最终的结果就是,理性的保险公司将停止销售这种保险。当某种商品被迫退出市场时,市场失灵就出现了。

另一种典型的信息不对称现象被称为道德风险(moral hazard),指的是投保人在购买保险之后行为发生改变的现象。比如,如果房屋着火所带来的损失全部由保险公司赔偿,则房东在购买保险后就不太会花费很多精力去安排防火措施。由于不能观察到投保人的行为,保险公司一般不会向投保人提供全额保险,而总是要求投保人个人承担一部分风险以约束其投保后的行为。因此,道德风险的存在,将导致市场上这种保险的数量不足(即低于有效率的数量)[①]。

(三)外部性(externalities)

外部性也是一种典型的市场不存在现象。当某个经济行为人(个人、家庭或企业)的经济活动对他人的福利造成了影响,而这种影响没有反映在市场交易的价格中,那么经济中就存在着外部性。比如说小河上游的钢厂排放的污水损害了下游的水质,使下游渔民遭受损失,而钢厂却不需向渔民付费,也就是说,缺少一个污染的市场。这样,外部性就产生了。生产钢产品造成的污染损害了渔民的福利,这是一种外部成本,虽然钢厂没有承担,但从整个社会来看,总要有人来承担这种成本,也就是说生产钢的边际社会成本大于钢厂的边际私人成本。从整个社会来看,帕累托效率要求边际社会成本等于价格,而钢厂则会以边际私人成本等于价格的产量进行生产。因此外部性的存在将导致市场无效率。外部性包括正外部性(即边际社会收益大于边际私人收益)和负外部性(即边际社会成本大于边际私人成本)两种形式。一般来说,如果某种私人活动产生了负外部性,那么这种行为将会超过有效率的数量,反之,产生正外部性的行为往往是不足的。

(四)公共产品(public goods)

公共产品是一种共同消费的商品,每个人对这种商品的消费不会减少其他人对该商品的消费数量。公共产品实际上是一种极端的外部性:当一个人的行为所产生的外部性影响到了经济中的每一个人,这种外部性就成了一种公共产品。纯公共产品具有两个特征:(1)非竞争性,即公共产品一旦被提供,多一个人来消费该商品的额外资源成本为零;(2)非排他性,即无法阻止其他人进入公共产品的受益范围。国防就是一种典型的纯公共物品。

公共产品的特殊性质破坏了市场机制的效率。因为公共产品的非排他性使得不愿意付款的人也能够消费同样数量的公共产品,这就是所谓的"搭便车"(free riding)问题,每个人都想搭别人的便车,却不愿自己为公共产品付钱。因此,在市场上通过私人提供公共产品的数量是不足的。

---

① 逆选择和道德风险是来自保险市场的两个重要术语,但更一般而言,它们是在委托—代理关系中产生的两个重要现象,只要存在委托—代理关系,就会存在逆选择和道德风险问题,这已经远远超出了保险市场的范畴。微观经济学中的信息经济学和激励理论专门研究委托—代理关系中的逆选择和道德风险现象。感兴趣的读者可以参阅,马可—斯达德勒,佩雷斯—卡斯特里奥.信息经济学引论:激励与合约.上海:上海财经大学出版社,2004.

3.1.2 实践中的资源配置职能

市场失灵意味着市场不能实现有效率的资源配置。政府作为市场的补充,通过参与资源配置,能够在一定程度上弥补市场失灵,这就是政府的资源配置职能。实践中,针对上述四种市场失灵现象,政府可以采取以下行动。

(一)反垄断

从市场势力的角度,垄断竞争、寡头垄断和完全垄断这三种市场结构通常都是没有效率的。但考虑到垄断竞争市场主要是由于产品的差异性导致,市场上同类产品的生产厂商数量众多,其市场势力不太明显,福利损失也不会不大;另一方面产品的差异性能够满足消费者多样化消费的偏好,因此垄断竞争市场一般不会成为政府反垄断的目标。政府的反垄断主要是针对完全垄断市场和寡头垄断市场。从各国政策实践来看,常用的反垄断的手段包括:

(1)通过立法来限制或禁止垄断行为,诸如禁止公开串谋、禁止卡特尔、对大型的垄断企业进行分拆等。

(2)对垄断企业实行价格管制。既然垄断企业有能力把价格提高到边际成本以上,那么理论上只要规定垄断企业最高只能按边际生产成本的价格来出售其产品,就可以实现帕累托有效的配置结果。这就是所谓的边际成本定价。

 **专栏 3.2**

自然垄断与公共定价

边际成本定价方法只适用普通的垄断行业,对于所谓的自然垄断(natural monopoly)行业,边际成本定价并不适用,因为边际成本定价通常会导致自然垄断的企业亏损。

自然垄断行业的特征是生产具有持续的规模经济,固定成本很高而边际成本很低,平均成本则随着产量的提高而不断下降,表现为平均成本曲线向下倾斜,而边际成本曲线总是位于平均成本曲线之下,如图3.1所示。这样的行业,很难维持竞争格局,总会出现一家企业不断扩大产量降低成本并最终成为唯一的自然垄断者。对于这一类企业,按边际成本定价就会导致企业的收益小于成本而发生亏损。

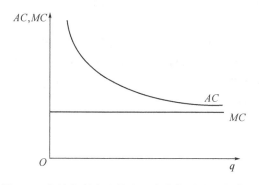

图3.1 自然垄断企业的边际成本与平均成本曲线

自然垄断广泛存在于一些公用事业或基础设施行业中,如供水、供电、供气,通信、公路、铁路、公共交通等领域。实践中,世界上大多数国家的政府对自然垄断采取两种干预形式,一是由私人垄断企业经营,政府实行管制,二是由政府直接经营垄断企业,即采取公共生产的形式。比如在很多国家,政府都直接兴办公共企业经营诸如供水、供电、铁路等公用事业。

对于自然垄断的公共企业,就存在着一个如何制定公共定价的问题。常见的公共定价方法有:

(1)平均成本定价。即产品按平均成本(而非边际成本)销售,这样可以保证公共企业收支相抵。但由于平均成本高于边际成本,因而这种定价方法并没有达到帕累托效率,但相比垄断定价的福利损失要小,属于次优的定价方法。

(2)两部定价。即对消费者收取两笔费用:一是"使用费",根据消费者使用的数量进行收费,按照边际成本进行定价;同时向消费者收取"基本费",这与消费者使用的数量无关,只要消费了就要支付,基本费用于弥补按边际成本定价给企业带来的损失。当然基本费也可以不由消费者支付,而通过政府支出的形式给亏损企业进行补贴。

(3)拉姆齐定价。当政府经营多种公共事业时,可以考虑采取一种联合定价的方式。为了使总的福利损失最小,应该使得每种产品的价格之比刚好等于其需求弹性倒数之比。这一定价法则称为逆弹性法则,与拉姆齐(Ramsey)最早提出的最优商品税原则一致,故称为拉姆齐定价。

(二)消除不对称信息

在保险市场上,由于保险公司与投保人之间的信息不对称,可能导致某些险种(如失业保险)不存在市场。在这种场合下,政府可以通过实行强制保险的方式来推行那些私人市场无法提供的险种。由于每个人都被强制参加保险,最终的索赔概率与平均概率必然相等,保险市场上的逆选择现象也就随之消失了[①]。

(三)矫正外部性

外部性的存在使市场无法实现资源的有效率配置,即产生负外部性的行为总是过多,而正外部性的行为则提供不足。政府可以采取某些措施来矫正外部性,比如对产生负外部性的行为进行征税(提高其边际私人成本),对产生正外部性的行为实行补贴(提高其边际私人收益)。这里,征税和补贴的作用在于使外部性内部化。

(四)提供公共产品

"搭便车"问题的存在导致私人市场不能有效率提供公共产品。现实中,公共产品具有多种形式,从而政府参与公共产品提供的方式也多种多样。一般来说,纯公共产品可以由政府部门直接提供,而混合产品(其性质界于纯公共产品和纯私人产品之间)则可以采取政府部门和私人部门混合提供的方式[②]。

---

① 本书不讨论产品市场上的逆选择问题。

② 我们将在第4章和第5章重点分析公共产品和外部性问题。

3.2 收入分配职能

3.2.1 效用可能性边界与社会福利函数

即使不存在市场失灵现象,竞争性市场实现了帕累托有效的配置结果,这种配置也未必一定是合意的。考虑一个极端的状态,两个消费者中一个人拥有全部资源,而另一个人一无所有,这种状态同样符合帕累托效率的定义,但它显然是不合意的,或者说是不公平的。

假定经济中只有两个人 A 和 B,他们的效用水平分别由 u^A 和 u^B 表示。我们可以画出两个人的效用可能性集和一条效用可能性边界,如图 3.2 所示。效用可能性边界 UU 意味着给定其中一人的效用水平,另一个人能够达到

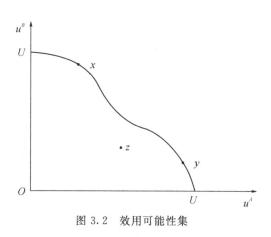

图 3.2　效用可能性集

到的最大效用。效用可能性边界及其左下部分与坐标轴构成的区域就是效用可能性集。按照定义,效用可能性边界上的点都符合帕累托最优的要求。如图 3.2 所示,x 和 y 点所代表的配置是帕累托有效的,而 z 则不符合帕累托效率的要求。

然而,尽管效用可能性边界上所有的点都是有效率的,它们却可能代表着在 A 和 B 两个人之间极不相同的收入分配状况。

那么,在众多帕累托效率配置点中,究竟哪一点对于社会而言是最优的呢?对这个问题的回答依赖于社会福利函数的形式。

一般来说,整个社会的福利水平依赖于各个社会成员的效用水平,因此,社会福利函数的一般形式是:

$$W = F(u^A, u^B) \tag{3.1}$$

这里我们只是给出了一个社会福利函数的一般形式,并假定这个函数在每个变量之上都是递增的,也就是给定其他人的效用水平不变,某个人的效用水平提高会导致整个社会福利水平上升或至少不变。社会福利函数的具

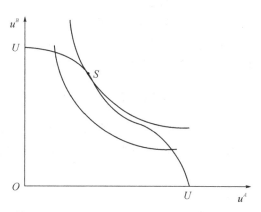

图 3.3　社会无差异曲线与福利最大化点

体形式则多种多样,众说纷纭,这依赖于人们的价值观[①]。一旦给定社会福利函数的具体形式,我们就可以得到一组社会无差异曲线,离原点越远,社会福利水平越高。如图 3.2 所示,

---

① 我们将在第 6 章第 6.3 节进一步讨论社会福利函数的存在性与具体形式。

S 点为离原点最远的一条社会无差异曲线和效用可能性边界相切的点,也就是社会福利最大化点,或称作极乐点(bliss point)。S 点就是政府部门执行公共政策的目标。

如果说,政府资源配置职能的理论目标是将经济推动到效用可能性边界上以实现资源有效率配置,那么政府收入分配职能的理论目标就是通过调节禀赋和产品在社会成员之间的分配,最终使整个经济达到社会福利最大化点。

3.2.2　福利经济学第一与第二基本定理

讨论政府的收入分配职能,需要在理论上回答以下两个问题:(1)政府对收入分配状况进行调节是否会破坏市场本身的效率?(2)进一步,政府能否通过调节收入分配以实现某一个政府希望达到的帕累托效率配置状态(比如 S 点)?

对上述问题的回答,需要结合福利经济学第一和第二基本定理。对于第一个问题,答案是如果政府通过一次总付税(lump sum tax)和一次总付补贴(lump sum subsidy)——税额(补贴)大小与个人行为无关的一种税(补贴)——来调节收入分配,那就不会影响市场本身的效率。这是因为一次总付税(补贴)只是改变了初始配置,但没有改变相对价格,根据福利经济学第一基本定理,不管初始配置如何,竞争性均衡配置都是帕累托有效的。

对于第二个问题,答案是政府能够通过调节收入分配最终实现某一个理想的帕累托效率配置。这是因为,根据福利经济学第二基本定理,政府只要调节收入分配到某个适当的禀赋配置状态,市场就会形成一组价格,在这组价格上实现的竞争性均衡就是那个政府希望达到的帕累托效率配置状态。

福利经济学第二基本定理的意义在于暗示了分配和效率这两个问题是可以分开来考虑的。简言之,如果政府认为现行的收入分配状况不合意,那么无需干预市场价格,损害效率,只需要对禀赋状态进行适当地再分配,然后让完全竞争市场来发挥作用,就能达到任何一个希望达到的帕累托最优配置。

这里需要再次强调,为了不损害市场运行的效率,政府必须采用一次总付税的形式调节收入分配,然而在实践中,一次总付税是很难实施的[①]。

3.2.3　实践中的收入分配职能

现实中,并没有一个被社会普遍认可的社会福利函数形式,也并不存在唯一的极乐点。政府的收入分配职能实际上不可能以某个极乐点为目标,而是以实现基本的公平(equity/fairness)为目标。公平是一个承载太多的词,起点公平、规则公平和结果公平各自对应了不同的概念和理念。显然,起点公平和规则公平都是重要的,但是就收入分配职能的目标而言,这里更多指向的是一种结果公平或者说实质上的公平,也就是要求相对合理的收入分配结果。然而,怎么样才算是相对合理呢? 显然,我们并不要求绝对平等(equality),但是收入差距太大肯定是不合理不公平的。

实践中,各国政府的收入分配政策目标常常定位于将收入差距控制在一定的范围以内,

---

① 最典型的一次总付税是人头税,但是实践中很难操作。英国撒切尔夫人执政时期曾实行过短暂的人头税,结果引起了严重的社会骚乱,梅杰政府上台后迅速废除了人头税。

反对贫富差距过大。经济学家常常使用洛伦兹曲线、基尼系数和泰尔指数等工具来衡量社会收入差距。

洛伦兹曲线和基尼系数是衡量收入差距最常用的工具。如图 3.4 所示,纵轴表示累计收入百分比,横轴表示累计人口百分比,对角线 OE 为收入分配绝对平等线,折线 OFE 为收入分配绝对不平等线,曲线 ODE 为实际收入分配曲线,即洛伦兹曲线(Lorenz curve)。

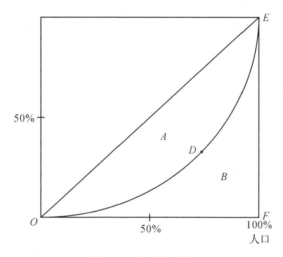

图 3.4 洛伦兹曲线

设洛伦兹曲线与对角线 OE 之间的面积为 A,洛伦兹曲线与折线 OFE 之间的面积为 B。A 与三角形 OFE 的面积($=A+B$)的比例称为基尼系数(Gini coefficient),记为 $G = A/(A+B)$,表示收入分配的不平等程度。如果 A 为 0,则洛伦兹曲线与对角线重合,基尼系数等于 0,表示收入分配完全平等;如果 B 为 0,则洛伦兹曲线与折线重合,基尼系数等于 1,收入分配为绝对不平等。基尼系数一般介于 0 和 1 之间。收入分配越是趋向平等,即洛伦茨曲线的弧度越小,基尼系数也越小,反之,收入分配越是趋向不平等,洛伦茨曲线的弧度越大,则基尼系数也越大。一般认为,如果基尼系数低于 0.3,表示收入分配相当平均;0.3～0.4 表示相对合理。0.4 被认为是基尼系数的警戒线,超过 0.4 说明收入差距较大,需要加以警戒;超过 0.6 则表示收入差距悬殊,社会处于随时可能发生动乱的危险状态。

衡量收入差距的另一重要工具是泰尔指数(Theil Index),该指数构造如下:

$$T = \sum_{i=1}^{I} (\frac{x_i}{I\bar{x}} \cdot \ln \frac{x_i}{\bar{x}}) \tag{3.2}$$

其中,I 表示人口规模,x_i 表示第 i 个成员的收入水平,$\bar{x}$ 表示平均收入,上式括号内第一项表示第 i 个成员的收入占总收入的比例,第二项则是该成员收入与平均收入之比的对数。当所有成员收入相等(即绝对平均)时,容易得到泰尔指数 T 等于 0(对应基尼系数等于 0),当所有收入均归一个成员所有时,泰尔指数 T 等于 $\ln I$(对应基尼系数等于 1)。

泰尔指数的一个优点是它能够被分解为组内差异和组间差异。假定经济中共有 k 个群体,泰尔指数可以分解为:

$$T = \sum_{k=1}^{K} s_k T_k + \sum_{k=1}^{K} s_k \ln \frac{s_k}{e_k} \tag{3.3}$$

其中，T_k 表示第 k 个群体的组内泰尔指数，s_k 为该群体收入占总收入的比例，e_k 为该群体人口占总人口的比例。(3.3)式的第一项为组内差异，第二项为组间差异。如果我们忽略组内差异，仅考虑组间差异，则泰尔指数简化为：

$$T = \sum_{k=1}^{K} s_k \ln \frac{s_k}{e_k} \tag{3.4}$$

实践中，(3.4)式被广泛用来衡量地区间收入差距。

有了衡量收入分配差距的工具，政府就可以采取一些政策措施来缩小收入差距，将其控制在一个合理的范围内。这些政策手段包括向高收入人群征收各种形式的税收（比如累进税），提供各种倾向于低收入人群的公共服务和收入转移计划，实行社会保障等。专栏 3.3 提供了一种经济学家设想的收入再分配政策。

 专栏 3.3

弗里德曼的思想实验：负所得税

美国著名经济学家，1976 年诺贝尔经济学奖得主弗里德曼（Milton Friedman）在其名著《资本主义与自由》(1962)一书中，第一次明确提出了实行负所得税(negative income tax)的建议。

在弗里德曼看来，美国当时各种形形色色的政府福利计划存在着种种弊端。特别是以下两点：

第一，假定福利计划的目的是减少贫困，那么，应该有一个旨在帮助穷人的方案。我们有各种理由来帮助恰好是一个农民的穷人，但帮助的原因不是因为他是农民，而是因为他贫穷。这就是说，一项福利计划的目的应该是帮助作为一般人的人，而不是作为特殊职业集团中的人、或不同年龄集团中的人、或某种工资率集团中的人、或劳动组织或行业成员中的人。这是农业方案、一般老年人的救济金、最低工资法、偏袒工会的法律、关税、某种工种或职业领取执照的规定等等福利计划的一个缺点。

其次，当一个福利方案通过市场发生作用时，不应该妨碍市场的正常状态或不应该阻碍它的正常作用。这是农产品价格支持、最低工资法、关税以及类似事项的一个缺点。

据此，弗里德曼提出："从纯粹的执行机制的理由上看，应该建议的安排是一种负所得税。"

所谓负所得税，在弗里德曼看来，是一种帮助穷人的方法，它与现行的所得税之间，在概念上与方法上保持一致性。这种方法的实质是想通过扩展所得税来补贴穷人的收入，补贴的数额就是穷人未曾使用的所得税减免份额。

弗里德曼在《负所得税问题》一文给出了一个负所得税的例子，见表 3.1。

表 3.1   四口之家的所得税表   单位：美元

税前总收入	税收减免	应纳税收入	税　率	税　　收	税后收入
0	3000	−3000	50%	−1500	1500
1000	3000	−2000	50%	−1000	2000

续表

税前总收入	税收减免	应纳税收入	税　率	税　收	税后收入
2000	3000	−1000	50%	−500	2500
3000	3000	0			3000
4000	3000	+1000	14%	+140	3860

按照当时美国的法律，一个四口之家有资格享受3000美元（如果这个家庭使用标准扣除额）的税收减免。如果这样一个家庭的总收入是3000美元的话，那么他们实际交纳的税是0。如果这个家庭的税前总收入是4000美元，那么它有1000美元的正的应纳税收入。适用于这一等级的税率是14%，那么它一年应交税140美元，留下了3860美元的税后收入。如果这样一个家庭的税前总收入是2000美元，那么它将拥有1000美元未曾使用的税收减免，或者说，它将拥有1000美元（＝3000美元−2000美元）的负的应纳税收入。在现行法律下，从这些未曾使用的税收减免中它没有得到任何好处。在负所得税制度下，它将有资格得到一笔补偿，其数额取决于税率。表3.1给出了一个享受3000美元税收减免的四口之家的所得税情况，假定对负的应纳税所得征50%的所得税。

如果负所得税的税率与第一个等级的正收入的税率是相同的，即14%，那么，这个家庭将有资格得到140美元，留下了2140美元的税后收入。如果负所得税的税率是50%（弗里德曼认为这是可行的最高税率），那么这个家庭将有资格得到500美元，留下了2500美元的税后收入。

如果这个家庭的税前收入为0，那么它将拥有3000美元的负的应纳税收入。在50%的税率下，它将有资格得到1500美元，留下了1500美元的税后收入。

弗里德曼认为应该逐步取消所有各种政府福利计划，代之以负所得税。在他看来，负所得税能够确保最低收入（即一个四口之家年最低税后收入1500美元），同时有其他福利计划不具备的五项优点：

（1）它使公共基金集中用于穷人。与其他众多的福利计划相比，负所得税最大的优点是它使得公共基金集中用于补充穷人的收入，它帮助人们是因为他们贫穷，而不是因为他们是老年人、残疾人、失业者、农民或公共住宅的租用者。尽管这些特征的确常常与贫困联系在一起，但并非意味着具有这些特征的人一定是穷人。

（2）它将贫穷的人当做认真尽责的人来对待，而不是当做无能的、受国家保护的人来对待。负所得税的形式能够使穷人担负起对其自己的福利状况的责任，从而促进其独立与自立习惯的培养。

（3）它使穷人具有自助的动力。尽管负所得税降低了受援助人自助的动力，但是它并没有消除人们的这种动力。在上面的例子中所使用的50%的税率下，受援助人能够保留额外挣得的每一美元中的50美分，这也是一种动力。

（4）与现行的各种福利计划相比，它既可以更多地帮助穷人，又可以大大地减少耗费。

（5）它将有助于抑制官僚主义及政治贿赂。

参考文献

1. 弗里德曼. 资本主义与自由. 北京：商务印书馆，1986.
2. 弗里德曼. 负所得税问题. 载：弗里德曼文萃. 北京：北京经济学院出版社，1991.

3.3　经济稳定职能

3.3.1　宏观经济特征与政策目标

从各个市场经济国家的发展历史看来，其宏观经济大凡都体现出一种波浪形增长的现象，也就是说，从长期来看，国民经济是持续增长的（表现为国民产出总量的不断增加）；从短期来看，国民经济则围绕着潜在的产出水平而上下波动，呈现出从繁荣→衰退→萧条→复苏→繁荣的周期性现象。如图 3.5 所示。

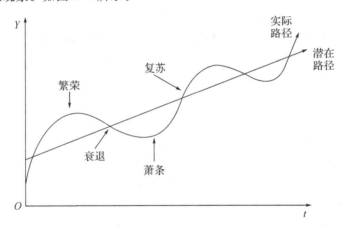

图 3.5　宏观经济的路径

这里，潜在产出是指由一国生产能力决定的产出水平，也就是由一国在某个特定时期具备的技术和生产要素水平（劳动、资本、土地等）所决定的产出水平，也称作充分就业的产出水平。在某一个既定的时期，由于可获得的技术和生产要素都是不变的，因而潜在产出水平也是不变的。但随着时间推移，一国可获得的技术和生产要素都会发生变化，潜在产出水平也会随之变化。通常，这些变化都是趋势稳定的，如图 3.5 所示，潜在产出水平随着时间推移稳定增长。

而实际产出则是一国在一定时期所实现的产出水平。从变化趋势来看，实际产出往往围绕着潜在产出上下波动。假定在初始阶段，实际水平大大高于潜在水平，我们称之为"繁荣"；在经过一个高点之后，实际水平开始掉头向下，逐渐低于潜在水平，这个过程称为"衰退"；当实际产出达到一个较深的底部时，称为"萧条"；在经过最低点之后，实际产出开始逐步上升，并超过潜在水平，这一过程称为"复苏"；然后进入下一个"繁荣"阶段，以此类推，这种周期性现象就是所谓的"经济周期"（business cycle）。

然而,宏观经济的上下波动是不令人满意的。当实际产出大于潜在产出时,经济过热,会导致通货膨胀加剧;当实际产出小于潜在产出时,则经济过冷,会导致失业率提高和通货紧缩。

宏观经济的上述特征要求政府在宏观层面做两件事情:(1)稳定短期的经济波动,也就是熨平经济周期,避免经济大幅度上下波动,使实际的国民产出水平尽量接近潜在的国民产出水平;(2)促进长期的经济增长,也就是推动人均国民产出的持续增长。这就是马斯格雷夫所谓的经济稳定职能,它是一项宏观经济职能。

具体而言,宏观经济政策的目标有四个:保持充分就业、保持物价稳定、促进经济增长和保持国际收支平衡。为了分析的方便,我们考察一个封闭式经济(忽略对外贸易),那么宏观政策目标就是前三个目标。其中,充分就业和物价稳定是短期目标,而经济增长则是长期目标。

3.3.2　短期宏观经济政策

我们用 $\bar{Y}$ 表示潜在的国民产出,它由一国的生产能力,即可利用的投入要素和技术水平决定, $\bar{Y} = F(X)$,其中 X 为向量,表示一组投入要素。在短期, $\bar{Y}$ 是不变的。

用 Y 表示实际国民产出。在短期,实际产出 Y 可能高于,也可能低于潜在产出 $\bar{Y}$ 。以 $Y < \bar{Y}$ 为例,政策目标就是要提高实际产出 Y ,实现 $Y = \bar{Y}$ 。

如图3.6所示,潜在产出 $\bar{Y}$ 由长期总供给曲线 LAS 决定,实际产出 Y 由短期总供给曲线 AS 与总需求曲线 AD 的交点 E 决定, $Y < \bar{Y}$ 。要进行宏观调控,使实际产出接近或达到潜在产出水平的目标,基本的思路是调节总需求,运用扩张性政策推动总需求曲线移动来实现稳定经济的目标,这种政策称为需求管理政策。如图3.6所示,将总需求曲线 AD 向右上方移动到 AD' ,与短期总供给曲线 AS 和长期总供给曲线 LAS 交于 E' 点,则新的均衡产出将等于潜在产出 $\bar{Y}$ 。

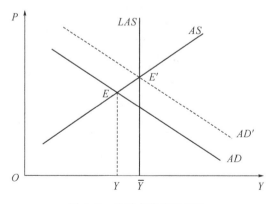

图3.6　总需求曲线的移动

由于总需求 $AD = C + I + G$,其中 C 为消费需求, I 为投资需求, G 为政府购买性支出,因此需求管理政策需要通过提高 C , I 和 G 来推动总需求曲线的移动。

一般而言,消费函数的形式为 $C = C(Y - T)$ 。其中, T 为净税收,等于总税收 TA 减去政府对私人部门的转移支付 TR ,且 $C' > 0$ 。这意味着政府要扩大消费需求,可以采取减税和增加转移支付的政策。

投资函数形式为 $I = I(r)$，r 为利率，且 $I' < 0$。这样，政府就可以通过降低利率来刺激投资（如果利润是政府可以直接控制的）。然而对于成熟的市场经济国家，利率是市场内生决定的。由于利率是货币的价格，政府中央银行可以通过扩大货币供给量等手段降低利率，进而促进投资。除了上述货币政策，政府还可以通过投资减免税等财政政策来刺激投资。

当然政府也可以直接通过扩大政府购买性支出来提高总需求。

同理，如果实际产出大于潜在产出，则应该采取紧缩性政策，使总需求曲线向左下方移动，直至 AD, AS, LAS 三条曲线交于同一点。

3.3.3 长期宏观经济政策

在长期，政府的目标是促进经济的长期增长。所谓长期经济增长，是指人均国民产出的持续增长。一般而言，我们可以把总生产函数写作，$\bar{Y} = A \cdot F(K, L, H, G)$，其中 A 表示技术进步，K 表示私人（物质）资本存量，L 表示劳动力规模，H 表示人力资本投资，G 表示政府提供的公共基础设施服务。由于我们最终关心的是人均国民产出的变化，因而对经济增长起作用的主要因素是技术、物质资本、人力资本和基础设施等变量。这些变量通常被认为是经济增长的源泉。

要促进长期经济增长，政府可以通过运用各种财政政策（包括支出与税收政策）来促进上述变量的快速积累。比如，可以通过大量的公共科研投入，以及对私人部门的研究开发活动进行减免税和补贴来促进技术进步，通过大量的公共教育投入和人力资本补贴促进人力资本积累，通过投资减免税和补贴促进物质资本积累，通过大量的公共基础设施投入来向私人部门提供各种经济增长必需的公共基础设施服务。此外，政府还应致力于提供各项公共产品、矫正外部性，创造一个良好的市场环境。如图 3.7 所示。

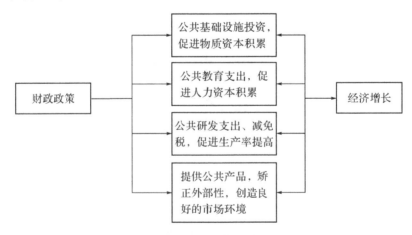

图 3.7 财政政策与经济增长

3.4 进一步的讨论

（一）政策效应分析

以上，我们分别讨论了政府的三大经济职能，似乎不同的政府行为可以分别归类到不同的职能中去，比如 A 政策是用来稳定经济的，B 政策是调节分配的，C 政策则是配置资源的。其实，实践中的政策职能并非是孤立的，同一项政策往往同时具有多项职能。

比如，从 2007 年底开始试行，2009 年起在全国推广的家电下乡政策，政府对具有农村户口的居民购买指定家电进行直接补贴，补贴率为家电销售价格的 13％。这项政策主要具有以下几个方面的效应：

（1）该政策使得受补家电相对于其他商品而言变得更便宜了，因此改变了相对价格，进而改变了受补消费者和生产者的行为，这是政府的资源配置职能。

（2）补贴的资金来源实际上是税收，而补贴对象则是农民，因此该政策改变了收入分配格局，形成了全体纳税人向受补农民的收入转移，这是政府的收入分配职能。

（3）通过该政策刺激了社会总消费需求，进而通过乘数效应刺激了总产出的增长，这是政府的宏观经济稳定职能。

因此，当我们在具体考察一项政策的经济效应时，需要从不同的角度综合分析该政策的经济效应与职能。

（二）政府失灵

尽管市场失灵理论为政府干预经济提供了依据，然而必须谨记的是，政府干预也并不是万能的，同样存在着政府失灵（government failure）的可能性。

政府失灵可能是由于政府不能获得足够的信息而无法采取正确的行动，也可能是因为政府本身只是一个由官员组成的机构，这些官员与普通人一样，有着个人的目标函数，导致政府目标偏离社会目标。这就涉及公共选择问题，我们将在第 6 章对此进行专门讨论。

本章小结

1. 在现代市场经济背景下，政府部门有三大经济职能，资源配置职能、收入分配职能与经济稳定职能。

2. 在市场出现失灵的场合，政府可以运用其资源配置职能，通过适当的政策措施，实现资源的有效率配置，或者减少社会的福利损失。

3. 政府的收入分配职能旨在缩小社会成员间的收入差距，使之保持在一个合理的范围之内，促进社会公平。

4. 宏观经济波动是不合意的，为了实现充分就业和物价稳定，政府需要发挥其经济稳定职能，采取一些相应的宏观经济政策熨平或减小波动幅度。

5. 由于各种客观和主观因素，常常导致政府行为也会出现失灵。

复习与思考

1.试分析移动电话通信服务的不同定价方式。

2.市场的资源配置和收入分配的区别在哪里？价格对资源配置和收入分配分别起到了什么作用？

3.极乐点是否一定具有帕累托效率？如果存在多种社会福利函数形式，它们各自对应的极乐点是同一点吗？

4.为了刺激社会总需求，有哪些可供选择的财政政策和货币政策？它们分别是如何起作用的？

5.从不同角度分析消费券的政策效应。

进一步阅读文献

1.范里安.微观经济学：现代观点(第六版).上海：格致出版社,2006.

2.曼昆.宏观经济学(第六版).北京：中国人民大学出版社,2009.

3.斯蒂格利茨.公共部门经济学(第三版).北京：中国社会科学出版社,2001.

第二篇　理论篇

第4章 公共产品

> 惟江上之清风,与山间之明月,耳得之而为声,目遇之而成色,取之无禁,用之不竭,是造物者之无尽藏也,而吾与子之所共适。
>
> ——苏轼,《赤壁赋》

晚上 7 点,乔治和比尔一起坐在电视机前,一边看新闻联播,一边吃巧克力。新闻联播有 30 分钟,巧克力有五块。对于新闻联播,他们每个人看的时间是一样的,都是 30 分钟,然而如果乔治吃了三块巧克力,那么比尔就只能吃到两块巧克力。这里的数量关系是,新闻联播的总时间等于乔治观看的时间也等于比尔观看的时间;而巧克力的总个数却等于乔治吃掉的个数加上比尔吃掉的个数。

从数量关系来看,两种商品的差异很明显,新闻联播的总量是不可分的,每个人消费的数量都相等;而巧克力的总量是可分的,每个人消费的数量相加刚好等于总量。这其实就是公共产品与私人产品的本质差别。本章,我们将深入探讨公共产品的定义、性质、分类、帕累托最优条件,以及分散机制实现最优配置的不可能性、偏好显示机制、公共生产与公共提供等一系列与公共产品相关的主题。

4.1 公共产品概述

4.1.1 公共产品的定义与数学形式

什么是公共产品(public goods)? 美国经济学家萨缪尔森(Paul Samuelson)在其 1954 年的经典论文《公共支出的纯理论》中给出了如下的定义:[①]

> 公共产品是一种大家共同消费(all enjoy in common)的商品,即每一个人对这种商品的消费都不会减少其他人对这种商品的消费。

---

① Samuelson, Paul A. The Pure Theory of Public Expenditure. *Review of Economics and Statistics*, 1954, 36(4): 387-389.

从上述公共产品的定义来看,公共产品具有非耗竭性(non-exhaustibility),多一个人来消费公共产品不会影响其他人的消费,比如上面提到的新闻联播。

与公共产品相对应,私人产品则是一种私人消费的商品,它可以在不同的人之间进行分配。显然,私人产品是可耗竭的,多一个人来消费私人产品会相应减少其他人的消费数量,比如巧克力。

在数学形式上,公共产品与私人产品的区别可以概括为:

对于公共产品 G 而言,有:

$$G = G^i \quad i = 1, 2, \cdots, I \tag{4.1}$$

(4.1)式表明对任一个消费者 i 而言,他所消费的公共产品的数量 G^i 等于公共产品的总量 G。也就是说公共产品在人与人之间具有不可分性,所有人共同消费同样数量的公共产品。

对于私人产品 x 而言,有:

$$x = x^1 + x^2 + \cdots + x^I \tag{4.2}$$

(4.2)式表明对于一种私人产品而言,它的总量 x 等于所有消费者对它消费数量的总和。这意味着私人产品在人与人之间具有可分性。

4.1.2 纯公共产品的性质

一般来说,纯粹的公共产品具有以下两个基本性质。

(一)非竞争性

一定数量的公共产品一旦被提供出来,多一个人来消费它的额外资源成本为零。这一特征通常被称作非竞争性(non-rivalness),有时候也被称为"边际成本为零"。

需要注意的是,这里所谓的零边际成本是指消费的边际成本为零,即多一个人来消费给定数量的公共产品的边际成本为零,而不是指多生产一单位公共产品的边际成本为零。事实上,生产的边际成本总是大于零的。

(二)非排他性

非排他性(non-excludability)是指,在技术上无法阻止其他人对这种商品的消费,或者尽管在技术上可以实现排他,但排他的成本太高以至于排他没有意义。非排他性通常意味着人们可以消费该商品而不需为此支付费用。

如果某种商品同时具备以上两个性质,那么它就是所谓的纯公共产品(pure public good)。反过来,如果一种商品既是竞争性的,又是排他性的,那么它就是纯私人产品(pure private good)。

以上文中提到的新闻联播和巧克力为例,新闻联播是非竞争和非排他的,因而属于纯公共产品,而巧克力则同时具有竞争性和排他性,属于纯私人产品。

4.1.3 商品的分类

现实世界里,纯公共产品的例子有很多,国防、法律制度、社会安全、知识都属于典型的纯公共产品[①]。纯私人产品的例子更是举不胜举,我们日常需要花钱购买的商品大多数可以归入纯私人产品。但是,如果我们把纯公共产品和纯私人产品视为两个极端,那么现实中其实还有很多中间产品位于两个极端之间。根据是否具有竞争性和排他性这两个维度,我们可以将所有的商品大致归入六个类别,见表4.1。

表 4.1　商品的分类

	非排他性	排他性
非竞争性	A　纯公共产品 (pure public goods) 例:国防、法律制度	B　排他性公共产品 (excludable public goods) 例:有线电视
拥挤性	C　拥挤性公共产品 (congested public goods) 例:拥挤的城市道路	D　俱乐部产品 (club goods) 例:游泳池,高尔夫球场
竞争性	E　共有资源 (common property resources) 例:公共草原、公共湖泊里的鱼	F　纯私人产品 (pure private goods) 例:苹果、冰淇淋

如表4.1所示,在 A(纯公共产品)和 F(纯私人产品)之间,存在着四类中间产品:

B(排他性公共产品)。排他性公共产品是指那些尽管在消费上具有非竞争性,但是在技术上实现了排他性的公共产品。有线电视就是一个典型的例子,尽管多一个用户观看有线电视不会产生竞争性,但是如果用户不及时支付费用,供应商就可以切断信号。

C(拥挤性公共产品)。拥挤性公共产品是指同时具有拥挤性和非排他性的公共产品。这一类公共产品,它们在使用人数较少时是非竞争的,但是一旦使用人数超过一定限度(即拥挤约束)后就会出现部分的竞争性,这时虽然大家消费的公共产品数量不变,但消费的质量却随着使用人数的增加而下降。这个性质被称作拥挤性(congestion),是一个介于竞争性和非竞争性之间的性质:相对于完全的竞争性而言,拥挤性商品是不可分的,而竞争性商品是可分的;相对于完全的非竞争性而言,尽管拥挤性商品不可分,但一旦超过拥挤约束,每多一个来消费这种商品都会增加拥挤成本。大城市里的道路就是一个典型的例子,一旦进入高峰时间,拥挤成本就会不断提高。

D(俱乐部产品)。某些拥挤性公共产品,能够通过实现价格排他的方式来控制使用人数,这类产品被称作俱乐部产品。比如公共游泳池,同时具有拥挤性和价格排他两个特征。一般认为俱乐部产品这个重要概念是由布坎南(Buchanan,1965)首先提出的[②]。

E(共有资源)。那些在消费上具有竞争性,但是不具备排他性的商品被经济学家称为共有资源[③]。比如公共湖泊里的鱼虽然不具有排他性(谁都可以去钓),但却具有很强的竞争

[①]　也有一些经济学家认为现实世界里根本不存在完全纯粹的公共产品,Thompson(1974)指出即使是像国防这种通常被认为是最纯粹的公共产品,也具有某种形式的竞争性。Thompson, Earl. Taxation and National Defense. *Journal of Political Economy*, 1974, 82(4): 755-782.

[②]　Buchanan, James. An Economic Theory of Clubs. *Economica*, 1965, 32(125): 1-14.

[③]　Gordon, H. Scott. The Economic Theory of a Common-Property Resources: The Fishery. *Journal of Political Economy*, 1954, 62(2): 124-142.

性,某一个人多捕一条鱼时,留给其他人捕捞的数量就会减少一条。

在现实中,竞争性和拥挤性之间的区别有时是很模糊的,有些经济学家干脆将拥挤性公共产品和共有资源归为同一类商品,尽管这样的做法多少有些草率[①]。

上述 B、C、D、E 四类中间产品通常也称为混合产品(mixed goods),其中 B、C、D 三类又可以称为非纯公共产品(impure public goods)或准公共产品(quasi-public goods)。但是根据公共产品和私人产品的定义,那些具有竞争性的共有资源不能被视为准公共产品,严格来说,它们属于准私人产品。

....

 **专栏 4.1**

萨缪尔森笔下的公共产品

尽管对公共产品的早期论述可以向前追溯到亚当·斯密,甚至更早,但是第一个对公共产品作出现代经济学分析的人则是萨缪尔森(Samuelson,1954,1955)。萨缪尔森因为他在经济学领域所做出的卓越贡献而获得 1970 年的诺贝尔经济学奖。

在萨缪尔森 1954 年的经典论文《公共支出的纯理论》中,他假定经济中存在两种商品,一种是私人消费商品(private consumption good),一种是集体消费商品(collective consumption good)。所谓集体消费商品,其实就是公共产品,但当时萨缪尔森还没有正式使用 public good 这个词。在这篇论文中,萨缪尔森利用标准的数学最优化方法推导出了公共产品的最优化条件,也就是后来人们所说的萨缪尔森条件,即每个人对公共产品和私人产品的边际替代率之和等于生产的边际转换率。

尽管导出了最优的条件,萨缪尔森却清楚地认识到在竞争性市场是不可能实现最优配置的。他写道,"然而,分散的价格机制无法确定集体消费的最优水平……最优解是存在的,问题是如何找到它。"

由于当时掌握最优化方法的人不多,为了进一步推广其公共支出理论,1955 年萨缪尔森又发表了《公共支出理论的图解》一文,用几何图形的方法推导出了公共产品的最优化条件。重点要指出的是,在这篇文章中,萨缪尔森不再使用"集体消费商品"一词,而改用"共同消费商品"(public consumption good)这一术语,并且最终省略了"消费"(consumption)一词,成了"公共产品"(public good)。

因此,人们将 public good 译成"公共产品"其实是一种误解,根据萨缪尔森的本意,这个词的正确翻译应该是"共同消费商品",或者缩略为"共用品"。虽然本书为了避免读者感到生疏而沿用"公共产品"这一传统术语,但这里特别要提醒读者注意,公共产品不是公共部门生产或提供的商品,而是大家共同消费的商品。

....

[①] 比如曼昆的《经济学原理》将海洋里的鱼和拥挤的道路统称为公共资源,在布朗和杰克逊的《公共部门经济学》里也将其归为一类。参见:曼昆.经济学原理(第四版).北京:北京大学出版社,2006;布朗,杰克逊.公共部门经济学(第四版).北京:中国人民大学出版社,2000.

4.2 公共产品的有效提供

我们已经讨论了公共产品(以及私人产品)的概念、性质和分类,现在我们转向下一个重要的问题,即在什么条件下,公共产品的提供(provision)是帕累托有效的? 为方便起见,本节的分析对象为纯公共产品。我们首先考察较为简单的离散型公共产品的情况,再对连续型公共产品的最优条件进行正式讨论。

4.2.1 离散型公共产品的有效提供

离散型公共产品的特征是,该商品只能以一个离散的数量来进行提供,也就是要么不提供,要么就提供一个单位(非 0 即 1)。这种例子是在现实中是常见的,比如一个社区决定是否要建设一个广场,人们一般只能在 0 和 1 之间进行选择,很难想象这个社区决定建设半个广场。现在我们来考虑下面的例子:

有两个大学生同住一个寝室,他们决定是否要购买一台空调。因为一台空调可以安装在房间里供两人同时使用,所以空调对于他们而言就是公共产品。而且购买空调的决策就是买或不买(空调的数量非 1 即 0),此外我们还假定市场上所有空调都是同质的,并且按相同的价格出售。这样空调对于这两个学生而言,就是一种离散型公共产品。

我们的问题是,在什么条件下购买空调是帕累托有效的?

我们假定这台空调的市场价格,也就是其购买成本为 2000 元。再假定这两个学生对购买空调的保留价格分别是 1000 元和 1200 元。所谓保留价格(reservation price),是指消费者愿意为购买某种商品而支付的最高价格。也就是说,对于这个消费者而言,在按保留价格购买该商品与不购买该商品这两种选择之间是无差异的。反过来,如果他以低于保留价格的某个价格购入该商品,那么他的效用就会提高。

在这个例子里,两个学生的保留价格之和等于 2200 元,如果他们按 2000 元的成本购入空调,那么他们的效用都可以提高(比如两人分别支付 900 元和 1100 元),或者至少可以在一人效用不变的前提下提高另一人的效用(比如两人各支付 1000 元)。由于空调的购买数量是非 0 即 1 的,也就不存在进一步提高效用的可能性,因此购买(一台)空调符合帕累托效率的要求。

现在假定两个学生的保留价格分别是 1000 元和 900 元,这时如果他们还是按 2000 元的成本购入空调,那么无论如何分担成本,他们中至少有一个人的效用下降了,这不符合帕累托改善的要求。

这样,我们就得到了离散型公共产品有效提供的条件,即当事人保留价格之和大于或至少等于公共产品的成本。我们分别用 p^A 和 p^B 表示两个学生的保留价格,用 C 表示一单位公共产品的成本,则有如下的数学公式:

$$p^A + p^B \geqslant C \tag{4.3}$$

4.2.2 连续型公共产品的有效提供:几何分析

以上我们给出了离散型公共产品有效提供的条件,那么,连续型公共产品要实现有效率提供又应该满足什么条件？连续型的意思是人们在进行选择时不再局限于 0 和 1,而是可以在一条连续的实数轴上任意选择公共产品的数量。比如上面的例子里,如果市场上的空调不是同质的,而价格随质量分布,那么这两个学生实际上就面临着一个如何选择连续型公共产品最优数量的问题。

分析连续型公共产品有效提供的问题要比离散的情况复杂一些,萨缪尔森(Samuelson,1954,1955)最早对这一问题进行了标准的经济学分析。以下的几何分析基于他发表于 1955 年的经典论文《公共支出理论的图解》[①]。

考虑一个简单的二人经济,包括两个消费者 A 与 B,一种私人产品 x 和一种公共产品 G。私人产品以供给等于需求的方式在 A 与 B 之间进行分配,满足:

$$x = x^A + x^B$$

公共产品则同时被两个消费者共同消费,即:

$$G = G^A = G^B$$

因为 A 和 B 消费的公共产品数量相等,因此 G 的上标可以省略。

为了推导出这一经济实现帕累托效率的条件,我们的思路是:首先任意给定消费者 B 的效用水平,然后再找到能够使消费者 A 达到最大效用水平的资源配置方式。假设 B 现在的效用水平由无差异曲线 BB 决定,我们的问题就是给定 B 的效用水平不变,使 A 能获得最大效用水平的公共产品和私人产品的配置是怎样的？

如图 4.1(b)所示,FF 曲线为生产可能性边界,给定 B 保持在无差异曲线 BB 的效用水

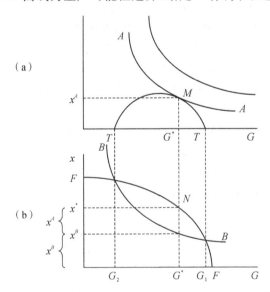

图 4.1　连续型公共产品的有效提供

平,我们能够找到 A 所有可能的公共产品和私人产品的消费组合,并用消费可能性曲线来表示,即图 4.1(a)中的 TT 曲线。消费可能性曲线 TT 是根据图 4.1(b)中生产可能性边界

① Samuelson, Paul A. Diagrammatic Exposition of a Theory of Public Expenditure. *Review of Economics and Statistics*, 1955, 37(4): 350-356.

FF 与无差异曲线 BB 纵向相减得到的。这样,使 A 效用最大化的配置一定是 TT 曲线与 A 的无差异曲线相切的点。如图 4.1(b)所示,TT 曲线与无差异曲线 AA 相切于 M 点[①],这时 A 的效用已不可能再移动到更高的无差异曲线上而不损害 B 的效用水平,因而达到了帕累托最优配置。

在 M 点上,A 消费 x^A 数量的私人产品和 G^* 数量的公共产品。相应的,B 消费 x^B 数量的私人产品和 G^* 数量的公共产品。这时,经济的生产组合位于 N 点,生产 $x^* = x^A + x^B$ 数量的私人产品和 G^* 数量的公共产品。

我们的最终目的是要推导出满足帕累托有效配置的数学条件。注意到,消费可能性曲线 TT 实际上是由生产可能性曲线 FF 和无差异曲线 BB 纵向相减得到,因此 TT 的斜率等于 FF 的斜率减去 BB 的斜率。而帕累托效率要求 A 的无差异曲线和 TT 曲线相切,在切点 M 上,无差异曲线 AA 的斜率刚好等于 TT 的斜率。这样我们就得到了用斜率表示的公共产品帕累托有效提供的条件:

AA 的斜率＋BB 的斜率＝FF 的斜率

因为 AA 和 BB 分别为 A 和 B 的无差异曲线,而无差异曲线的斜率也就是边际替代率(这里是公共产品 G 和私人产品 x 之间的边际替代率),我们分别用 MRS^A 和 MRS^B 表示。FF 为生产可能性曲线,其斜率表示公共产品和私人产品之间的边际转换率,用 MRT 表示。这样我们就得到了连续型公共产品帕累托有效提供的数学条件:

$$MRS_{GX}^A + MRS_{GX}^B = MRT_{GX} \tag{4.4}$$

这一条件最早是由萨缪尔森推导出来的,因此也称为萨缪尔森条件或萨缪尔森规则。

萨缪尔森条件还有一些其他的表示形式。边际转换率 MRT_{GX} 表示多生产一单位公共产品需要放弃的私人产品数量,也就是用私人产品表示的生产公共产品的边际成本,用 MC_G 表示边际成本,(4.4)式也可以写作:

$$MRS_{GX}^A + MRS_{GX}^B = MC_G \tag{4.5}$$

同理,边际替代率 MRS 是指消费者为多消费一单位公共产品而愿意放弃的私人产品的数量,也就是用私人产品表示的个人对公共产品的边际支付意愿,用 p_G 表示。则(4.5)式进一步可以转化为:

$$p_G^A + p_G^B = MC_G \tag{4.6}$$

一般而言,上面三个帕累托有效提供的条件(4.4)至(4.6)式是等价的。其含义是,在实现公共产品帕累托最优配置的时候,每个人对公共产品的边际支付意愿之和等于多生产一单位公共产品的边际成本。

(4.6)式给出的公共产品最优条件也可以通过对个人需求曲线的纵向加总得到。如图 4.2 所示,只需给出每个人对公共产品的需求曲线(即边际支付愿意曲线)D^A 和 D^B,然后将两条需求曲线垂直叠加得到社会需求曲线 D[②]。当社会需求曲线 D 与公共产品供给曲线 S(即边际成本 MC 曲线)相交时就确定了公共产品的最优配置。

---

① 一般来说,在消费者偏好满足完备性、传递性、连续性、单调性和凸性的条件下,与某一特定消费可能性曲线 TT 相切的无差异曲线只有一条。

② 注意,对于私人产品而言,市场需求曲线是通过个人需求曲线水平加总得到的。

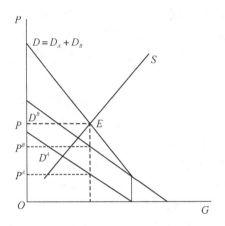

图 4.2   确定有效率的公共产品数量

课后思考题还将要求读者进一步思考这样两个问题:(1)连续型公共产品与离散型公共产品的最优条件之间有何联系与区别? (2)公共产品的最优条件与私人产品的最优条件之间又有何联系与区别?

课后的两个计算题则将帮助读者学会如何应用公共产品有效提供的条件,并且掌握需求曲线水平加总(私人产品)和垂直加总(公共产品)的技巧。

4.2.3 连续型公共产品的有效提供:数学分析

本节我们基于萨缪尔森(Samuelson,1954),通过标准的数学方法推导(连续型)公共产品有效提供的条件。同 4.2.2 节,假定存在两个消费者 A 和 B,一种私人产品 x,一种公共产品 G,我们用 $F(x,G) \leqslant 0$ 表示生产可能性集。x^A 和 x^B 分别表示 A 和 B 各自消费的私人产品数量,满足 $x = x^A + x^B$。

所谓帕累托最优配置是指在不损害其他人效用的前提下使每个人的效用达到最大。不妨给定 B 的效用水平,求解 A 的最大效用,则这一帕累托最优问题可以写成:

$$\max_{x,G} \quad u^A(x^A,G) \tag{4.7}$$
$$\text{s.t.} \quad u^B(x^B,G) \geqslant \bar{u}$$
$$F(x,G) \leqslant 0$$

在单调性假设下,上述约束实际上都是紧的。这样,这一问题的拉格朗日函数为:

$$L = u^A(x^A,G) - \lambda[\bar{u} - u^B(x^B,G)] - \mu F(x,G)$$

一阶条件是:

$$\frac{\partial u^A}{\partial x^A} = \mu \frac{\partial F}{\partial x} \tag{4.8}$$

$$\frac{\partial u^A}{\partial G} + \lambda \frac{\partial u^B}{\partial G} = \mu \frac{\partial F}{\partial G} \tag{4.9}$$

$$\lambda \frac{\partial u^B}{\partial x^B} = \mu \frac{\partial F}{\partial x} \tag{4.10}$$

我们假定效用函数是拟凹的,生产转换函数是凸的,则上述一阶条件是充分必要的。将 (4.9)式两边除以 $\mu \dfrac{\partial F}{\partial x}$,并利用(4.8)和(4.10)式的结果,得到:

$$\partial u^A / \partial G / \partial u^A / \partial x^A + \partial u^B / \partial G / \partial u^B / \partial x^B = \partial F / \partial G / \partial F / \partial x \tag{4.11}$$

(4.11)意味着:$MRS_{GX}^A + MRS_{GX}^B = MRT_{GX}$,这就是我们在4.2.2节得到的公共产品有效率提供的萨缪尔森条件。

下面,我们给出一个拟线性偏好的特例。拟线性偏好是一种比较特殊,但易于分析且性质良好的偏好类型。假定消费者 A 和 B 的偏好都是拟线性的,效用函数形式为:$u^i(x^i, G) = x^i + \phi^i(G)$,其中,$i = A, B$。则(4.11)式转化为 $\mathrm{d}\phi^A / \mathrm{d}G + \mathrm{d}\phi^B / \mathrm{d}G = MRT_{GX}$。因为 $MRT_{GX} = MC_G / MC_X$,标准化 $MC_X = 1$,则有:

$$\mathrm{d}\phi^A / \mathrm{d}G + \mathrm{d}\phi^B / \mathrm{d}G = MC_G \tag{4.12}$$

(4.12)式意味着,在拟线性偏好的情形中,最优的公共产品数量是唯一的,它与经济中的禀赋以及私人产品数量无关。

....

专栏 4.2

可自由处置的公共产品

在正文中,我们讲述的公共产品具有强制消费的特征,也就是每个人必须等量地消费同样数量的公共产品。然而,在现实中还存在很多可自由处置的(free disposal)公共产品,对于这一类公共产品,人们可以在公共产品总量范围内自由选择自己想要消费的数量 g^i,这样最优化问题(4.7)就转化为:

$$\max_{x, g, G} \quad u^A(x^A, g^A)$$
$$\mathrm{s.t.}\, u^B(x^B, g^B) \geqslant \bar{u}, \quad F(x, G) \leqslant 0, \quad g^A \leqslant G, \quad g^B \leqslant G$$

则拉格朗日方程为:

$$L = u^A(x^A, g^A) - \lambda[\bar{u} - u^B(x^B, g^B)] - \mu F(x, G) + \varphi^A(G - g^A) + \varphi^B(G - g^B)$$

可以证明,在此情形中,公共产品的最优化条件为:

$$\partial u^A / \partial g^A / \partial u^A / \partial x^A + \partial u^B / \partial g^B / \partial u^B / \partial x^B = \partial F / \partial G / \partial F / \partial x$$

且当 $g^i < G$ 时,有 $\dfrac{\partial u^i}{\partial g^i} = 0$。这意味着,公共产品的最优化配置仍然要求所有人的边际替代率之和等于边际转换率,但如果某个消费者认为自己只需要消费一部分公共产品,那么公共产品总量的边际增加将不会给她带来任何效用。

....

4.3　林达尔均衡

4.2 节已经探讨了公共产品的帕累托效率条件,那么,我们能否通过竞争性市场机制来实现公共产品的效率配置?然而,这个问题的答案却是否定的。

这是因为,在竞争性市场上,每个人都为同一种商品支付同样的价格,但是对于给定数量的公共产品,每个人都有着不同的边际支付意愿,从而公共产品的存在将导致竞争性市场均衡无效率。

既然竞争性市场不能有效率提供公共产品,那么,是否还存在一种可供选择的竞争性机制,使得公共产品达到一个有效率的配置? 我们的答案是,如果所有的消费者都是诚实的,那么确实存在这样一种竞争性机制。

从直觉上,由于每个消费者对给定数量公共产品的边际评价不同,从而如果每个人都可以为公共产品支付个性化价格,那么最终的均衡配置就有可能是符合帕累托效率的。林达尔(Lindahl,1919)在他的经典论文《公平税收:一个积极的解决方案》里,最早提出了这种具有个性化价格的竞争机制,我们习惯上将这种个性化经济称作林达尔经济(Lindahl economy)[1]。

下面我们在一个只有两个消费者的林达尔经济里讨论均衡的性质。令 s^A 表示由 A 所分担的提供一定数量公共产品成本的份额。随着他的承担份额 s^A 值的提高,公共产品对 A 而言变得更贵,他对公共产品的需求量会减少。在图 4.3 中,A 的分担额由从 O 点开始的垂直距离表示。需求曲线 D^A 表示 A 对公共产品 G 的需求量如何随纳税份额的增加而下降。同理,我们用 s^B 表示 B 分担的公共产品成本的份额,当 s^B 上升时,B 的需求量也会下降,在图 4.3 中,B 的纳税份额由从 O' 点开始的垂直距离表示,从 O' 点开始,沿纵轴向下,B 的分担份额上升。因此 B 的需求曲线 D^B 向上倾斜。

现在,我们假定存在一个虚拟的拍卖者,他先报出一组最初的分担份额(满足 $s^A + s^B = 1$)。A 和 B 分别根据各自的需求曲线报告自己想要的公共产品数量。如果两个人意愿的公共产品数量不一致,那么,拍卖者就会喊出另一组分担份额。这个过程会一直持续下去,直到 A 和 B 报告的公共产品数量相等为止。这时,经济实现了均衡(如图 4.3 的 G^*)。

林达尔经济中的公共产品决定方式与竞争性市场过程相当类似。所不同的是,在竞争性市场上人们面临相同的市场价格,而在林达尔经济中每个人面临的是公共产品成本的个性化分担份额。这种分担份额也被称作林达尔价格(Lindahl Prices)。均衡是在一组林达尔价格上实现的,在这组价格(份额)上,每个人都同意相同的公共产品数量。如图 4.3 所示,A 的均衡分担份额是 OS^*,B 的均衡份额是 $O'S^*$。在这组林达尔价格上,双方都同意提供数量为 G^* 的公共产品。我们将这一均衡称为林达尔均衡(Lindahl equilibrium)。

均衡时,必然满足下式:

$$s^{A*}C(G^*) + s^{B*}C(G^*) = C(G^*) \tag{4.13}$$

上式两边对 G 求导,有:

$$s^{A*}C'(G^*) + s^{B*}C'(G^*) = C'(G^*) \tag{4.14}$$

(4.14)式和 4.2.2 节给出的萨缪尔森条件(4.6)式一致,这说明,林达尔均衡满足公共产品有效提供的条件。这样,我们就得到了如下定理:

① Lindahl,Erik R. Die Gerechtigkeit der Besteurung, Lund: Gleerup, 1919; Translated as, "Just Taxation: A Positive Solution," in Richard A. Musgrave and Alan T. Peacock eds. , *Classics in the Theory of Public Finance*, London: Macmillan, 1958: 168-176.

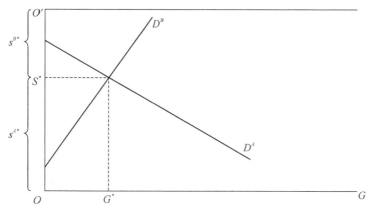

图 4.3　林达尔经济

林达尔经济第一定理

每一个林达尔均衡配置都是帕累托有效的。

林达尔经济第一定理实际上是福利经济学第一基本定理在林达尔经济里的一个版本。事实上福利经济学第二基本定理在林达尔经济里也同样成立,我们有所谓的林达尔经济第二定理,对该定理的证明超出了本书的范围。

林达尔经济第二定理

在满足消费者偏好和生产技术凸性等条件下,每一个(公共产品)帕累托有效配置都是一个林达尔均衡配置。

尽管林达尔经济在理论上很完美,但却存在着以下两个致命的问题:

第一,林达尔模型假定人们会诚实地投票。然而,问题在于公共产品具有非排他性,一旦一定数量的公共产品被提供出来,所有人都可以消费同样数量的公共产品而不必付钱。这就产生了所谓的"搭便车"(free riding)问题:不出钱也同样能消费公共产品,那何必自己掏钱购买呢?从而 A 就有动机隐藏自己对公共产品的真实偏好,而寄希望于 B 来为公共产品买单。当然 B 也会有同样的动机。由于每个消费者具有隐藏自己真实偏好的动机,这就会阻止他们最终达到一个帕累托有效的配置结果。

第二,即使人们都是诚实的,为了发现双方都认同的分担份额,也许会花费很多时间,在我们所讨论的这个例子里,只有两个参与者。但是,在大多数现实场合中都会有很多参与人。要找到一组所有人都赞同的分担份额方案,决策成本会很高。

4.4 公共产品的提供与生产

4.4.1 私人提供的无效率

我们已经表明公共产品的特殊性质使得市场机制无法有效率配置公共产品,对于给定数量的公共产品,消费者具有不同的边际评价,从而标准的竞争性市场就失灵了。但即使是在一个允许个性化价格的林达尔经济里,由于公共产品的非排他性以及由此产生的"搭便车"问题也将导致无效率的结果。

确实,"搭便车"问题的存在为私人提供公共产品造成了很大的麻烦。我们可以通过一个简单的例子来进行说明。考虑一个村庄,由 A 和 B 两户组成,两家经常受到附近马贼的骚扰,于是决定聘请镇上的巡逻队来村庄巡逻,以保安全。假定 A 户和 B 户对于巡逻的需求曲线分别为:

$$p^A = 100 - G$$
$$p^B = 200 - 3G$$

则村庄的总需求曲线为:

$$p = p^A + p^B = 300 - 4G$$

假定巡逻的市场供给曲线为:

$$MC = 50 + G$$

利用条件(4.6),可以得到巡逻的有效率数量(G^*)为50。

现在我们假定 A 户决定采取"搭便车"的行为,那么 B 户的需求曲线就变成市场需求曲线,即:

$$p = 200 - 3G$$

与巡逻的市场供给曲线联立,可得由 B 户私人提供的巡逻数量为37.5,小于最优的数量50。进一步,如果 B 和 A 一样试图"搭便车",那么最终的结果就有可能是巡逻这样一种公共产品根本得不到提供。

当然,我们的例子有些极端。实际上,追求效用最大化的个人之间会形成一个公共产品的私人提供均衡(private provision equilibrium)。一般而言,在均衡时,会有一个正的公共产品数量 $G = \sum_{i=1}^{I} g^i$ 得到提供,其中 g^i 为消费者 i 对公共产品的捐献(contribution)。但可以证明,私人提供均衡将导致公共产品提供不足,也就是低于帕累托最优数量[①]。

4.4.2 公共提供还是私人提供

在现实世界中,私人提供公共产品的例子还是很有的,比如由私人提供的公共图书馆,

---

① 对于公共产品私人提供均衡的进一步讨论参见:迈尔斯.公共经济学(第 9 章).北京:中国人民大学出版社,2001.

公路等等。但如果我们说由私人提供公共产品将导致公共产品提供不足,这一结论无疑是正确的。

既然私人部门不能有效提供公共产品,那么公共部门就取而代之。实践中,提供公共产品的确是政府公共支出的主要目的,政府部门通过税收筹集成本,进而向社会公众提供诸如国防、治安、法律制度、环境保护等各种各样的公共产品。

究竟应该由谁来提供公共产品? 这是一个需要深入讨论的问题。

首先,对于纯公共产品,或不具备排他性的拥挤性公共产品,"搭便车"问题的普遍存在使得私人提供数量不足,因此,采取公共提供是一个合适的选择。比如国防、法律制度、城市里的拥挤道路。但是要注意的是,公共提供也未必就一定能够实现有效率的结果。

其次,对于能够实现排他性的公共产品,因为这里不存在"搭便车"问题,实际上可以考虑采取私人提供的方式。比如高速公路、有线电视。英国经济学家科斯(Coase,1974)给出了一个英国历史上曾经由私人提供灯塔这样一种典型公共产品的案例,其关键就在于灯塔经营者通过某种方式使得灯塔具备了一定程度的排他性(详见专栏 4.3)。

有些时候,能够实现排他的公共产品,甚至是私人产品,也可能会采取公共提供的方式。这是因为,社会公众往往会形成关于某种商品应该无差别的提供给所有人的共识,基于这样一种共识,政府会对这种商品(无论是公共产品还是私人产品)采取公共提供的方式。比如医疗服务是一种典型的私人产品,但在很多国家都采取了公费医疗的方式。

4.4.3　公共生产还是私人生产

提供与生产是两个不同的概念。所谓提供(provision),本质上是指为消费某种商品而承担费用的行为。公共提供的意思是指公共部门通过税收等形式筹集资金购买商品并免费提供给社会公众消费的行为;而私人提供则是指私人直接为消费某种商品支付费用。而生产(production)的本质是一个投入—产出的过程,也就是将生产要素、原材料等投入品转化为产品的过程。如果这一过程在公共部门进行,就是公共生产;如果发生在私人部门,则是私人生产。

实践中,一种商品采取公共生产还是私人生产的方式,与它的商品属性和提供方式并没有明确的联系。一般来说,决定一种商品更适于采取哪种生产方式,有以下几条原则:

首先,私人企业通常以利润最大化为目标。如果某种商品有着明显的公益目标(比如公共交通和医疗服务),那么采取私人生产的方式就可能会导致公益目标无法实现。对于这些商品,采取公共生产的方式有助于公益目标的实现。

其次,从效率的角度,生产应该以最低的成本进行。因此,我们希望某种商品的生产被安排在生产成本较低的部门进行。如果公共企业有较低的成本,则应该采取公共生产的方式,反之,则应该采取私人生产的方式。然而,现实中公共企业常常被认为与生产的非效率、浪费等现象联系在一起,因此私人生产可能会有更低的成本。也有人认为,只要竞争是充分的,那么无论是公共企业还是私人企业,都会以最低的成本进行生产。

第三,如果某种商品的生产具有自然垄断的特征,那么这种商品的私人生产通常都是无效率的,将这种商品的生产安排在公共企业中可能是更好的选择。比如,在很多国家,供水、供电、铁路这样一些具有自然垄断性质的服务都是通过公共企业生产出来的。

 **专栏 4.3**

经济学中的灯塔

英国著名经济学家,1991 年诺贝尔经济学奖得主科斯(Ronald H. Coase)曾经给出了一个经典的案例,说明即使像灯塔这样典型的公共产品,在历史上也曾经采取过私人生产和私人提供的方式。

英国建造和维修灯塔的机构是领港公会(在英格兰和威尔士)、北方灯塔委员会(在苏格兰)和爱尔兰灯塔委员会(在爱尔兰)。这些机构的开支由通用灯塔基金拨出。这项基金的收入来源是由船主缴纳的灯塔税。灯塔税的缴纳和报表管理由领港公会负责(在英格兰、威尔士、苏格兰和爱尔兰均可缴纳),而具体的征税由港口的税务局完成。从灯塔税得来的钱属于通用灯塔基金,由商业部控制。灯塔机构向通用灯塔基金领取它们的开支。这意味着,英国灯塔采取了公共提供(灯塔税)和公共生产(领港公会)的方式。但是,在历史上英国的灯塔曾经采取了私人生产私人提供的方式。下面,我们来看一下英国灯塔制度的演变:

领港公会是一种古老的制度。亨利八世早在 1514 年就颁发了许可证书,证书赋予领港公会以领港管理权。我们可以把领港公会看做是英国一个古老的公共部门。

17 世纪初,领港公会在卡斯特和洛威斯托夫特设置了灯塔。但是直到该世纪末,它才建造了另一座灯塔。同时,私人也在建造灯塔。1610—1675 年间,领港公会没有建造一座灯塔,而私人建造的至少有 10 座。私人建造并经营灯塔的办法是从国王那里获得专营权。国王允许他们建造灯塔和向受益于灯塔的船只收取使用费。具体的做法是由船主和货运主递交一份请愿书,声称他们将从灯塔获得极大的好处并愿意支付使用费。后来,经营灯塔和征收使用费的权力由国会通过法令授予个人。

灯塔使用费由所在港口的代理者(它可能代理几座灯塔)收取,这种代理者可以是个人,但通常是海关官员。每座灯塔的使用费是不同的。船只每经过一座灯塔,就根据船只的大小缴纳使用费。每个航次每吨收费比率有一个通常的标准(如 1/4 或 1/2 便士)。后来,刊载有不同航程所要经过的灯塔相应收费标准的名册发行了。

注意,通过专营权和收费标准,灯塔实现了私人生产和私人提供的方式。其中,经营灯塔的人是生产者,而船主则是提供者。

同时,领港公会实行了一项既能保住权力又能保住钱财(甚至可能赚钱)的政策。领港公会申请经营灯塔的专利权,后向那些愿意自己出资建造灯塔的私人出租,并收取租金。私人租借的先决条件是保证进行合作而不与领港公会作对。1820 年的情况是,24 座灯塔由领港公会经营,22 座由私人或私人组织经营。但领港公会的许多灯塔原先不是由他们建造的,而是通过购买或租约到期而得到的。1820 年 24 座由领港公会经营的灯塔中,12 座灯塔是租约到期的结果,1 座是 1816 年由切斯特理事会转让的。所以,1820 年 46 座灯塔中只有 11 座是领港公会建造的,而 34 座是由私人建造。

至 1834 年,领港公会经营着总共 56 座灯塔中的 42 座。那时,议会强烈支持领港公会购买私人灯塔的建议。不久,领港公会开始购买某些私人灯塔。1836 年,议会的法令把英国所有的灯塔授予领港公会,领港公会有权购买剩留在私人手中的灯塔。这一工作到 1842

年完成。从那以后,除"地方性的灯塔"外,在英国不再有属于私人所有的灯塔了。1898 年,英国设立了通用灯塔基金。这项基金全部由灯塔税提供,它仅用于灯塔服务的管理。当然,细节上稍有变动,但制度的基本特征自 1898 年以来一直保留了下来。

——本文改编自科斯. 经济学中的灯塔. 载:论生产的制度结构. 上海:上海三联书店,1994.

4.4.4 生产和提供的组合

以上,我们对如何选择生产方式和提供方式的原则进行了广泛的讨论,需要指出的是,这里并没有一个绝对的标准。无论是公共产品还是私人产品,都有可能采取公共提供或私人提供的方式,也都有可能采取公共生产或私人生产的方式。

表 4.2 给出了八种可能的生产和提供的组合方式。

表 4.2 生产和提供的各种组合

	公共提供	私人提供
公共生产	公共产品:法律制度	公共产品:收费公园
	私人产品:公立医院的公费医疗	私人产品:水、电
私人生产	公共产品:道路、桥梁	公共产品:小区服务(绿化、治安)
	私人产品:私立医院的公费医疗	私人产品:苹果、冰淇淋

除此以外,经济中还存在着大量混合提供或混合生产的情形。所谓混合提供,是指对某种商品的消费由公共部门和私人部门共同出资的现象,比如高等教育,学生通常需要自己支付一定的学费,但是这些学费不足以补偿一个大学生的生均成本,还需要政府进行大量教育补贴才能维持学校的运行,从而高等教育实际上就采取了混合提供的形式。而混合生产则是指某种商品的生产由公共部门和私人部门合作进行的形式,这种公私合作的生产方式在一些大型基础设施的生产过程中经常出现。

4.5 公共产品的偏好显示机制[①]

私人提供公共产品常常是无效率的,所以公共部门承担起了提供公共产品的责任。然而,由公共部门来提供公共产品也未必是有效率的。

萨缪尔森条件告诉我们要实现公共产品的有效提供,我们需要知道社会上每个成员对

[①] 本节的分析基于 Clarke, E. H. Multipart Pricing of Public Goods. *Public Choice*, 1971, 11(1): 17-33; Groves, T. Incentives in Teams. *Econometrica*, 1973, 41(4): 617-631; Green, J. and J. J. Laffont. Characterization of Satisfactory Mechanisms for the Revelation of Preferences for Public Goods. *Econometrica*, 1977, 45(2): 427-438; 范里安(H. R. Varian). 微观经济学:现代观点(第六版第 35 章). 上海:格致出版社,2006;瓦里安(H. R. Varian). 微观经济学:高级教程(第 23 章). 北京:经济科学出版社,1997.

公共产品的真实偏好。但是怎样才能获得人们对于公共产品的真实偏好呢？这是一个很困难的问题。由于"搭便车"问题的存在，人们一般不愿意透露自己对公共产品的真实偏好。一定数量的公共产品一旦存在，每个人的消费数量是一样的，并不会因为人们对公共产品的贡献大小而不同。因此人们往往希望别人尽量多出钱，自己尽量少出钱。

4.5.1　离散型公共产品的偏好显示机制

为简单起见，我们首先考察离散型公共产品的情况。现在考虑某个小镇的居民决定是否要合作建设一个中心小广场，假定建设成本已知，用 C 表示。每个人对广场的真实评价（保留价格）用 p^i 表示（$i = 1, 2, \cdots, I$）。根据离散型公共产品有效供给的条件，可知如果每个人的评价之和大于或等于建设广场的成本，那么提供广场就是有效的：

$$\sum_{i=1}^{I} p^i \geqslant C \tag{4.15}$$

现在小镇政府要求每个人报告自己对广场的评价，并且宣布如果全镇所有人报告的评价总和大于或等于建设广场的成本，那就建设广场，否则就不建。如果决定建设广场，则建设成本根据每个人报告的评价高低按比例分摊。也就是说，如果你透露你对广场的评价越高，那么你就得承担更大比例的建设成本。这个方案的结局是意料之中的，为了避免多付钱，所有人都会故意报低自己对广场的评价，最后广场很可能就修建不了。

有人认为，这里的问题出在每个人的评价与分担成本相关，如果切断两者的联系就能解决问题。那么我们考虑换个方案。镇政府要求每人如实透露对广场的评价，而且每人所承担的成本与他所汇报的评价无关。比如建设成本由全体居民平均分摊。这时，对广场评价高于其负担成本的人就会希望广场能够建成，他们的理性选择是夸大其对广场的评价。而对广场评价低于其负担成本的人则会故意低报他们对广场的评价，希望借此取消建设广场的计划。这样我们最终还是无法了解人们对广场的真实评价。

那么，我们是否对如何诱导出人们对公共产品的真实偏好无计可施呢？也不尽然。事实上经济学家已经提出了一种能够成功诱导出个人对公共产品真实偏好的直接机制，称作格罗夫斯—克拉克机制，或简称格罗夫斯机制[①]。下面我们简单介绍一下这种偏好显示机制。

我们首先来看上面两个方案失败的原因，真正的原因在于人们可以偏离真实的评价却不需为此支付成本。上述两个方案都没有提供让人们真实报告自己对公共产品评价的激励，却有着促使其过低或过高评价公共产品的激励。

假设建设成本为 C，我们预先规定成本的分摊方案，第 i 个人分担 C_i，满足 $\sum_{i=1}^{I} C_i = C$。p^i 表示各人对广场的真实评价，N^i 表示每个人从广场中得到的净收益（净评价），$N^i = p^i - C_i$。如果 $N^i < 0$，他便会反对建设广场，因而有故意低报其真实评价的动机；如果 $N^i > 0$，他便希望建设广场，因而会夸大其对广场的评价。因此，我们需要通过机制设计来防止这两种扭曲。

[①]　由格罗夫斯（Groves, 1973）和克拉克（Clarke, 1971）提出。格林和拉丰（Green 和 Laffont, 1977）证明了在拟线性偏好下，格罗夫斯机制是唯一的、单个激励高度相容的直接偏好显示机制。

为了分析的方便,我们现在要求每人报告他们对广场的净评价,记做 B^i。集体决策根据全体居民的报告而定:如果 $\sum_{i=1}^{I} B^i \geqslant 0$,则建广场;如果 $\sum_{i=1}^{I} B^i < 0$,则不建。

现在的问题是,在何种机制下,B^i 才会是 N^i 的真实汇报?

格罗夫斯—克拉克机制的关键之处在于,让轴心人物承担他们造成的社会损失。所谓轴心人物(pivotal agent),是指那些改变社会决策的人。这里包括两种情况。

(1)如果 $\sum_{i \neq j} B^i \geqslant 0$,而 $\sum_{i} B^i < 0$,这意味着除了成员 j 之外的其他成员赞成建设广场,而 j 加入后改变了决策,使得广场不能得到建设。这样 j 就是所谓的轴心人物,他对其他成员造成的社会损失为 $H^j = \sum_{i \neq j} B^i \geqslant 0$。

(2)如果 $\sum_{i \neq j} B^i < 0$,而 $\sum_{i} B^i \geqslant 0$,这意味着除了成员 j 之外的其他成员反对建设广场,而 j 加入后改变了决策,使得广场得到建设。在这种情形中,j 也是轴心人物,他对其他成员造成的社会损失为 $H^j = -\sum_{i \neq j} B^i > 0$。

在一项集体决策中,有可能不存在轴心人物,也有可能所有人都是轴心人物。轴心人物的重要性在于必须给予他们说出真话的激励,而非轴心人物是否说真话其实无关紧要。

那么如何才能让轴心人物说真话呢?格罗夫斯—克拉克机制要求轴心人物承担他们造成的社会损失,这样他在进行决策时将面临真实的社会成本——即他施加于其他人的损害。要求轴心人物承担社会成本,相当于向他征收一道税,这种税收在经济学上叫做克拉克税(Clarke tax)。

上面的机制涉及轴心人物,因此也称为轴心机制。我们将其正式表述如下:

(1)根据公共产品的总成本 C 向每个成员指派成本 C^i,使得 $\sum_{i} C^i = C$。这是指如果公共产品被确定要提供,那么每个人必须为此支付相应的成本。

(2)要求每个人汇报各自从公共产品中获得的净收益 B^i。

(3)规定如果 $\sum_{i} B^i \geqslant 0$,便提供该公共产品;如果 $\sum_{i} B^i < 0$,则不提供。

(4)要求每个轴心人物交纳克拉克税。即如果轴心人物 j 的汇报而导致决策由提供变为不提供,他所要交纳的税收将是:$H^j = \sum_{i \neq j} B^i$;如果他使决策由不提供变为提供,他所要交纳的税收将是:$H^j = -\sum_{i \neq j} B^i$。

这里要强调的是,克拉克税不能交纳给任何一个社会成员,而是交纳给政府,这样这笔税收才不影响任何其他人的决策。克拉克税的存在将使得每个人的个人利益与社会利益保持一致,这时人们将会发现,说真话才是最优策略。

为了帮助读者理解轴心机制如何诱导人们显示对公共产品的真实偏好,我们再举一个简单的例子。

回到买空调的例子。现在假定有三个大学生同住一间寝室,他们正在考虑是否要购买一台立式空调,他们都同意通过轴心机制来做出决策。假定空调的购买成本为3000元,他们事先约定如果最终的决策是购买空调,则每个人分担1000元。假定三个人对空调的真实评价分别是 500 元、500 元和 2600 元,如表 4.3 所示。

表 4.3　克拉克税的应用

单位:元

个　人	分担成本	评　价	净　值	克拉克税
A	1000	500	−500	0
B	1000	500	−500	0
C	1000	2600	1600	1000

在这个例子里,三个人的净值之和为 600 元,说明提供空调是有效率的[①]。现在我们来看克拉克税是如何使人说真话的。

首先来看 A 的选择。由于 A 的净值为 −500 元,若把 A 排除在外,那么 B 和 C 的净值之和为 1100 元,因此 A 不是轴心人物。由于空调的提供将使 A 的处境恶化,因此 A 很可能试图把他的净值报低。为使空调买不成,A 的报告不得不低于 −1100 元。但如果 A 真的如此行动,那么他就成了轴心人物,他必须为此支付一笔克拉克税,其数额等于其他人净值之和,即 1100 元。结果是,他从谎报中得到的好处是减少了净值损失 500 元,同时支付了 1100 元的克拉克税,这样他谎报的净损失就是 600 元,得不偿失。因此 A 没有说谎的激励。

同理,B 也不会谎报。那么 C 呢? 在本例中,C 已经是轴心人物——他不报告,空调就买不成,而他的加入使得决策从不买变成了买。他从空调消费中得到的净值是 1600 元,同时要支付 1000 元的克拉克税。C 的净值为正,他有着夸大自己净值的动机,那么他会选择谎报吗? 也不会。首先,他已经是轴心人物,夸大净值不会改变他的净收益。而且,在不知道其他两人真实偏好的前提下,报高可能给他带来更大的损失。假定其他两人的净值之和为 −1700 元,如果 C 真实报告净值 1600 元,空调将不会购买,但如果 C 谎报了净值 1800元,则空调将会购买,C 从中得到净值 1600 元,同时交纳克拉克税 1700 元,谎报的净损失为100 元。因此,C 也没有说谎的激励。

上述分析表明,三个人都会发现真实地显示各自对空调这种公共产品的偏好最有利于他们各自的利益,即说真话是他们每个人的占优策略。

4.5.2　连续型公共产品的偏好显示机制

以上我们分析了离散型公共产品情况下的偏好显示机制。对于连续型公共产品而言,格罗夫斯—克拉克机制同样适用,分析原理是一样的,就是要人们承担其行为的边际社会成本。

假定所有消费者都具有拟线性偏好,效用函数为 $u^i(m, G) = m + \phi^i(G), i = 1, 2, \cdots, I$。其中,$G$ 为连续型公共产品,m 为计价商品(货币)。标准化 $\phi^i(0) = 0$。

现在我们把连续型公共产品的格罗夫斯—克拉克机制表述如下:

(1)确定每个消费者为公共产品成本分担的份额,s^i,满足 $\sum_i s^i = 1$。则消费者从公共产品中获得的净效用函数为:$N^i(G) = \phi^i(G) - s^i C(G), i = 1, 2, \cdots, I$,其中,$C(G)$ 为公共

---

① 但如果用投票机制来决策,那么多数票会持反对意见。我们将在第 6 章第 6.2 节介绍投票机制。

产品的成本。

(2)政府要求每个消费者报告其净效用函数 $N^i(G)$，我们把消费者实际报告的函数记做 $B^i(G)$。

(3)政府加总 $B^i(G)$，求出使 $\sum_i B^i(G)$ 最大化的 G^*，并提供 G^* 数量的公共产品。

(4)政府宣布每个消费者得到一笔额外支付，金额等于其他消费者的报告之和，即，对于消费者 i，他得到的支付为 $\sum_{j\neq i} B^j(G)$。

在这一机制下，消费者 i 的问题是最大化：$N^i(G) + \sum_{j\neq i} B^j(G)$，$i = 1, 2, \cdots, I$。

而政府的问题是最大化：$B^i(G) + \sum_{j\neq i} B^j(G)$。

显然，通过选择真实报告 $B^i(G) = N^i(G)$，消费者 i 能够保证政府选择最大化其个人效用的 G^*。上述分析分析表明，在这一机制下，每个消费者的占优策略是说真话。

注意，当每个人都说真话时，政府面临的问题就是：$\max_G \sum_i \phi^i(G) - C(G)$。一阶条件是，$\sum_i {\phi^i}'(G) = C'(G)$。这实际上就是公共产品有效率提供的条件(4.12)式。这说明，在连续型公共产品的情形中，格罗夫斯机制能够确定一个帕累托有效的公共产品数量。

但此时，政府需要支付大量的额外支付，为了减小这一数额，政府需要选择一个适当的扣除，比如在对 i 的额外支付中扣除一笔等于 $\max_G \sum_{j\neq i} B^j(G)$ 的金额。注意，这一扣除金额与 i 的选择无关，从而不会影响她的决策。

这时，消费者的净效用为：$\phi^i(G) + \sum_{j\neq i} B^j(G) - \max_G \sum_{j\neq i} B^j(G)$。注意，$\sum_{j\neq i} B^j(G) - \max_G \sum_{j\neq i} B^j(G) < 0$，这一扣除实际上就是消费者在连续型公共产品的情形中需要缴纳的克拉克税，它实际上就是消费者 i 改变的社会福利额。

4.5.3 进一步的讨论

格罗夫斯机制也存在一些问题，主要有以下几点：

首先，格罗夫斯机制只适用于拟线性偏好。拟线性偏好意味着公共产品的有效水平是唯一的。而其他情况下公共产品的有效水平依赖于人们的财富水平。为提供公共产品而交纳的税收(指派部分以及克拉克税)一般会导致人们财富水平的变化，从而改变了公共产品的有效水平。因此为保证格罗夫斯机制起作用，公共产品具有唯一的最优水平十分重要。

其次，格罗夫斯机制并没有真正实现帕累托有效的配置。虽然这一机制能确定有效率的公共产品水平，但是在私人产品的配置上却不是最优的。这是因为轴心人物必须交纳克拉克税，这使得公共产品的提供存在着预算盈余，也就是说，这使得整个社会为提供公共产品而过多放弃了对私人产品的消费，也就是说对私人产品的消费将低于有效率的水平。

第三，我们说格罗夫斯机制导致公共产品的提供数量达到帕累托有效的水平是指从整个社会而言，提供的公共产品数量是最优的。但导致这一有效配置的支付计划不符合帕累托改善的要求。回忆我们上面的例子，有效的结果是提供空调这种公共产品，但 A 和 B 的净值都是负的，他们的处境实际上都恶化了。

4.6　公共产品的受益范围

公共产品是大家共同消费的商品，但它的受益范围有大小之分。

某些公共产品，比如国防、宪法，它们的覆盖范围是整个国家，因此可以称为全国性公共产品（national public goods）。

有更多的公共产品，比如广场、公园、消防等，其受益范围可能仅限于某个特定地理区域，它们被称为地方性公共产品（local public goods）。

 **专栏 4.4**

蒂博特模型与地方性公共产品的偏好显示

蒂博特（Tiebout）在《地方支出的纯理论》(1956)一文中提出了一个通过"以足投票"机制实现地方性公共产品有效率配置的经典模型。蒂博特模型基于以下七个假定：

(1)消费—投票者具有完全流动性，可以迁移到任意他想去的社区；

(2)消费—投票者对不同社区的收入—支出组合差异具有完全信息，并且对这种差异做出反应；

(3)存在大量的可供选择居住的社区；

(4)人们的迁移不受到就业机会的约束；

(5)一个社区提供的公共服务不会对其他社区产生外部效应；

(6)每个社区都存在一个最优的规模，最优规模意味着公共服务的生产以最低的平均成本进行；

(7)低于最优规模的社区希望减少居民数量，高于最优规模的社区刚好相反，处于最优规模的社区则希望保持现有的人口规模。

根据这七个假定，蒂博特指出，人们会自由选择最适合于自己偏好的社区居住，在这个过程中人们将自然而然地显示出对公共产品的真实偏好。只要可供选择的社区数量足够多，最终将会实现一个近似的理想"市场"解。也就是说，通过这样一种"以足投票"的机制形成的地方性公共产品均衡配置将会近似于最优配置。尽管蒂博特模型的假设并不完全符合现实，但如同一般均衡模型，它提供了一个研究的参照系。

参考文献

Tiebout, Charles, M. A Pure Theory of Local Expenditure. *Journal of Political Economy*, 1956, 64(5)：416-424.

还有一些公共产品，比如在国际互联网上公开发布的信息，它们的覆盖范围是全世界，因而被称作全球性公共产品（global public goods）。现实中，全球性公共产品的例子不是很多，致力于控制二氧化碳排放，保护臭氧层，进而防止大气变暖的《京都议定书》被认为是一项典型的全球性公共产品。

 专栏 4.5

全球变暖与《京都议定书》

根据"政府间气候变化专门委员会"(IPCC)2007 年发布的《第四次评估报告——气候变化 2007》显示,全球气候系统的变暖已经是"毋庸置疑的"事实,从全球大气和海洋平均温度升高、冰雪消融以及海平面上升的观测中可以明显看出气候系统变暖趋势。如果不采取行动,气候变化可能会"导致一些突变的或不可逆的影响",如南北两极冰层消融、海平面突涨数米、海岸线发生重大变化等。如果气温上升幅度超过 1.5℃～2.5℃,全球 20%～30% 的动植物物种面临灭绝;如果气温上升 3.5 摄氏度以上,40%～70% 的物种将面临灭绝。全球变暖还将导致气候灾害更加普遍,热带风暴将更加频繁和猛烈,高温和暴雨天气将危害世界部分地区,导致森林火灾和病疫蔓延等后果。海平面上升将令沿海地区洪涝灾害增多、陆地水源盐化。一些地区饱受洪涝灾害的同时,另一些地区将在干旱中煎熬,遭遇农作物减产和水质下降等困境。

报告同时声称,具有很高可信度的是,全球变暖的原因之一就是"自 1750 年以来的人类活动",尤其是温室气体排放的增多。报告称,全球温室气体排放量在 1970 年至 2004 年之间增加了 70%,其中二氧化碳排放量增加了 80%,地球大气层中聚集的二氧化碳气体已超过过去 65 万年中自然变化的范围。

报告还指出,为降低对气候变化的风险,需要采取广泛的适应和减缓措施。尽管不能避免所有的气候变化的影响,但是,"适应和减缓能够互补并能够共同大大降低气候变化的风险"。有高度一致和充分的证据表明,"在未来几十年对减缓全球温室气体的排放有着相当大的经济潜力"。有一系列政策和手段可供政府用于制定旨在减缓温室气体排放的激励措施,包括将各项气候政策融入更广泛的发展政策、规章制度和标准、税费、可交易许可证、财政激励、自愿协议、信息手段以及研究开发和示范。

迄今为止,世界各国政府所采取的最有力的对抗全球变暖的联合行动就是签订了《京都议定书》(Kyoto Protocol)。1997 年 12 月,149 个国家和地区的代表在日本召开《联合国气候变化框架公约》缔约方第三次会议,会议通过了旨在限制缔约国温室气体排放量以抑制全球变暖的《京都议定书》。

《京都议定书》遵循《公约》制定的"共同但有区别的责任"原则,要求作为温室气体排放大户的发达国家采取具体措施限制温室气体排放,而发展中国家不承担有法律约束力的温室气体限控义务。《京都议定书》规定,到 2012 年,所有缔约国排放的二氧化碳等六种温室气体的数量,要比 1990 年减少 5%。对各发达国家来说,从 2008 到 2012 年必须完成的削减目标是:与 1990 年相比,欧盟削减 8%、美国削减 7%、日本削减 6%、加拿大削减 6%、东欧各国削减 5%～8%。新西兰、俄罗斯和乌克兰则不必削减,可将排放量稳定在 1990 年水平上。议定书同时允许爱尔兰、澳大利亚和挪威的排放量分别比 1990 年增加 10%、8%、1%。《京都议定书》需要在占全球温室气体排放量 55% 的至少 55 个国家批准之后才具有国际法效力。

2002 年 5 月 31 日,欧盟 15 个成员国集体批准了《京都议定书》;6 月 4 日,日本政府也批准了《京都议定书》,至此,批准议定书的国家已超过 55 个,但批准国家的温室气体排放量仅为全球温室气体排放总量的 36％,尚不足以使《京都议定书》生效。

美国人口仅占全球人口的 3％～4％,而所排放的二氧化碳却占全球排放量的 25％以上。美国克林顿政府曾于 1998 年 11 月签署了《京都议定书》,但 2001 年 3 月,布什政府以"减少温室气体排放将会影响美国经济发展"和"发展中国家也应该承担减排和限排温室气体的义务"为借口,宣布拒绝执行《京都议定书》。

美国的行动拖延了《京都议定书》的生效。由于美国拒绝批准《京都议定书》,只有占 1990 年二氧化碳排放总量 17％的俄罗斯批准《京都议定书》,才能达到上述要求。最终,俄罗斯于 2004 年 11 月 18 日批准了京都议定书,使得《京都议定书》终于能够在 2005 年 2 月 16 日生效。截至 2009 年 1 月,已有 183 个国家批准了该议定书。特别是 2007 年 12 月,澳大利亚批准了《京都议定书》之后,除美国外的所有发达国家均已批准了《京都议定书》。2009 年 1 月 20 日,美国新任总统奥巴马就职后,开启绿色能源新政,任命 1997 年诺贝尔物理学奖得主朱棣文为能源部长,委任克林顿政府时期负责《京都议定书》谈判的陶德·斯特恩(Todd Stern)作为代表美国进行新一轮气候谈判的特使,这使得美国可能将成为制定后《京都议定书》的主导力量(《京都议定书》将于 2012 年失效)。

《京都议定书》是人类历史上首次以法规的形式限制温室气体排放。为了促进各国完成温室气体减排目标,《京都议定书》以"净排放量"计算温室气体排放量,即从本国实际排放量中扣除森林所吸收的二氧化碳的数量,同时允许各国采取以下三种灵活的减排机制:

1. 国际排放贸易机制。即两个发达国家之间可以进行排放额度买卖的"排放权交易",即难以完成削减任务的国家,可以花钱从超额完成任务的国家买进超出的额度。

2. 清洁发展机制。即允许工业化国家的投资者从其在发展中国家实施的并有利于发展中国家可持续发展的减排项目中获取"经证明的减少排放量",也就是说将进行温室气体排放权交易的市场放到了发展中国家。这一机制促使发达国家和发展中国家共同减排温室气体。中国是目前世界上签订清洁发展机制项目最多、减排量最多的国家。

3. 联合履行机制。即采用"集团方式",欧盟内部的许多国家可视为一个整体,采取有的国家削减、有的国家增加的方法,在总体上完成减排任务。

上述减排机制允许发达国家通过碳交易市场等灵活完成减排任务,而发展中国家可以获得相关技术和资金。据统计,2006 年,全球碳交易市场规模已达到 300 亿美元,2007 年市场规模超过 700 亿美元,2008 年突破 1000 亿美元,有人预计到 2013 年将达到 6690 亿美元。

中国于 1998 年 5 月 29 日签署,并于 2002 年 8 月 30 日批准了《京都议定书》,由于中国是发展中国家,没有法定的减排义务。但是,根据荷兰环境评估机构的一份报告,从 2006 年开始,中国已经超过美国,成为世界最大的二氧化碳排放国(前六位分别是中国、美国、欧盟、俄罗斯、印度、日本)。这不能不引起重视。中国,作为一个世界上人口最多,经济发展速度最快,二氧化碳排放量最多的发展中大国,应该勇于承担起减少碳排放的义务;而发达国家,也应该主动承担起向中国提供资金技术、帮助中国改变能源结构以实现清洁发展的责任。

参考文献

1. IPCC，《第四次评估报告——气候变化 2007》。
2. 《京都议定书》。
3. 维基百科词条"京都议定书"（英文）。

本章小结

1. 公共产品是一种大家共同消费的商品，每一个人对这种商品的消费都不会减少其他人对这种商品的消费；而私人产品则是一种私人消费的商品，它可以在不同的人之间进行分配。因此，公共产品是非耗竭的、不可分的，而私人产品则是可耗竭的，可分的。

2. 纯公共产品有非竞争性和非排他性两个特征，纯私人产品则具有竞争性和排他性。在这两个极端之间，还有排他性公共产品、拥挤性公共产品、俱乐部产品和共有资源等多种中间产品。

3. 离散型公共产品有效提供的条件是每个消费者对公共产品的保留价格之和大于或等于公共产品的成本。连续型公共产品实现帕累托有效配置则要求每个消费者对公共产品的边际评价之和等于生产公共产品的边际成本。

4. 林达尔经济是一个允许人们为公共产品支付个性化价格的竞争性机制，可以证明，林达尔均衡是帕累托有效的，但前提是每个人都是诚实的。

5. 由于公共产品固有的"搭便车"问题，将导致公共产品的私人提供均衡没有效率，也就是公共产品的私人提供数量不足。

6. 由于私人部门不能有效提供公共产品，公共部门则取而代之。在实践中，提供公共产品是公共支出的主要目的。

7. 要使公共部门能够有效提供公共产品的前提是政府了解消费者对公共产品的真实偏好。格罗夫斯－克拉克机制是一个并不完美的直接偏好显示机制。

复习与思考

1. 连续型公共产品有效提供的条件和离散型公共产品有效提供的条件的联系和区别在哪里？

2. 比较公共产品有效提供的条件和私人产品有效提供的条件。

3. 考虑一个经济由 A、B 两人组成。某商品的市场供给曲线为：$p = 2 + q$。A、B 的个人需求曲线分别为：$p^A = 5 - q$；$p^B = 6 - q$。

(1) 如果该商品为私人产品，求总需求曲线和均衡的产量。

(2) 如果该商品为公共产品，求总需求曲线和最优的产量。

4. 泰山和简生活在丛林之中，他们训练美洲豹，让它在他们的居住区周围巡逻和采集水果。美洲豹每小时能采 3 磅水果，它每天必须要睡觉 10 小时，其余时间的安排是：6 小时巡逻，8 小时采集水果。

(1) 在这个故事里，什么是公共产品，什么是私人产品？

(2) 如果泰山和简每人都愿意放弃 1 小时的巡逻来换取 2 磅果子，那么美洲豹的时间配置是不是帕累托有效的? 它应该增加还是减少巡逻时间?

5. 同住一个寝室的四个大学生决定是否要购买一台价格为 3200 元的电视机,假定他们同意通过轴心机制来决策,他们事先约定如果最终的决策是购买电视机,则他们每个人分担 800 元。其中 A、B、C、D 分别愿意支付 1300 元、1200 元、600 元、400 元以得到使用电视机的好处。我们将上述情况表述如下表所示。

个　人	分担成本	评　价	净　值	克拉克税
A	800	1300	500	
B	800	1200	400	
C	800	600	-200	
D	800	400	-400	

(1)在本例中,提供电视机是有效率的吗? 为什么?

(2)如果四个人都没有谎报各自的评价,谁将成为轴心人物? 轴心人物要交纳多少克拉克税?

(3)在本例中,他们会选择谎报自己对电视机的评价吗? 为什么?

进一步阅读文献

1. Samuelson, Paul A. The Pure Theory of Public Expenditure. *Review of Economics and Statistics*, 1954, 36(4): 387-389.

2. Samuelson, Paul A. Diagrammatic Exposition of a Theory of Public Expenditure. *Review of Economics and Statistics*, 1955, 37(4): 350-356.

3. 迈尔斯. 公共经济学(第9章). 北京:中国人民大学出版社,2001.

4. 瓦里安. 微观经济学:高级教程(第23章). 北京:经济科学出版社,1997.

第5章 外部性

权利界定是市场交易的前提。

——科斯,《联邦通讯委员会》(1959)

外部性是一种市场不存在的现象。如果某个人的行为通过一种市场之外的方式对另一个人产生了影响,那么外部性就产生了。按照这个定义,外部性几乎无处不在。试想,此刻你正要入睡,你的邻居却在楼道上大声唱歌,歌声吵得你无法入睡。可是,这里并没有一个噪音市场,你的邻居不需要因为她的歌声而向你支付任何费用,于是你只能忍受。也有可能,一个阳光的午后,你正在看书,隔壁传来美妙的琴声,令你心情大悦。同样,这里也没有一个琴声市场,于是你可以免费搭车。可是,你有没有发现,生活的噪音污染总是太多,而美妙的声音却总是太少? 这是为什么?

本章将围绕着外部性这一主题以及由此引出的私人对策与公共对策进行讨论和比较。

5.1 什么是外部性?

当某个经济行为人(个人、家庭或企业)的经济活动对其他行为人的福利(效用或利润)产生了一种直接的影响,也就是这种影响没有通过市场价格反映出来,那么经济中就存在着外部性(externalities)。

5.1.1 外部性的分类

根据不同的标准,外部性可以被划分为不同的类型。

(一)正外部性和负外部性

根据行为人对他人的影响是有利的还是有害的,外部性可以分为正外部性(有利的外部性)与负外部性(有害的外部性)两种类型。

所谓正外部性(positive externalities),是指某个经济行为人的活动没有通过市场价格机制而使他人直接受益。比如你的钢琴弹得很好听,当你在午后弹奏钢琴的时候,你周围的人也会感到心情舒畅,这时,你的琴声就产生了一种正外部性。

与正外部性刚好相反,负外部性(negative externalities)则是指某个经济行为人的活动使他人直接受损,比如你虽然五音不全,但你还是喜欢大声唱歌,吵得身边的人心神不安,那么,你的歌声就产生了一种负外部性。

(二)消费外部性和生产外部性

根据受到影响的是消费者的效用还是生产者的利润(生产可能性),又可以将外部性区分为消费外部性和生产外部性两种类型。

所谓消费外部性(consumption externalities),是指某个消费者的效用水平受到了他人消费或生产活动的直接影响。比如你每天经过邻居的私人花园,看到那里摆放着很多漂亮的花草而感到心旷神怡,这时,经济中就存在着正的消费外部性。然而,如果你的邻居在小区里开车乱按喇叭而打扰了你的休息,那么他的行为实际上就产生了负的消费外部性。

而生产外部性(production externalities)则是指某个生产者的利润(生产可能性)受到了他人行为的直接影响。比如,上游的造纸厂将污染物排放到小河里直接污染到了下游的渔场,对渔场的生产造成了损害,这时负的生产外部性就产生了。又比如,一家企业研发出了一种新产品,受到市场欢迎,使得其他企业竞相模仿,而这些模仿企业并未向最初研发的企业支付任何费用,那么经济中就存在着正的生产外部性。

现实中,同一种行为也可能会同时产生消费外部性和生产外部性。以上游造纸厂污染为例,下游的渔民不仅要生产也要生活,则污染对渔场生产可能性的影响是生产外部性,而对渔民生活的影响则是消费外部性。

我们将上述分析总结为表 5.1。

表 5.1　外部性的分类

	消费外部性	生产外部性
正外部性	美丽的私人花园	研究开发
负外部性	噪音	河流污染

5.1.2　外部性的相互性

现实中,外部性往往具有相互性。

深夜,你倦意已浓想要入睡,而与你同寝室的两个同学却在卧谈。你希望他们赶紧停止聊天,安静睡觉,而他们却聊得正欢,根本停不下来。

也许,你认为他们的行为直接影响了你的利益,这是他们对你制造的负外部性。然而,他们也许会觉得因为你的存在使得他们不得不压低声音聊天,兴致完全被你破坏,反过来会认为是你在影响他们的效用,这是你在制造负外部性。

那么,究竟是谁在影响谁? 关键还是权利没有界定清楚。如果学校有明文规定深夜禁止卧谈,那么他们的卧谈在影响你;如果学校明确规定深夜允许卧谈(听起来不太可能,这只是假设),那么你的睡觉影响他们。但是如果学校根本没有相关规定,那么就可能是你们之间在相互影响,也就是你们之间存在着相互的外部性。

其实,产生外部性的最大原因就在于权利没有得到明确的界定。如果权利得以界定,而且交易费用小到可以忽略,那么人与人之间很容易形成一个外部性的市场,从而外部性问题自然就会消失。我们将在 5.3 节对此做进一步讨论。

5.1.3 外部性与公共产品的关系

我们第 4 章讨论了公共产品。公共产品是一种具有非竞争性和非排他性的商品,一定数量的公共产品一旦被提供出来,所有人都能免费搭车,因此公共产品同样也是游离于市场之外。那么,公共产品与外部性之间究竟有什么关系?

其实,公共产品可以被看做是一种极端的正外部性。也就是说,如果某一个人在社区里制造了一种正的外部性,而且这种外部性覆盖到了社区里的每一个人,那么这种外部性本质上就是一种社区居民共同消费的商品,也就是公共产品。比如,你在寝室里买了一台空调,其他成员都因此而受益却没有向你支付任何费用,这里你其实提供了一种极端的正外部性,也就是公共产品。

那么,极端的负外部性是什么呢(比如空气污染)?显然,这不是公共产品(public goods),也许我们可以将其称作公共坏产品(public bads)。

5.2 外部性的经济学分析

外部性是一种典型的市场不存在的现象。而"竞争性市场均衡是帕累托有效的"这一所谓的福利经济学第一基本定理有一个很重要的隐含假定,就是所有的商品都有市场。因此,一旦某个经济行为人的活动产生了外部性,那么最终的均衡通常是没有效率的。

5.2.1 外部性图解

我们重点以负的生产外部性为例来讨论外部性问题及其后果。假定小河上游的某个造纸厂排放的污染物损害了下游的水质,使下游渔民的生产遭受损失。渔民遭受损失的程度与造纸厂纸张产量同方向变化。造纸厂的产量越多,排放的污染物越多,渔民遭受的损失越大。渔民的损失是造纸厂生产活动所造成的外部成本。我们用图 5.1 来分析这种外部性的后果。

如图 5.1 所示,横坐标表示纸张产量,纵坐标表示成本与纸张价格,D 曲线是造纸厂所面临的产品需求曲线。假定纸张市场完全竞争,因此需求曲线保持水平。MC_P 是造纸厂生产纸张的边际私人成本曲线。MC_E 是纸张生产过程中所造成的边际外部成本曲线,表现为造纸厂生产对渔民造成的损失。MC_S 是边际社会成本曲线,满足 $MC_S = MC_P + MC_E$。

造纸厂在进行生产决策时并不考虑其行为对他人造成的影响,只计算自己的成本与收益,则它的利润最大化产量为 x_P,因为在这一产出水平,造纸厂的边际私人成本等于出售产品的边际收益(在竞争性市场上,边际收益就等于价格)。但是 x_P 并非是社会最优产出水平,因为该产出水平并没有把造纸厂生产所造成的外部成本考虑进去。符合社会最优的产出水平是 x_S,因为在 x_S 的产出水平上,边际社会成本等于生产者的边际收益。

当存在外部性的时候,市场一般不能生产具有社会最优的产量水平。特别是,当一种产品生产过程中存在负外部性时,相对于有效率的产量水平而言,这种产品的均衡产量太多了。如图 5.1 所示,私人决定的产出水平 x_P 高于社会最优产出水平 x_S。

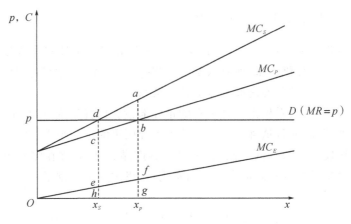

图 5.1　生产中的外部性问题

如果产量从 x_P 移至 x_S，社会福利将提高。首先，渔民得利了（受到的损失减少），其受益面积为 $efgh$，刚好等于 $abcd$ 的面积；另一方面，企业由于减产利润下降了，利润减少的面积为 bcd。一增一减，社会净收益增加的面积为 abd。

这里还需要指出的是，零污染通常也并非社会的理想状态。要找到合适的污染量需要对成本和收益进行权衡，而权衡的结果可能是某一正的污染水平。如图 5.1 所示，即使在社会最优产出水平 x_S 的位置，污染还是存在的。事实上，要求零污染，这就意味着禁止一切生产活动，这同样也是没有效率的。

5.2.2　外部性的数学分析

下面，我们运用数学方法对上面的问题做正规分析。假设造纸厂的产纸量为 x，其私人生产成本函数为 $C_{paper}(x)$，同时造纸厂的污染对下游的渔场造成损害（外部成本）为 $C_{ex}(x)$。渔场的产渔量为 y，受到造纸厂污染的不利影响，其成本函数为 $\widetilde{C}(y, x) = C_{fish}(y) + C_{ex}(x)$。假定 $C_{paper}(x)$，$C_{fish}(y)$ 和 $C_{ex}(x)$ 三个成本函数均为递增的凸函数。

假定污染物是没有市场的（外部性源于没有市场），则造纸厂面临的利润最大化问题是：

$$\max_x \quad p_{paper}x - C_{paper}(x) \tag{5.1}$$

其一阶条件是：

$$p_{paper} = \partial C_{paper}/\partial x$$

渔场面临的问题是：

$$\max_y \quad p_{fish}y - C_{fish}(y) - C_{ex}(x) \tag{5.2}$$

其一阶条件是：

$$p_{fish} = \partial C_{fish}/\partial y$$

在上面的问题中，外部性体现在尽管造纸厂的污染增加了渔民的成本，但它不需要为此支付费用，它根据 $p_{paper} = \partial C_{paper}/\partial x$ 的原则决定利润最大化的纸张产量 x_P。而渔场尽管非常在意污染的影响，但却无能为力。

那么社会最优产出水平是多少呢？我们可以考虑造纸厂和渔场的联合利润最大化问题：

$$\max_{x,y} p_{paper}x + p_{fish}y - C_{paper}(x) - C_{fish}(y) - C_{ex}(x) \tag{5.3}$$

其一阶条件是：

$$p_{paper} = \partial C_{paper}/\partial x + \partial C_{ex}/\partial x, \quad p_{fish} = \partial C_{fish}/\partial y$$

由此可知，纸张的最优产量 x_S 由条件 $p_{paper} = \partial C_{paper}/\partial x + \partial C_{ex}/\partial x$ 决定。在成本函数凸性假定下，该条件是充分必要的。而且由于边际成本递增，可推知，$x_S < x_P$。

 专栏 5.1

马歇尔和庇古笔下的外部性理论

一般认为，外部性的概念最早是由英国经济学家马歇尔（Alfred Marshall）提出的。马歇尔是历史上最伟大的经济学家之一，剑桥学派领袖，他于 1890 年发表的巨著《经济学原理》开创了新古典经济学，也就是当今的主流经济学。在《经济学原理》一书中，马歇尔首次提出了"外部经济"的概念。

马歇尔认为，除了土地、劳动和资本这三种生产要素之外，还有第四种生产要素，即"工业组织"。为了说明这第四种生产要素的变化如何能导致产量的增加，马歇尔使用了"内部经济"和"外部经济"这两个概念。

马歇尔指出："我们可以把因任何一种货物的生产规模之扩大而发生的经济分为两类：第一是有赖于这工业的一般发达的经济；第二是有赖于从事这工业的个别企业的资源、组织和效率的经济。我们可称前者为外部经济，后者为内部经济。"（上卷第 279～280 页）。他进一步指出："本篇的一般论断表明以下两点：第一，任何货物的总生产量之增加，一般会增大这样一个代表性企业的规模，因而就会增加它所有的内部经济；第二，总生产量的增加，常会增加它所获得的外部经济，因而使它能花费在比例上较以前为少的劳动和代价来制造货物。"最后，他总结道："换言之，我们可以概括地说：自然在生产上所起的作用表现出报酬递减的倾向，而人类所起的作用则表现出报酬递增的倾向。报酬递增律可说明如下：劳动和资本的增加，一般导致组织的改进，而组织的改进则增加劳动和资本的使用效率"（上卷第 328 页）。

马歇尔的学生庇古（Arthur Pigou）在他的《福利经济学》（1920/1932）一书中，对外部性问题做了进一步分析，并对"外部经济"（正外部性）和"外部不经济"（负外部性）做出了区分。庇古的创新之处在于提出了"社会净边际产品"和"私人净边际产品"这两个重要的概念。根据庇古的定义，社会净边际产品是"任何用途或地方的资源边际增量带来的有形物品或客观服务的净产品总和，而不管这种产品的每一部分被谁获得"（上卷第 146 页）。私人净边际产品则是"任何用途或地方的资源边际增量带来的有形物品或客观服务的净产品总和中的这样一部分，该部分首先——即出售以前——由资源的投资人所获得。这有时等于，有时大于，有时小于社会净边际产品"（上卷第 147 页）。庇古进一步指出，"一般来说，实业家只对其经营活动的私人净边际产品感兴趣，对社会净边际产品不感兴趣……除非私人净边际产品与社会净边际产品相等，否则，自利心往往不会使社会净边际产品的价值相等。所以，在这两种净边际产品相背离时，自利心往往不会使国民所得达到最大值；因而可以预计，对正常经济过程的某些特殊干预行为，不会减少而是会增加国民所得"（上卷第 185 页）。

针对因私人净边际产品与社会净边际产品的背离造成的福利损失,庇古提出了明确的政策方案。他写道:"然而,如果国家愿意,它可以通过'特别鼓励'或'特别限制'某一领域的投资,来消除该领域内这种背离。这种鼓励或限制可以采取的最明显形式,当然是给予奖励金和征税"(上卷第 206 页)。通过举例,庇古表明,如果私人净边际产品大于社会净边际产品(即存在外部不经济或负外部性),国家可以采取征税的方式(即所谓的庇古税);如果私人净边际产品小于社会净边际产品(即存在外部经济或正外部性),则可以给予奖励金(即庇古补贴)。庇古还指出,"一种更极端的奖励金,是由政府提供所需的全部资金,此种奖励给予城市规划、警务、清除贫民窟等服务"(上卷第 207 页)。这说明,庇古已经对极端外部性(即公共产品)的公共提供进行了原创性的分析。庇古进一步写道,"当受影响的个人之间关系高度复杂时,政府会发现,除了给予奖励金外,还要运用某些官方控制手段"(上卷第 208 页)。从中可以看出,庇古当年已经对外部性问题,不仅提出了庇古税(补贴),还讨论了政府规制的方法,对外部性理论的公共政策研究做出了卓越的贡献。最后,庇古做出总结:"根本不能依赖'看不见的手'来把对各个部分的分别处理组合在一起,产生出良好的整体安排。所以,必须有一个权力较大的管理机构,由它干预和处理有关环境美化、空气和阳光这样的共同问题"(上卷第 208 页)。

庇古的伟大之处在于他挑战了亚当·斯密的权威,对"看不见的手"提出了批评。庇古的理论逐渐成为了经济学的正统,然而几十年之后,另一位来自英国的经济学家科斯又对庇古的理论提出了挑战(参见专栏 5.2)。经济学就是这在一次又一次对权威的挑战中不断成长的。

参考文献

1. 马歇尔. 经济学原理. 北京:商务印书馆,1964.
2. 庇古. 福利经济学. 北京:商务印书馆,2006.

5.3 私人行动

在存在外部性的情况下,如果不采取行动,资源的配置是无效率的。在某些情况下,私人部门可以通过谈判、合并和道德规劝等行动来消除或减轻外部性带来的福利损失。

5.3.1 科斯定理图解

英国经济学家科斯(Ronald Coase)在其经典论文《社会成本问题》(1960)里提出了一个惊人的论断,私人可以通过讨价还价(谈判)的方法来解决外部性问题。科斯的上述论断被人们推广为所谓的科斯定理(Coase theorem)[①]。

科斯定理

在一个零交易费用的世界里,只要初始权利是明确界定的,那么无论初始权利如何界定,各方之间的谈判最终会形成一个帕累托有效的配置。

现在我们以造纸厂污染所造成的外部性为例来说明科斯定理。根据科斯定理,只有在污染的权利不明确或交易费用不能忽略的情况下才会偏离帕累托效率状态。只要明确界定初始权利且交易费用为零或小到可以忽略,那么不管是给予造纸厂污染的权利,还是给予渔民不受污染的权利,都可以通过造纸厂和渔民之间的自由交易使资源配置符合帕累托效率条件,也就是使造纸厂的产量符合社会最优的标准。我们可以通过图5.1来加以说明。

现在我们先假定造纸厂具有污染的权利,再假定造纸厂和渔民之间的谈判是没有成本的(即交易费用为零),我们来看双方是如何通过谈判达成交易使产量从 x_P 降到 x_S 的。

一个基本的思路是,对于渔民而言,既然造纸厂有污染的权利,那么他们就只有两种选择了,要么忍受它的污染;要么向它"行贿",即向造纸厂付钱来买它减少污染。如果渔民是追求利润最大化的,那么就某一既定单位产量而言,只要他们向造纸厂付的钱不超过该单位产量污染对他们的边际损害 MC_E,他们就愿意为造纸厂不生产这一单位的产量受到的损失付钱。对于造纸厂而言,只要它得到的收入(渔民的支付)大于生产该单位产量的净收益,即 $MR - MC_P$,它愿意减少一个单位的产量。在本例中,$MR = p$。

这样,只要渔民愿意支付的钱 MC_E 超过造纸厂减产的机会成本 $MR - MC_P$,双方就有谈判和讨价还价的余地。这一条件的公式是:$MC_E \geqslant MR - MC_P$。如图5.1所示,当产量为 x_P 时,$MR - MC_P = 0$,而 $MC_E > 0$,说明双方有讨价还价的余地。

从 x_P 出发向左,谈判会一直进行下去,直到 $MC_E = MR - MC_P$ 时才会停止。这时,$MC_E + MC_P = MC_S = MR$,造纸厂产量减少为 x_S。说明双方谈判的最终结果是产量达到 x_S 的社会最优水平。

反过来,如果我们假定渔民拥有不受污染的权利,这时造纸厂就需要向渔民付钱以换取一定数量的污染权。对于渔民而言,是要他们收到的钱大于污染对他们造成的边际损害 MC_E,他们就愿意接受相应水平的污染。而造纸厂只要所付的钱不超过生产该单位产量的净收益 $MR - MC_P$,它就愿意付款购买污染权。最终双方将达成协议,造纸厂通过向渔民购买污染权进行生产,直到 $MC_E = MR - MC_P$,这时产量达到有效率的水平 x_S。

5.3.2 科斯定理的数学分析

本节在5.2.2节的基础上分析科斯定理。我们首先假定造纸厂拥有污染的权利,如果没有讨价还价,它的利润最大化产量为 x_P。为了减少造纸厂的污染,渔场可以付钱购买造纸

[①] 事实上科斯(1960)并没有提出所谓的科斯定理,是斯蒂格勒(Stigler,1966)首先将科斯的研究结论总结成科斯定理的。之后出现了很多个科斯定理的版本,我们使用的这个版本和科斯本人(1960,1992)的表述比较接近。科斯,"社会成本问题"(1960),"生产的制度结构"(1992),载:论生产的制度结构.上海:上海三联书店,1994.斯蒂格勒.价格理论.北京:北京经济学院出版社,1992.

厂减产。造纸厂每减少一单位产量,渔场支付的价格为 q,为了分析方便,假定 q 不变。

这样,造纸厂面临的利润最大化问题是:

$$\max_x \quad p_{paper}x + q(x_P - x) - C_{paper}(x) \tag{5.4}$$

其利润最大化条件为:

$$p_{paper} - q - \partial C_{paper}/\partial x = 0 \tag{5.5}$$

而渔场面临的问题为:

$$\max_{y,x} \quad p_{fish}y - q(x_P - x) - C_{fish}(y) - C_{ex}(x) \tag{5.6}$$

其利润最大化条件为:

$$p_{fish} - \partial C_{fish}/\partial y = 0$$
$$q - \partial C_{ex}/\partial x = 0 \tag{5.7}$$

(5.5)和(5.7)两式相加,得到:

$$p_{paper} = \partial C_{paper}/\partial x + \partial C_{ex}/\partial x$$

上式正是社会最优问题(5.3)的一阶条件。

现有,我们考虑第二种情况,即渔场拥有清洁水的权利,则造纸厂排放污染必须向渔民付费。为了分析的方便,假定造纸厂每生产一单位产量需要向渔场支付不变的价格 q。

现在造纸厂面临的利润最大化问题是:

$$\max_x \quad (p_{paper} - q)x - C_{paper}(x) \tag{5.8}$$

其利润最大化条件为:

$$p_{paper} - q - \partial C_{paper}/\partial x = 0 \tag{5.9}$$

渔场面临的问题是:

$$\max_{y,x} \quad p_{fish}y + qx - C_{paper}(y) - C_{ex}(x) \tag{5.10}$$

其利润最大化条件为:

$$p_{fish} - \partial C_{fish}/\partial y = 0$$
$$q - \partial C_{ex}/\partial x = 0 \tag{5.11}$$

(5.9)和(5.11)两式相加,同样得到:

$$p_{paper} = \partial C_{paper}/\partial x + \partial C_{ex}/\partial x$$

上式同样是社会最优问题(5.3)的一阶条件。这意味着,无论把权利分配给谁,最终的结果都将实现社会最优的产量水平,这一最终的配置结果独立于初始权利配置。

5.3.3 对科斯定理的进一步讨论

关于科斯定理,有三点需要做出进一步说明。

第一,科斯定理的一个重要假定是交易费用为零。所谓交易费用(transaction costs)是指围绕自由交易而发生的任何谈判或使契约强制执行的成本。交易费用也是一种机会成本,但它不同于生产中所耗费的资源成本,比如劳动力、资本或土地等。交易费用包括信息成本、谈判成本、订立或执行契约的成本、防止交易参与者在议价时进行欺骗的成本、维持所有权的成本、监督和执行成本等。如果交易成本太大,通过私人谈判往往无法有效解决外部性问题,使资源达到有效率配置。比如在上面的例子里,如果造纸厂和渔民之间的讨价还价成本太高,那么有效率的结果就难以实现。

第二,尽管科斯定理强调不论初始权利如何分配都能达到有效率的解,但前提是权利界定要明确。如果污染权利界定不清,造纸厂认为它有污染的权利,而渔民则认为他们有不受污染的权利,那么他们之间的谈判就很难达成一致了。现实世界中有很多外部性问题就是因为权利界定不明确而引起的。想想在办公室里的两个人一个喜欢抽烟而另一个怕闻烟味的情况吧。

第三,在上面的例子里,不管初始权利如何界定,最终的产量水平是唯一的,也就是说最终的资源配置与初始权利配置无关。但这一结论并不具有普遍性。事实上,只有生产中的外部性问题才具有无关性的特征,而对于消费外部性问题,最终的配置结果往往依赖于初始权利界定,这是因为财富的变化会改变消费者的需求。只有在拟线性偏好的特殊情形中(拟线性偏好意味着消费者的需求独立于财富水平,详见第 2 章第 2.1.3 节的讨论),资源配置的最终状态才与权利的初始配置无关[①]。

专栏 5.2

一场见证了经济学历史的家庭聚会

科学上的发现往往诞生于一次又一次的尝试性探索,但在此过程中,有很长一段时间我们会频频走进死胡同。能够真正发展成假说的创意往往屈指可数,能够经受住此后一系列困难和矛盾考验的假说就更少得可怜了。像阿基米德那样突然灵光一闪,大叫"我发现了!"(eureka!)的人真可以算是科学研究领域的英雄。在整个职业生涯中,我一直与一流学者们共事,但阿基米德式的顿悟我却只体验过一次,而且是作为一个旁观者。

——斯蒂格勒,《乔治·斯蒂格勒回忆录》(1988)

上面这段话,出自斯蒂格勒(George Stigler)自传第五章《eureka!》,这位获得 1982 年诺贝尔经济学奖的美国经济学家在经济学领域取得了卓著贡献,但他却说,他这一生,只有一次阿基米德式的发现,而且是作为一个旁观者。那么他究竟看到的是什么,究竟是谁的发现令他忍不住赞叹道"啊,我发现了!"?

那是 1960 年春天,斯蒂格勒参加了同事迪雷克特(Allen Director)组织的一次家庭聚会,这场家庭聚会的来宾均为芝加哥大学的经济学教授,只有一个外人——英国人科斯,然而,正是这个外人令所有芝加哥大学的经济学家们意识到,经过这次家庭聚会,经济学的历史改变了。

要把这场家庭聚会的来龙去脉说清楚,需要回到 20 世纪早期,剑桥大学的庇古教授出版了他的名著《福利经济学》,其中大篇幅的分析了外部性和社会成本问题。考虑一家工厂污染邻居的例子。工厂为了生产而污染了邻居,但工厂不用向邻居赔偿。工厂于是只考虑其私人成本,即工厂本身需要支付的生产费用。但因为生产而对邻居的污染,其损失是社会成本的一部分。社会成本是工厂生产的私人成本加邻居的污染损失(也就是外部成本)。这

---

① 关于科斯定理的详细讨论可以参见平新乔《微观经济学十八讲》的有关论述。平新乔. 微观经济学十八讲. 北京:北京大学出版社,2001.

样,社会成本就高于私人成本,从而市场均衡是没有效率的。庇古认为,这就需要由政府进行干预,用征税(庇古税)的方法来迫使工厂降低产量,达到有效率的状态(参见专栏5.1)。

庇古的经典理论占据经济学的统治地位,根据庇古的理论,人们一致认为,当负外部性(社会成本大于私人成本)出现的时候,就应该通过征收庇古税来提高效率,而出现正外部性(社会收益大于私人收益)的时候,则应该通过发放补贴来改进效率。

但是这个世界上总有不服从权威的人,科斯(Ronald H. Coase),一位来自英国伦敦经济学院,在当时还是名不见经传的非主流经济学家向庇古的传统提出了挑战。

1959年,科斯在芝加哥大学主办的《法和经济学杂志》第2期上发表了一篇重要论文《联邦通讯委员会》,这篇论文上,科斯分析了美国最大的管制广播的机构——联邦通讯委员会及其对广播业的管制历史。然而《法和经济学杂志》的主编迪雷克特以及芝加哥大学的其他众多经济学教授都认为科斯这篇文章的一个重要观点讲得不对,需要作出修改,但科斯坚持己见,拒不修改。为此他们约定科斯在文章发表后亲自到芝加哥去澄清他坚持的论点。

先说说芝加哥大学的经济学家们到底在什么地方如此反对科斯的观点以至于要他亲自作出解释。他们反对的其实是科斯所举的一个例子,他们认为这个例子违背了庇古的理论。科斯的例子是说,如果一块地用作种麦,又用作停车,就会引起混乱:车辆停在农地上,损害了农产品,但反过来,农地若因为种麦而不准停车,那就是种麦者损害了停车的人。那么究竟是要谁赔偿给谁呢?

根据庇古的传统观点,就应该对停车人进行征税来限制他的行为。然而科斯不这样认为,他认为关键是要看产权的界定。如果农地是种麦者的财产,那么停车人就要付费给种麦者,以购买在麦地上停车的权利;反过来,如果土地的产权属于停车人所有,那么要种麦的人就要付钱给停车人,以购买他不把车停在此处。科斯的言下之意是,所谓的外部性问题,是因为产权没有被明确界定。如果产权被界定了,不管产权怎样归属,市场的交易会导致资源的有效配置。最后,科斯总结道:"权利界定是市场交易的前提"。

然而庇古的理论已深入人心,人们很难接受科斯的论点。科斯不得不赶到芝加哥作出澄清。1960年的春天,迪雷克特在他家举行了一场家庭聚会,汇集了贝利、弗里德曼、哈伯格、凯撒尔、刘易斯、麦吉、明茨,以及斯蒂格勒等众多芝加哥学派著名经济学家。

科斯一人面对芝加哥大学众多高手,多少有点当年诸葛亮赴东吴舌战群儒的气氛。据麦吉回忆,当晚科斯首先发问:一家工厂污染邻居,工厂应不应该赔偿?或政府应不应该向工厂征税?所有在座的人都站在庇古一边,说应该的。但科斯说不一定,可能应该是邻居付钱给工厂,让工厂减产。为了说服对手,科斯提出了畜牧与种麦的例子,哈伯格则搬动椅子当栏杆,阻止牛群吃麦。

科斯的例子是:有相连的甲乙两块地,甲地用作养牛,乙地用作种麦。甲地的牛群跑到乙地吃麦,但不付费,那么社会成本(养牛的成本加上对麦的损害),就会高于私人成本(养牛的成本)。根据庇古的传统理论,要应该由政府向养牛者征税。

科斯则指出关键是产权的界定。他先假设种麦者拥有麦地不受侵犯的权利,未经许可牛群不得侵犯。假定所有交易费用是零,那么如果牛群吃麦的边际收益高于对麦的边际损害,养牛者就会出一个价给种麦者,购买牛吃麦的权利。种麦者也乐于收费而允许牛群吃麦,直至对麦的边际损害等于牛群吃麦的边际收益。均衡时养牛者所出的价,等于牛群吃麦的边际收益,也等于对麦的边际损害。养牛者或种麦者就会建造一条栏杆,位于对麦的边际损害等于牛吃麦的边际收益的界线上。反过来,科斯又假设养牛者拥有让牛吃麦的权利,种麦者不得反对。假定交易费用不存在,如果吃麦的边际损害高于牛群的边际收益,种麦者就会出价给养牛者,以约束牛群,养牛者也会乐于收费而约束牛群。均衡时,种麦者所出的价等于牛群吃麦的边际收益,也等于对麦的边际损害。而栏杆建造的位置,也会与种麦者有权禁止牛群吃麦的位置相同。简言之,只要产权是明确界定的,如果交易费用为零,那么当事人的讨价还价会导致资源的有效配置,而且最终的资源配置结果与产权的初始界定无关。

据斯蒂格勒回忆,弗里德曼思路最为清晰,他起初也反对科斯,但辩论进行到一半时,弗里德曼忽然站在科斯一边,开始抨击所有其他在座者,半个小时后,所有的人都被说服了。据科斯回忆,当时看到所有人都反对自己的观点,有点胆怯,但怎样也想不出自己错在哪里,所以坚持己见。后来听到弗里德曼的分析,才肯定自己获得了胜利。

这也许是经济学历史上最激动人心的一场辩论,据麦吉回忆,当辩论者们离开迪雷克特家时,相互对望,自言自语,他们亲眼看证了经济学发展史上的一个重要时刻,感受到了 eu-reka 带来的震撼!

这场辩论的直接后果,就是科斯于 1960 年在《法和经济学杂志》第 3 期上发表了他最重要的论文《社会成本问题》,这也是使科斯后来获得诺贝尔经济学奖的两篇论文之一。在这篇文章里,科斯系统而全面地阐述了日后广为流传的"科斯定理"背后的基本思想。

然而第一个使用科斯定理这个术语的人,并非科斯本人,而是斯蒂格勒。在其名著《价格理论》(1966)里,斯蒂格勒总结了科斯(1959,1960)的思想,第一次提出了"科斯定理"这个概念,并把科斯定理表述为:在完全竞争的条件下,私人成本和社会成本将会相等。

从此,科斯定理就像当年庇古的理论一样,被写入了教科书,成为了众所周知的经典理论。然而频繁出现在各类经济学文献中的科斯定理有如此多的版本,以至于人们后来都有点糊涂,科斯定理到底说了些什么。科斯本人在 1991 年获得诺贝尔奖之后,对科斯定理做了如下的陈述(科斯,1992):

> 在我看来,我在那篇文章(Coase,1960)中所要表明的是:在一个零交易费用的世界里——标准经济理论的一个假设,各方之间的谈判将会导致促进财富最大化的安排,这与初始权利的分配无关。这就是"声名狼藉"的科斯定理。

有意思的是,科斯本人并不看好科斯定理,他认为这是一个声名狼藉(infamous)的定理。事实上,科斯毕生所真正关心的是我们生活在其中的真实世界,这是一个交易费用为正的世界。科斯在《生产的制度结构》(1992)中指出,他宁愿把科斯定理看做是"通向分析具有正交易费用经济的道路上的阶石"。科斯认为,在一个正交易费用的世界里,初始的产权结构对于经济效率而言是至关重要的(而在零交易费用的世界里,初始的产权分配给谁并不重要)。科斯的上述论断,有时候被称作"科斯第二定理"。

那么,假设零交易费用的(第一)科斯定理的意义究竟何在? 在科斯看来,其最重要的意义就在于动摇了庇古的传统。

参考文献

1. 张五常."科斯".载:新帕尔格雷夫经济学大辞典.北京:经济科学出版社,1996.
2. 斯蒂格勒.乔治·斯蒂格勒回忆录.北京:中信出版社,2006.
3. 科斯.论生产的制度结构.上海:上海三联书店,1994.

5.3.4 合并

解决外部性问题的另一种私人对策是合并,也就是说将有关当事人合并为一个整体,从而使外部性"内部化"。

我们还是回到前面造纸厂污染对渔民造成直接影响的例子,来讨论如何通过当事人之间的合并使外部性内部化进而达到帕累托效率配置。我们知道,在没有污染物的市场时,造纸厂的产量之所以超过社会最优水平,是由于污染造成的损失由下游的渔民承担,没有计入造纸厂的成本中。如果将造纸厂与渔场合并为一家企业,那么新企业的决策者将会同时考虑造纸厂与渔民的成本与收益。污染对于渔民造成的损害成为新企业自身要承担的成本,也就是说外部成本内部化了。这样,新企业面临的边际私人成本曲线就等于边际社会成本曲线,追求利润最大化的企业自然就会选择生产社会最优的产量。

通过分析图 5.1,我们可以发现当产量从 Q_P 移动到 Q_S 时,渔民得到的好处要大于造纸厂减产的损失,如果他们是一家人,那么他们的净收益就是正的!所以市场已经为这两家企业的合并提供了强大的激励。可以由造纸厂买下渔场,也可以是渔场买下造纸厂,或者是某个第三方企业把两家企业同时买下来。一旦这两家企业合并,外部性就内部化了,所有的决策都将在新企业的内部作出。

在现实世界中,这样的生产外部性其实是很容易内部化的。比如,快餐店总是自己卖饮料,而电影院则总是自己卖爆米花。

5.3.5 社会习俗

与企业不同,个人之间,很难通过合并来解决外部性问题。一些传统的社会习俗(social conventions)可以被看做是为了让人们对自己产生的外部性负责。

中国是礼仪之邦,有很多传统礼仪约束着我们的行为。比如,我们都知道,在看电影的时候不要聊天,在马路上不要随地吐痰,这些传统美德和习俗的存在,使得经济中的外部性问题大大减少了。

5.4 公共对策

在很多情况下,私人部门的行动往往不能有效解决外部性问题,这就要求政府承担起相应的责任,通过一些适当的措施来纠正外部性。

我们以污染产生的外部性为例,政府通常可以采取三种不同的对策来治理污染。这三种方法分别是:向污染企业征税(即庇古税)、制定排放标准(即行政管制)和颁发可交易排放许可证(即创造市场)。

5.4.1　庇古税

我们先分析征税的方法。以造纸厂污染渔场为例,造纸厂之所以生产无效率,是因为它的私人成本低于社会成本。英国经济学家庇古(A. Pigou)在《福利经济学》(1920/1932)一书中提出了一种自然的政府干预办法,即向排放污染者征税,以矫正他的私人成本低于社会成本的问题,这就是著名的庇古税(Pigouvian tax,详见专栏 5.1)。

如果污染与生产不能分离,那么庇古税的税基就是造纸厂的产量,而税率则等于造纸厂在有效率产量水平上造成的边际损害(边际外部成本)。如图 5.2 所示,社会最优产量是 x_S,此时造纸厂对渔民造成的边际外部成本相当于 cd 的距离,这样 cd 就是单位产量的庇古税率。

如果对每单位产量征收税率为 $t = cd$ 的庇古税(从量税),那么造纸厂面临的边际私人成本提高了,其税后边际私人成本变为 $MC'_P = MC_P + t$。显然,追求利润最大化的造纸厂会选择使征税后的边际私人成本等于边际收益(由需求曲线给出)产量,如图可知,符合这一条件的产量只有 x_S。也就是说,庇古税的征收将促使造纸厂选择有效率的产出水平。这时,政府能够征收到的庇古税收收入为 $T = t \cdot x_S$。

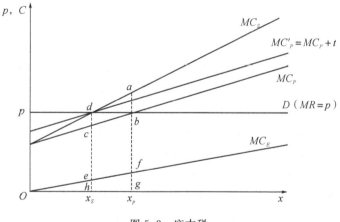

图 5.2　庇古税

我们也可以对庇古税进行简单的数学分析。假定造纸厂在每生产一单位产品,都要缴纳税率为 t 的庇古税,则其利润最大化问题变为:

$$\max_x \quad p_{paper}x - tx - C_{paper}(x)$$

该问题的一阶条件为:$p_{paper} = t + \partial C_{paper}/\partial x$。令 $t = \partial C_{ex}(x_S)/\partial x$(即税率等于产量为 x_S 时的边际外部成本),则该一阶条件与社会最优问题(5.3)的一阶条件一致,从而庇古税使得造纸厂的生产处在有效率的水平。

要强调的是,庇古税能够有效解决外部性问题的前提是政府要准确知道污染企业生产的边际私人成本和边际外部成本。然而在实践中,政府是很难获取这些信息的,因而就难以确定准确的税率,从而不能保证有效率的生产。

从国际经验来看,大多数欧洲国家采取了庇古税的方式治理污染。比如,汽车造成的城市道路拥挤也可以被视为是一种"环境污染",在没有干预时道路上的通行车辆总是太多。英国伦敦市从 2003 年开始对在高峰时间进入市中心的汽车收取 5 英镑的拥挤费,以此来限制高峰时间的通行车辆,其实质就是一种庇古税。

5.4.2 排放标准

庇古税是一种经济干预方法,政府也可以采取行政管制(command-and-control regulations)的方法干预污染,即直接制定排放标准(emission standard)。如果企业排放的污染超过政府制定的排放标准,将被处以高额罚金。高额罚金的存在将会迫使企业通过减少产量或进行污染治理等方法,以保证企业的污染水平不超过政府规定的排放标准。

然而,当经济中存在大量彼此不同的企业,颁布排放标准就很难达到有效率的结果。这是因为,对于不同的企业,其有效率的产量和污染量都是各不相同的,如果政府规定一个统一的排放标准,那么很有可能导致有些企业生产(污染)太多,而有些企业生产(污染)太少,而这些都是没有效率的。

实践中,中国、美国等一些国家主要通过实行排放标准的方法来控制污染。比如,为了控制空气污染,美国从 1963 年开始实施《清洁空气法案》,在全国范围内实行统一的空气质量标准。中国也主要通过行政管制的方式来控制污染,近年来已经陆续颁布了一系列大气污染物排放标准和污水排放标准。

5.4.3 创造市场

作为一项制度安排,排放标准的最大问题在于它不够灵活,每家企业都只能按照政府规定的统一标准排放污染,最终的结果常常是有的企业污染太多而有的企业污染太少。但是如果能够对上述制度进行适当的调整,引入可交易的排放许可证(tradable emission allowance),允许排污企业之间相互可以进行排污许可证的交易,也就是在企业之间创造一个污染排放权的市场,那么上述问题就能得到有效解决[①]。

在许可证制度下,政府首先宣布可交易排污许可证的总量,即规定允许排放的最大污染量,同时允许许可证可以在私人之间进行自由买卖。每张许可证都代表了一定数量的排放污染的权利,企业必须将实际排放量控制在其拥有的许可证数量范围内,否则将受到重罚。初始的排放许可证可以由政府免费颁发给企业,也可以是企业在拍卖会上通过竞价购得,或通过这两种方式的结合在企业之间进行分配。初始排放权分配结束后,企业便可以在排放权市场上进行许可证的交易。由此,这项制度也被称为总量控制与交易制度(cap-and-trade)。

如果有足够多的企业和许可证,那么一个竞争性的排放权市场就会发展起来,许可证的价格将随着供求变化而上下浮动。许可证的价格本质上就是企业多排放一单位污染所面对的机会成本。边际减排成本较高的企业会向边际减排成本低的企业购入许可证,达到均衡时,所有企业面临的边际减排成本都等于许可证的价格。这意味着通过市场交易,排放许可

---

① Dales(1968)最早提出了排污权交易的设想。Dales, J. H. *Pollution, Property and Prices*. Toronto: University of Toronto Press, 1968.

证制度实现了以最小的减排总成本达到减排目标。

与纯粹的排放标准制度相比,可交易排放许可证制度以总量控制与市场交易的方式,既吸收了前者能够直接控制排放总量的优点,又因允许企业根据自身情况选择排放水平,克服了前者不够灵活难以实现有效率配置的缺点。

与庇古税制度相比,在政府具有完全信息的情况下,许可证制度与庇古税制度都能获得有效率的结果。然而,在实践中,政府很难知晓每家企业的减排成本。在不确定情况下,到底哪种方法更优呢?威茨曼(Martin Weitzman,1974)的研究表明,当政府只能对行业的整体治理成本粗略地估计时,即在减排成本不确定的情况下,如果代表边际减排成本的曲线比代表边际减排收益的曲线陡峭,也就是随着减排数量的增加,边际减排成本增长得快而边际减排收益下降得慢时,对政府来说,最重要的是控制价格,让企业酌情决定减排数量;反之,政府就应该控制排放总量,由市场来决定许可证的价格[①]。

此外,许可证制度本身还有其固有的优缺点。一方面,相比于庇古税的调整需要经过相当漫长的行政程序,许可证的价格可以及时反映物价指数的变化;另一方面,在许可证制度下,当政府以免费颁发许可证的方式分配排放权时,这种人为分配许可证的方式存在权力寻租的空间。同时,如何避免许可证市场可能出现的垄断等市场失灵现象,也是政府在制定政策时需要考虑的因素。

在各国的实践中,美国1990年《清洁空气法案》修正案推出了一项《酸雨计划》,开始在美国电力行业实行二氧化硫排放权交易,取得了很好的效果,成为排放权交易的成功典范。中国嘉兴地区也逐步探索了二氧化硫和化学需氧量的排放权交易,提供了有益的经验。

 专栏 5.3

美国的二氧化硫排放权交易市场

迄今为止,美国是污染排放权交易经验最丰富的国家,尤其是其《酸雨计划》(The Acid Rain Program,ARP),已成为排放权交易成功实践的典范。ARP旨在降低电力企业二氧化硫和氮氧化物的排放量以减少酸雨的产生。至今,ARP不仅形成了市场交易活跃的二氧化硫排放权交易市场,而且还取得了令人鼓舞的环境效果。2009年美国二氧化硫的排放量在1990年的基础上减少了64%。

在美国二氧化硫排放权市场上,任何单位和个人,只要遵守ARP和CAIR(The Clean Air Interstate Rule,由美国环境保护局于2005年发布,旨在解决电力企业在州际间转移污染的问题),在建立排放权账户后,都可以参与二氧化硫排放权交易。交易者主要分为排放二氧化硫的电力企业、环保组织和连接买者与卖者的排放权中介等三类。在排放权市场上,初始排放权是通过免费颁发和拍卖竞价两种方式在交易参与者之间分配的。排放权交易的参与者可通过环境保护局(EPA)每年举行的排放权拍卖会、排放权中介和环保组织进行交易,交易价格由市场决定。在实际操作中,EPA除了负责举办每年的排放权拍卖会以外,并不参与排放权交易,它在排放权市场中的主要职责为管理排放权账户并履行监督职责。每

① Weizman, Martin. Prices vs. Quantities. *Review of Economic Studies*,1974,41(4):477-491.

年年终,EPA 负责检查排污治理企业的排放情况,对超过规定排放量的企业处以高额罚款。在 2009 年,ARP 范围内的电力企业无一超额排放,实现了 100％的达标。

随着交易的深入,美国的二氧化硫排放权市场运行趋于复杂。尽管很多电力企业不通过市场交易也能完成二氧化硫减排指标,但是排放权市场还是为参与者提供了降低成本、风险管理甚至盈利等一系列机会。美国二氧化硫交易不仅有现货市场,而且还设有期货市场。现货市场的交易价格根据排放权供需和人们的预期变化而变化,而期货市场作为现货市场的补充,为企业在排放权交易中的风险管理提供了灵活性,以此降低由于价格浮动而使参与者面临的风险。纽约商品期货交易所(NYMEX)和芝加哥气候期货交易所(CCFE)都设有二氧化硫排放权的期货市场。

目前,美国二氧化硫排放权市场已达到了很高的市场化程度。二氧化硫排放权在私人部门之间的累计交易量不仅在数量上递增,占总累计交易量的比重也不断加大。截至 2009 年,累计的 40600 万单位的排放权交易中,将近 67％属于私人部门之间的交易。另外,因为不同经济组织间的交易被视为真正的市场行为,其交易量大小被视为衡量排放权交易市场是否活跃的一个重要标志。2009 年,该市场不同经济组织之间(外部交易)的交易量,占到了当年交易量的 26％。

这一排放权交易市场的重要特征是,排放权价格是浮动的,参与者可以通过多种渠道获得有关排放权价格的充分信息。另外,一些公司开始为排放权市场提供价格指标,进一步促进参与者之间的市场交易。由此,美国成功建立了有较多参与者、价格浮动的竞争性二氧化硫排放权交易市场。

参考文献

1. EPA,Acid Rain Program 2009 Progress Report,2010.

2. Napolitano,Sam,M. LaCount and D. Chartier. SO₂ and NOₓ Trading Markets:Providing Flexibility and Results. *Journal of the Air and Waste Management Association*,June 2007.

5.5 正外部性

本章的分析以负外部性为主,其实正外部性问题和负外部性问题是完全对称的。我们不再展开专门讨论,课后习题将要求读者自行分析正外部性问题。这里需要特别指出的是,类似教育和科研这些具有很强正外部性的活动,如果单纯由市场来提供一般会导致供给不足,因此给予教育和科研活动适当的补贴实际上是政府公共支出的一个重要目的。

5.6 共有资源与公地的悲剧

共有资源(common-property resource)是指那些没有明确所有者,人人都可以免费使用的竞争性资源,比如海洋、湖泊、草场等。我们在第 4 章第 4.1.3 节已经探讨了共有资源的基本性质,也就是竞争性和非排他性。

通过对外部性问题的讨论,我们已经知道,只要所有权是明确的,那么就有可能有效地解决外部性问题(科斯定理)。然而,如果所有权界定不清,那么外部性问题往往很难解决。共有资源就属于这一类情况。一项共有资源,可以说其所有权为公众所共有,但实际上它的所有权没有得到明确界定,因此共有资源通常会被过度使用[①]。

我们考察一个公共池塘,周边的渔民可以在池塘自由捕鱼。用 $y = f(q,x)$ 表示捕鱼的总收益,其中 q 表示池塘中鱼的数量,x 表示捕鱼的努力程度(比如捕鱼船只的数量)。假定 $f(q,x)$ 对 q 和 x 都是递增的,而且在 x 之上是凹的,即捕鱼船只 x 具有正的递减的边际收益。假定每条船的单位成本为 c,则总成本为 $C = cx$。

首先分析公共池塘的最优利用问题,该问题表述如下:

$$\max_x \quad f(q,x) - cx$$

一阶条件是:$\partial f / \partial x = c$。由于 f 是凹函数,该条件是充分必要的,意味着最优捕鱼船只数量 x_S 满足边际收益等于边际成本。

但是,由于公共池塘是具有非排他性的共有资源,每个人都可以自由捕鱼。假设池塘里现有船只数量为 x,捕鱼的平均收益是 $f(q,x)/x$。只要 $f(q,x+1)/(x+1) > c$,那么一个理性的渔民(他只考虑自己的成本收益)就会选择再多增加一条船,所有的渔民都会有类似的选择。如此继续,直到 $f(q,x_P)/x_P = c$ 时,渔民才会停止在池塘里增加船的数量。

但此时,$f(q,x_P) = cx_P$,说明所有人从捕鱼中获得的净收益为零,如图 5.3 所示。由于每个人都只考虑自己的成本收益,而不考虑自己的行为对他人造成的外部性,最终的均衡就是共有资源遭到过度使用。这种现象被称作公地的悲剧(tragedy of commons),该术语出自哈丁(Hardin,1968)的同名经典论文[②]。

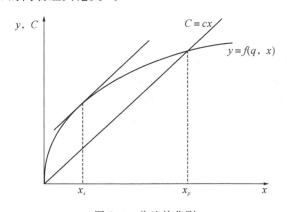

图 5.3 公地的悲剧

如果能够对共有资源的产权进行重新构造,使之界定明确,则可以改进资源配置的效

① Gordan(1954)首先对共有资源的使用问题进行了经济学分析。Gordon, H. The Economic Theory of A Common-Property Resource:The Fishery. *Journal of Political Economy*,1954,62(2):124-142.

② Hardin, Garrett. The Tragedy of the Commons. *Science*,1968,162(3859):1243-1248.

率。如果无法界定所有权,则必须通过法律或行政手段进行严格控制,才能使共有资源免遭滥用。然而在法律不尽明确或者不存在的情况下,公地的悲剧就很可能发生。公海水域的过度捕捞就是这样一个发人深省的事例。

 **专栏 5.4**

西溪湿地的变迁

2005 年 5 月 1 日,中国首个国家湿地公园,杭州西溪国家湿地公园正式开园。这是具有纪念意义的一天,标志着经历了千年风雨而日渐衰微的西溪湿地终于获得了新生。用公共经济学的语言来说,西溪湿地从一个过去被过度利用的共有资源发展为如今能够得到综合保护和有效排他的俱乐部产品。

我们先简单回顾一下杭州西溪湿地的变迁历史:

历史上的西溪泛指杭州西北部古荡至留下的宽阔地域,包括一大片平原水网地区,面积达六七十平方公里。西溪湿地早在四五千年前的良渚文化时期,就已经形成了雏形,可以说是杭州最早的文明发源地。

北宋年间,朝廷在此设西溪镇(988 年),西溪开始得到人们的重视。至明清时期,西溪一带的社会经济与文化,得到了多方面的进展,养鱼育蚕、种竹培笋与茶叶果蔬等农副业得到发展,成为郊区农业的特色。西溪胜景,以溪流、港湾、鱼塘、芦花、杨柳、柿树、梅树、竹笋、菱角构成了一道独特风景。这一阶段也是西溪的鼎盛期,修建了一大批名园名庵(包括如今最负盛名的秋雪庵),民间的赛龙舟比赛如火如荼,还吸引了大批的文人墨客来此留下墨迹。

然而好景不长,清末民初,西溪的名园古刹倒塌,梅树逐渐枯萎、芦滩面积缩小,西溪湿地日渐衰微。这一过程在 20 世纪 50 年代以后开始加速,大片芦荡改为农田,农田又废为荒滩;寺庙庵堂陆续被毁;多个乡镇建立起来,工厂、学校、住宅不断建设起来;80 年代以后,随着城市建设的扩容,大量池塘水面作为宅基、路基,村庄密集,人口急剧增加,水体不断受到污染,西溪湿地风光遭到损害,湿地面积大幅减少,至今仅剩 10 余平方公里。

在这种背景下,杭州市政府下决心要对西溪湿地进行抢救性保护。2003 年 9 月,杭州市政府正式启动西溪湿地综合保护工程,2005 年 5 月,西溪湿地一期工程已经顺利完工、开园。

下面我们从公共经济学的视角对西溪湿地的变迁进行分析:

北宋年间西溪建镇,说明至少从这个时候开始,西溪受到政府的法律保护。中国封建社会实行土地私有制,西溪的产权分属于当地的(部分)居民,这些地主分别拥有对西溪的一小块产权,并拥有相应的使用、出租、转让和收益的权利,他们有激励去保护自己的产权。从这个意义来说,西溪是具有排他性的。同时,西溪作为一种自然资源,对它的使用也是具有竞争性的。这样,历史上的西溪实际上就是一种私人产品。

福利经济学第一基本定理指出:竞争性市场均衡是帕累托有效的。因此作为私人产品,西溪能够得到有效率的使用。在历史上,西溪也确实得到了有效的开发,并在明清时期达到了一个鼎盛阶段。

从清末民初,由于自然演化等因素,西溪日渐衰微,名园古刹倒塌,梅树逐渐枯萎。这时对西溪的保护就成为一种共同需要。换言之,保护西溪是一种公共产品。1919 年,浙江吴兴的实业家周庆云募捐重建秋雪庵,并在内设"两浙词人祠",是近代西溪的一次大规模抢修工程。这一事件是一个典型的公共产品私人提供的案例。但是根据公共产品理论,我们知道私人提供公共产品的数量是不足的。因而周庆云的行动并不能有效改变西溪日式衰微的进程。

1949年,新中国成立。西溪的私有产权也相应地转变为公有产权。如果改变的仅仅是产权归属,那么西溪仍然是排他性的。但问题是,当产权归属改变为公有之后,对产权的执行就失去了激励,而产权执行的缺位进一步将西溪转变为具有非排他性的共有资源。

如果没有有效的监督与管理,共有资源注定会被过度利用。正如我们所观察到的,从20世纪50年代开始,西溪的环境日益恶化。乡镇、工厂、学校、住宅不断建设起来;人口剧增;大片池塘变为宅基、路基;养猪养鱼过于密集;环境污染严重;等等。简言之,西溪遭遇了公地的悲剧。

对于整个社会而言,综合保护西溪,降低对西溪的利用程度,恢复西溪的生态环境,使西溪重现古人笔下"芦锥几顷界为田,一曲溪水一曲烟"的田园风光,就成为一种公共需求。正如前文提到的,这种保护就一种纯公共产品,私人提供一般是没有效率的。要使西溪得到有效率的保护,需要一次公共行动。

2001年11月,杭州市政府论证并通过了《杭州城市西部地区保护与发展纲要》,标志着抢救和保护西溪的公共行动展开序幕。2003年9月,西溪湿地综合保护工程正式启动,作为这项工程的产物,杭州西溪国家湿地公园于2005年5月开园。将西溪湿地作为国家湿地公园进行保护,相当于对西溪湿地这块共有资源引入了一系列排他性的制度安排。首先,产权明确了;其次,管理到位了,也就是西溪的产权能够被执行;第三,实行价格排他,进入西溪湿地公园需要购买门票。从公共经济学的角度看,现在的西溪湿地公园实质上是一种俱乐部产品。

本章小结

1.外部性是一种市场不存在的现象。如果某个人的行为通过一种市场之外的方式对另一个人的效用水平或生产可能性产生了直接影响,那么外部性就产生了。

2.外部性可以分为正外部性和负外部性两种类型。如果某种行为产生了正外部性,那么相对于有效率的数量而言,这种行为的数量总是太少;反之产生负外部性的行为总是太多。

3.如果初始权利得到明确界定,而且交易费用可以忽略不计,那么私人之间总是可以通过讨价还价(谈判)的方法实现有效率的配置结果。这就是所谓的科斯定理。

4.除了谈判,私人部门纠正外部性的方法还有合并与社会习俗等对策。

5.公共部门纠正外部性的对策主要有征收庇古税、制定排放标准和实行可交易排放许可证制度。一般而言,许可证制度优于排放标准制度,但是许可证制度与庇古税制度相比,两者的优劣取决于不确定性的类型。

6.共有资源是那些没有明确所有者,人人都可以免费使用的竞争性资源。由于产权不明确,共有资源常常被过度使用,这就是公地的悲剧。

复习与思考

1. 为什么说外部性往往是相互的? 举例说明。

2. 如何区分消费外部性和生产外部性? 举例说明。

3. 小河上游钢厂的边际私人收益为 $12-x$。生产钢产品的边际私人成本保持在 6 元。每生产一单位钢产品,给下游居民带来的外部成本是 2 元。

(1) 在没有任何政府干预且不存在私人谈判或合并可能性的前提下,会有多少钢产品被生产出来? 从整个社会看,钢产品的有效率产量水平又是多少?

(2) 如果产量水平从私人利润最大化水平调整为有效率水平,社会净收益是多少?

(3) 考虑政府干预,提出一个能使产量达到效率水平的庇古税率。政府共能征收多少庇古税收入?

(4) 如果边际私人成本为 $2x$,外部成本为 x,上述问题的答案又是多少?

4. 考虑某研究开发活动的私人边际收益为 $10-1.5x$,研究开发边际成本为 4 元。每生产一单位研发产品,给社会带来的边际外部收益是 $6-0.5x$。

(1) 在没有任何政府干预且不存在私人谈判或合并可能性的前提下,会有多少研发产品被生产出来? 从整个社会看,研发产品的有效率产量水平又是多少?

(2) 在没有补贴时,社会效率损失为多少?

(3) 考虑政府干预,为了使产量达到有效率水平,最优补贴率是多少? 政府总共需要支出(补贴)多少?

5. 如何运用科斯定理的原理解决共有资源的过度使用问题?

进一步阅读文献

1. 科斯. 社会成本问题. 载:论生产的制度结构. 上海:上海三联书店,1994.

2. 庇古. 福利经济学(第 2 编). 北京:商务印书馆,2006.

3. 迈尔斯. 公共经济学(第 10 章). 北京:中国人民大学出版社,2001.

第6章 公共选择

> 财政科学应将政治条件铭记于心。

> ——维克塞尔,《财政理论研究》(1896)

在政策实践中,一项公共支出计划的决策究竟是如何作出的？它要经过什么样的政治程序？这是一个典型的集体决策问题,也就是一个公共选择(public choice)问题。本章重点考察基于西方民主制度之上发展起来的公共选择理论。

6.1 什么是公共选择？

什么是公共选择？美国经济学家缪勒(D. Mueler,1979/1989)曾给出如下的权威定义[①]:

> 公共选择可以被定义为对非市场决策的经济研究,或者简单地说是经济学在政治科学的分析。就研究对象而言,公共选择无异于政治科学:国家理论,投票规则,选民行为,党派,官僚体制等等。然而,公共选择的方法论却是经济学的。与经济学一样,公共选择的基本行为假设是,人是自利的、理性的效用最大化者。

简言之,公共选择就是用经济学的方法来研究政治,在这个意义上,人们也将其称作新政治经济学。因在公共选择领域作出卓越贡献而获得1986年诺贝尔经济学奖的美国经济学家布坎南(James Buchanan)在其获奖演说中总结了公共选择理论的三个基本要素[②]。

（一）方法论个人主义(Methodological Individualism)

经济学家坚持将个人视为评价、选择和行动的主体,对于政治程序的研究同样应遵循这一基本要素。布坎南援引维克塞尔的名言,"如果一个社会中每个人的效用水平为零,那么整个社会的总效用也只能是零",以表明公共选择理论应以个人作为研究出发点。奥地利学

---

① 缪勒.公共选择理论.北京:中国社会科学出版社,1999:4.

② Buchanan, James. The Constitution of Economic Policy. *American Economic Review*, 1987, 77(3):243-250.

派领袖米塞斯(Ludwig von Mises)在其经典名著《人的行为》(1949)一书中,将方法论的个人主义原理表述为,"一切行为都是由一些个人作出来的。一个集体之有所作为,总是经由一个人或多个人作些有关于这个集体的行为而表现出来的"①。

（二）经济人(Homo Economicus)

公共选择理论认为,无论是在市场上进行决策的个人还是参与政治决策的个人,都是经济人,也就是每个人都是理性的、自利的、追求个人效用最大化的。

（三）政治作为交换(Politics as Exchange)

在个人进行选择时,无论是市场行为还是政治行为,其动机都是在交换中获得利益。布坎南指出,"市场与政治的根本差别不在于个人追求的价值或利益的种类,而在于他们追求不同利益时所处的条件不同……在市场上,人们用苹果交换橘子;在政治上,人们交换他们所同意的公共需要的成本份额"。

本章的以下内容将对公共选择理论的四个主要领域,即投票理论、政党理论、官僚理论和寻租理论分别进行讨论。

专栏 6.1

布坎南的两位老师

詹姆斯·布坎南,这位公共选择理论的开创者曾多次回忆到他学术生涯中最重要的两位老师,一位是从未曾谋面的精神导师维克塞尔,另一位则是与他维持了四分之一世纪亲密友谊的人生导师奈特。

是克努特·维克塞尔(Knut Wicksell)引领着布坎南进入了公共选择领域的广阔天地,在布坎南 1986 年获得诺贝尔经济学奖的演说中,他回忆起 1948 年的一个时刻,那时他刚递交了他的博士学位论文:

> 我职业生涯中最激动人心的时刻是 1948 年我在芝加哥古老的哈普(Harper)图书馆发现了尘封已久却不为人知,尚未被翻译成英语的维克塞尔的专题论文《财政理论研究》……维克塞尔提出的公平税收原则极大地激发了我的自信心……从那一刻开始,我下定决心要将维克塞尔的贡献向更多的人推广,并立即开始着手翻译工作。

以此为开端,布坎南开创了公共选择理论,并最终因为他在这一领域的卓越成就而荣获诺贝尔经济学奖。他在获奖演说中,反复提起维克塞尔,认为自己所作的贡献只不过"是维克塞尔研究主题的反复重申、详尽阐述和扩展"。维克塞尔称得上是现代公共选择理论的最重要的先行者(precursor)。

布坎南人生中的另一位重要导师是弗兰克·奈特(Frank Knight)。在另一次与诺贝尔奖有关的演说中,布坎南谈起了他在芝加哥大学期间及以后奈特对他的影响:

如果我在芝加哥所接触的仅有像维纳与弗里德曼这样的老师，那么我可能也不过是列于缺乏著作发表的博士之林。维纳是一位博学群书的典型学者，但他为自己设定的任务，好像就是摧毁学生的信心；而弗里德曼以聪明绝顶的论辩与分析主导一切，让学生只能沦为第四流的模仿者。因此，他们两位都不能鼓舞学生，让他们相信自己总有一天也能发展出受人重视的观念。

奈特则完全不一样。在课堂上，他好像一直在寻找观念。不管单纯或深奥，他都竭力思索基本原理，而对于那些自以为是者的傲慢，他总是感到惊讶。对我们这些愿意诚心受教的学生，他一直都灌输以下观念：一切都需以智力获取，很多看似真理的事物，其实都大有问题，有勇气能冲破知识的迷雾，才不愧是真正的学者。愿意否定所有的神，认为没有什么是至高无上的——这正是最能形容奈特心智与个性的两句话。我这里所谓的神，包括了本科的学术权威，还有那些宣称他们领域跨越至真理的其他面向者。我们这些经常被许多事物困惑的同学，无不受到奈特对神看法的鼓舞。直到很久之后，我们才终于慢慢了解，以这样的特质而论，能跻身天才之列的是奈特，而非他的同僚。

……长久以来，我个人对奈特的了解、欣赏与尊敬，因彼此间密切的私人交往而日益增进。就在选修他的课约三四个礼拜之后，我来到奈特那间有点零乱的办公室。原本预期只会有五分钟的对话，没想到竟延长到两小时以上；在芝加哥两年半的时间以及离开芝加哥之后，我们还有过好几次这样的对话。他认为我们两个相当投缘，因为我们在许多方面有共同的经验……这些共同经验的联系，使我们建立了相当友好的关系，这是我和其他教授所无法分享的。我们之间还有其他共同兴趣，包括欣赏哈代阴郁的诗作，以及分享充满机智的低级笑话所带来的乐趣。

当然，在我们的关系上，我是单方面的受惠者。奈特是我的指导教授，他劝告我不要浪费时间去选修哲学方面的正式课程，也详细地改正我博士论文的文法。他成为我漫长学术生涯中无可替代的榜样，在回顾个人的发展时，我实在难以想象，假如未曾受业于奈特，我将会变成什么样的人。

参考文献

1. Buchanan, James. The Constitution of Economic Policy. *American Economic Review*, 1987, 77(3): 243-250.

2. 伯烈特等编. 诺贝尔之路：十三位经济学奖得主的故事. 成都：西南财经大学出版社, 1999.

6.2　投票理论

我们在第4章推导了公共产品有效率提供的萨缪尔森规则，还讨论了政府如何通过格罗夫斯机制来获取公众的真实偏好，进而向社会提供有效率的公共产品数量。然而格罗夫斯机制只在理论上可行,缺乏实际可操作性。在现代西方民主国家里,人们常常通过投票机制对各项公共支出计划进行表决。常见的投票规则包括一致同意规则和多数同意规则。

6.2.1　一致同意规则

一致同意规则(unanimity rule),是指一项公共决策方案,只有在所有参与者都同意,或者至少没有任何一个人提出反对的前提下,才能得到通过的投票规则。在一致同意规则下,每一个参与者都对将要达成的公共选择结果拥有否决权。

原则上,如果用投票来决定公共产品的提供数量,那么只要有一个适当的税制为其筹资,且投票人是诚实的,那么全体投票人之间将会达成一致意见。

我们在第 4 章第 4.3 节讨论的林达尔模型实际上就采取了一种一致同意的投票程序。我们已经证明,林达尔均衡是帕累托有效的。

一般而言,在一致同意规则下,能够形成一个帕累托有效的投票结果。问题是,大多数投票场合往往会有许多人参与,要使每一个人都赞同某一种备选方案,决策成本会很高。事实上,尽管一致同意规则确保无人被排除在外,但也往往会造成作不出决策的局面。

国际实践中,一致同意原则主要在一些重大场合使用,如世界贸易组织在协调其成员国的贸易争端等问题时就采取了协商一致原则(principle of consultation and consensus)进行决策。欧洲联盟在税收、社会保障、外交和防务等事关成员国主权的领域也实行了一致性原则。

6.2.2　多数同意规则

在现实生活中,一致同意规则往往难以实现。人们通常退让一步,寻求一种根据多数人意愿来做出公共选择的规则。

在多数同意规则(majority rule)下,一项公共决策方案只要获得超过半数或某一多数比例(如 2/3)的认同就能通过。为简便起见,我们这里只分析所谓的简单多数同意规则,即超过半数以上赞同就通过的规则。

考虑某个社区拟建设一座小学,学校规模有 A、B、C 三个方案,其中 A 表示小规模,B 表示中规模,C 表示大规模。现在,社区的三个选民甲、乙、丙要在这三个规模之间进行决策。他们每个人都对三个备选方案有各自的排序,并运用多数同意规则进行集体决策。他们各自的偏好顺序如表 6.1 所示。

表 6.1　三个投票人的偏好(投票稳定)

	甲	乙	丙
第一选择	A	B	C
第二选择	B	C	B
第三选择	C	A	A

假定首先在 A 和 B 两个方案之间进行投票,由于乙和丙都认为 B 优于 A,而甲认为 A 优先于 B。这样,B 将获得两张赞成票和一张反对票,根据多数同意规则,B 胜过 A。再比较 B 和 C,同样的分析表明,B 胜过 C。这说明,投票将会形成一个稳定的结果——B 将成为最

终的获胜方案。

如果投票人丙的偏好发生了变化，如表 6.2 所示，甲、乙的偏好没有发生变化，而丙的偏好顺序由原先的 $C > B > A$ 变为 $C > A > B$。

表 6.2 三个投票人的偏好(投票悖论)

	甲	乙	丙
第一选择	A	B	C
第二选择	B	C	A
第三选择	C	A	B

这时，如果先在 A 和 B 两个方案之间进行投票，则甲和丙都会把票投给 A，而乙投给 B，在多数同意规则下 A 将胜出。再比较 A 和 C，我们会发现，C 胜过 A。如果投票仅到此结束，那么 C 就将成为这次投票的结果。但是问题在于，如果再对 C 和 B 进行投票，我们将会发现 B 又会胜过 C。这是一个尴尬的投票结果。第一次投票表明 A 优于 B，第二次投票则表明 C 优于 A。如果社会选择是理性的，那么备选方案应满足传递性公理，即 C 应优于 B，然而第三次投票的结果却表明 B 优于 C。

虽然每个投票人的偏好前后一致，但整个社会的偏好却不一致。这种现象被称为投票悖论(the paradox of voting)，也称作孔多塞悖论(Condorcet's paradox)，以纪念 18 世纪第一位发现投票悖论现象的法国人孔多塞。

投票悖论将导致两个可能的后果。其中之一是所谓的投票循环(voting cycle)，在 A 和 B 之间投票，A 胜出。在 C 与 A 之间，C 胜出。在 B 与 C 之间，B 胜出。再在 A 和 B 之间选，又是 A 胜出。这一循环过程将无休无止。

另一个可能的后果是投票操纵(manipulation)。如果投票程序只进行两轮投票就结束，那么投票结果就依赖于投票顺序。假如先在 A 和 B 之间投票，则 A 胜出；再在 C 与 A 之间投票，这样 C 就成为最终选择。但如果先在 B 与 C 之间进行选择，则 B 胜出；再对 B 和 A 比较，则 A 将成为最后的结果。同理，如果先在 A 和 C 之间投票，则最终的获胜方案是 B。在这种情况下，如果有人能够操纵投票顺序，那么他实际上就控制了最后的结果。

上述分析表明，投票悖论的结果是不合意的，要么出现投票循环，要么出现操纵。

6.2.3 单峰偏好与中间投票人定理

多数同意规则是否总是导致投票悖论？或者说，如何才能摆脱投票悖论？布莱克(Duncan Black，1948)在《团体决策的原理》等论文中对上述问题进行了开创性研究，他的分析表明，如果所有投票人的偏好都是单峰的，那么少数服从多数规则将会导致一个稳定的投票结果[①]。

现在我们来说明这个问题。假设在多个备选方案中，每个投票人都有各自最偏好的方案，当然这些最偏好的方案对不同的投票者而言一般是不同的。我们将所有的备选方案按

---

① Black, Duncan. On the Rationale of Group Decision-Making. *Journal of Political Economy*，1948，56(1)：23-34；Black, Duncan. The Decision of a Committee Using a Special Majority. *Econometrica*，1948，16(3)：245-261.

顺序排列,对于某个投票人而言,如果在其最偏好方案的两边,对其他各备选方案的偏好持续下降,那么他的偏好曲线只有一个峰,这种偏好结构就叫做单峰偏好(single-peaked preferences)。例如,用不同的效用值表示投票人的偏好程度,在三个备选方案 A、B、C 中显示的单峰偏好如图 6.1 所示。

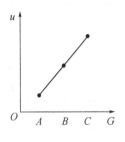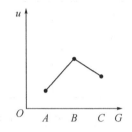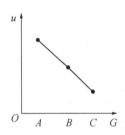

图 6.1 单峰偏好示意图

与单峰偏好相对应的是多峰偏好(multiple-peaked preferences),这类偏好曲线上有两个或两个以上的峰值,如图 6.2 所示。

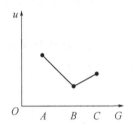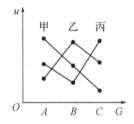

图 6.2 多峰偏好示意图　　　　图 6.3 对应表 6.2 的偏好图(投票悖论)

在存在多峰偏好的情况下,就有可能导致不稳定的投票结果。我们将表 6.2 中三个投票人选择学校规模的例子用单峰和多峰偏好曲线来表示,如图 6.3 所示,甲和乙的偏好都是单峰的,而丙的偏好是多峰的,而最终的结果是出现了投票悖论。

要改变这种投票悖论,需要将多峰偏好改为单峰偏好。在图 6.4 中,我们把丙的偏好调整为单峰,恰好对应于表 6.1 的偏好。这时,甲、乙、丙的偏好均为单峰偏好,如前分析,最终的均衡投票结果是 B。

基于上述观察,我们会形成这样的直觉:如果所有的投票人都具有单峰偏好,则投票结果将是稳定的。

那么,我们能否将上述观察推广为一个具有普遍性的命题呢?或者说,是否只要所有投票人都具有单

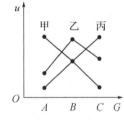

图 6.4 对应表 6.1 的偏好图(投票稳定)

峰偏好,那么多数票规则就一定会产生一个稳定的投票结果? 进一步,我们能否预测究竟哪一个备选方案将成为最终胜出的投票结果? 这里是否存在着什么规律可循?

对于上述问题,所谓的中间投票人定理(median voter theorem)给出了肯定的答案。

中间投票人定理

如果所有投票人都具有单峰偏好,总数为奇数,那么简单多数规则将产生一个稳定的投

票结果,而且最终胜出的方案将是中间投票人最偏好的方案。

在正式证明中间投票人定理之前,我们先来讨论一个简单的例子。考虑五个投票人就公共教育支出的五个从小到大的规模 A、B、C、D、E 进行表决,每个投票人最偏好的支出规模由表 6.3 给出。

表 6.3　投票人偏好的支出规模

投票人	最偏好的支出规模
甲	A
乙	B
丙	C
丁	D
戊	E

首先在支出规模 A 和 B 之间进行选择,由于投票人的偏好是单峰的,因此除了甲赞同支出规模 A,其余四个投票人都会投票给规模 B,因此后者胜出。然后在 B 与 C 两个规模之间进行投票,显然甲和乙会赞成规模 B,而其余三人都会支持规模 C,故 C 胜出。进而在 C 和 D 之间投票,甲乙丙三人都会支持 C,而丁和戊两人支持 D,还是 C 胜出。同理,规模 C 还将胜过规模 E 和 A,最终成为获胜的方案。在五个投票人中,最偏好规模 C 的投票人是丙,如果我们将投票人根据他们的偏好规模大小进行排序,那么丙刚好位于投票人序列的中间,偏好规模比他小的有两个人,比他大的也有两个人,也就是说丙是中间投票人。

这一例子表明,在投票人具有单峰偏好的情形中,简单多数规则将会导致一个稳定的投票结果,而且最偏好获胜方案的投票人正好位于选民序列的中间。

下面,我们对单峰偏好理论和中间投票人定理进行正规分析。首先,我们假定公共产品的所有备选方案集合为 $X = \{G \mid G \in [G^{\min}, G^{\max}]\}$。总共有 I 个投票人,投票人 i 的效用函数为 $u^i(G)$,$i = 1, 2, \cdots, I$。

如果存在一个唯一的 G^i,使投票人 i 的效用最大化,而且对于任何 $G \in (G^{\min}, G^i)$,$u^i(G)$ 是单调递增的;而对于任何 $G \in (G^i, G^{\max})$,$u^i(G)$ 也是单调递减的,那么投票人 i 具有单峰偏好。

我们假定所有的投票人都具有单峰偏好。

现在我们定义中间投票人的概念。对于某个投票人 h,她最偏好的方案是 G^h(即 $u^h(G^h) \geqslant u^h(G)$,$G \in X$),如果最偏好的方案大于等于 G^h 的人数超过半数,而最偏好的方案小于等于 G^h 的人数也超过半数,那么投票人 h 就是所谓的中间投票人。

在经过上述铺垫之后,我们可以来证明中间投票人定理。为了简化,假定投票者总数 $I = 2N+1$,投票人 h 是唯一的中间投票人,她最偏好的方案是 G^h。则中间投票人定理断言在简单多数规则下,最终胜出的方案是 G^h。

现在我们来证明任何 $G^s \in (G^{\min}, G^h)$,都不可能胜过 G^h。因为 h 是中间投票人,那么最偏好的方案大于 G^h 的人数为 N,又由于所有的投票人都具有单峰偏好,则在 G^s 和 G^h 之间,

至少会有 $N+1 > I/2$ 个人投票支持 G^h。同理可以证明，任何 $G^b \in (G^h, G^{max})$，也不可能胜过 G^h。这样，我们就完成了中间投票人定理的证明。

尽管中间投票人定理已经表明在所有投票人都具有单峰偏好的条件下投票将产生稳定的结果，这里仍有几点需要作出说明：

第一，中间投票人最偏好的方案将成为最终获胜的投票结果，并不意味着这一结果一定是有效率的。中间投票人所偏好的方案获胜仅仅表明一半人希望增加公共产品的数量，另一半人则希望减少公共产品的数量，显然这个结果与效率无关。

第二，现实世界中，多峰偏好在很多场合都可能出现，所以我们不能指望多数同意规则一定能够产生一个稳定的投票结果。

6.3　阿罗不可能定理与社会福利函数的存在性

6.3.1　阿罗不可能定理

我们已经表明投票机制并不令人满意，如果存在多峰偏好，那么是否某种机制能够避免诸如投票悖论这样的难题并形成理性的社会决策？这个社会选择问题可以一般化为：如果全体社会成员的偏好都是理性的，那么在所有人的偏好之上，能否构造或导出一个理性的社会偏好？

经济学家为此进行了大量研究。迄今为止，取得的最重要的研究成果就是所谓的阿罗不可能定理，最早由美国经济学家阿罗（Kenneth Arrow，1951）在其博士论文《社会选择与个人价值》中提出。阿罗将社会福利函数定义为一个社会选择的过程或规则，在每一个个人排序的基础上形成一个社会排序。他认为，任何建立在个人偏好基础上的社会福利函数，都应该产生一个符合完备性和传递性两大理性公理的社会排序并且满足以下五个基本条件[①]：

（1）无限制性。任何形式的个人理性偏好都不应被排斥。

（2）社会评价和个人评价的正相关性。即如果一个备选方案在每个人的排序中的位置都提高了或保持不变，而其他备选方案位置不变，那么在社会排序中该备选方案的位置至少不会下降。

（3）无关备选方案的独立性。社会偏好对 A 和 B 两个方案之间的排序只取决于人们对这两个方案的排序，而跟人们对其他方案的排序无关。

（4）非强加性。不能有一个给定的社会排序强加于个人排序之上。

（5）非独裁性。不能由某一个社会成员的排序决定社会排序。

基于上述关于社会福利函数的公理和基本条件，阿罗证明了如下定理[②]：

---

① 阿罗.社会选择：个性与多准则.北京：首都经济贸易大学出版社，2000：37—47.

② 阿罗.社会选择：个性与多准则.北京：首都经济贸易大学出版社，2000：65—108.

定理 1

如果所有备选方案只有两个,那么少数服从多数规则的决策机制就是一个符合条件(1)~(5)的社会福利函数。

定理 2(阿罗不可能定理)

如果存在至少三个备选方案,那么任何一个满足条件(1)~(3)的社会福利函数以及由此产生的满足完备性和传递性公理的社会排序就一定是强加的或独裁的。

定理 2 也就是著名的阿罗不可能定理,它的意思是说根本不存在一个合乎情理的社会选择机制来将个人偏好加总为社会偏好,如非你愿意接受独裁或强加。

然而在现实世界里,类似投票机制这样的公共决策机制广泛存在。这使得经济学家开始思考从另一个角度来思考阿罗不可能定理:既然阿罗定理的条件有五个,那么是不是可以考虑放弃或放松其中一项条件,从而导出一个社会福利函数。

事实上,如果对个人的偏好进行某些限制,就有可能走出阿罗不可能定理。我们在6.2.3 节已经表明如果所有个人的偏好都是单峰的,那么简单多数规则就能导出一个稳定的投票结果。阿罗对此也进行了专门讨论,他将条件 1 改为 $1'$,并且证明了定理 3:

($1'$)对所有满足单峰偏好的个人排序集合,相应的社会排序满足完备性和传递性公理。

定理 3(单峰偏好的可能性定理)

如果个人总数是奇数,对于任意多个备选方案,少数服从多数的决策机制满足条件($1'$)和条件(2)~(5)。

6.3.2 效用的人际可比性与社会福利函数

阿罗的所有研究结论基于一个隐含的假定,即人与人之间的效用水平是不可比的。如果允许效用水平可以在人与人之间进行比较(即引入效用人际可比性)[①],那么我们就可以通过某种尺度对个人的效用函数进行加总,从而获得社会福利函数。

我们用 $W = F(u^1, u^2, \cdots, u^I)$ 来表示社会福利函数,其中 u^i 是社会成员 i 的效用函数。对于两种不同的配置 x 和 y,如果:

$$F[u^1(x), u^2(x), \cdots, u^I(x)] > F[u^1(y), u^2(y), \cdots, u^I(y)]$$

那么社会就认为 x 优于 y。

根据帕累托比较原则,如果一位成员的效用提高了,而其他成员的效用不变,那么社会福利也将提高或至少不变,也就是 $W = F(u^1, u^2, \cdots, u^I)$ 对每个人效用的水平 u^i 都是递增的。

除了递增性,我们一般不需要再对社会福利函数施加别的限制,因为我们并没有其他理

---

① 要达到效用的人际可比性,我们可以放弃序数效用的概念而改用基数效用的概念,或者如果不放弃序数效用但至少要采用统一的排序方法和标准。详见:迈尔斯. 公共经济学(第 2 章). 北京:中国人民大学出版社,2001.

论来比较各人的效用。我们只是承认效用的人际可比性,但我们并不知道如何比较。如何构造具体的社会福利函数,依赖于不同的价值观。

常见的社会福利函数的形式有功利主义社会福利函数和罗尔斯主义社会福利函数。

(一)功利主义社会福利函数

$$F[u^1(x), u^2(x), \cdots, u^I(x)] = a_1 u^1(x) + a_2 u^2(x) + \cdots + a_I u^I(x)$$

这种社会福利函数实际上是每个社会成员个人效用函数的加权总和,其中 $a_1, a_2, \cdots, a_I$ 是权数,满足 $a_1 + a_2 + \cdots + a_I = 1$,表示不同社会成员在整个社会福利中的重要程度。如果每个人的权数都相等,则称之为简单功利主义社会福利函数。

(二)罗尔斯主义社会福利函数

$$F[u^1(x), u^2(x), \cdots, u^I(x)] = \min\{u^1(x), u^2(x), \cdots, u^I(x)\}$$

罗尔斯福利函数认为社会福利唯一地取决于境况最差的社会成员的福利,要使整个社会福利最大化,就必须使境况最差的社会成员的福利最大化。这种原则称为最大化最小原则。

前面的社会福利函数形式都是根据整个社会资源配置状态而不是根据每个人的个人商品束来定义个人偏好。但经济学通常假定每个人只关心他们自己消费的商品束。这样,我们就可以用 $u(x^i)$ 表示第 i 个人的效用水平,其中 x^i 表示这个人消费的商品束。这样社会福利函数的形式就可以写作:

$$W = F[u^1(x^1), u^2(x^2), \cdots, u^I(x^I)]$$

这种形式的社会福利函数称为伯格森—萨缪尔森社会福利函数。

社会福利函数常常成为公共政策的目标函数。当我们使用社会福利最大化这个概念时,我们会发现帕累托最优仅仅是社会福利最大化的一个必要条件,而社会目标除效率之外还有公平和收入分配等因素需要考虑。

6.4　投票理论的其他方面

6.4.1　投票交易与互投赞成票

个人之间的投票通常以一人一票为原则,这一方面体现了"人人平等"这样一个基本理念,另一方面也间接暗示了个人效用的不可比性。

但是如果我们同意个人之间的效用水平具有人际可比性,那么一人一票的投票制度就难以反映个人的偏好强度(intensity of individual preference)。布坎南和塔洛克(Tullock)在 1962 年出版的《同意的计算——立宪民主的逻辑基础》一书中指出,政治决策过程有可能导致某种投票交易(vote trading)行为,而投票交易行为的实现将允许投票人至少部分地表达其个人的偏好强度。互投赞成票(logrolling)就是这样一种常见的投票交易行为。它表现为:一名投票者投票赞同另一名投票者所偏好的方案,同时后者也答应投票给前者所偏好的方案[①]。

互投赞成票允许投票人表明各自对公共项目的偏好强度,因此有时候能够导致公共产品的有效提供。我们通过一个数字例子来说明互投赞成票如何导致公共产品有效提供的过程。假定一个社区有三个投票人甲、乙、丙,他们将对 A 和 B 两个项目进行表决。表 6.4 给出了每个项目对他们各自的净收益。

如表 6.4 所示,每个项目的净收益总额都是正的,根据公共产品有效提供条件,每个项目都是有效率的。假定每次投票只就一个项目进行表决,那么每个项目都是 1 票同意,2 票反对,根据简单多数规则,没有一项能够通过决策。

但互投赞成票可以改变这种局面。假定甲对乙提出交易,如果乙投票同意项目 A,甲就赞成项目 B。通过这种交易,甲的收益是 60(＝100－40),乙的收益是 30(＝80－50)。因此他们就会成交,结果项目 A 和 B 都能获得通过。也就是说,通过互投赞成票导致两个项目都获得通过,而且这两个项目都符合帕累托效率的要求。

表 6.4　互投赞成票(有效率)

	甲	乙	丙	净收益总额
A	100	－50	－30	20
B	－40	80	－30	10

但是互投赞成票也可能导致公共产品的无效提供,如果我们将表 6.4 中丙的收益稍作修改,就会发现这一点。在表 6.5 中,每个项目的净收益总额都是负的,根据公共产品有效提供条件,两个项目都是无效率的。但是通过互投赞成票,两个项目仍然可能通过。

表 6.5　互投赞成票(无效率)

	甲	乙	丙	净收益总额
A	100	－50	－60	－10
B	－40	80	－60	－20

上面的例子表明,尽管互投赞成票允许投票人表达其个人的偏好强度,但我们不能指望互投赞成票一定能够实现有效率的投票结果。实际上,互投赞成票的实质是利用民主程序将多数人的利益建立少数人的损失之上。

6.4.2　班扎夫权力指数

基于"人人平等"的基本理念,公平的投票规则应该是一人一票。但是如果参与投票的不是个人,而是集体呢? 比如欧洲联盟就某项集体议案进行投票时,参与投票的是欧盟的 27 个成员国,那么是否也应该实行一国一票呢? 如果一国一票,对于人口众多的国家而言,是否也是一种不公平呢?

在这种情况下,通常多数票规则会赋予人口比较多的集体一个比较高的票数,而相对人

---

① 布坎南,塔洛克. 同意的计算——立宪民主的逻辑基础. 北京:中国社会科学出版社,2000:128－161.

口较少的集体一个较低的票数。比如欧洲联盟 27 个成员国（截至 2010 年）总票数为 345 票，各国票数分配如下：德国、英国、法国、意大利四国各 29 票，西班牙、波兰两国各 27 票，罗马尼亚 14 票，荷兰 13 票，希腊、捷克、比利时、匈牙利、葡萄牙五国各 12 票，瑞典、保加利亚、奥地利三国各 10 票，斯洛伐克、丹麦、芬兰、爱尔兰、立陶宛五国各 7 票，拉脱维亚、斯洛文尼亚、爱沙尼亚、塞浦路斯、卢森堡五国各 4 票，马耳他 3 票。一项议案要获得通过，至少要获得 255 票（占总票数的比例超过 72%）[1]。

我们关心的一个重要问题是，假如总共有 Y 张票，投票人甲拥有的选票是 X 张，那么是否表明甲拥有 X/Y 份额的话语权呢？未必。班扎夫（Banzhaf，1965）等人的研究表明，每个投票参与者的权力并不等于他所拥有的选票份额[2]。

班扎夫认为，一个投票人的权力不在于他的选票份额，而在于他作为关键加入者（critical player）的次数。所谓关键加入者，是指这样的投票人，如果他加入一个本来会失败的联盟将会使这个联盟获得胜利；或者说如果他退出某个获胜联盟会导致这个联盟失败。这里，联盟（coalition）就是指一个投票人的集合，他们共同支持某一项议案。

一个投票人的班扎夫权力指数（the Banzhaf Power Index）可以被定义为：

$$BI^i = \frac{CP^i}{\sum_i CP^i}, \quad i = 1, 2, \cdots, I$$

其中，BI^i 表示第 i 个投票人的班扎夫权力指数；CP^i 表示第 i 个投票人作为关键加入者的次数。下面我们通过一个专栏来说明如何计算一个投票人的班扎夫权力指数[3]。

⋯⋯⋯⋯⋯⋯⋯⋯⋯⋯⋯⋯⋯⋯⋯⋯⋯⋯⋯⋯⋯⋯⋯⋯⋯⋯⋯⋯⋯⋯⋯⋯⋯⋯⋯⋯⋯⋯

 专栏6.2

卢森堡的权力指数

1958 年欧共体有六个成员国，分别是法国、德国、意大利、荷兰、比利时和卢森堡。当这些国家为某项议案投票时，票数分配如下：法国、德国和意大利的票数各为 4 票，荷兰、比利时各为 2 票，而人口较少的卢森堡为 1 票。总票数为 17 票，投票规则为 2/3 多数，即一个议案获得 17 票中的 12 票或 12 票以上就获得通过。

现在我们来计算各国的班扎夫权力指数。如表 6.6 所示，我们用＋表示这个国家在某个获胜联盟中是一个关键加入者，用"－"表示该国为非关键加入者。

表 6.6　1958 年欧共体各国的权力指数

可能的获胜联盟	法国	德国	意大利	荷兰	比利时	卢森堡
法德意	＋	＋	＋			
法德意荷	＋	＋	＋	－		

---

[1]　欧盟的决策机制较为复杂，除了票数之外，还要求得到超过 55% 的成员国和 65% 的欧盟人口的认可。

[2]　Banzhaf, J. F. Weighted Voting Doesn't Work: A Mathematical Analysis. *Rutgers Law Reviews*, 1965, 19(2): 317-342.

[3]　Shapley and Shubik(1954)也提出了一个与班扎夫指数相类似的权力指数。Shapley, L. S. and M. Shubik. A Method of Evaluating Power in Committee Systems. *American Economic Review*, 1954, 48(3): 787-792.

可能的获胜联盟	法国	德国	意大利	荷兰	比利时	卢森堡
法德意比	＋	＋	＋	－		
法德意卢	＋	＋	＋			－
法德意荷比	－	－	－	－	－	
法德意荷卢	＋	＋	＋	－		－
法德意比卢	＋	＋	＋		－	－
法德意荷比卢	－	－	－	－	－	－
法德荷比	＋	＋		＋	＋	
法德荷比卢	＋	＋		＋	＋	－
法意荷比	＋		＋	＋	＋	
法意荷比卢	＋		＋	＋	＋	
德意荷比		＋	＋	＋	＋	
德意荷比卢		＋	＋	＋	＋	－
关键加入者次数	10	10	10	6	6	0
权力指数	23.8%	23.8%	23.8%	14.3%	14.3%	0%

如表 6.6 所示,法国、德国和意大利的班扎夫权力指数为 23.8%,略高于它们的选票份额 23.5%;荷兰和比利时的权力指数为 14.3%,远远高于它们的选票份额 11.8%,而卢森堡,尽管它的选票份额为 5.9%,但它的权力指数为 0! 也就是无论卢森堡站在哪一边,对于投票结果都毫无影响。

6.5 政党理论

前面我们介绍了投票理论,现在我们考虑投票理论在西方两党制下的一个应用。美国是最典型的两党制国家,两大党派分别是偏保守的共和党和偏激进的民主党,两党轮流执政,每隔四年进行一次总统大选。那么大选来临时,分别代表两党的两位总统候选人会如何选择他们的政治立场呢?

美国经济学家唐斯(Downs,1957)提供了一个分析政党行为的经济学框架[①]。假定选民追求个人效用最大化,且其政治立场具有单峰偏好,而政党候选人追求选票数量最大化。在上述条件下,结论是两党候选人都将选择中间选民的偏好作为其政治立场。

现在我们来分析其中的原因。如图 6.5 所示,我们将所有的选民按照其最偏好的政治

[①] 唐斯.民主的经济理论.上海:世纪出版集团,2005.

立场从激进向保守排列,假定选民的分布服从正态分布。其中 M 为中间选民,这意味着比她的偏好激进(左边)的选民与比她的偏好保守(右边)的选民各占 50%。N 为某个偏好比 M 要保守的选民。

现在假定民主党候选人选择中间选民 M 的偏好作为其政治立场,而共和党候选人则以选民 N 的偏好作为其竞选立场。由于所有的选民都具有单峰偏好,那么他们都将投票给予他们的偏好最接近的候选人。这样,民主党候选人将获得 M 左边以及 M 与 N 之间的一部分选票,而共和党候选人只能获得 N 右边及 M 与 N 之间的另一部分选票。这样,共和党候选人必输无疑,为了在竞选中获胜,他也必须采取中间选民 M 的立场。

上述分析表明,两党候选人为了在竞选中获胜,都不得不向中间选民的偏好靠拢,最终他们的政治立场是一致的!这一结论实际上是中间投票人定理在政党理论中的一个版本。

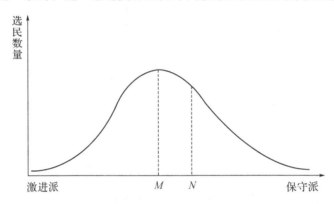

图 6.5　选民的分布与政党的竞选立场

　专栏 6.3

"超级女声"的政治经济学分析

湖南卫视的电视唱歌选秀节目"超级女声"(现已更名改为"花儿朵朵")曾是一档受到全国人民欢迎的电视节目,一方面是因为湖南卫视商业运作得当,宣传声势浩大;另一方面也得益于"超级女声"独特的赛制。从各赛区 10 强产生以后,哪个选手能够进入下一轮,是由专业评委、大众评委和场外短信票数共同决定的。这使得谁将留在场上继续比赛谁将遭到淘汰,不再是专业评委或是其他某个人能够说了算的事情。而当最终的三强选手选出以后,三强的名次排定,则完全由场外短信票数决定(根据赛制,每个电话号码最多为每位选手投 15 票)。

在这种赛制下,谁将获得冠军,就成了一件非常微妙的事情,每一个人都有权为自己支持和喜欢的选手投票(通过发短信),但是又没有人能够单独决定最终的结果。这种赛制多少有些接近于西方国家总统大选的形式,每个人都可以为自己支持的候选人投票,而在"超级女声"赛制下,观众可以为自己支持的选手通过发短信的形式来为其投票。

这种独特的赛制为我们运用公共选择理论分析"超级女声"现象提供了一个切入点。从公共选择的角度来看,"超级女声"引入了一种投票机制。这种投票机制吸引了广大观众的积极参与,据统计,2005 年的"超级女声"节目进入全国总决赛以后,每场比赛短信互动参与人数均超过 100 万人,观众总投票数超过 400 万。而最后一场比赛的观众总投票数更是高达 815 万票。

下面我们运用公共选择理论重点分析 2005 年"超级女声"总决赛的最后一场比赛,也就是三强排位赛。根据赛制,这场比赛不再设专业评委和大众评委,三强的名次完全由场外短信票数的高低来决定。李宇春、张靓颖和周笔畅三位选手在场内充分展现自己的唱功和形象,为自己拉票,场外观众则通过短信为自己支持的选手投票。这就好比三位总统候选人在台上发表竞选演说,台下的选民则为支持的候选人投票。

最终的结果是:李宇春获 352 万票成为冠军,周笔畅获 327 万票排第二,张靓颖则获 135 万票排第三。这三位选手的特点分别是,从形象和声线来看,李宇春和周笔畅是相对比较中性化的,而张靓颖的形象和声线都比较偏女性魅力。从唱功来看,周笔畅和张靓颖都得到了专业评委的高度评价:周笔畅被评委认为是"拯救中国歌坛的人",而张靓颖则被认为是用心灵唱歌的灵魂歌手,而且唱出了难度极大的"海豚音"。相比之下,李宇春的唱功未曾得到评委们的高度评价。

按理从"超级女声"节目的本意出发,应该是要选出不仅唱得好,而且具有女性魅力的声音,按照这一标准,获得冠军的人似乎应该是张靓颖。但事实上,她的票数却是最低的,而且远远低于其他两位选手。最终的冠军是唱功并不突出,形象中性而帅气,具有舞台魅力的李宇春。

为什么李宇春和周笔畅都能够获得超过张靓颖两倍以上的票数?这是我们需要进行解释的问题。经济学的魅力就在于它往往能够对一些看似奇怪或非理性的事件做出合理的解释。

我们用来分析的工具就是公共选择理论的中间投票人定理和政党行为理论。我们假定场外的投票观众是效用最大化者,他们会尽可能多的为自己喜欢的选手投票,如果他们支持的选手获得冠军,他们会得到心灵的满足。而场内的选手,就像那些总统候选人发表竞选演说一样,在台上充分展示各自的形象和唱功,以期获得最大投票数量。

如图 6.6 所示,我们假定场外的投票观众都具有单峰偏好,他们按偏好极具男性魅力向偏好极具女性魅力排序。假定投票观众的分布服从正态分布。M 为中间投票人,她偏好的是具有中性魅力的选手。

根据我们上面的分析,谁的形象更接近中间投票人的偏好,谁就会获得更多的票数。显然,李宇春和周笔畅的形象都比较中性化,从而也比较接近中间投票人的偏好,因此她们都获得了超过 300 万的票数,而且其票数也较为接近。相比之下,张靓颖比较偏向女性魅力,她的形象远离中间投票人偏好的中性形象,支持她的投票人自然就要比李宇春和周笔畅少得多。如图 6.6 所示,张靓颖的形象大致和 N 位置的投票人偏好一致。

这样,张靓颖就只能获得 N 右边的投票数和 MN 之间的一部分票数,而李宇春和周笔畅将获得剩余的绝大部分票数。最终张靓颖只获得 135 万票,而李宇春和周笔畅共获得了 680 万票。从而我们就解释了为什么李宇春和周笔畅都能够获得超过张靓颖两倍以上的票数这个看似非理性的问题。

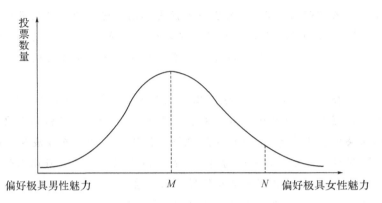

图 6.6 "超级女声"投票观众的分布

至于剩余的大部分票数如何在李宇春和周笔畅之间分配,这里有三种模型化的方法:

第一种方法是对选手的类型更加精细化,比如假定李宇春属于中性偏左,周笔畅属于中性偏右,从而可以确定她们各自的票数,但这种方法会使模型失去普遍性。

第二种方法是假定两位选手都是中性化选手,投票人无法在这一点上区分谁的形象更接近自己的偏好,但我们进一步假定投票人的偏好具有多个维度,他们在进行投票时还要考虑选手的舞台表现和唱功等综合因素,但这种方法会使模型的分析复杂化,同时丧失普遍性。毕竟模型是对真实世界的简化,而非单纯的描述,我们实在没有必要为了某些细节而将模型过度复杂化。

第三种方法同样是假定两位选手都是中性化选手,投票人无法在这一点上区分谁的形象更接近自己的偏好,因此投票人只能根据自己的感觉随机地进行投票。在统计意义上,当投票人的数量足够多,最终两位选手获得的选票会大致相当。这种方法比较粗略,但优点是简单,同时保持了分析的一般性。

就我们的分析目的而言,第三种方法足够了,因为最终李宇春和周笔畅获得的票数是相当接近的(李352万票,周327万票)。当然这种方法的缺点是不能解释为什么李宇春获得的票数会比周笔畅多,因为模型认为这是一个随机的结果。

也许你不同意上面的解释,你会争辩说张靓颖的票数最低是因为很多喜欢张靓颖的歌迷没有投票,你可能会进一步指出不同类型的投票人的参与率是不均匀的,中间投票人定理是不成立的。

这种反对不无道理,但并不能推翻我们的解释。首先,认为张靓颖的歌迷没有投票导致她的票数低是没有统计依据的,我们甚至可以反问难道李宇春和周笔畅的歌迷就都参与投票了吗?其次,如果说我们的目的是用中间投票人定理去预测一个选举的结果,那么我们对投票人的构成情况(包括投票人的分布和投票参与率)就必须十分小心,才能确定中间投票人的偏好究竟是什么,但反过来如果我们的目的是要解释一个已经是既成事实的结果,那么只要从模型假设推导出来的结果和需要解释的现象一致,就可以认为是成功的做出了解释(至少是暂时的)。当然我们的理论和解释仍然需要不断地接受各种来自真实世界的检验和批评。

6.6 官僚理论

6.6.1 尼斯坎南模型的基本假设与图解

在代议制民主下,我们可以设想将政府机构划分为两大类,一类是由被选民选举出来的官员组成的集体组织(如国会、总统),这类组织有权征税获取资金,是公共政策的决策者。另一类则是官僚机构(bureaucracy),它们向社会公众供给各种公共产品,是公共政策的执行者。显然,前者是后者的资助者(sponsor),由他们评估、批准和监督官僚机构的预算和执行情况,并且对官僚机构的首脑进行任命。

美国经济学家尼斯坎南(W. A. Niskanen)在其《官僚制与代议制政府》(1971)一书中运用经济学方法为分析官僚行为提供了一个标准的分析框架[1]。在尼斯坎南看来,官僚与其他所有人一样,追求个人效用最大化者。他认为进入官僚效用函数的变量包括工资、办公室津贴、公共声誉、权力、官僚机构的输出等,而这些变量都与其官僚机构的预算规模直接相关。这样,我们得到如下的基本假设:官僚追求预算最大化。

然而,官僚的预算最大化行为受到其资助者的约束,后者期望看到官僚提出更多的活动和预算,但不愿意看到官僚机构的预期产出低于相应的预期成本。

此外,尼斯坎南还假设官僚机构与其资助者之间的关系,是一种双边垄断关系。但在这种双边垄断关系中,双方的信息是不对称的,资助者并不清楚供给公共产品的真实成本函数,这是官僚机构的私人信息。

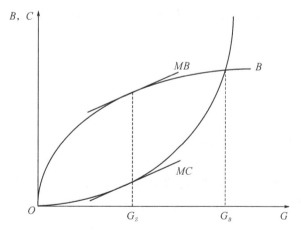

图 6.7 尼斯坎南的官僚模型

如图 6.7 所示,B 曲线表示供给公共产品的社会总收益,其斜率为社会边际收益。C 曲线表示供给公共产品的社会总成本,其斜率为社会边际成本。根据边际收益等于边际成本

---

① 尼斯坎南. 官僚制与公共经济学. 北京:中国青年出版社,2004.

的原则,有效率的公共产品产出水平是 G_S。但是对于官僚机构而言,他们会在预期总成本不大于预期总收益的约束下选择最大产出水平 G_B,以实现其预算最大化。

但为什么资助者不能直接选择 G_S 呢?原因是信息不对称,资助者并不清楚供给公共产品的真实成本函数,在进行公共决策时,官僚只向其资助者提供两种选择方案,要么 $G = 0$,要么 $G = G_B$,这样资助者就只能批准 G_B 的预算规模了。

6.6.2　尼斯坎南模型的数学分析

下面我们运用数学方法来分析尼斯坎南模型。假定提供公共产品的预期收益曲线 B 为:

$$B(G) = aG - bG^2$$

其预期成本曲线 C 为:

$$C(G) = cG + dG^2$$

其中,a,b,c,d 都是大于 0 的常数,且 $a > c$。

要确定社会最优的预算规模,就是解如下问题:

$$\max_G \quad B(G) - C(G)$$

其一阶条件是,

$$B'(G) = C'(G)$$

即:

$$a - 2bG = c + 2dG$$

解得:

$$G_S = (a - c)/2(b + d)$$

而官僚机构要选择的是预期总收益等于预期总成本的预算规模,即:

$$B(G) = C(G)$$

也就是:

$$aG - bG^2 = cG + dG^2$$

解得:

$$G_B = (a - c)/(b + d)$$

这样,我们就得到了一个重要而有趣的结论:

$$G_B = 2G_S$$

上述结果表明由追求预算最大化的官僚决定的公共产品产量将是最优产量的两倍! 当然该结论是在特定的成本函数和收益函数下导出的,并不具有普遍性。但一般而言,官僚供给公共产品的规模将远远超出社会有效率的规模这一结论还是成立的。

6.7　寻租理论

现在我们讨论本章的最后一个议题,即寻租理论。所谓寻租(rent-seeking),是指个人或个人组成的集团利用政府的权力获取超过正常收益的额外收益。在这里,租(rent)是指个人获取的收益中超过正常收益的部分。美国经济学家塔洛克(Tullock,1967)和克鲁格(Krueger,1974)对寻租理论进行了开创性研究[①]。下面我们重点介绍一个由塔洛克最早提出的经典寻租模型。

考虑一个钢材市场,如图 6.8 所示,市场需求曲线 D 向下倾斜,边际成本曲线 MC 保持水平。如果钢材市场是竞争性的,那么两条曲线的交点 c 将成为竞争性均衡,决定了均衡价格 p_c 和均衡产量 x_c,根据福利经济学第一基本定理,竞争性均衡是有效率的,此时消费者剩余等于大三角形 abc 的面积,由于边际成本曲线是水平的,生产者剩余为 0。

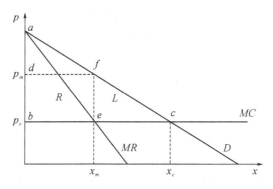

图 6.8 经典寻租模型

如果钢材市场是一个垄断市场(或卡特尔市场),那么垄断者(或卡特尔组织)面临的边际收益曲线 MR 比需求曲线更加陡峭,它会选择边际收益等于边际成本的位置进行生产,也就是选择垄断产量 x_m,并且将垄断价格制定为 p_m。这时,消费者剩余变为小三角形 adf 的面积,相对于竞争性市场,消费者福利损失为梯形 $dfcb$ 的面积,即 $R+L$,垄断者(或卡特尔组织)的超额利润(即垄断租金)为矩形 $dfeb$ 的面积 R。社会净损失(即无谓损失)为三角形 fec 的面积 L。

但是这样的垄断市场(或卡特尔市场)是不稳定的,高额的垄断利润会吸引来自国内和国外的潜在竞争者进入市场,如果没有政府的干预,从长期来看,钢材市场将是一个竞争性市场。

为了保持其垄断(或卡特尔)地位,国内的在位垄断者(或卡特尔组织)就会到政府部门进行游说、捐赠和贿赂行为,以获得政府的生产特许权,保障其垄断特权和垄断租金。

从而寻租行为的存在使得垄断者(或卡特尔组织)能长期维持其垄断地位。那么,寻租带来的损失有多大呢?塔洛克认为,首先整个社会因为寻租而产生无谓损失 L,但寻租的损失不仅于此,因为垄断者(或卡特尔组织)随时愿意支付最多相当于其垄断租金 R 的真实资源用于对政府的游说和贿赂,这意味生产性资源被消耗于非生产性用途,也是一种社会损失。因此寻租带来的最大损失为 $R+L$!

① Tullock, G. The Welfare Costs of Tariff Monopolies and Theft. *Western Economic Journal*, 1967, 5(3): 224-232; Kruger, A. O. The Political Economy of the Rent-Seeking Society. *American Economic Review*, 1974, 64(3): 291-303.

本章小结

1.公共选择理论是用经济学的方法研究政治,它包含三个基本要素:方法论个人主义、经济人和政治作为交换。

2.一致同意规则和多数同意规则是投票程序的两个主要规则。一般来说,一致同意的投票结果是帕累托最优的,但是我们常常找不到它;而多数同意规则却有可能会导致所谓的投票悖论。

3.如果所有投票人都具有单峰偏好,且投票人个数为奇数,那么简单多数同意规则将产生一个稳定的投票结果,而且最终胜出的方案一定是中间投票人最偏好的方案。

4.如果不对个人的偏好加以限制,阿罗不可能定理表明根本不存在一个合乎情理的社会选择机制将个人偏好加总为社会偏好,除非接受独裁或强加。但是如果能够引入效用的人际可比性,我们就能够走出阿罗困境,构建基于个人效用之上的社会福利函数。

5.根据中间投票人定理,在政党选举中,不同的党派都会向中间选民靠拢。

6.官僚是公共服务的真正供给者,他们追求预算最大化,同时受到其资助者的约束,最终官僚选择的公共支出规模将远远超过有效率的规模。

7.寻租是个人利用政府获取超过正常收益的额外收益的行为,这种行为将生产性资源运用于非生产性用途,对社会造成了福利损失。

复习与思考

1.如果存在多峰偏好的投票人,是否一定会导致投票循环?举例说明。

2.假定投票人具有单峰偏好。某一军备项目有四个规模可以选择,规模从小到大依次是 A、B、C、D 四个方案,已知最偏好 A 方案的有 12 人,最偏好 B 方案的有 4 人,最偏好 C 方案的有 7 人,最偏好 D 方案的有 8 人。在简单多数规则下,最终胜出的方案是哪个?

3.某国有四个地区参与投票。A 地区拥有 4 票,B 地区拥有 3 票,C 地区拥有 2 票,D 地区拥有 1 票。规定如果某项议案得票超过(或等于)6 票获胜。分别计算四个地区的班扎夫权力指数。

4.假定尼斯卡宁模型中官僚提供公共产品的收益曲线和成本曲线的形式为分别为,$B = 5G - 2G^2$,$C = 2G + G^2$,分别计算社会有效率的产量和官僚供给的产量。

5.某商品市场的需求曲线为 $x = 15 - p$,边际成本为 $MC = 3$。

(1)如果该市场是竞争性市场,计算竞争性价格和产量。

(2)如果该市场是垄断市场,计算垄断价格和产量。

(3)如果垄断者为了维持垄断利润向政府寻租,计算寻租可能带来的最大损失。

6.根据唐斯的政党理论,两党候选人都会选择中间选民偏好的政治立场,按理他们的票数会很接近。但从 2008 年美国大选的普选投票率来看,奥巴马的投票率为 52.9%,麦凯恩的投票率仅 45.7%,选票差距超过 7 个百分点。而 1972 年大选中,尼克松总统以 60.7% 的高投票率击败了对手。为什么都向中间选民靠拢的两位候选人的选票会如此悬殊?试分析影响投票的其他因素。

进一步阅读文献

1. Buchanan, James. The Constitution of Economic Policy. *American Economic Review*, 1987, 77(3): 243-250.

2. 缪勒. 公共选择理论. 北京: 中国社会科学出版社, 1999.

3. 布坎南, 塔洛克. 同意的计算——立宪民主的逻辑基础. 北京: 中国社会科学出版社, 2000.

4. 唐斯. 民主的经济理论. 上海: 世纪出版集团, 2005.

5. 尼斯坎南. 官僚制与公共经济学. 北京: 中国青年出版社, 2004.

6. 阿罗. 社会选择: 个性与多准则. 北京: 首都经济贸易大学出版社, 2000.

第7章 公共支出规模与结构

> 1870 年以来,政府支出在当今的所有工业化国家中都大幅度地增加了。虽然增长幅度各国不尽相同,但很明显,公共支出的增长是一个普遍现象,尽管工业化国家之间存在着巨大的制度差异和地理、语言障碍。直到 1980 年前后,政府支出增长异常迅速。1980 年代初以来,政府支出的增长放慢了许多,在某些情况下甚至下降了。
>
> ——坦齐、舒克内希特,《20 世纪的公共支出》(2000)

随着国民经济发展,公共支出的规模也将随之扩张,这是世界各国的普遍现象。伴随着规模的扩张,公共支出的结构也将发生变化。本章的任务就是考察这种公共支出规模与结构的变化,并分析其背后的原因。本章的安排如下:首先根据不同标准,对公共支出进行分类,这是研究公共支出结构变化的基础。进而对世界主要国家公共支出的规模与结构变化进行实证研究,并从理论上探讨这些变化背后的经济学原因。最后考察中国的政府支出分类与 1950 年以来财政支出规模的变化。

7.1 公共支出的分类

公共支出反映了政府履行职能、执行政策的成本,是计入政府部门经常账户和资本账户的支出总量。按照不同的标准,公共支出可以划分为不同的类型。本节分别从公共支出的经济性质、产生效益时间和职能三个标准对公共支出进行分类。

7.1.1 公共支出的经济分类

根据公共支出的经济性质,或者说是否体现了政府部门对经济中实际资源的所有权,可以将公共支出分为购买性支出和转移性支出两大类①。

购买性支出(purchase expenditure),是政府购买商品与服务的成本。这类支出体现了政府的消费和投资行为。政府在支付成本的同时获得了相应的商品和服务,也就是政府取

---

① 这种分类方法最早是由 Samuelson(1958)提出的。Samuelson, P. A. Aspects of Public Expenditure Theories. *Review of Economics and Statistics*,1958,40(4):332-338.

得了对这些资源的所有权。而政府部门对这部分资源的占用意味着排除了私人部门运用这部分资源的可能性，因而购买性支出在很大程度上体现了政府的资源配置职能。由于政府的购买性支出体现了对相应商品和服务的需求，它实际上构成了社会总需求的一个组成部分，应计入国内生产总值。国民收入恒等式 $GDP = C + I + G$，其中 G 就是政府的购买性支出。购买性支出主要包括对政府雇员的工资支付、对日常性商品和服务的使用以及固定资本投资等。

转移性支出(transfer expenditure)是指政府部门无偿转移给私人部门(和外国)的那部分支出。它是一种单方面的无偿支付，政府不能从对这部分资金的使用中获取相应的商品和服务。从转移性支出的来源和运用来看，政府一手从私人部门中获得税收等各项收入，一手则将这部分收入返还给了私人部门。这就相当于将社会资源在私人部门之间进行了一次再分配，政府在其中的作用只是充当了一个中介人。因此，转移性支出在很大程度上体现了政府的收入分配职能。由于转移性支出本身并不反映政府对实际资源的占用，不构成社会总需求的组成部分，也不计入 GDP。转移性支出主要包括政府补贴、赠与、社会保障支出和公债利息支出等。

政府的购买性支出和转移性支出在国民经济中所起的作用并不相同，对社会经济的影响也有差异。一般来说，如果购买性支出在全部政府支出中所占的比重越大，说明政府对资源配置的影响力越大；反过来，转移性支出的比重越大，说明政府对收入分配的作用越大。通常，在发达国家，转移性支出占政府支出的比例一般都超过 50%，甚至更高；而在发展中国家，转移性支出的比例一般不超过 30%。这说明发达国家的政府比发展中国家更多地倾向于执行收入分配职能。

将公共支出划分为购买性支出和转移性支出，是理论研究中最为常用中的做法。实践中，各国对政府支出的经济性质分类各有不同，为了规范各国的支出分类，便于国际比较，国际货币基金组织(IMF)专门发布了《2001 年政府财政统计手册》，其中对政府支出的经济分类进行了统一，共八个类别，分别为：(一)雇员补偿(即支付给政府雇员的工资和薪金以及社会缴款)；(二)商品和服务的使用(不包含投资性支出)；(三)固定资本的消耗(固定资产价值的减少)；(四)利息；(五)补贴(面向公共和私人企业)；(六)赠与(面向外国政府、国际组织和其他政府单位)；(七)社会福利(面向个人)；(八)其他开支。

这里需要说明的是，IMF 在界定政府支出时区分了两个概念，开支(expense)和支出(outlay)，expense 是费用性质的支出，被定义为交易中净值的减少；outlay 才是全部的支出，不仅包括费用性质的支出，也包括对固定资产的购置。严格来说，IMF 的经济分类是针对 expense 的，下文(7.1.3 节)提到的职能分类则是针对 outlay 的，两者之间的差额为非金融固定资产的净获得。这是非常细的内容，但同时也是不应忽略的。除特殊说明以外，本书所定义的公共支出为全部政府支出，不仅包括费用性开支，也包括投资性支出。

7.1.2　公共支出的时间分类

按公共支出产生效益的时间不同，可以将全部公共支出划分为经常性支出和资本性支出两大类。这种分类方法，通常和复式预算联系在一起。

所谓复式预算(multiple budget)，就是在预算年度内，将全部的预算收支按某种标准分别归入两个或两个以上的收支平衡表,从而编成两个或两个以上的预算。国际通行的做法是将全部预算划分为经常预算和资本预算两部分,相应的收支账户就包括经常账户和资本账户两部分。

经常性支出(current expenditure)是计入经常账户的公共支出,大致包括用于维持政府日常运转,提供各类经常性公共产品,以及对私人部门的经常性转移(如补贴和社会保障)等方面的支出。经常性支出的一个重要特点是其消耗给社会带来的效益集中体现在当期,比如公共秩序和安全支出的消耗就直接转化为当期的公共秩序和安全这一类公共产品。因此经常性支出直接构成本期公共产品的成本。按照时间配比原则,本期公共产品所消耗的成本应在本期得到补偿。如果人们消费了本期公共产品却没有支付相应的代价,就违背了配比原则。政府最主要的收入来源包括税收和公债,一般认为税收是当期收入,而公债的实质是未来的税收①,也就是未来的收入。因此,如果以公债方式为经常性支出筹资,这就等于将本期公共产品的成本递延到未来,公共产品的受益和补偿在时间上发生差异。因而,经常性支出的补偿来源应该是税收而不应该是公债。

资本性支出(capital expenditure)是计入资本账户的公共支出,一般包括政府对固定资本的投资(比如政府用于修建道路、水利工程等基础设施方面的支出)和对私人部门的资本性转移(如投资补助)。资本性支出不能全部视为本期公共产品的成本,这类支出产生的效益虽然有一小部分在本期就为人们所享用,但更多的效益要在未来较长一段时期内逐步体现出来,比如修建水坝,可以持续使用几十年甚至上百年。根据时间配比原则,资本性支出的一部分应在当期得到补偿,而大部分应分摊到未来各个时期中进行补偿。如果用当年税收来补偿全部的资本性支出,就等于将未来公共产品的成本提前到当期补偿,这样也会使公共产品的受益与补偿在时间上发生差异。从这个意义上,资本性支出的补偿来源应该同时包括税收和公债,税收意味着本期受益的公共产品在本期得到补偿;而公债是未来的税收,意味着未来享用的公共产品要在未来时期进行补偿。

公共支出的经济分类与时间分类可以交叉划分,如表 7.1 所示。

表 7.1　公共支出的经济分类与时间分类的交叉划分

	购买性支出	转移性支出
经常性支出	消费	经常性转移
资本性支出	投资	资本性转移

 专栏 7.1

中国的复式预算体系

1991 年 10 月,国务院于发布了《国家预算管理条例》(以下简称《条例》),并于 1992 年 1 月开始实行。《条例》对预算管理、编制、审批、执行、监督,以及预算调整等各个方面做出了

---

① 公债是一种代际负担,其最终偿还来源只能是未来的税收,因此公债可以被视作未来的税收。

新的规定,特别是明确提出了编制复式预算的要求,其中第26条规定:"国家预算按照复式预算编制,分为经常性预算和建设性预算两部分。经常性预算和建设性预算应当保持合理的比例和结构。经常性预算不列赤字。中央建设性预算的部分资金,可以通过举借国内和国外债务的方式筹措,但是借债应当有合理的规模和结构;地方建设性预算按照收支平衡的原则编制。"

这是中国第一次提出编制复式预算的要求。通过复式预算的编制,不同来源的资金需要在时间上与不同的资金用途相匹配,而且规定债务收入不能用于经常性支出,这对于规范资金来源与用途有重要意义,在中国预算史具有里程碑意义。根据《条例》的要求,我国从编制1992年度预算开始实行复式预算,同时编制经常性预算与建设性预算。

1993年11月,中共十四届三中全会通过了《中共中央关于建立社会主义市场经济体制若干问题的决定》,进一步提出:"改进和规范复式预算制度。建立政府公共预算和国有资产经营预算,并可以根据需要建立社会保障预算和其他预算。"这对中国的复式预算改革提出了更高的要求。1994—1995年,《预算法》和《预算法实施条例》相继发布,明确规定"各级政府预算按照复式预算编制,分为政府公共预算、国有资产经营预算、社会保障预算和其他预算"(《预算法实施条例》第20条),将十四届三中全会关于编制复式预算的要求上升到法律高度。

1996年7月,国务院发布了《关于加强预算外资金管理的决定》,要求加强对预算外资金的管理,将养路费、车辆购置附加费、铁路建设基金、电力建设基金、三峡工程建设基金、新菜地开发基金、公路建设基金、民航基础设施建设基金、农村教育费附加、邮电附加、港口建设费、市话初装基金、民航机场管理建设费等13项数额较大的政府性基金纳入财政预算管理。在此基础上,财政部制定了《政府性基金预算管理办法》,决定从1997年开始设立政府性基金预算。之后,财政部陆续出台了一系列文件,逐步将更多政府性基金纳入预算管理,至2007年,政府性基金已全部纳入预算管理。从2008年起,土地出让金和彩票公益金也全额纳入政府性基金预算管理。

2007年9月,国务院发布了《关于试行国有资本经营预算的意见》,要求国有资本经营预算单独编制,预算支出按照当年预算收入规模安排,不列赤字。其中预算收入包括国有独资、控股和参股企业上交的利润和股利、股息,以及企业国有产权的转让收入和清算收入,预算支出包括根据产业发展规划、国有经济布局和结构调整、国有企业发展要求,以及国家战略、安全等需要,安排的资本性支出,以及用于弥补国有企业改革成本等方面的费用性支出。该《意见》还规定中央本级国有资本经营预算从2008年开始实施,各地区国有资本经营预算的试行时间、范围、步骤,由地方政府决定。

2010年2月,国务院又发布了《关于试行社会保险基金预算的意见》,要求社会保险基金预算单独编制,并按险种分别编制,包括企业职工基本养老保险基金、失业保险基金、城镇职工基本医疗保险基金、工伤保险基金、生育保险基金等内容。该《意见》规定各地区结合本地实际,从2010年开始正式编制社会保险基金预算。

至此,一个包含一般公共预算、国有资本经营预算、政府性基金预算和社会保险基金预算的复式预算制度在中国初步确立。

——本文根据相关法律条文与政策文件等内容综合编写

7.1.3　公共支出的职能分类

公共支出的第三种分类标准是按照各种支出所要履行的职能不同进行分类。我们在第3章已经全面考察了政府的经济职能,包括资源配置、收入分配和经济稳定职能。按照这一划分标准,相应的公共支出应该划分为资源配置支出、收入分配支出和经济稳定支出。但是,这样的划分是很难实行的,因为现实中同一项公共支出常常同时承担上述三项职能,因此这样的划分无论是在实践中还是学术研究中都几乎不被采用。

国际货币基金组织(IMF)在其《2001年政府财政统计手册》对政府支出的职能进行了权威的划分,共10个类别,分别为:

(1)一般公共服务。包括行政和立法机关、金融和财政事务、对外事务,对外经济援助,一般服务,基础研究,一般公共服务"研究和发展",公共债务交易等。

(2)国防。包括军事防御,民防,对外军事援助,国防"研究和发展"等。

(3)公共秩序和安全。包括警察服务、消防服务、法庭、监狱、公共秩序和安全"研究和发展"等。

(4)经济事务。包括一般经济、商业和劳工事务,农业、林业、渔业和狩猎业,燃料和能源,采矿业、制造业和建筑业,运输,通讯,其他行业,经济事务"研究和发展"等。

(5)环境保护。包括废物管理,废水管理,减轻污染,保护生物多样性和自然景观,环境保护研究和发展等。

(6)住房和社会福利设施。包括住房开发,社区发展,供水,街道照明,住房和社会福利设施研究和发展等。

(7)医疗保健。包括医疗产品、器械和设备,门诊服务,医院服务,公共医疗保健服务,医疗保健"研究和发展"等。

(8)娱乐、文化和宗教。包括娱乐和体育服务,文化服务,广播和出版服务,宗教和其他社区服务,娱乐、文化和宗教"研究和发展"等。

(9)教育。包括学前和初等教育,中等教育,中等教育后的非高等教育,高等教育,无法定级的教育,教育的辅助服务,教育"研究和发展"等。

(10)社会保护。包括伤病和残疾,老龄,遗属,家庭和儿童,失业,住房,社会保护"研究和发展"等。

7.2　公共支出的规模扩张与结构变化:实证

7.2.1　公共支出的规模扩张

公共支出的绝对规模是指用当年价格或不变价格衡量的公共支出总量。但如果脱离一个国家的经济规模来谈论公共支出的数字,没有太大意义,所以经济学家通常对公共支出的相对规模更感兴趣。

所谓公共支出的相对规模,是指当年的公共支出占当年 GDP(或 GNP)的比例,为了在统计上易于处理和比较,我们在统计上衡量的是政府支出相对规模,即政府支出占 GDP(或 GNP)的比例。

考察世界各主要工业国 19 世纪晚期以来的财政史,我们会发现各国的政府支出相对规模均呈现上升趋势。如表 7.2(同表 1.1)所示。

表 7.2　1870—2007 年世界主要工业国家政府支出占 GDP 的比例　　　单位:%

	美国	英国	法国	德国	意大利	瑞典	挪威	日本
1870	7.3	9.4	12.6	10.0	13.7	5.7	5.9	8.8
1913	7.5	12.7	17.0	14.8	17.1	10.4	9.3	8.3
1920	12.1	26.2	27.6	25.0	30.1	10.9	16.0	14.8
1937	19.7	30.0	29.0	34.1	31.1	16.5	11.8	25.4
1960	27.0	32.2	34.6	32.4	30.1	31.0	29.9	17.5
1980	31.4	43.0	46.1	47.9	42.1	60.1	43.8	32.0
1990	32.8	39.9	49.8	45.1	53.4	59.1	54.9	31.3
1996	32.4	43.0	55.0	49.1	52.7	64.2	49.2	35.9
2007	37.15	44.43	52.37	43.81	48.18	52.81	40.64	36.08*

* 为 2006 年数据。

数据来源:1870—1996 年数据来源为坦齐,舒克内希特. 20 世纪的公共支出. 北京:商务印书馆,2005:10—11. 2007 年数据来源为 IMF. *Government Finance Statistics Yearbook* 2008.

表 7.2 显示,从长期来看,各国政府支出的相对规模均表现出一个上升趋势(达到一定程度后趋于稳定,有的国家开始有所下降,总体上各国的政府支出规模正在趋于一致),说明政府在社会经济的作用和影响在过去一百多年时间里发生了巨大的改变。

7.2.2　公共支出的结构变化

那么,伴随着公共支出的扩张,它的结构又发生了什么变化呢?表 7.3 按政府规模大小将主要工业国家划分为大政府、中政府和小政府三大类,比较了这些国家在 1960 年和 1990 年的公共支出结构变化。

表 7.3　世界主要工业国家政府支出结构的变化(占 GDP 的比例)　　　单位:%

		大政府*		中政府*		小政府*	
		1960	1990	1960	1990	1960	1990
总支出**		31.0	55.1	29.3	44.9	23.0	34.6
购买性支出	消费	13.2	18.9	12.2	17.4	12.2	15.5
	投资	3.1	2.4	3.2	2.0	2.2	2.2
转移性支出	补贴与转移支付	11.9	30.6	10.4	21.5	6.9	14.0
	公债利息	1.5	6.4	1.3	4.2	1.3	2.9

* 大政府的划分标准为 1990 年的公共支出规模超过 50%,中政府为 40%～50% 之间,小政府小于 40%。

** 由于统计上的问题,各组成部分之和并不等于总量。

数据来源:坦齐,舒克内希特. 20 世纪的公共支出. 北京:商务印书馆,2005:125.

如表 7.3 所示,世界主要工业国家在 1960—1990 年期间,公共支出规模扩张的同时,结构发生了很大变化,公共消费和转移性支出的比重提高了,而公共投资的比重下降了。为了在一个更长的时期内看清楚这种政府支出结构的变化,表 7.4 给出了主要工业国家 1870—1995 年期间补贴与转移支付占全部政府支出的比例变动。由于补贴和转移支付构成了转移性支出的主体,因此,这一比例也可以近似认为是转移性支出占政府支出的比重。

表 7.4   1870—1995 年世界主要工业国家补贴和转移支付占政府支出的比例   单位:%

	美国	英国	法国	德国	意大利	瑞典	挪威	日本
1870	4.1	23.4	8.7	5.0		12.3	18.6	12.5
1937	10.7	34.3	24.8	20.5			36.4	5.5
1960	23.0	28.6	32.9	41.7	46.8	30.0	40.5	31.4
1980	38.9	47.0	53.4	35.1	61.8	50.6	61.6	37.5
1995*	40.4	54.9	54.4	39.5	55.6	55.6	54.9	37.6

* 以 1995 年补贴和转移支付占 GDP 比例除以 1996 年政府支出占 GDP 比例计算得到。
数据来源:坦齐,舒克内希特.20 世纪的公共支出.北京:商务印书馆,2005:10—11,39—40.

如表 7.4,这些工业国家在过去的一个多世纪里,转移性支出与购买性支出的结构发生了很大变化,转移性支出占全部政府支出的比重越来越大,说明政府在调节收入分配方面的作用越来越大了。在转移性支出不断扩大的同时,公共投资支出占政府支出的比例则表现出了一个先升后降的趋势,如表 7.5 所示。

表 7.5   1870—1995 年世界主要工业国家公共投资支出占政府支出的比例   单位:%

	美国	英国	法国	德国	意大利	瑞典	挪威	日本
1870	30.14	7.45	3.97				15.25	14.77
1913	36.00	16.54	4.71				11.83	44.58
1920	28.93	6.49	9.78				10.00	29.05
1937	25.89	13.67	21.72			3.64	19.49	12.99
1960	8.52	10.25	9.83	9.88	12.29	10.32	10.70	22.29
1980	5.41	5.58	6.72	7.52	7.60	5.49	8.45	19.06
1995*	5.25	4.19	5.64	5.09	4.36	3.74	6.30	18.94

* 以 1994—1995 年公共投资占 GDP 的比例除以 1996 年政府支出占 GDP 的比例计算得到。
数据来源:坦齐,舒克内希特.20 世纪的公共支出.北京:商务印书馆,2005:10—11,62—63.

7.3   公共支出的规模扩张与结构变化:解释

经济学家试图对公共支出规模的快速增长和结构变化做出解释,并提出了各种解释公共支出规模扩张和结构变化的理论。我们下面介绍其中几个比较重要的理论。

7.3.1　瓦格纳法则

瓦格纳法则(Wagner's law)对公共支出增长做出的最早也是影响力最大的解释[①]。它是由德国政治经济学家阿道夫·瓦格纳(Adolf Wagner)早在 19 世纪 70 年代提出的。瓦格纳在考察了当时几个主要欧洲国家、美国以及日本的政府支出变动趋势后,发现国家财政需求有不断扩张的趋势,并对公共部门的继续增长做出了预测。瓦格纳主要从以下三个方面对公共部门的扩张做出了解释。

首先,随着社会进步和工业化,市场规模将不断扩大,市场主体之间的关系趋于复杂,市场相互作用的复杂性使得商业规则和契约的执行变得很有必要,这就要求政府建立一套与之相适应的司法制度。与此同时,随着城市化进程和人口密度提高,将产生拥挤、堵塞等一系列问题,也要求公共部门进行干预和管理。这些都意味着社会对包括法律、警察和金融服务等在内的各个方面的公共服务提出了迫切需求,政府也因此需要不断扩大公共管理的力度和范围,承担起为经济持续增长提供必要保护和管理的责任。

其次,随着社会进步,人们对文化和社会福利等方面的公共服务将产生更大的需求。瓦格纳将其归因于需求收入弹性。他认为公众对诸如文化、教育、娱乐、医疗和社会福利这些公共服务是具有收入弹性的。也就是说,随着人们实际收入的提高,对这些公共服务的需求将以更快的速度扩大,相应的公共部门规模也会提高。

第三,瓦格纳还指出,一些新兴工业的发展需要大规模的政府投资。

瓦格纳的上述观点被人们概括为"瓦格纳法则",即随着工业化发展和人均收入的增长,公共支出占国民收入的比例将不断提高。如图 7.1 所示。

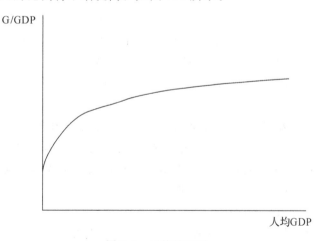

图 7.1　瓦格纳法则

如果将表 7.2 和表 7.6 的数据结合起来分析,我们不得不佩服瓦格纳在 19 世纪所表现出来的惊人预见能力。

---

① 本节的分析主要参考了吉麦尔和布朗、杰克逊等人的有关论述。吉麦尔.公共部门增长理论与国际经验比较.北京:经济管理出版社,2004;布朗,杰克逊.公共部门经济学.北京:人民大学出版社,2000.

表 7.6　1870—1990 年主要工业国家人均 GDP 的增长　单位:美元,1990 年价格

	美国	英国	法国	德国	意大利	瑞典	挪威	日本
1870	2457	3263	1858	1913	1467	1664	1303	741
1913	5307	5032	3452	3833	2507	3096	2275	1135
1960	12259	8928	8857	9008	6948	13180	10580	5005
1990	21966	16977	21070	20665	19302	26822	27199	23734

数据来源:坦齐,舒克内希特.20 世纪的公共支出.北京:商务印书馆,2005:98—99.

瓦格纳法则是基于经验研究得出的结论,它正确预测了公共支出规模不断增长的趋势,但它不能解释从什么时候开始公共支出规模将趋于稳定甚至下降。瓦格纳的另一个局限在于他把政府部门看做是一个追求社会福利最大化的有机体,它根据社会公众对公共服务需求的扩大而扩张,但是瓦格纳没有考虑到公共选择问题,也没有认识到政府部门作为一个机构,它同样由追求个人效用最大化的经济人组成,从而公共支出具有某种内在的膨胀因素。因此瓦格纳法则没有对公共支出的增长做出全面的解释。

7.3.2　皮科克—怀斯曼假说

英国经济学家皮科克、怀斯曼(Peacock and Wiseman,1961)在《英国公共支出的增长》一书中,对英国政府支出的历史数据进行了经验分析,在此基础上提出了著名的皮科克—怀斯曼"替代效应"假说[①]。

皮科克—怀斯曼发展了瓦格纳的理论,他们将分析建立在公共支出的决定理论上。他们假定,政府愿意多支出,然而作为选民的社会公众虽然乐于享受政府提供的各种公共服务,但是不愿意为此多纳税。公共支出的增长会受到纳税人投票赞同或反对的影响,因此政府必须密切关注公众的意愿,关注公众对隐含的税收所做出的反应。据此,皮科克—怀斯曼假定存在一个公众"可容忍的税收负担"(tolerable burden of taxation),这是政府支出扩张的约束条件。

在经济和社会正常发展时期,随着经济增长,政府税收会在税制不变的情况下相应增长,公共支出规模也会有所增长。同时,这一时期社会稳定、人民安居乐业,纳税人对其所处的环境感到满意,不愿意为获得额外的公共服务而增加其纳税成本。这样公共支出就难以获得额外的增加或大幅度的增加,而是呈现出一个逐渐上升的趋势,如图 7.2 中第一个阶段"和平"所对应的公共支出趋势曲线。

但在经济和社会发展的非正常时期(如发生社会大动乱、战争、重大自然灾害等),公共支出的逐渐上升曲线就会受到巨大影响而改变。战争或自然灾害的发生都将导致公共支出直线上升,相应的,政府为了筹集资金,不得不大幅提高税收水平。但是在这种危机时期,税收水平的非正常提高是社会公众可以接受的。

这就意味着私人部门的可支配收入减少,以及相应的私人支出减少,说明公共支出对私

---

① Peacock, Alan and Jack Wiseman. *The Growth of Public Expenditure in the United Kingdom*. Princeton: Princeton University Press, 1961.

人支出产生了"替代",表现为公共支出的趋势曲线向上位移,如图 7.2 所示的第二个阶段"战争"。这就是公共支出对私人支出的替代效应(displacement effect)。

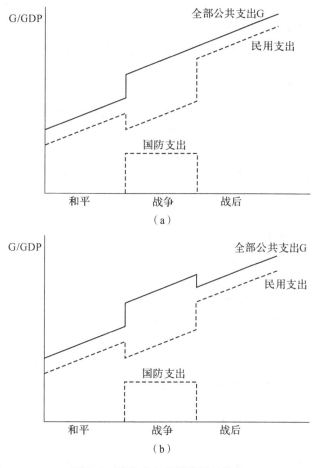

图 7.2　公共支出的梯度增长趋势

皮科克—怀斯曼进一步指出,在经历了动乱时期之后,社会公众会认识到这些社会问题的存在需要政府扩大服务范围,也会理性反思自己对于整个社会应承担的责任,因此"可容忍的税收负担"永久性提高了,这就是所谓的审视效应(inspection effect)。这样,政府可以在危机结束后为偿还非常时期举借的大量债务和扩大公共服务范围筹集更多资金,公共支出将不再回到原先的趋势线上。这里又包括两种情况:第一种情况是"战后"时期的公共支出增长沿袭了"战争"时期的趋势线,如图 7.2a 所示;另一种情况是"战后"时期的公共支出趋势线相比"战争"时期的趋势线有所下降,但高于战前的趋势水平,如图 7.2b 所示。究竟哪种情况更符合现实,仍有待进一步的实证检验。事实上,关于皮科克—怀斯曼假说存在很多争论,本章不对此进行深入探讨。

在"替代效应"和"审视效应"的共同作用下,公共支出呈现出梯度(stepwise)增长的趋势,如图 7.2 所示。

7.3.3　尼斯坎南的官僚模型

我们已经在第 6 章第 6.6 节介绍了美国经济学家尼斯坎南的官僚模型,它的一个重要结论就是追求预算最大化的官僚机构将会选择远远超过有效率水平的支出规模来供给公共产品。这实际上是从一个公共选择的视角解释了公共支出规模的快速扩张。

7.3.4　马斯格雷夫和罗斯托的发展模型

上述理论主要解释了公共支出总量的扩张,但正如表 7.3 至表 7.5 所示,世界主要工业国家公共支出规模总量扩张的同时其结构也发生了巨大变化,一个突出的特征就是转移性支出的比例大大提高了,而公共投资的比例则明显下降了。这种结构变化背后的经济学原因究竟是什么? 美国经济学家马斯格雷夫(Musgrave,1969)和罗斯托(Rostow,1971)从经济发展不同阶段对不同类型政府支出的需求变化,对公共支出的结构变化提供了一种解释[①]。

根据罗斯托(1960)提出的经济发展阶段理论,一国经济的发展大致经历五个阶段:(1)传统社会;(2)起飞的前提条件;(3)起飞;(4)走向成熟;(5)大众高消费时代[②]。

在经济发展的起飞和起飞前的准备阶段,公共投资在一国总投资中占有较大比重,公共部门为经济发展提供各种必要的基础设施(广义),如道路、交通系统、供水供电供气、环境卫生系统、法律、医疗、教育等等。马斯格雷夫和罗斯托认为,公共部门对基础设施的投资对于处于发展初级阶段的国家进入中等发达阶段来说,是必不可少的。

马斯格雷夫认为,整个发展阶段,国民产出中总投资的比重是趋于上升的,但是到了增长的中期阶段,公共部门的投资占国民产出的比重却会下降,私人投资将会不断增加成为主体,公共投资只是对私人投资的补充。与此同时,政府消费支出提供的公共产品相对于人们的基本需求(如食品)而言,是一种高层次需求,因此公共消费支出也将随着社会发展而有所提高。

罗斯托则强调,当经济进入成熟阶段,公共支出的结构将会从对基础设施(狭义)的投资逐渐转移到对教育、医疗和社会福利服务方面的支出。而在大众高消费阶段,用于收入维持和福利再分配的转移性支出,相对于公共支出的其他类别将会出现大幅增长。

马斯格雷夫和罗斯托的理论重点关注的是在经济发展的不同阶段,公共支出内部各个类别相对比例的变化,因此他们的发展模型实际上是一个关于公共支出结构变化的理论。

7.4　中国的公共支出

由于公共部门的边界模糊等因素,我们把公共支出界定为政府部门的全部支出。但是

---

① Musgrave, R. A. *Fiscal Systems*, New Haven: Yale University Press, 1969; Rostow, W. W. *Politics and the Stages of Growth*, Cambridge: Cambridge University Press, 1971.

② Rostow, W. W. *The Stages of Economic Growth: A Non-Communist Manifesto*. Cambridge: Cambridge University Press, 1960.

研究中国的公共支出,我们还需要注意区分两个统计口径,一个是"财政支出",另一个是"政府支出",后者在前者的基础上,还包括其他方面的支出。具体而言,从复式预算的角度(详见专栏 7.1),我们可以把中国政府支出划分为以下几块内容(截至 2010 年)。

(一)财政支出

即纳入政府一般预算管理的政府支出,也称为一般预算支出,其收入来源为一般预算收入,即财政收入。

(二)社会保险基金预算支出

即纳入社会保险基金预算管理的支出,其收入来源为社会保险基金预算收入。

(三)政府性基金预算支出

即纳入政府性基金预算管理的支出,其收入来源为政府性基金预算收入。

(四)预算外资金支出

尚未纳入预算管理的支出,其收入来源为预算外资金收入。

上述四大类支出中,财政支出的统计资料是最完整的,管理也最为规范。而最令人头痛的是预算外资金支出,这一类支出没有受到预算的约束,存在的问题很多。所幸的是,财政部已经发文(财预〔2010〕88 号),规定从 2011 年起将全部预算外资金纳入预算管理。

7.4.1 政府支出的经济分类与职能分类

随着改革开放的不断深化和市场化程度的不断提高,中国原有的预算收支科目体系变得越来越不适应,既不能包括全部的政府活动,也不能反映支出的职能分工,更不能与国际接轨。为了改变这一状态,中央政府在 2006 年实行了一次彻底的政府收支分类科目改革,决定从 2007 年开始实行新的政府收支分类科目。这次改革是划时代的,一方面,把全部政府收支纳入了收支科目体系;另一方面,参照了 IMF《2001 年政府财政统计手册》的科目体系,整个科目体系设置较为规范化、市场化、国际化,同时也考虑了中国国情。

在这次改革之前,中国的预算支出是按经费性质分类的,类级科目主要包括:基本建设支出、企业挖潜改造支出、科技三项费用、流动资金、地质勘探费、支农支出、文教科学卫生事业费、抚恤和社会福利救济费、社会保障补助支出、国防支出、行政管理费、公检法支出、外交外事支出、政策性补贴支出等。这样的分类总体而言含混不清,既有经济性质分类的支出(如基本建设支出),又有职能分类的支出(如国防支出),而很多政府职能活动(如教育支出)被分散在各类科目中,无法形成一个统一的概念,导致政府预算"外行看不懂,内行说不清"。

2006 年政府收支分类科目改革从经济性质和职能两个角度,对全部政府支出进行重新分类。按照经济性质,划分为 12 个类别:(一)工资福利支出;(二)商品和服务支出;(三)对个人和家庭的补助;(四)对企事业单位的补贴;(五)转移性支出(指政府间转移);(六)赠与;(七)债务利息支出;(八)债务还本支出;(九)基本建设支出;(十)其他资本性支出;(十一)贷款转贷及产权参股;(十二)其他支出①。

按照职能(功能)分类,共分 17 类:(一)一般公共服务;(二)外交;(三)国防;(四)公共安全;(五)教育;(六)科学技术;(七)文化体育与传媒;(八)社会保障和就业;(九)社会保险基

---

① 与 IMF 科目体系的经济分类相比,最大的差异在于中国的经济分类中包含了债务还本支出。

金支出;(十)医疗卫生;(十一)环境保护;(十二)城乡社区事务;(十三)农林水事务;(十四)交通运输;(十五)工业商业金融等事务;(十六)其他支出;(十七)转移性支出(指政府间转移)[①]。

 **专栏 7.2**

中国的政府收入分类与估计

研究公共支出,需要时刻关注公共支出的来源,即政府收入。国际货币基金组织在《2001 年政府财政统计手册》中,将全部政府收入划分为税收、社会缴款、赠与、其他收入四类。2006 年收支分类科目改革后,我国将全部政府收入划分为六大类:

(一)税收收入。

(二)社会保险基金收入。

(三)非税收入。包括政府性基金收入、专项收入、彩票资金收入、行政事业性收费收入、罚没收入、国有资本经营收入、国有资源(资产)有偿使用收入、其他收入。

(四)贷款转贷回收本金收入。

(五)债务收入。

(六)转移性收入(政府间转移)。

与 IMF 的科目分类相比,最大的差异在于我国对政府收入的统计包含了债务收入,而 IMF 统计的政府收入不含债务收入。从复式预算的角度,上述收入类别被归入不同的预算,比如税收收入、专项收入、国有资本经营收入和一部分行政事业性收费收入等被纳入一般预算,也称为财政收入;社会保险基金收入被纳入社会保险基金预算;政府性基金收入(含土地出让金收入)和彩票公益金划入政府性基金预算管理;其他行政事业性收费收入等未纳入预算管理的收入则作为预算外资金管理。

根据《中国统计年鉴 2009》和《中国财政年鉴 2009》等官方统计数据,2008 年,全国财政收入 61330.35 亿元;社会保险基金预算收入 13696.1 亿元,扣除财政对社保基金的补贴1630.88 亿元,净收入 12065.22 亿元;政府性基金预算收入 15363.35 亿元;预算外资金收入6617.25 亿元。上述各项收入加总,得到全部政府收入估计数为 95649.17 亿元(不含债务收入),占当年 GDP 的比例为 31.8%。

——本文根据相关政策文件和官方统计数据等内容综合编写

7.4.2 财政支出的规模变化

由于在不同预算形式的政府支出中,财政支出的规模和作用最大,管理最为规范,统计数据也最完整,以下我们重点考察 1950 年以来中国财政支出的规模变化,见表 7.7。

---

① 与 IMF 科目体系的职能分类相比,最大的差异在于中国的职能分类将"科学技术"独立出来成为一个大类,而在IMF 体系中,科学技术支出被分散到各个专项职能中。

表 7.7　1950—2008 年中国财政支出　　　　　　　　　　单位:亿元,当年价格

	财政支出	增长率(比上年)	GDP	占 GDP 比例
1950	68.05			
1955	262.73	7.6%	910.8	28.8%
1960	643.68	18.5%	1457.5	44.2%
1965	459.97	16.8%	1717.2	26.8%
1970	649.41	23.5%	2261.3	28.7%
1975	820.88	3.9%	3013.1	27.2%
1978	1122.09	33.0%	3645.2	30.8%
1980	1228.83	−4.1%	4545.6	27.0%
1985	2004.25	17.8%	9016.0	22.2%
1990	3083.59	9.2%	18667.8	16.5%
1995	6823.72	17.8%	60793.7	11.2%
2000	15886.5	20.5%	99214.6	16.0%
2001	18902.58	19.0%	109655.2	17.2%
2002	22053.15	16.7%	120332.7	18.3%
2003	24649.95	11.8%	135822.8	18.1%
2004	28486.89	15.6%	159878.3	17.8%
2005	33930.28	19.1%	183217.4	18.5%
2006	40422.73	19.1%	211923.5	19.1%
2007	49781.35	23.2%	257305.6	19.3%
2008	62592.66	25.7%	300670.0	20.8%

数据来源:《新中国六十周年统计资料汇编》。

　　表 7.7 给出了中国 1950—2008 年财政支出、GDP 以及财政支出占 GDP 比例等数据。从财政支出绝对规模来看,1950—2008 年期间,只有 9 个年份出现下降,其余近 50 个年份均上升,特别是 1982 年以来每年都出现了增长,总体上财政支出规模保持了不断扩张的态势。

　　如图 7.3 所示,从财政支出相对规模来看,在 1978 年改革开放以前,财政支出占 GDP 的比例波动比较剧烈,期间出现了两次大的波动,一次出现在三年自然灾害期间,另一次是"文革"期间,但总体上大致维持在 25%～30% 之间的水平。1979 年以来,财政支出的相对规模则表现为典型的 V 字走势,即从 1979 年的 31.6% 持续下降到 1996 年的谷底 11.15%,之后又持续上升到 2008 年的 20.8%。

　　由于改革开放以前,我国处在计划经济状态,财政支出的波动很难用市场经济理论来加

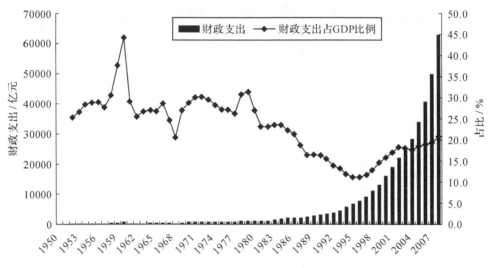

图 7.3　1950—2008 年中国财政支出及其占 GDP 比例变化趋势

以解释。我们重点分析改革开放以后的变化趋势。根据瓦格纳法则,公共支出的相对规模表现为不断扩张的趋势,而中国在 1979—1996 年期间却出现了持续下降的趋势。这究竟是什么原因?进一步,为什么 1996 年以后,财政支出的相对规模变化趋势出现了反转,之后连续上升?

　　上述问题要放在经济改革的大背景下来解释。财政支出规模的下降趋势反映了从计划体制向市场体制转轨的历程:政府部门不断从竞争性生产领域退出,相应的,由政府支配的资源比例也不断缩小。另一个解释财政支出比例下降的因素是始于 20 世纪 80 年代初的财政分权改革,特别是 1988 年开始实行的财政包干体制,在这一体制下,地方政府没有很大积极性筹集财政收入,相应的财政支出规模也下降了。

　　1994 年的分税制改革扭转了财政收入和财政支出规模不断下降的趋势,它的效果在一段时间以后逐渐显现,表现为财政支出规模的 V 字转型。此外,市场经济体制在 1993 年正式得以确立,退出的力量逐渐消退,与此同时经济的快速发展对公共服务的需求开始不断扩张(瓦格纳法则),当这股扩张的力量最终超过了退出的力量,财政支出的相对规模也将得以扩张。

　　但是也应认识到,财政支出规模的不断增长有一部分是合理的,而另一部分则是由于机构膨胀、各级政府官员盲目追求政绩等因素造成的,因此控制财政支出规模的过度扩张也是当务之急。

　　另外需要说明的是,表面上中国当前的财政支出规模只有 20% 左右,远远低于发达国家的水平(参见表 7.2),但考虑到基金支出和预算外支出,我国全部政府支出的规模实际上已经超过 30%。表 7.8 给出了中国 2007—2008 年全部政府支出规模的估计。

表 7.8　2007—2008 年中国政府支出的构成

	2007		2008	
	金额（亿元）	占 GDP 比例	金额（亿元）	占 GDP 比例
政府支出（合计）	72191.01	28.1%	92217.94	30.7%
一般预算支出（财政支出）	49781.35	19.3%	62592.66	20.8%
社会保险基金预算支出	7887.8	3.1%	9925.1	3.3%
扣除：财政对社会保险基金的补贴	−1275.0	−0.5%	−1630.88	−0.5%
政府性基金预算支出	9684.44	3.8%	14984.7	5.0%
预算外资金支出	6112.42	2.4%	6346.36	2.1%

数据来源：《中国统计年鉴 2009》，《中国财政年鉴 2009》，财政部《中央和地方 2008 年预算执行与 2009 年预算草案报告》。

本章小结

1. 按经济性质分类，公共支出可以划分为购买性支出和转移性支出两大类。购买性支出是政府购买商品和服务的成本，体现了政府的消费和投资行为；转移性支出是政府对私人部门和外国的无偿转移，包括对生产者的补贴、社会福利以及国内外债务付息等支出。

2. 根据支出产生效益的时间分类，公共支出两分为经常性支出和资本性支出。前者记入经常账户，以税收等经常性收入筹资；后者记入资本账户，以税收和公债等收入筹资。

3. 近 100 多年来，世界主要工业国家的公共支出相对规模都出现大幅扩张。早在 19 世纪后期，瓦格纳就预测到了这一趋势。所谓瓦格纳法则，是指工业化国家随着人均收入提高，公共支出相对规模不断扩张的趋势。

4. 皮科克和怀斯曼提出了一个公共支出时期模型，假设存在一个公众"可容忍的税收负担"，替代效应和审视效应的联合作用导致公共支出呈梯度增长。

5. 公共支出扩张的同时伴随着结构的变化，表现为转移性支出的不断扩大和公共投资支出比例的下降。马斯格雷夫和罗斯托通过一个发展模型对此进行了解释。

6. 改革开放以来，中国公共支出的变化趋势呈现 V 字走势。导致这一走势背后的因素主要包括，转型和发展的力量，财政分权和分税制改革。

复习与思考

1. 购买性支出很大程度上体现了政府的资源配置职能，这是否意味着购买性支出不具备收入分配职能？反之，转移性支出是否具有资源配置职能？

2. 分析开支（expense）和支出（outlay）的差异。

3. 如表 7.2 所示，一些工业国家的公共支出规模在最近一二十年里，出现了小幅下降的趋势。本章的理论并未对此做出解释。请你来解释这一现象（提示：公共支出反映了政府的职能，而政府职能在很大程度上取决于人们的观念）。

4. 对改革开放以来中国财政支出的变化趋势进行全面解释。

5. 利用本章的方法，估算最近一个年度的中国政府收入和支出。

进一步阅读文献

1.坦齐,舒克内希特.20世纪的公共支出.北京:商务印书馆,2005.

2.吉麦尔.公共部门增长理论与国际经验比较.北京:经济管理出版社,2004.

3.国际货币基金组织.2001年政府财政统计手册.

第三篇　　方法篇

第8章 成本收益分析

成本收益分析是指导公共支出决策的一套实用程序。

——哈维·罗森,《财政学》(1985/2008)

福利经济学第一基本定理告诉我们,完全竞争市场可以实现资源配置的帕累托效率。但是,当政府在进行市场之外的公共支出决策时,是否也提高了社会福利水平? 如果是,提高的程度如何? 如何确定各个公共支出项目的优先顺序? 成本收益分析(benefit-cost analysis)为评价公共支出决策提供了一组可供操作的实用方法。

成本收益分析最初用于评价私人部门项目的可行性,之后被广泛地应用于公共工程投资分析,如修建高速公路、水库、防洪工程、城市改造、核电站等。近年来,随着公共支出绩效日益被关注,特别是西方国家预算观由原来"费用观"转为"报酬观",成本收益分析的范围逐渐由原来的公共工程分析扩大到一般预算支出的评估上。

本章首先回顾私人部门成本收益分析的过程及其评价指标,在此基础上比较公共项目成本收益分析与私人部门成本收益分析的不同之处及其难点所在,进而给出一个公共项目成本收益分析的案例,最后就成本收益分析中可能存在的问题展开一些启发性的讨论。

8.1 私人部门的成本收益分析

在展开公共支出项目成本收益分析之前,我们有必要简单回顾私人部门投资决策的成本收益分析。

成本收益分析的理论基础是投入产出原理,即根据评估对象所产生的成本和收益来分析确定该评估项目实行的可行性。如果一个项目的总收益大于总成本,则这种投资是可行的,有效率的。一般来讲,私人部门投资的成本收益分析,包含以下五个步骤:

(1)列出各种备选方案。比如钢铁厂要扩大生产能力,可以选择不同的投资方案,如选择平炉、转炉或者电炉来熔化铁矿石;或选择连续热轧、冷拉等钢材加工工艺。第一阶段的任务就是将各种可能达到目的的方案一一列举出来。

(2)鉴定各备选方案的投入和产出。企业主要关心投入和产出的大小,因此,企业要确定各备选方案中所需的各种投入以及产出的数量、质量,如:每一个备选方案所需的劳动力、铁矿石、煤炭、电力等的消耗量,每一个备选方案所生产的钢的质量、产量以及产生的各类废物数量。

(3)用货币衡量各备选方案投入和产出的大小。为将各备选方案的成本收益能用统一标准衡量,并进行比较,必须将它们转化为同一个度量单位——货币单位。就是说,企业必须估算出各备选方案所需的劳动力成本、设备的折旧费用、原材料价值以及管理费用等,并据此确定各备选方案的成本大小,同时根据不同质量钢材的市场价格,确定各项目的收益。

(4)确定备选项目的基准贴现率。

(5)对各备选方案进行评价。根据各备选方案成本收益流的大小评估其可行性,并确定最优方案。

在成本收益分析的五个步骤中,确定不同时期发生的成本收益,并根据各时期的成本收益进行项目评估,是私人部门项目评估中的两个关键问题。

8.1.1 现值

通常情况下,一个项目所需成本和所获收益发生在不同时期,那么,不同时期发生的成本和收益如何进行比较呢?

假设你拿着 100 元钱存在银行里,银行存款的年利率为 5%(假定不存在通货膨胀),一年后你可以拿到 $100 \times (1+5\%) = 105$ 元,如果你将这笔钱在银行里再存一年,两年后你可以拿到 $100 \times (1+5\%)^2 = 110.25$ 元。同理,三年后你可以拿到 $100 \times (1+5\%)^3$ 元。因此,R 元投资 T 年,利率为 r,到第 T 年末,这笔钱将变成 $R \times (1+r)^T$ 元。这个公式表明,现在投资一笔钱的未来价值。

反过来,为了一年后得到 105 元,或两年后得到 110.25 元,你现在只需支付 100 元就够了。这 100 元就是为一年后得到 105 元或两年后得到 110.25 元,而在今天所愿意支付的最大数额,或者说是未来收入的现在价值,简称现值(present value)。

一般来说,当利率为 r,承诺 t 年后支付 R 元的现值是 $R/(1+r)^t$ 元。因此,即使没有通货膨胀,将来 1 元的价值也小于现在 1 元的价值,必须按某一比例折现,该比例取决于利率的高低以及未来收入距离现在的时间长短。

通常 r 被称为贴现率(discount rate),$1/(1+r)^t$ 被称为未来第 t 年末一笔收入或支出的贴现因子。给定其他条件相同,你为得到未来 1 元钱等待的时间越久,今天你愿意为其支付的货币越少。

考虑一个更具一般性的情况:现在获得 R_0 元,一年后获得 R_1 元,两年后获得 R_2 元,以此类推,直到第 T 年。这笔交易现在值多少钱?注意,直接将 $R_0, R_1, R_2, \cdots, R_T$ 相加是错误的,因为未来的 1 元与现在的 1 元不是等价的。正确的方法是,先把每年的收入或支出转化为现值,然后再把它们加起来。即:

$$PV = R_0 + \frac{R_1}{(1+r)} + \cdots + \frac{R_T}{(1+r)^T} \tag{8.1}$$

贴现率在成本收益分析中扮演非常重要的角色。贴现率越高,未来一笔收入或支出的折现因子就越小。考虑一个 20 年后产生 1000 万元收益的项目,如果不贴现,收益将是 1000 万;如果贴现率为 5%,现值为 $1000/1.05^{20} = 376.89$ 万元;如果贴现率为 10%,那么现值就

只有 $1000/1.1^{20} = 148.64$ 万元,不足 1000 万元的 15%。

前面的分析假定经济中不存在通货膨胀。那么,如果考虑到通货膨胀,我们该如何调整上面的公式? 首先,我们需要区分名义价值和实际价值。所谓名义价值,是按收入或支出发生的那个年份的价格所计算的价值。而实际价值则是将收入或支出以某年的不变价格为标准进行衡量,也就是扣除了价格变化后的收入或支出价值。

如果以初始年份不变价格计算的实际收入流是 $R_0, R_1, R_2, \cdots, R_T$,而每年的通货膨胀率为 π,那么,名义收入流就是 $R_0, R_1(1+\pi), R_2(1+\pi)^2, \cdots, R_T(1+\pi)^T$。

与此同时,如果预期价格会上涨,投资人所要求的名义贴现率就不再为无通胀时的贴现率 r,而要求贴现率上升以抵消预算通货膨胀率带来的货币贬值,即从 r 上升为约 $r+\pi$(严格而言,名义贴现率为 $[(1+r)(1+\pi)-1]$,也就是说,未来第 t 年末的一笔名义收入或支出的名义贴现因子为 $1/(1+r)^t(1+\pi)^t$。

这样,当预期发生通货膨胀时,未来的收益流和贴现率都增大了,如果用名义价值表示,未来收益流的现值为:

$$PV = R_0 + \frac{R_1(1+\pi)}{(1+r)(1+\pi)} + \cdots + \frac{R_T(1+\pi)^T}{(1+r)^T(1+\pi)^T} \tag{8.2}$$

显然,(8.2)各项的分子和分母中包含的 $(1+\pi)^t$ 可以消去,因此(8.2)式与没有通货膨胀下的(8.1)式完全相同。因此,无论是用名义价值还是实际价值计算,所得到的现值是相同的。这里的关键是,分子和分母的计算必须一致,如果分子采用实际价值 R_t,那么分母也必须按实际价值计算,即 $(1+r)^t$;如果分子采用名义价值 $R_t(1+\pi)^t$,那么分母也要采用名义价值,即 $(1+r)^t(1+\pi)^t$。

8.1.2 成本收益分析的评价标准

成本收益分析中,要解决两个基本问题,一是哪些被选方案或项目是可行的,即可行性判断;另一个是如果可行方案或项目超过两个,应当选择哪个,即优先性判断。对这些问题的回答,一般有三个评价标准,即净现值标准、收益—成本比率标准和内部收益率标准。

(一)净现值

净现值(net present value, NPV)是将项目产生的所有收益以及承担的所有成本,全部折算成现值后的差额(也就等于项目净收益流的现值)。假定某个项目的初始收益和成本分别为 $b(0)$ 和 $c(0)$,第 t 年的收益和成本为 $b(t)$ 和 $c(t)$,最后一年的收益和成本为 $b(T)$ 和 $c(T)$(T 为项目寿命)。该项目的净收益流(有时可能是负数)可以表示为:

$$\{b(t) - c(t)\}_{t=0}^{T}$$

该项目净收益流的现值,即项目净现值 NPV 为:

$$NPV = \sum_{t=0}^{T} \frac{b(t) - c(t)}{(1+r)^t} = B - C \tag{8.3}$$

其中 r 为项目的基准贴现率。我们用 B 和 C 分别表示全部收益和全部成本的现值,即:

$$B = \sum_{t=0}^{T} \frac{b(t)}{(1+r)^t}, \quad C = \sum_{t=0}^{T} \frac{c(t)}{(1+r)^t}$$

在对单个或多个备选方案进行项目评价时的净现值标准为:

（1）如果某一项目的净现值小于0，说明项目收益现值小于成本现值，即项目收益不足以补偿其成本，该项目是不可行的。换句话说，单个项目可行的净现值标准是：

$$NPV \geqslant 0$$

（2）如果净现值大于0的项目超过一项，那么，优先选择的项目应该是净现值最大的那个项目。

在对项目进行评价时，基准贴现率的选择至关重要。一般而言，不同的贴现率将会导致不同的结论。让我们考虑两个备选项目，项目A在当前产生90元的净收益并立即结束，项目B当前支出300元，在两年后期满并产生400元的净收益，但在这期间不产生任何成本和收益，哪个项目可行呢？如果两个项目都可行，哪个项目更优呢？

答案取决于所选择的贴现率。下面在贴现率为0、10%和20%下，分别计算项目A和项目B的净现值并根据计算结果判断项目的可行性和优先次序。

计算结果见表8.1，项目A的净现值总是90元，因为项目A的净收益产生在当前。项目B的净现值则随贴现率的变化而变化，贴现率在0、10%和20%下的净现值分别为100元、30.6元和－22.2元。当贴现率为0时，两个项目都可行，项目B优于项目A。当贴现率为10%时，两个项目仍然都可行，但项目A将优于项目B。如果贴现率为20%，项目B将不再可行。

表 8.1　在不同贴现率下项目 1 和项目 2 的净现值　　　　　　　　单位：元

	0	10%	20%
A	90	90	90
B	$400/(1+0\%)^2-300=100$	$400/(1+10\%)^2-300=30.6$	$400/(1+20\%)^2-300=-22.2$

显然，贴现率越高，项目净现值越低。那么，一个项目的基准贴现率应该如何确定呢？一般而言，私人项目的基准贴现率应该尽量接近于私人使用资金的机会成本。

（二）收益—成本比率

收益—成本比率（B/C）是收益现值与成本现值的比率，简称益本比。某项目的益本比可以表示为：

$$B/C = \frac{\sum\limits_{t=0}^{T} \dfrac{b(t)}{(1+r)^t}}{\sum\limits_{t=0}^{T} \dfrac{c(t)}{(1+r)^t}} \tag{8.4}$$

如果 $B/C \geqslant 1$，则表明该项目投资收益大于等于成本，则项目可行；如果 $B/C < 1$，则项目不可行的。

但是，如果认为益本比数值越大，项目就越优先，并将其作为比较多个可行项目的标准，就可能导致决策失误。因为收益既可以计入分子，也可以看成"负成本"计入分母；反之，成本也可以看成"负收益"。因此，通过对成本和收益进行有目的的分类，就可以人为改变一个可行项目的益本比。例如，考虑两个备选项目，项目A的收益和成本现值分别为450元和200元，项目B的收益和成本现值分别为760元和400元，项目A和项目B的益本比分别为2.25和1.9，项目A的益本比大于项目B。现在假定，在对项目A的分析中，研究者发现忽略了一项 50 元的成本。如果把 50 元成本计入分母,项目 A 的益本比变为 $450/(200+50)$ $=1.8$,项目 B 的益本比将大于项目 A。但如果把 50 元成本作为负收益,计入分子,项目 A 的益本比将变为 $(450-50)/200=2$,这样,项目 A 的益本比大于项目 B。上述分析表明用益本比作为比较多个项目优先次序的标准是不可靠的。

此外,采用益本比标准在进行项目优先次序判断时,所得到的结论与净现值标准常常是不一致的。例如,前例中项目 A 的收益和成本现值分别为 450 元和 200 元(假定没有忽略成本),而项目 B 的收益和成本现值分别为 760 元和 400 元。按照益本比标准,项目 A 应优先于项目 B($2.25>1.9$),但从 NPV 标准来看,项目 B 的贡献要大于项目 A($360>250$)。

(三)内部收益率

所谓内部收益率(internal rate of return,IRR),是指项目净现值 NPV 为 0 时的贴现率。以 ρ 表示 IRR,我们可以将其定义为:

$$0 = \sum_{t=0}^{T} \frac{b(t)-c(t)}{(1+\rho)^t} \tag{8.5}$$

如果 IRR 大于或等于项目基准贴现率,即 $\rho \geqslant r$,则说明项目可行。一般来说,内部收益率越大(前提是内部收益率大于贴现率),则投资方案的回报能力越强。

但是,当对两个不同规模的项目进行优先次序判断时,采用 IRR 标准往往会导致错误的决策。比如,我们考虑两个项目,项目 A 现在支出 1000 元,一年后回收 1100 元,则该项目的 IRR 为 10%。项目 B 现在支出 2000 元,一年后回收 2180 元,其 IRR 为 9%。从 IRR 标准看,项目 A 优先。然而,从 NPV 标准来看,假定基准贴现率为 6%,项目 A 的 NPV 为:$-1000+1100/1.06 = 37.7$;项目 B 的 NPV 为:$-2000+2180/1.06 = 56.6$,说明项目 B 要优于项目 A,因为后者带来了更大的净收益。

综上,我们的结论是,对于项目的可行性判断,三个指标得出的结论是一致的。然而,对于项目的优先性判断,内部收益率和收益—成本比率这两个标准都可能导致不正确的判断,净现值标准才是最可靠的。

8.2 公共支出项目的成本收益分析

将私人投资成本收益分析方法用于公共支出项目分析时,尽管分析的理论基础相同,但关注的视角,以及具体分析过程中对成本收益大小的衡量、贴现率的选取等方面都与私人部门有着很大的不同。本节对公共支出项目成本收益分析中的这些特殊方面进行分析。

8.2.1 公共项目与私人项目成本收益分析的不同

公共部门的成本收益分析,与私人部门有着显著的不同,主要体现在以下两个方面。

第一,公共支出项目以社会福利最大化为目标,而不像私人部门那样仅以私人净收益(或利润)为目标。出于考虑问题的角度不同,公共部门成本收益分析中的成本和收益与私人部门的成本和收益在范围上有所区别。对私人部门而言,进行成本收益分析的目的主要是为私人部门谋求支出的合理性,寻求的目标是私人净收益的最大化,因此其考虑的成本和收益,主要指私人项目承担者所面临的成本和收益(也称为内部成本和内部收益),一般不会考虑其项目产生的外部成本和外部收益。即:

$$私人净收益＝私人收益－私人成本＝内部收益－内部成本$$

而对公共部门而言,它们承担着维护和实现社会各种利益的职责,其目标是社会福利最大化。因此,其成本收益分析应从整个社会角度进行考虑,寻求社会整体净收益的最大化。从而,公共部门的成本收益分析不仅要考虑内部成本和内部收益,也要考虑外部成本和外部收益。在很多情况下,外部成本和外部收益的数量是巨大的。例如,如果要建设水电站,政府不仅仅关心水电站建设所发生的各种直接费用,以及发电带来的收益,还要考虑资源淹没的成本,破坏生态环境的代价以及防洪收益等。再如,一项旨在提高农田产量的水利工程项目,从成本上看,不仅包括该项目所需要的人力、物力和管理费用等内部成本,还包括该项工程对原有资源的破坏等外部成本。从收益来看,不仅需要衡量该项目所带来的农产品产量增加产生的内部收益,也需要衡量该工程对诸如养鱼业发展、洪水控制等方面产生的外部收益。因此,公共部门的成本收益分析公式需要写成:

$$社会净收益＝社会收益－社会成本$$
$$＝(内部收益＋外部收益)－(内部成本＋外部成本)$$

第二,公共支出项目的成本收益往往并不能直接用市场价格来衡量。与私人部门支出项目相比,公共支出项目的成本收益经常无法直接采用市场价格进行衡量。因此,对于公共支出项目成本收益的评价,实际上是模拟市场运作的方式,这主要是由两个因素决定的。

(1)在许多情况下,与公共支出项目相联系的市场价格根本不存在,例如清新的空气、濒临绝种生物的保护、免遭破坏的自然资源,得以保护的生态平衡等,都是无法计算出其市场价格的;

(2)在有些情况下,市场价格并不能完全真实反映社会边际成本和收益,这是由于市场失灵的存在。例如,优值商品(merit goods)反映的是被人们低估的价值,而垄断价格则往往高估了边际社会成本。

由于上述问题的存在,决定了公共支出项目的成本收益分析要比私人部门的成本收益分析复杂和困难得多。

8.2.2　公共支出项目成本收益分析的步骤

公共支出项目成本收益分析的过程与私人部门基本相似,分为五个步骤:(1)列出各种备选项目;(2)鉴定各备选项目的真实成本和真实收益;(3)用货币衡量各备选项目的成本和收益;(4)选择社会贴现率;(5)对各备选项目进行评价。

其中,在进行第三和第四步骤时,要特别注意与私人项目成本收益分析的区别,其他三个步骤和私人项目的分析基本相同,这里不再重复。

8.2.3　公共支出项目成本收益的度量

在列举出各备选项目的全部真实成本和收益之后,接下来需要将所列成本和收益折算成货币进行评估。一般来说,公共支出项目产生的收益并不是完全来自市场,在很多场合下公共服务是由政府免费提供的,如果收费,也并非完全按市场价格来进行,因而,如果按私人收益的计算方法,就会低估项目的社会收益。而政府公共支出项目的成本,除投资额外,有时还需要考虑很多其他因素,如项目建设过程中对生态环境的破坏,而这些是无法用市场价格来反映的。因此,有必要对公共项目成本收益的度量问题进行专门研究。

（一）市场价格

对于那些可以在竞争性市场上交易的投入和产出,应该直接采用市场价格对其成本收益进行评估。因为在完全竞争市场下,市场价格不仅可以反映该商品的边际社会收益,也可以反映生产该商品的边际社会成本。

（二）影子价格

对于那些不在完全竞争市场上交易的商品,市场价格不能真实反映其边际社会成本,例如,在存在大量非自愿失业的经济中,市场工资并不等于雇佣工人的边际社会成本,在垄断市场上,市场价格也并不反映生产的边际社会成本[1]。但是,我们可以估算一个能反映真正社会成本的价格,这个价格称为影子价格(shadow price)。比如在非自愿失业下的市场工资一般会高于影子价格,而垄断价格也常常高于影子价格,那么,对于扭曲市场上的商品或要素,如何根据其市场价格进行调整以确定其影子价格呢?

影子价格,实质上是使用某种商品或要素的机会成本,因此影子价格的确定,和当时所处的具体环境有关。例如,在存在非自愿失业下额外雇佣的劳动力,可能来自三个方面:先前以市场工资受雇于别处的工人、非自愿失业的工人和自愿失业的工人。影子价格应该是根据这三个来源而确定的一个加权平均数,权数是每一来源所占的比例。对于受雇于别处的工人而言,其机会成本是放弃先前就业的税前工资;对于自愿失业的工人而言,机会成本就是其闲暇的价值,可以用当前就业的税后工资来衡量;对于非自愿失业的劳动力的机会成本是较难确定的,他们赋予闲暇的价值是很低的,但是他们如果不从事该公共项目也有可能在一段时间后找到一份其他工作,因此一般来讲,其机会成本是大于零小于市场工资之间的某一数值[2]。因此,劳动力的整体影子价格就不会是该项目实际支付的数额。而对于失业问题严重且存在劳动力二元市场结构的发展中国家,通常假定在城市部门进行的项目,其劳动力来自农村,而在农村,这些工人的产出十分低下(甚至接近于零),此时劳动力的影子价格可以用其在农村的所得衡量。

（三）消费者剩余和生产者剩余

与私人部门项目不同,公共项目的规模通常比较大,因此公共项目的产出常常会改变市场价格,这时直接以市场价格来衡量项目收益的方法就需要加以修正。经济学家通常以消费者剩余(consumer surplus)和生产者剩余(producer surplus)的变化来衡量市场价格变化带来的社会收益的变化。所谓消费者剩余,是指消费者愿意支付的价格和实际支付的价格之间差额,等于需求曲线之下、市场价格线之上的面积。而生产者剩余则是指生产者供给一定数量商品获取的收入超过其所要求的收入的差额,即供给曲线之上、市场价格线之下的面积。消费者剩余与生产者剩余合在一起称为总剩余。

考虑一个农村水利工程项目,大幅度增加了农产品供给,降低了市场价格。如图 8.1 所

---

[1]　此外,管制、税收(或补贴)等因素也会导致市场价格扭曲。

[2]　非自愿失业劳动力的机会成本一般应大于零,因为他们对于闲暇时间赋予正值。

示,对农产品的市场需求曲线为 D,在项目实施前供给曲线为 S_1,均衡点为 c 点,决定了市场均衡价格 p_1 和均衡产量 x_1。这时消费者剩余为三角形 abc 的面积,生产者剩余为三角形 bcd 的面积,总剩余等于三角形 adc 的面积。项目实施后,农业生产率提高,供给曲线移动到 S_2,新的均衡点移动到 f 点,新的均衡价格和产量分别为 p_2 和 x_2。消费者剩余和生产者剩余的总面积扩大为三角形 aef 的面积。与项目实施前相比,总剩余扩大了相当于四边形 $cdef$ 的面积,这个差额也就是项目所产生的社会收益。

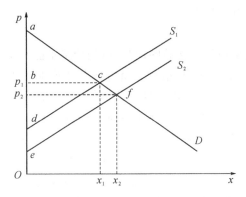

图 8.1　价格变化引起的消费者剩余和生产者剩余的变化

（四）"无价"商品的价值推断

对于不存在市场价格的商品,诸如生命、情感、时间、环境,应该如何衡量其货币成本或收益呢? 经济学家通常采用一些变通方法,根据可以观察到的现象来推断人们对这些商品的支付意愿。下面我们重点介绍时间、生命和清洁空气这三种"无价"商品的价值推断。

（1）时间

"时间就是金钱",如果一个公共项目的收益表现为节省了人们的时间,那么时间到底值多少钱呢? 推算方法之一就是用节省的时间乘以税后工资率来估算。假设甲每小时的税后工资为 10 元,某公共项目使之节省时间 20 分钟,该项目给甲带来的收益就是 $10 \times 20/60 = 6.67$ 元。当然,这种方法有赖于对时间机会成本的衡量。但时间的机会成本,对某一个人来讲,并非总是与税后工资率相同。例如当一个人有急事要办,他可能愿意为时间支付超过工资率的价格;而当他休闲在家时,可能愿意支付的时间机会成本低于工资率。

另一种估算时间价值的方法是考察人们对不同交通方式的选择。考虑到外地旅游,人们可以选择坐飞机,或者坐火车。飞机省时但价格高,火车比较慢但价格便宜。人们的行为显示了他们对时间的评价。通过观察人们愿意为坐飞机而额外支付多少钱,我们可以推断出人们对时间的评价。

（2）生命

人们常说"生命无价",可是,如果按照此观点,许多与人的健康或生命相关的公共项目将无从评估。目前通常采用两种生命估算方法。一种是将一个人未来收入的现值作为其生命的价值。换句话说,如果某项目实施的结果是挽救了一个人的生命,该项目的社会收益就是这个人未来可以获得的期望收入的现值。在交通肇事车辆造成的死亡赔偿上,目前多采用这种方法。但这种方法存在着两个严重的问题:一是该方法认为闲暇时间的价值为零;二是该方法认为每个人的生命价值是不同的,预期收入较高者的生命价值高于预期收入较低者的生命价值,特别是那些年老、体弱或严重残疾的人甚至会因为没有任何收入而被认为生命价值为零,但这显然有悖于现代社会"人人平等"、"珍爱生命"的伦理观。因此,在对公共项目的评价中一般不采用这种方法。

对生命价值估算的另一种方法认为,与时间一样,生命的价值也可以通过观察人们的行为进行推断。这是因为,不同的行为可能带来不同的死亡概率。比如,人们在购车时面临在价格较为便宜但安全性能相对较差的车型和价格较为昂贵但安全性能相对较好的车型之间进行选择,显然,如果发生车祸,选择后者的死亡概率要低于前者。又比如,人们在选择职业的时候,面临不同的工种和不同的工资率。在其他条件相同的情况下,危险性越高的工种其工资水平也越高。通过对人们行为的细致观察,经济学家大致可以推算出人们为降低一个单位的死亡概率而愿意支付的价格,进而估算出生命的价值。

 **专栏8.1**

生命的价值

尽管生命是无价的,但是经济学家还是采用各种不同的方法对生命价值进行了估算,不同的研究得出的结论差异较大,价格在100万美元至2000万美元之间。其中大部分研究表明,价格在200万美元至800万美元之间(以1997年美元计算)。

美国政府已经就成本收益分析中,是否在所有机构中统一运用一个简单的生命价值,进行过辩论。迄今为止,不同机构采用的数据并不相同,环保署用的数字通常比交通部大。

反对统一运用一个简单的数字的人认为,分析中还应包括许多其他因素,例如死亡是否由一个自愿从事的行动(例如驾驶)引起,自愿与非自愿下的价值可能是不同的。

评价生命中最困难的问题之一是,儿童生命的评估是否应该不同于成年人或者80岁的人。我们经常会面临这样的困扰:有两个癌症研究项目,一个的研究目标是儿童常患的癌症,另一个的研究目标是老年人常得的癌症,在两个项目之间如何分配资金呢?

问题并没有得到明确的答案。美国交通部坚持使用传统方法评估生命,即对所有生命一视同仁。尽管如此,一种可替代的方法——关注所挽救的生存年数,而不是生命的多少,在新的联邦指南中得到批准。

——本文节选自斯蒂格利茨.公共部门经济学(第三版).北京:中国人民大学出版社,2005:235-236.

(3)清洁空气

有的公共项目改善了空气的质量,有的项目则刚好相反,造成了空气污染。如何衡量人们对清洁空气的评价? 一种自然的方法是通过考察不同住房的价格差异来推断人们对清洁空气的支付愿意。给定其他条件相同,一套住房位于空气污染区,另一套住房则处于清新空气中,两套住房的价格差异实际上就反映了人们为清洁空气愿意支付的价格。

8.2.4　社会贴现率的选择

贴现率是将不同时期的货币价值折算为现值的关键,因而在成本收益分析中起着至关重要的作用。公共项目成本收益分析中使用的贴现率被称为社会贴现率（social rate of discount），那么，社会贴现率应该如何确定呢？对此存在两种不同的看法。第一种观点认为社会贴现率应该反映资金的社会机会成本，第二种观点则认为社会贴现率应该反映社会的时间偏好率。

（一）资金的社会机会成本

这一种观点认为，由于公共支出最终挤占了私人部门对资金的使用，社会贴现率应反映公共支出占用私人资金的社会机会成本，也就是这些资金没有用于私人部门的损失。因此，社会贴现率的确定应该基于私人部门的收益率。一般而言，公共资金的增加或是表现为私人投资的减少，或是表现为私人消费的减少。如果公共资金挤占了私人投资，那么应该使用私人项目的税前收益率作为公共资金的机会成本。假定私人投资最后 100 元的税前年收益率为 10％，现在政府把私人投资中的这笔钱用于公共支出，那么这笔公共支出的代价就是 10 元（100×10％），因此，社会贴现率为税前收益率 10％，它反映了这笔资金用于私人投资能够为社会所创造的价值。

如果公共支出挤占私人消费，应该如何确定社会贴现率呢。对于消费者而言，今年多消费 1 元，就意味着少投资 1 元，其机会成本是 1 元钱投资所带来的税后收益。因此，通过减少私人消费而筹措的公共资金应当按税后收益率来确定社会贴现率。假定私人税前投资收益率为 10％，但必须将其收益的 40％向政府交税，那么，私人现在多消费 100 元，实际上放弃了 6 元（100×10％×60％）的投资收益。因此，社会贴现率应该为税后收益率 6％。

如果公共资金同时挤占私人投资和消费，那么社会收益率就应该根据私人税前收益率和税后收益率的加权平均来计算。如果我们知道政府的一笔公共支出中来自私人投资的部分占 1/3，来自私人消费的部分占 2/3，那么，公共支出的社会贴现率为：

　　　　社会贴现率＝1/3×10％＋2/3×6％＝7.33％

然而，要确定某一个公共项目筹集的资金到底有多少来自减少私人消费，有多少来源于私人投资的减少，并不是一件容易之事。

（二）社会时间偏好

第二种观点认为，社会贴现率不同于市场收益率所表示的机会成本，它应该是站在整个社会角度对牺牲目前消费的评价，即社会贴现率等于社会时间偏好率。根据这一派观点，公共项目使用的社会贴现率一般将低于私人收益率，其原因主要有两点：

首先，社会贴现率是站在社会整体立场上来评价当前消费和未来消费。如果我们把社会当做一个整体来考察，则公共支出的决策者（政府）不仅要关心当代人的福利，也要关心后代人的福利。然而私人只关心他们自己的福利，不太愿意关心后代人的福利，相应地他们倾向于把太多的钱用于消费，不太愿意用于储蓄，由此造成私人使用的贴现率偏高。

其次，从家长主义的角度看，即使不考虑后代，私人也没有足够的远见对未来收益做出恰当的评价，因此，他们在对未来收益进行贴现时，使用的贴现率往往偏高。针对这种个人的短视行为，政府应当使用一种能够真正反映个人未来收益价值的贴现率。也就是社会贴现率应该低于私人贴现率。

那么，社会贴现率应当如何选择呢？对此并没有一个明确的答案，比较妥当的方法是按照不同的贴现率对同一个项目分别进行计算，然后观察项目净现值是否对所有合理的贴现率都是正数。如果在所有合理的社会贴现率下净现值均为正,说明该项目对贴现率不敏感,决策者对其也就比较有把握了。如果不能保证所有合理贴现率下净现值均为正,适当降低贴现率对于公共项目的选择有时也是必要的,因为低贴现率本质上反映了整个社会给予未来收益以较高的评价。

专栏8.2

实践中的社会贴现率选择

从各国实践来看,美国政府进行公共项目成本收益分析的经验是较为丰富的。根据美国行政管理和预算局(OMB)的规定,联邦政府各部门在评估它们的项目时,要进行两项单独分析:一是用7%的贴现率,二是用3%的贴现率。7%是对私人投资收益率的估计,所以对挤占私人投资的项目而言,它是适当的贴现率。3%是对社会贴现未来消费的比率的估计,对于占用私人消费的项目来说,它是适当的。由于一般难以知道公共项目是从私人投资还是私人消费中挤占了资金,OMB建议同时使用两种贴现率,这可以看出一个项目对于贴现率的差异是否有反应。此外,对于影响未来各代人的政府项目,OMB建议利用1%~3%的贴现率增加敏感性分析。这反映了社会贴现率可能低于私人收益率的观念。

在中国,著名的长江三峡水利枢纽工程使用了10%的社会贴现率,这是一个相当高的贴现率。即使按照这个贴现率,该项目可行性报告显示,项目净现值为131.2亿元,内部收益率高达14.5%。

参考文献

1. 哈维·罗森,特德·盖亚.财政学(第八版).北京:中国人民大学出版社,2009:153.
2. 长江三峡水利枢纽可行性报告(摘编).

8.3　公共项目成本收益分析的案例

下面我们通过一个公路扩建的典型案例,对公共项目的成本收益分析做进一步阐述[①]。

8.3.1　项目收益和成本的鉴定

假设在两个城市之间有一条二车道公路,公路决策部门面临如下问题:公路设施是否需要扩建? 如果需要扩建,应该扩建到四车道,还是六车道? 要回答这些问题,需要对不同公路扩建方案进行成本收益分析。

为了评估公路扩建后的收益,需要估计两地间的交通需求。需求是单程平均成本的函数。单程平均成本包括燃油、折旧、车辆保养以及运程时间。公路扩建后造成两地间旅行速

---

① 本节的案例分析基于:曹立瀛.西方财政理论与政策(第6章).北京:中国财政经济出版社,1995.

度加快,这将降低现有道路使用者的成本并鼓励新用户使用该道路。因此,公路扩建后的收益应为现行行驶成本的降低以及新增行程的净收益之和。

　　假定能够获得足够信息,上述收益可以通过两地间的交通需求估算。如图 8.2 所示,D 为交通需求曲线。在现有道路状况下,两地间单程平均成本为 C,每年的行程次数为 T。预计对现有道路扩建后单程平均成本降至 C',每年的行程次数增至 T'。四边形 $abcd$ 的面积表示现有行程因平均成本下降而增加的收益;三角形 cde 面积表示因行程增加而增加的收益(假定需求曲线 de 段为线性)。道路扩建的总收益可以用梯形 $abed$ 的面积表示,等于 $abcd$ 与 cde 的面积之和。

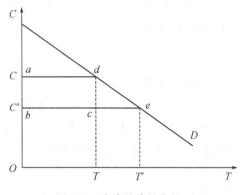

图 8.2　公路扩建的收益

　　项目成本包括道路扩建的基建成本以及道路扩建后在使用期内的维护成本。其他外部成本,例如毁坏野外风景或由于道路交通量增加导致的污染物的增加也应作为一种实际成本计入其中,但是对这些外部成本,这里忽略。

8.3.2　项目收益的度量

　　在公路扩建前的二车道下,首先考虑运输的时间成本,假定该公路的平均行程是 30 分钟,每小时的时间代价为 4 元,则一趟运输的时间代价是 2 元。当然,估计单次运程的时间代价并不是简单的事情。单次运程的时间估计(这里是 30 分钟)取决于道路类型、交通情况(高峰时段和低谷时段),时间的机会成本(这里是 4 元)随运输旅客的类型而变,这里用司机的工资率来衡量。因此,估计每趟运程的时间成本是一项复杂的工作。其次,单次运程的其他成本,包括燃油、折旧、车辆保养等,这些费用因公路类型和车辆类型不同而不同。这里假设这些费用平均为每公里 0.15 元,长度为 11.7 公里,则每趟运程的其他成本为 $11.7 \times 0.15 = 1.75$ 元。每趟时间成本与其他成本合计即是每趟运程的可变成本为 3.75 元。

　　假定每年运输趟数为 100 万趟,则每年可变成本为 375 万元。原来的基建投资因为是沉淀成本,这里不再考虑。

　　公路扩建到四车道之后,增加基建投资 400 万元,行程时间由原来 30 分钟缩至 18 分钟,时间成本降至 1.2 元,但其他成本增至 1.90 元(由于高速行驶油耗增加),每趟可变成本净节约 0.65 元(3.75−1.2−1.9)。公路扩建到四车道后,运程趟数增至 150 万趟,可变成本合计为 465 万元。原有趟数成本节约 65 万元,新增行程 50 万趟,带来的收益约为 16.25 万元($0.5 \times 0.65 \times 50$),相当于三角形 cde 的面积[①]。于是,总收益为 81.25 万元(65+16.25)。相当于梯形 $abed$ 的面积。因为收益发生在将来,必须贴现。假设公路的受益期 25 年,社会贴现率 8%,则现值为 867.3438 万元,这是公路从二车道扩展到四车道后的收益现值。

　　公路由四车道扩展到六车道后,需要再增加投资 200 万元,运程时间缩至 16 分钟,时间

---

　　①　如图 8.2 所示,假定需求曲线 de 段为线性,所以新增运程带来的净收益近似为三角形 cde 的面积。

成本降至 1.07 元,其他成本增至 1.95 元,运输趟数微增至 160 万趟,按照上述计算方法,得到公路从四车道扩展到六车道后的收益现值为 132.37 万元。

8.3.3 项目成本的度量

公路扩建的成本主要有基建成本和维修成本,四车道的基建成本为 400 万元,六车道为 200 万元(在四车道基础上),这些费用是工程开始就支付的,所以无需贴现。维修成本,与运输数量、运输类型和维修工料等因素有关,假设公路由二车道扩展到四车道后的年维修费增加 1 万元,从四车道增至六车道后的年维修费用增加 0.8 万元。维修费用流可按 25 年受益期和 8% 的社会贴现率求得现值,扩展成四车道的维修成本现值为 10.675 万元,扩展成六车道的维修成本现值为 8.54 万元。因此,二车道扩建成四车道的成本现值为 400+10.675 =410.675 万元,四车道扩建成六车道的成本现值为 200+8.54=208.54 万元。

8.3.4 项目可行性分析

计算出项目总收益现值和总成本现值,就可以进行比较,公路从二车道扩展到四车道,收益超过成本,净现值为 456.6688 万元,收益-成本比率为 2.11,内部收益率为 20%;而公路从四车道进一步扩展到六车道的净现值为 -76.17 万元,益本比只有 0.63,内部收益率降至 3%。

显然在忽略其他成本的情况下,从两车道扩展到四车道是可行的,而从四车道扩展到六车道则是不合算的。所有的数据总结为表 8.2。

表 8.2 公路扩建的成本与收益

行数			单位	二车道	四车道	六车道
1	收益	单次运程时间	分	30	18	16
2		运程的时间成本(4 元/小时)	元	2.0	1.2	1.07
3		单次运程的其他成本	元	1.75	1.90	1.95
4		每年运程数	百万趟	1	1.5	1.6
5		每趟成本节约	元	/	0.65	0.08
6		原有行程的成本节约收益	万元	/	65	12
7		新增行程的净收益	万元	/	16.25	0.4
8		扩建的年收益(第 6 行+第 7 行)	万元	/	81.25	12.4
9		总收益现值(8%,25 年)	万元	/	867.3438	132.37
10	成本	基建成本	万元	/	400	200
11		年维修成本	元	50000	60000	68000
12		维修成本增加	元	/	10000	8000
13		维修成本增加的现值(8%,25 年)	万元	/	10.675	8.54
14		总成本现值(第 10 行+第 13 行)	万元	/	410.675	208.54

续表

行数			单位	二车道	四车道	六车道
15	成本—收益	净现值(第9行—第14行)	万元	/	456.6688	—76.17
16		益本比(第9行/第14行)		/	2.11	0.63
17		内部收益率	%	/	20	3

数据来源:曹立瀛.西方财政理论与政策.北京:中国财政经济出版社,1995:189.

8.4 成本收益分析的进一步讨论

8.4.1 收入分配问题

上述分析隐含了这样的原则,在一个公共支出项目的分析中,如果这个项目的净收益现值是正数,不管谁受益谁受损,项目都是可行的。这是因为只要净收益现值是正数,受益者除了能补偿受损者之外,还能享受正的净收益。这种观点也被称为希克斯—卡尔多标准(Hicks-Kaldor criterion),以是否存在潜在的帕累托改进为依据确定项目,但并不要求实际补偿。

有些人则认为,政府目标是使社会福利最大化,除了效率方面的因素,也需要考虑一个项目对收入分配的影响。人们获得的每一元收入尽管都能增进其福利,但收入的边际效用是递减的。如果假定每个人的货币效用函数相同,则新增1元的收入对穷人要比对富人产生更高的效用。在社会成员收入差距悬殊的情况下,对一个公共项目的社会评价如果考虑到分配因素很可能产生完全不同的结果。为此,可以在成本和收益的衡量中运用社会分配权数修正原有的成本收益分析。具体步骤是:(1)将社会成员分成若干组别,如最低收入组、次低收入组、中间收入组、次高收入组和最高收入组等;(2)确定各组别的社会分配权数,一般来讲,收入水平越低的组别社会分配权数越高;(3)以各组别的权数乘以该组别从公共支出项目中获得的净收益;(4)将各组别的加权净收益加总,得出所分析项目总的加权净收益;(5)依据成本收益分析标准对项目进行评价。表8.3给出了一个社会分配权数的例子。

表8.3 社会分配权数实例

收入(Y)	社会分配权数
$Y \leqslant 10000$	5
$10000 < Y \leqslant 30000$	3
$30000 < Y \leqslant 50000$	2
$Y > 50000$	1

8.4.2 风险的处理

前面对成本收益分析的研究,假定决策者对项目的未来收益和成本具有确定的信息。事实上,项目实施存在很多不确定因素,未来收益和成本也常常是不确定的。因此,有必要进一步研究项目评估中的风险问题。

（一）期望值分析法

如果决策者能够估计各种可能性的概率,可以采用期望值法对于项目的风险进行评估。例如,某项目在某一年度中获得的收益可能是 B_1、B_2、B_3、B_4,出现上述四种收益的概率分别是 P_1、P_2、P_3、P_4,那么,该年度的预期收益为:

$$E(B) = P_1 \times B_1 + P_2 \times B_2 + P_3 \times B_3 + P_4 \times B_4$$

（二）等可能性标准分析法

在对于各种情况出现的概率并不确切的情况下,分析者可以按照最乐观、最悲观和中等水平三种情况分别估算预期收益和预期成本。由于不能确切知道三种情况下的出现概率,通常可以采用等可能性标准,即假定各种情况下出现的概率相同。假定有三个备选方案,每个方案最乐观、最悲观和中等水平下的净收益现值见表8.4。

表 8.4 三个备选方案的净现值

	最乐观	中等水平	最悲观
A	210	180	120
B	360	120	60
C	240	150	90

根据等可能性标准,相应的收益现值预期值为:
方案 A 的期望值=1/3×210+1/3×180+1/3×120=170
方案 B 的期望值=1/3×360+1/3×150+1/3×60=190
方案 C 的期望值=1/3×240+1/3×150+1/3×90=160
三个方案的比较结果表明,方案 B 是最优的。

（三）最大最小标准分析法

最大最小标准法,即选择那些在最坏情况下表现最好的项目的评价方法。它假设决策者总是厌恶风险的,因而在决策时假设最坏结果最可能会发生,这就需要把每种方案的最坏结果列举出来,然后选择在最坏情况下净收益现值最大的方案。在上例中,三个方案的最低净收益现值分别是:方案 A 为 120,方案 B 为 60,方案 C 为 90。根据最大最小标准,方案 A 属于所有最小值中最大的方案,因此,方案 A 被选中。

8.4.3 政治程序的影响

成本收益分析尽管可以给政府的决策者提供有用的信息,但公共支出项目最终能否被采纳是通过政治程序决定的。官僚们也许更关注官僚机构预算规模的最大化,政治家也许更追求连任,这些都可能造成客观的成本收益分析结果与实际决策结果完全不同。

另外,如果某个项目的受益者是人数较少却联系紧密的人群,即所谓的特殊利益集团,而成本却分摊到极为分散的人群中,那么这个项目即便被成本收益分析否定,它也很可能获得通过。反之,一个被成本收益分析选中的项目也可能被否决。

因此,成本收益分析中的政治因素也是不能忽视的。

本章小结

1.公共支出项目的目标是社会福利最大化,且其成本和收益往往不能直接按市场价格来估计,因此公共支出项目的成本收益分析与私人部门的成本收益分析明显不同。

2.运用成本收益分析进行决策的指标主要有净现值、收益—成本比和内部收益率。当只有一个备选项目时,三个指标得出的结论是一致的。当面临多个备选项目时,内部收益率和收益—成本比这两个标准都可能会导致不正确的判断,净现值是最可靠的。

3.公共项目成本收益的度量是从社会机会成本的角度考虑的,完全竞争市场下的市场价格就是边际社会成本,扭曲市场下的市场价格需要通过调整,以估算一个反映真正社会成本的价格,这一价格称为影子价格。

4.对于时间、生命、清洁空气这样一些不存在市场价格的商品,我们需要往往需要通过观察人们的行为选择来间接推断其价值。

5.一般认为,社会贴现率应该从资金的社会机会成本的角度,也就是基于私人收益率来加以确定。但也有人认为,社会贴现率应该反映社会整体的时间偏好,基于对后代的关心和家长主义的视角,社会贴现率应该低于私人收益率。

6.公共支出项目的成本收益分析有时还需要考虑收入分配、风险以及政治程序等方面的因素。

复习与思考

1.公共支出项目成本收益分析与私人部门成本收益分析有什么不同?

2.在计算人类生命的价值时遇到的困难有哪些? 解释为什么说"每条生命都是无价的"这一观点将导致救生计划的投资额超过有效率水平?

3.举例说明在公共支出项目中如何应用影子价格?

4.对某农村灌溉项目的成本收益分析显示,在最初 4 年里,项目的净收益为每年－200万元。但在接下来的 20 年里,该项目每年产生 75 万元的净收益,假定社会贴现率为 10％,计算该项目的净现值。

5.考虑某个使穷人受益的项目,当前支出 20000 元(资金向富人筹集),从下一年开始每年对穷人产生 1000 元的净收益,直至无穷。假定社会贴现率为 10％。

(1)分别计算该项目的净现值、益本比和内部收益率。

(2)该项目可行吗?

(3)如果项目不可行,提出一个使项目得以通过的最低社会分配权数。

进一步阅读文献

1.马斯格雷夫.财政理论与实践(第五版第 9 章).北京:中国财政经济出版社,2003.

2.哈维·罗森,特德·盖亚.财政学(第八版第 8 章).北京:中国人民大学出版社,2009.

3.布朗,杰克逊.公共部门经济学(第四版第 8 章).北京:中国人民大学出版社,2000.

4.斯蒂格利茨.公共部门经济学(第三版第 10 章).北京:中国人民大学出版社,2005.

5.曹立瀛.西方财政理论与政策(第 5－6 章).北京:中国财政经济出版社,1995.

第 9 章　利益归宿分析

没有永远的朋友,只有永远的利益。

——19 世纪英国首相帕麦斯顿

　　利益,不仅是国与国之间,也是人与人之间最关心的问题之一。就一项公共支出计划而言,人们关心的是自己能够从中得到多少利益,而政府则要关心公共支出产生的利益如何在不同的人群之间进行分配以及这种分配对于不同的人群是否公平。

　　公平和效率是经济学的两大主题。上一章,我们学习了成本收益分析,这种方法关心的主题是公共支出的效率[1],当我们把注意力转向公共资金利益分配的公平时(如不同人群享有各类公共教育资源的比例),为了客观评价公共支出对收入分配的影响,帮助公共支出实现缓解贫困、促进公平的目标,我们需要采取专门的研究方法。其中最常用的方法是利益归宿分析(benefit-incidence analysis)。

9.1　利益归宿分析的定义

　　为了分析公共支出的公平程度,利益归宿分析首先需要解决两个问题:公平的标准是什么? 如何衡量不同社会成员享有的公共支出收益?

9.1.1　公共支出的公平观

　　公共资源的理想分配是公平,但如何理解公平,人们往往持有不同的标准,通常有规则公平、起点公平和结果公平三种。

　　主张规则公平的人认为,公共资源在所有社会成员中的分配应该遵循同样的规则,这种规则对于所有社会成员来说是统一的、一视同仁的,既不偏袒某些人,也不压抑某些人,所有社会成员都遵循统一规则取得公共资源。比如,享有高等教育公共资源如果按统一的规则

---

　　① 虽然在成本收益分析中引入社会分配权数,可以在一定程度上考虑不同社会群体所得到的公共支出收益大小,进而评判公共支出的公平性。但这种方法在实践中较少采用,主要原因有二:一是权重的分配直接关系到公共支出的公平程度,当权重的分配缺乏客观、统一的指标,不同评价主体赋予的权重差异很大;二是有些公共支出并非属于项目支出,进行成本收益分析的难度较大(如公共教育支出)。

(如高考分数)来决定,那么这种分配原则就是符合规则公平的。

起点公平试图对规则公平进行补充,认为公共资源的分配不仅要遵循相同的规则,而且对于所有社会成员来说,应该站在相同的起点上。比如,上面提到的高考分数的差异,并非完全取决于个人的努力程度,师资水平、公共和家庭教育支出等因素都会影响高考分数,要做到起点公平就应该保证每个考生都享有同样的师资水平和教育经费等。

结果公平强调公共资源分配的结果均等,强调社会成员之间拥有公共资源的相对关系。从结果公平的观念来看,要求公共资源在所有社会成员之间平均分配,不因种族、经济背景、性别等方面而有差异。

利益归宿分析认为公共支出分配的理想状态是结果公平,本章正是从这一意义上来定义公共支出公平的。采用结果公平作为公共支出公平的理想状态,并不意味着财政学家或经济学家喜欢平均主义,而是说我们将公平和效率分开来进行讨论,这里只分析公平问题,不考虑效率问题,正如上一章仅考虑效率问题,不考虑公平问题一样。

9.1.2 社会成员从公共支出中所得到的收益

公共支出的目的,是增进社会成员的福利,但如何衡量社会成员因公共支出而增加的福利,并非一件易事。虽然经济学理论告诉我们,完全竞争市场条件下,增加的福利可以通过市场价格和剩余变化来衡量。但是,很多公共支出内容并不存在市场,即使存在市场,也并非完全竞争市场。这一点和上一章讨论公共支出成本收益量化时所面临的问题是一样的。

因为无法得到完全竞争市场下社会成员对公共支出的主观评价,所以,如何准确地评估消费者从一项公共支出获得的收益大小一直困扰着学者。1979 年,Selowsky 对哥伦比亚以及 Meerman 对马来西亚公共教育支出进行分配效应分析时,均采用了各社会成员享有的公共支出额度作为其享有收益大小的替代物[①]。这一处理方法使得利益归宿分析迅速推广,当然该处理方法暗含着消费者对公共支出所提供的产品或服务的收益评价不因产品或服务的质量差异、个人因素和家庭因素而不同,或者说由这种原因造成的收益差异可以忽略[②]。

9.1.3 利益归宿分析的定义及其前提假设

在解决了上述两个问题之后,我们可以对利益归宿分析做出严格的定义。

利益归宿分析是采用某种福利指标(例如人均收入或支出)对社会成员进行排序(有时以个人为分析单位,有时以家庭为分析单位,有时以地区为分析单位)[③],估计各个群体享有

---

① Selowsky, Marcelo. *Who Benefits from Government Expenditure*? New York: Oxford University Press, 1979; Meerman, Jacob. *Public Expenditures in Malaysia: Who Benefits and Why*? New York: Oxford University Press, 1979.

② 有时鉴于数据获得的困难,受益大小仅用是否享受服务这样一个二进制指标来衡量,采用这种指标暗含所有享受公共服务的消费者获得的收益是相同的。

③ 为什么要将社会成员按某种福利指标进行排序呢?这是因为,公共支出的目的是增进社会成员的福利,那么公共支出后究竟是增加了原本福利水平低的社会成员的福利,还是增加了原本福利水平高的社会成员的福利?如果都增加了,那么各自增加的程度如何?这些问题是分析公共支出公平性必须要考虑的问题,也是利益归宿分析必须要对社会成员进行排序的原因。那么,原本福利水平如何衡量呢?实际上并无理想的体现福利水平的指标。通常学者们更多采用人均收入、人均支出等指标近似替代。

的公共支出额度,并以此作为获得公共支出收益的指数,来比较支出前后的福利状况。

考虑下面的例子,假设社会中有 A、B、C、D、E 五个成员,各自的收入分别为 10、20、30、40、50 个单位。其中 A 没有进入政府补贴的高等院校读书,即享有的高等教育公共支出收益为 0,B 进入到政府补贴 3 个单位的高等院校读书,C 进入到政府补贴 2 个单位的高等院校读书,D 进入到政府补贴 4 个单位的高等院校读书,E 进入到政府补贴 5 个单位的高等院校读书。那么高等教育公共支出前后各自的福利水平如表 9.1 所示。

表 9.1　利益归宿分析案例

	A	B	C	D	E
公共支出前福利	10	20	30	40	50
公共支出后福利	10	23	32	44	55

通过公共支出前后的福利比较,我们发现,A 没有从高等教育公共支出中受益,D 和 E 从公共支出中所获收益最大,是公共支出的主要受益者;从社会福利来看,A 属于低收入群体,D 和 E 属于高收入群体,因此,这项公共支出并没有帮助低收入群体,而是帮助了高收入群体。

这种分析似乎很好理解,但读者一定要清楚利益归宿分析的前提假定,这些假定条件直接决定了利益归宿分析的局限性:

(1)个人福利变化与对个人和家庭排序的指标变化相同。通常,采用人均收入[①]、人均支出[②]作为排序指标,但是,采用这些指标作为福利分组的依据,并不意味着经济学家认为收入(支出)是福利水平的全部,而是因为影响福利水平的其他因素如闲暇、机会、权利的量化存在一定困难。

(2)受益者从公共支出中获益大小与公共支出成本变化相同,这一点前面已经提及。

(3)支出的直接享有者即是服务的最终受益者。公共支出可以引起一系列的反映,造成公共支出的最终受益者与直接享有者并非一致,这一点和纳税人与赋税人常常不一致是类似的。例如,谁会从政府对地铁的补贴中受益?乍看答案很明显:地铁乘客。但这可能并不准确。房屋靠近地铁的人,会发现他们的住宅极受欢迎,对这些住宅的需求增加会反映在房东的租金或市场价格上涨中。没有房产、以地铁作为主要交通工具的人,一方面会因地铁补贴而境况得到改善,另一方面也因租金价格上涨而境况恶化,两种效应很可能相互抵消,真正的受益者可能并非地铁乘客,而是地铁沿线的房东。

(4)视所观测到的各社会成员福利状态为公共支出前的福利水平。事实上,我们观测到的是社会成员在公共支出后的行为及福利水平,那么公共支出前的行为及其福利水平如何呢?这里假定公共支出前后各人的福利水平差异仅体现在公共支出上,除此之外,无任何其

---

① 收入水平相同,福利水平并不一定完全相同。例如,同样是三口之家(丈夫、妻子和孩子),甲家庭夫妻二人都参加工作,家务只能请家政人员解决;而乙家庭只有丈夫一人工作,妻子在家料理家务。

② 支出水平相同,福利水平也并不一定完全相同。例如,甲、乙两个人的支出水平一样,但甲有一个美满的家庭,而乙则由于家庭矛盾而常常陷于痛苦之中;或者甲的职业受尊重,因而自我感觉良好,而乙的职业使他产生自卑感;或者甲有充裕的空闲时间,生活得很潇洒,而乙则整天忙忙碌碌,十分疲惫。

他变化。当然,这也是对现实的一种抽象,并非真实情况。例如,如果政府没有公共教育支出,一位家长准备让其子女接受 3 年教育,现在公共支出保证每个孩子接受 9 年免费教育,这位家长很可能让其子女接受 9 年教育,而不是 12 年教育。换句话说,公共支出前后人们行为的变化并非仅在公共支出行为上,最常见的一种变化是公共支出的挤出效应(crowding out effect)。例如,政府在中等教育上的支出将减少私人在此项上的支出,而公共卫生补贴则可能减少家庭用于医疗保健的支出。一些学者的研究表明,公共服务对私人支出的挤出效应,数量可能非常大[①]。除此之外,公共支出还可能改变原来要素的相对价格,进而影响要素所有者收入。

因此,利益归宿分析方法是在上述假定下分析公共支出的公平性,这些假定决定了利益归宿分析方法的适用条件,即利益归宿方法不能用于分析纯公共产品性质公共支出的公平性,因为各社会成员所获公共支出的收益很难确定,例如国防支出保护了境内的所有公民,用成本确定各社会成员的收益大小意味着所有成员的收益是相同的。但是,利益归宿方法可以用于对具有混合产品性质的公共支出的公平性进行分析,比如公共教育支出、公共卫生支出、基础设施投资等。此外,利益归宿分析还可用于对以公平为目标的社会保障支出的公平性分析。

9.2 利益归宿分析的步骤

进行利益归宿分析,通常需要三个方面的数据:公共支出数据、公共服务的使用信息以及人口的社会经济特征信息。起点是公共服务成本的信息,再结合家庭使用公共服务的情况,得到公共支出收益在不同家庭组别的分布。这一分析过程包含三步:首先,估计某项公共支出给各社会成员带来的单位补贴额,通常这一数据来自官方报告;第二步,单位补贴额分配给享有服务的家庭或个人,享有公共服务的个人或家庭实际上得到了实物转移支付,利益归宿分析衡量了实物转移的人口分布;最后,将个人或家庭归入按某一福利指标(通常根据收入或支出)确定的组别以便比较公共支出在不同福利水平组别的分布。

通常,我们按收入或支出将社会成员等分成最低收入、次低收入、中间收入、次高收入和最高收入五个组别,每个组别占总人口比例均为 20%。如果一项公共支出包含的支出内容很多,且每个子支出项的受益分布又涉及很多组别,例如公共教育支出包含初等教育、中等教育和高等教育支出,每个支出的受益群体均涉及五个组别。在这种情况下,我们应对不同子支出项进行分别考虑。

第一步,估计单位补贴额。这里应该注意三点:第一,单位补贴额必须以政府的实际支出额为依据,而不是预算支出数额。第二,单位补贴额的定义范围因研究者研究问题的不同而不同,单位确定的范围越小,结论越准确,例如你可以将生均初等教育补贴额以学校为单位,也可以乡镇为单位,也可以县为单位……单位取值范围越大,计算的工作量越小,但准确

---

① Cox, David and Emmanuel Jimenez. Social Security and Private Transfers: The Case of Peru. *World Bank Economic Review*, 1992, 6(1): 155-169.

性越低,因为以县为单位,县内不同学校、不同乡镇的差异就忽略了,那么,是否越小越好呢?也不尽然,如果县内的初等教育公共支出,对于不同类型学校、不同乡镇差异很小,那选择县域作为单位是合意的,可以省去许多不必要的劳动,但是如果县域范围的补贴额差异很大而选择县域作为分析单位,则可能降低结果的准确性,关于这一点我们后面还会专门论述。第三,公共支出通常包含经常性支出和资本性支出,目前很多研究限定在经常性支出上,这样避免了估计资本支出收益流的麻烦。但是如果资本支出数额巨大,它将对利益归宿产生影响很大,甚至可能改变经常性公共支出利益归宿的分布格局。例如,自来水供给中的经常性支出受益为现有自来水网络的享受者,而资本性支出将扩大服务网络。经常性支出很可能对富人有利,而资本性支出很可能对穷人有利[1]。

第二步,确定服务的享有者。这一步将单位补贴额分配给各社会成员,需要调查服务享有者个人或家庭的社会经济情况。单位补贴额是分配个人还是分配给家庭(选择个人和家庭作为观测单位的分析结果是不同的)取决于具体的公共支出类型,如果公共支出的受益对象明确是以家庭为单位,如廉租房支出,此时的受益单位应以家庭为单位,单位补贴额应分配给家庭;如果公共支出的受益对象明确是以个人为对象,如道路、桥梁等基础设施公共支出,则单位补贴额应分配给个人;有些公共支出的受益对象可以说是个人也可以说是家庭,如初等教育公共支出,受益对象可以说是小学生本人,也可以说是小学生所在的家庭,这时研究者可以出于研究角度选择单位补贴额是分配给个人还是给家庭。

第三步,将观测单位归入不同的组别。组别划分是确定原有福利水平,进而影响公共支出公平程度的重要变量。但福利水平划分的依据到目前为止还没有一个理想的指标,通常是人均收入或人均支出,收入和支出所包含的内容不同,组别的划分也可能不同。因此,在组别划分中研究者要说明自己定义的人均收入(或人均支出)是否按家庭人数进行调整?对价格进行调整?都包含哪些收入(或支出)内容?等等。

除以上三个步骤之外,很多时候我们还需要考虑个人(或家庭)为享有公共支出而需承担的个人成本。政府对接受高等教育学生给予一定补贴,但家庭还必须为子女接受高等教育支付学费、住宿费、生活费等个人成本;义务教育的很多费用目前在中国已经由政府买单,但家庭还必须为子女接受义务教育支付交通费、伙食费等费用,只有支付这些费用后才可以享受政府服务。

分析公共支出的利益归宿,为什么还需要考虑个人支出呢?原因主要在于贫穷家庭为享有公共补贴收益而必须负担的个人成本,在很多时候,是阻碍贫穷家庭享有公共补贴、降低公共支出公平性的重要原因。

....

专栏 9.1

利益归宿分析的代数表达:以公共教育支出为例

某个组别(如最低收入组、城镇人口组)享有的公共教育支出收益大小取决于两方面因素:该组别享有各教育层次(初等教育、中等教育和高等教育)的情况以及各教育层次在整个

———————————

[1]　各社会成员从资本性支出享受的收益用资本性支出的折旧来衡量。

教育支出的比例。如果低收入组从初等教育公共支出中受益较多,而政府又将更多教育资源用于初等教育,那么低收入组从整个公共教育支出的受益将会增加。某一组别从公共教育支出获得的收益用公式表示为:

$$X_j = \sum_{i=1}^{3} E_{ij} \frac{S_i}{E_i} = \sum_{i=1}^{3} \frac{E_{ij}}{E_i} S_i \qquad (9.1)$$

其中,i:表示公共教育支出的三级教育层次,取值为 1、2、3,分别代表初等、中等和高等;

$\quad$ j:表示不同的福利组别;

$\quad$ X_j:组别 j 从全部教育支出的受益额;

$\quad$ E_{ij}:在教育层次 i 上,来自 j 组的学生人数;

$\quad$ E_i:在教育层次 i 上,全部的入学人数;

$\quad$ S_i:在教育层次 i 上的公共支出额;

$\quad$ S_i/E_i:在教育层次 i 上的单位补贴额(生均补贴额);

方程(9.1)假定生均补贴额在不同教育层次中并不相同,即生均初等教育公共支出、生均中等教育公共支出和生均高等教育公共支出之间存在差异,但在同一教育层次上生均补贴额是一样的,即生均初等教育(中等教育、高等教育)公共支出对所有的小学生(中学生、大学生)来说均是相同的。当然,这种假定只是一种理想状态,通常不同收入组别的学生所获的生均补贴额存在很大差异。一般来讲,城镇学生(通常收入水平比较高)要比农村学生(通常收入水平较低)享有更高的生均补贴额,省会城市学生(收入水平相对更高)要比其他城镇地区学生获得更高的单位补贴。同样,来自不同地区但属于同一组别的学生,也可能享有不同的生均补贴。在城市读书的低收入者子女享有的生均补贴额一般高于在农村读书的低收入者子女。如果忽略这些差异,假定每个教育层次的学生享有的生均补贴额相同,将会造成利益归宿分析结果出现大的偏差。如果数据允许,可以考虑到同一福利组别中来自不同地区的学生获得的生均补贴额差异,公式(9.1)修订为:

$$X_j = \sum_{k=1}^{n} \sum_{i=1}^{3} \frac{E_{ijk}}{E_i} S_{ik}$$

其中,下标 k 表示某一地区的单位成本估计值,这里假定有 n 个不同地区。

将上式方程两边同时除以公共教育支出总额(S),得到该组别享有的公共教育支出份额:

$$x_j = \sum_{k=1}^{n} \sum_{i=1}^{3} \frac{E_{ijk}}{E_i} \left(\frac{S_{ik}}{S} \right) = \sum_{k=1}^{n} \sum_{i=1}^{3} e_{ijk} s_{ik} \qquad (9.2)$$

(9.2)式表明,公共支出的公平程度取决于两个因素:一是不同教育层次、不同地区的学生比例(e_{ijk}),另一是不同教育层次、不同地区分配到的公共教育资金比例(s_{ik})。

——本文改编自 Demery, Lionel. Benefit Incidence:A Practitioner's Guide. Tech. Report,Poverty and Social Development Group,Africa Region,The World Bank,2000.

9.3 利益归宿分析的参照系及其衡量指标

采用利益归宿分析方法评判公共支出的公平性,可以依据研究的侧重点不同而选取不同的参照系,常见的参照系有三个。衡量指标主要有两个:极差和集中指数。

9.3.1 利益归宿分析的参照系

借鉴收入分配公平的洛伦兹曲线(Lorenz curve)(见图 9.1),我们可以描绘出公共支出受益分布的集中曲线(concentration curve)(见图 9.2),采用某种福利指标(如人均收入或人均支出)对社会成员进行排序(有时以个人为分析单位,有时以家庭为分析单位),分别以社会成员占总人口比例、各社会成员享有的公共支出收益大小为横纵坐标,计算出各社会成员占总人口以及享有公共支出收益的累计比,并将这些点联系起来的曲线。

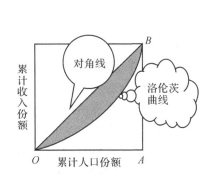

图 9.1 收入分配的洛伦兹曲线   图 9.2 公共支出的集中曲线

集中曲线与洛伦兹曲线的不同主要体现在几个方面:一是社会成员排序规则不同,在收入洛伦兹曲线中为"收入",公共支出集中曲线为某种福利指标(如人均收入或人均支出);二是纵坐标含义不同,收入洛伦兹曲线的纵坐标"累计收入份额",公共支出集中曲线为"累计公共支出份额";三是曲线位置不同,收入洛伦兹曲线一定位于 45°对角线下方,而公共支出集中曲线的位置是不确定的,可能位于对角线下方,也可能位于对角线上方,还可能穿越对角线。

对角线上的点表示占总人口的比例与其享有公共支出的收益比例相等,意味着每个社会成员享有相同的公共支出收益,是利益归宿分析的第一个参照系,也是所有的利益归宿分析都会使用的参照系。如果集中曲线位于对角线上方,表明低收入群体享有的公共支出份额超过其占总人口的比例,该项公共支出有利于低收入群体(propoor);如果集中曲线位于对角线下方,表明低收入群体享有的公共支出份额低于其占总人口的比例,该项公共支出有利于高收入群体(prorich)。利用这一参照系,我们可以对各国卫生支出的利益归宿进行分析和比较,如表 9.2 所示。其中,阿根廷最低收入组占人口的 40%,享有的公共卫生支出份额为 69%,而最高收入组人口 20%,得到的公共卫生支出份额仅 4%,其集中曲线位于对角线上方,有利于低收入人群;而印度尼西亚则刚好相反,最低收入组的份额仅 19%,而最高收入组的份额高达 45%,有利于高收入人群。

表 9.2 卫生支出的利益归宿

	调查年份	不同收入组别享有的公共卫生支出份额		
		最低收入 40％	中间收入 40％	最高收入 20％
公共卫生支出				
阿根廷	1980	69	27	4
智利	1983	51	47	11
哥伦比亚	1974	42	40	20
克罗地亚	1983	49	38	13
多米尼亚	1984	57	44	9
乌拉圭	1983	64	25	12
印度尼西亚	1978	19	36	45
伊朗	1977	51	37	13
马来西亚	1974	47	37	17
菲律宾	1975	27	33	40
斯里兰卡	1978	46	39	14
医院				
印度尼西亚	1974	23	53	23
马来西亚	1974	36	34	20

数据来源:普拉丹.公共支出分析的基本方法.北京:中国财政经济出版社,2000:105.

收入的洛伦兹曲线①,是利益归宿分析的第二个参照系,其对公平的关注重点在于是否缩小原有的收入差距。如果集中曲线位于 45°对角线下方,但处于洛伦兹曲线上方,表明低收入群体享有的公共支出份额低于其占总人口比例,该项公共支出对穷人不利。但是由于低收入群体享有的公共支出份额超过其占总收入份额,如果将该项公共支出作为个人收入增加到原有的收入中去,那么低收入群体占有的收入份额将提高。因此,介于对角线和洛伦兹曲线之间的公共支出集中曲线仍具有向弱势群体再分配的效果,这样的公共支出具有累进性(progressivity);如果集中曲线同时位于洛伦兹曲线下方,表明低收入群体享有的公共支出份额不仅低于其占总人口比例,而且低于其占总收入的比例,该项公共支出属于累退性公共支出(regressivity)。

社会成员对公共支出的需求曲线,是利益归宿分析的第三个参照系,其对公平的关注重点在于需要享有公共支出的成员内部是否做到了均等,因为不同群体对不同公共支出的需求是不同的。表 9.3 是科特迪瓦公共教育支出利益归宿分布的例子,从中可以看到,如果以 45°对角线作为参照系,最低收入的 1/5 人口享有 19％的补贴份额似乎是适当的,但如果我们用各群体所占适龄儿童比例作为教育需求的衡量指标,19％的初等教育公共支出用于

---

① 有时也可以采用支出的洛伦兹曲线。支出的洛伦兹曲线要求将社会成员按其支出水平(而非收入水平)进行排序。

24%的适龄儿童,公共支出的分配远不能满足穷人的需求。这一差距在中等教育中更加明显。

表 9.3　1995 年科特迪瓦的教育支出利益归宿和教育服务需求

人口五等分	补　贴		公共支出受益份额%	适龄儿童所占比重%
	人均补贴 CFAF	生均补贴 CFAF		
初等教育				
1	6908	31970	19.1	23.8
2	7562	37998	21.0	22.0
3	8676	42544	23.9	22.4
4	7922	48027	22.1	11.3
5	5015	41171	13.9	13.5
中等教育				
1	1459	8971	6.8	20.9
2	5028	30017	23.5	20.7
3	3724	23701	17.2	19.3
4	3245	21088	15.2	19.1
5	7977	47144	37.2	20.9

数据来源:Demery, Lionel, Julia Dayton and Kalpana Mehra. The Incidence of Social Spending in Cote d'Ivoire, 1986—1995. Poverty and Social Policy Department, The World Bank, mimeo, 1996.

9.3.2　利益归宿分析的衡量指标

利益归宿分析的衡量指标主要有两个。

(一)极差

极差是反映公共支出对收入分配公平整体影响最简单的方法。它是将人群按某种福利指标分组,比较最高福利组与最低福利组之间享受公共支出收益差异,从而表明公共支出在不同社会经济状况人群之间的分布状况。如表 9.3 中科特迪瓦中等教育公共支出,最低收入组和最高收入组享有的支出份额分别是 6.8% 和 37.2%,最高收入组享有的支出份额是最低收入组的 5.5 倍(37.2/6.8)。极差的缺点是仅仅反映最高福利组与最低福利组享有的收益份额差异,而忽略了中间福利组享有的补贴份额差异。

(二)集中指数

与基尼系数的定义类似,如图 9.2 所示,集中指数(concentration index)定义为集中曲线与 45° 对角线之间面积与三角形 ABO 面积之比,同时为了区分集中曲线在对角线之上与对角线之下集中指数的差异,规定如果集中曲线位于对角线 OB 的上方,集中指数符号为负;如果集中曲线位于对角线 OB 的下方,集中指数符号为正。

如果收入最低的那一个人享有全部公共支出收益,则集中曲线与折线 OCB 重合,集中指数为—1;如果各个收入阶层享受公共支出收益的比例与其占人口比例相等,集中曲线与

对角线 OB 重合,集中指数为 0,意味着每个人享有公共支出份额相同,成为平均线;如果最高收入的那一个人享有全部公共支出收益,集中曲线与折线 OAB 重合,集中指数为 1。因此,集中指数的取值范围在－1 到 1 之间。当集中指数为正值时,值越小,说明公共支出的公平程度越高。当集中指数为负值,且没有改变原有的收入次序时,根据罗尔斯最大化最小原则,也可以认为集中指数数值越小,公平程度越高。

集中指数的计算,关键是要计算 45°对角线与集中曲线所围成图形的面积,如果我们知道集中曲线的表达式,这一面积对应于数学中对角线与集中曲线之差在[0,1]之间的积分,但通常我们并不知道集中曲线的确切表达式,在此情况下,如何计算集中指数呢?此时我们可以利用积分的思想,即当两个点非常接近时,曲线可以近似看成直线,这样将原来的面积分解成若干个梯形(对角线的两个顶点所围成的图形为三角形),分别计算即可得出。

更极端的情况下,集中曲线仅有几个离散点,此时的集中指数可以参照下面公式求出。如果给出不同组享受公共支出份额的数据,假设组别个数为 T,福利水平由低到高的人口累积比例分别为 $P_1, P_2, \cdots, P_T$,福利水平由低到高的收入(支出)累积比例分别为 $L_1, L_2, \cdots, L_T$,则集中指数的计算公式为:

$$C = (P_1 L_2 - P_2 L_1) + (P_2 L_3 - P_3 L_2) + \cdots + (P_{T-1} L_T - P_T L_{T-1})$$

以表 9.4 为例,总人口的累积比分别为 20%,40%,60%,80% 和 100%,公共支出份额的累积比分别为 25%,47%,67%,90% 和 100%,则:

$$C = 20\% \times 47\% - 40\% \times 25\% + 40\% \times 67\% - 60\% \times 47\% + 60\% \times 90\% - 80\% \\ \times 67\% + 80\% \times 100\% - 100\% \times 90\%$$

$$= -0.116$$

表 9.4　总人口比例和公共支出份额　　　　　　　　　　　单位:%

	A	B	C	D	E
占总人口比例	20	20	20	20	20
享受公共支出的份额	25	22	20	23	10

专栏 9.2

教育基尼系数与教育集中指数

教育基尼系数是读者经常看到的名词,和我们这里的教育集中指数并非完全相同的概念。

教育基尼系数借鉴收入分配基尼系数而来。首先,将全体社会成员按教育状况最差到最好排序,然后将人口累计的百分比为横轴;教育累计(如受教育年限、教育公共投入、教育总投入)百分比为纵轴绘制教育洛伦兹曲线。曲线上每一点表示人口累计百分比与教育累计百分比之间的对应关系,45°对角线为义务教育绝对平均线,教育基尼系数定义为洛伦兹曲线与对角线之间面积和对角线下的三角形面积之比,比值越大,表明不公平程度越高,其取值范围从 0 到 1。

教育集中曲线将义务教育不公平的社会经济因素考虑在内。其排序规则是社会成员的社会经济特征,通常为收入或支出,由最差到最好排序。其所描绘出的集中曲线可能位于45°对角线下方,也可能位于对角线上方,还可能穿越对角线。教育集中指数的取值范围在—1到1之间,一般而言,取值越大表明不公平程度越高。

在现有研究中,教育基尼系数更多用于平均受教育年限的公平程度分析,教育集中指数更多用于公共教育支出的公平分析。两种情况下的计算结果差异明显,前者的不公平程度明显高于后者(见表9.5)。如,南非2000年教育基尼系数超过了0.4,而其初等教育公共支出1993年的集中指数就已经小于零。同样,智利2000年教育基尼系数接近0.4,但1987年初等教育公共支出集中指数就已经小于零。主要原因在于:(1)平均受教育年限这一存量指标,不仅是义务教育公平的作用结果,还包含非义务教育公平程度的影响;而非义务教育的公平程度明显低于义务教育;(2)平均受教育年限的公平是累计公共支出和当年公共支出对公平共同影响的结果,但当年公共支出的公平程度一般高于累计公共支出的公平程度。

表 9.5　教育集中曲线(集中指数)与教育洛伦兹曲线(基尼系数)的区别

	教育洛伦兹曲线(基尼系数)	教育集中曲线(集中指数)
人口排序原则	教育状况由最差到最好	福利状况由最差到最好
参照标准	45°对角线	45°对角线、洛伦茨曲线
取值范围	[0,1]	[-1,1]
分析的侧重点	多用于受教育年限的公平程度分析	公共教育支出的公平性分析
是否包含私人教育支出	可以	一般不包含

——本文改编自赵海利.公共教育支出的利益归宿分析.暨南大学博士后出站报告,2006.

9.4　利益归宿分析结果的影响因素

影响利益归宿分析结果的因素很多,本节要讨论的因素是因研究者在处理问题时所采用的方法差异而导致的结果差异,了解这些因素有助于我们对不同分析研究结果进行比较。这些影响因素概括起来主要有福利指标、分析单位和单位补贴额的选取。

9.4.1　福利指标的选择

福利指标是对不同个人或家庭分组的依据,通常用人均收入或人均支出水平来衡量,收入或支出的统计范围以及加总原则直接影响到最终的结果。

收入和支出是经济学的基本概念,但又是含混不清的概念。这里简单列举一下我国城市收入调查队和农村收入调查队中有关家庭收入和消费中使用的几个概念及其含义。

城镇居民调查相关的定义如下:

城镇居民家庭实际收入(或全部收入):指城镇居民家庭全部实际的现金收入,包括工资、奖金、退休金、各种劳动收入,转移收入等。不包括借贷收入,如提取银行存款、向亲友借入款、收回借出款以及其他各种暂收款。

城镇居民家庭可支配收入:指城镇居民家庭在支付个人所得税、财产税及其他经常性转移支出之后,所余下的实际收入。

城镇居民家庭消费性支出:指城镇居民家庭用于日常生活的全部支出,包括购买商品支出和文化生活、服务等非商品性支出。不包括罚没、丢失款和缴纳的各种税款(如个人所得税、牌照税、房产税等),也不包括个体劳动者生产经营过程中发生的各项费用。

农村住户调查相关的定义如下:

农村居民家庭总收入:指农村居民家庭全年从各种来源得到的全部实际收入(包括现金收入和实物收入,但不包括储蓄借贷性收入)。由基本收入,转移收入和财产性收入三部分组成。其中,基本收入包括劳动者的报酬收入和家庭经济收入。

农村居民家庭纯收入:指农村居民家庭总收入中,扣除从事生产和非生产经营费用支出、缴纳税款和上交承包集体任务金额以后剩余的,可直接用于进行生产性、非生产性建设投资、生活消费和积蓄的那一部分收入。农村居民家庭纯收入既包括货币收入,又包括自产自用的实物收入。

农村居民可支配收入:指农村居民家庭可用于最终消费支出和其他非义务性支出以及储蓄的总和。换言之,是总收入扣除相对应的各项费用性支出后,归农民所有或支配的收入。

世界银行则认为收入包括私人货币收入、附加的非货币私人收入、私人收入的调整、来自政府支出的收入、对个人征收的直接税等内容。对收入的定义可以有个人收入、货币收入、可支配收入和综合收入之分。每个概念及其包含的项目如表9.6所示。

表 9.6 世界银行对收入的不同定义及其所包含的内容

	概　念	包含内容
I 收入组成	A. 私人货币收入	1. 私人部门的工资和薪金收入
		2. 经营农场得到的净收入
		3. 非农场、非公司组织中得到的净收入(不包括租金收入)
		4. 已付净租金
		5. 红利和各种投资收入
		6. 来自私人部门的利息收入
		7. 来自暂住居民的收入
		8. 私人部门得到的养老收入
	B. 附加的非货币私人收入	1. 估算利息
		2. 估算租金
		3. 人寿保险公司的投资收入
		4. 农场的实物收入

续表

概　念		包含内容
I 收入组成	C. 私人收入的调整	1. 附加劳动收入
		2. 雇主的部分薪金税
		3. 公司让渡给个人的收入
		4. 未分配利润
		5. 指定劳动或资本收入的公司税、不动产税、资源税和销售税
	D. 来自政府支出的收入	1. 包括公共养老金在内的政府给个人的转移性收入以及政府给慈善和非赢利组织的转移收入
		2. 政府给企业的转移性收入
		3. 政府工资和薪金
		4. 公债利息
	E. 对个人征收的直接税	
	F. 全部税收	
II 收入概念	1. 私人收入	=私人货币收入(A)＋附加的私人非货币收入(B)＋私人收入的调整(C)
	2. 货币收入	=私人货币收入(A)＋政府转移给个人的收入(D.1)＋政府工资和薪金收入(D.3)
	3. 可支配收入	=货币收入(II.2)－对个人征收的直接税(E)
	4. 综合收入	=个人收入(II.1)＋来自政府支出的收入(D)－全部税收(F)

资料来源：Shah，Anwar，ed. Bringing Civility in Governance. *Handbook on Public Sector Performance Reviews* 3，Washington D. C. ：The World Bank，2003.

因此，采用不同的收入定义，同一组别包含的个体可能出现差异，影响最后的利益归宿分布结果。

此外，对不同家庭人口数量和结构采取不同的加总原则也会影响组别的划分，进而影响利益归宿分析的最终结果。通常我们选取人均家庭支出总额、或者人均家庭收入总额作为福利水平的衡量指标，这种方法对每一家庭成员给予相同的权重，但是，如果对家庭中每个成员采用并不相同的权重，例如一个两口之家的人均支出 900 元，可能和一个单身汉支出 1200 元的福利水平相当；一个老人的 500 元的支出额可能和一个年轻人 800 元的支出水平福利相当，这种方法称为成人等价支出法定义福利水平，即将不同家庭人口数量、结构的支出水平调整为标准的成人支出。采取人均支出和成人等价支出两种指标划分组别，利益归宿结构差异显著，有时其至得出相反的结论。表 9.7 是分别选取人均支出和成人等价支出进行福利分组后，加纳 1992 年的公共教育支出利益归宿分布。成人等价支出福利指标下的利益归宿，相比于人均支出福利指标，在初等教育阶段对低收入群体更加不利（最低收入 1/5 组享有的支出份额分别为 17.4％和 21.8％），但在中等教育、高等教育中出现了逆转（在中等教育阶段最低收入 1/5 组享有的支出份额分别为 18.6％和 14.9％），这一正反效应，造成两个福利指标下整个公共教育支出的利益归宿并没有出现非常大的差异。

表 9.7　1992 年加纳不同福利指标划分福利水平情况下教育补贴利益归宿

人口五等分	成人等价支出法		人均支出法	
	人均补贴 Cedis	所占补贴比重%	人均补贴 Cedis	所占补贴比重%
初等教育				
1	3847	17.4	4815	21.8
2	4680	21.2	5219	23.6
3	4607	20.9	4797	21.7
4	4601	20.8	4147	18.8
5	4343	19.7	3100	14.0
全国	4416	100.0	4416	100.0
中等教育				
1	4269	18.6	3431	14.9
2	4865	21.1	5026	21.8
3	5284	23.0	4849	21.1
4	4768	20.7	5412	23.5
5	3818	16.6	4285	18.6
全国	4601	100.0	4601	100.0
高等教育				
1	775	9.5	485	6.0
2	1260	15.5	775	9.5
3	1841	22.6	1551	19.0
4	1841	22.6	1648	20.2
5	2423	29.8	3683	45.2
全国	1628	100.0	1628	100.0
全部教育				
1	8891	16.7	8731	16.4
2	10805	20.3	11021	20.7
3	11732	22.0	11196	21.0
4	11210	21.1	11207	21.1
5	10584	19.9	11067	20.8
全国	10644	100.0	10644	100.0

数据来源：Demery Lionel，Shiyan Chao，Rene Bernier and Kalpana Mehra. The Incidence of Social Spending in Ghana. PSP Discussion Paper Series 82，Poverty and Social Policy Department，The World Bank，1995.

9.4.2 分析单位的选择

个人和家庭是公共支出利益归宿分析时常见的分析单位,家庭的定义各国不尽相同。通常,有四种家庭定义标准:

(1)居住在同一住所下的人组成的家庭(household)。

(2)由于婚姻、血统及收养关系,居住在同一住所中的个体结合成的经济家庭(economic family)。

(3)将经济家庭中的成员限制在未成年子女和未婚子女之后形成的统计家庭(census family)。

(4)将统计家庭子女限制仅仅限制在未成年子女,扣除超过一定年龄后仍未结婚的子女之后得到的核心家庭(nuclear family),即家庭成员只有父母和未成年子女。

从中看出,这四个家庭定义的范围差异很大。为了方便获取数据,研究者采用的家庭定义并不相同,有的研究采用在同一住所下的家庭,有的指统计家庭。因为缺少对同一样本采用不同家庭定义下的利益归宿分布数据比较,我们并不清楚这些家庭定义方式对利益归宿的影响程度。

但采用个人作为分析单位与采用家庭作为分析单位后的利益归宿分布差异明显。1995年科特迪瓦公共教育支出的利益归宿在家庭五等分和个人五等分下的结果差异显著,如表9.8。根据个人定义五等分标准,利益归宿结果表明公共支出并没有很好实现帮助低收入群体的目标。最低收入1/5人口享有所有补贴份额的比例只有14%(而最高收入1/5家庭享有的补贴份额高达35%),但是如果采用家庭定义五等分标准,最低收入1/5家庭享有全部补贴的份额为19%(最高收入1/5家庭享有补贴份额也仅为21%)。

产生差异的原因在于五等分家庭的人数数量不同。通常低收入家庭拥有更多的人口数量(低收入家庭户均可能超过4人,而高收入家庭平均可能不足3人),因此,家庭五等分下的利益归宿结果,相比个人五等分下的利益归宿结果,对低收入群体更有利,公平程度显得更高。但读者要清楚这种公平程度提高并不是因为支出本身的变化,而是由研究者使用的统计单位的差异所造成的。

表9.8 1995 年科特迪瓦不同五等分定义标准下的公共教育支出利益归宿

五等分	根据家庭定义五等分标准			根据个人定义五等分标准		
	总补贴 CFAF m	人均补贴 CFAF	不同收入群体享有全部补贴份额%	总补贴 CFAF m	人均补贴 CFAF	不同收入群体享有全部补贴份额%
1	41048	10362	19.4	28477	10000	13.5
2	40986	12912	19.4	36794	12895	17.4
3	39005	12436	18.4	36231	12802	17.1
4	46848	19251	22.1	36499	12718	17.2
5	43703	28240	20.7	73589	25803	34.8
全国	211591	14845	100.0	211591	14845	100.0

数据来源:Demery, Lionel. Benefit Incidence: A Practitioner's Guide. Tech. Report, Poverty and Social Development Group, Africa Region, The World Bank, 2000.

有时,限于研究资料的限制,分析单位并不是根据人口或家庭等分定义的,这一点在解释利益归宿结果时同样需要小心。例如,Hossain(1997)对中国1993年公共教育支出利益归宿分析采用的五等分组别并非根据家庭或个人的人均收入(或支出)划分组别,而是根据各省(市、自治区)人均收入数额进行的省(市、自治区)五等分[①]。采用这种分组方法,各个组别人数极有可能不相等。如果选取与补贴额紧密相关的指标,容易误入歧途;如果选取与补贴额关系不大的指标,如入学率,对最终结果影响不大。

9.4.3　支出范围的选择

公共支出的范围也会影响到最终的利益归宿结果。公共支出从基本形式上可以分为购买性支出和转移性支出两类(详见第7章第7.1.1节)。购买性支出是政府用于购买商品和服务的支出,以公共教育支出为例,主要包括政府在教学费用、公共辅助教学费用、行政费用以及建筑维修费用上的支出。转移性支出是政府无偿地将一部分资金的使用权转移给私人部门所形成的支出。转移性支出可以采用多种形式,有时是直接的现金或实物转移,有时以非常隐蔽的方式进行,比如政府规定其他企业,要交纳营业税和所得税,但校办企业可以免征这两种税收,对于校办企业来说就等于政府征收了营业税和所得税之后又将所收税款作为补助转让给了企业。这两种做法的实际结果完全相同,但是采用免税方法不会在政府的收支账上有任何反映,而采用征税后再补助的方式,政府账上就会多一笔收入,同时增加一笔支出,因此,通过税收优惠进行的税式支出实际上也应该包含在公共支出项目上。另一种不易察觉的转移性支出形式是公共定价,即由政府规定一个与市场竞争价格不同的交易价格。假定某种产品的市场竞争价格为10元,而政府规定按8元的价格进行交易,这就等同于向买方每购买一单位商品补贴2元。这种形式在公共教育支出中同样有所体现,主要有三:一是实行与私立学校有差别的用地政策给公立学校带来的隐含补助;二是学生假期的火车半价优惠政策隐含的政府补贴;三是国家助学贷款的财政贴息。

公共支出统计口径将直接影响到分析结果,一般而言,统计范围越大,公共支出利益归宿的分布差距很可能更大。以高等教育公共支出为例,Petrei(1996)把高等教育公共支出的统计范围限定在预算支出上,结果表明智利高等教育利益归宿分布比较平坦,最高收入1/5人口得到全部收益的1/5,然而Mujica and Larranaga(1993)将公共支出范围扩大到政府对高等教育的隐性补贴,结果表明最高收入1/5人口得到全部收益的34%[②]。

上述分析表明,研究者在进行利益归宿分析时,对福利指标、分析单位以及支出范围的选择一定要非常小心谨慎,而且最重要的,就是一定要说清楚你的选择到底是什么。

本章小结

1. 利益归宿分析是国际上常用的分析公共支出公平性的方法,该方法采用某种福利指

---

① Hossain, Shaikh I. Making education in China Equitable and Efficient. *Policy Research Working Paper* 1814. The World Bank, 1997.

② 转引自 Davoodi, Hamid R. Erwin R. Tiongson, and Sawitree S. Asawanuchit. How Useful Are Benefit Incidence Analyses of Public Education and Health Spending? *IMF Working Paper*. WP/03/227, 2003.

标(比如人均收入或支出)对社会成员排序(以个人或者家庭为单位),估计各个群体享有的公共支出额度,并以此作为获得公共支出收益的指数,来比较支出前后的福利状况。

2.利益归宿分析是有其前提假设的,这些前提假设决定了利益归宿分析具有先天的缺陷。

3.通常判定利益归宿分析的公平程度依据研究问题的角度设有三个不同的参照系:对角线、洛伦兹曲线和公共支出需求曲线。

4.衡量公共支出利益归宿的常用指标是集中指数,集中指数的取值范围在-1到1之间,一般而言,取值越小,公平程度越高。

5.利益归宿分析的结果与研究者对福利指标、分析单位以及公共支出范围的选择均有关系,因此,利益归宿分析的结果出现差异,并不一定由公共支出政策差异导致,还可能与研究者的研究方法有关。

复习与思考

1.利益归属分析的前提条件是什么?查阅文献,并结合自己想法,谈谈这些前提条件中的哪些条件,可以通过何种修正方案更接近现实?

2.任选一项公共支出,分组讨论,设计一套利益归宿分析的步骤。

3.假设一个社会有 A、B、C、D、E 五个社会成员,各自的收入分别是 10、20、30、40、50 单位,各自享有的高等教育公共支出分别为 0、1、0、2、3 个单位,分别画出集中曲线和洛伦兹曲线,并计算集中指数和基尼系数。

进一步阅读的文献

1. Demery, Lionel. Benefit Incidence: A Practitioner's Guide. Tech. Report, Poverty and Social Development Group, Africa Region, The World Bank, 2000.

2.普拉丹.公共支出分析的基本方法.北京:中国财政经济出版社,2000.

3. Hossain, Shaikh I. Making Education in China Equitable and Efficient. *Policy Research Working Paper* 1814. The World Bank, 1997.

4. Davoodi, Hamid R. Erwin R. Tiongson, and Sawitree S. Asawanuchit. How Useful Are Benefit Incidence Analyses of Public Education and Health Spending? *IMF Working Paper* WP/03/227, 2003.

第四篇　　专题篇

第10章 国防支出

> 君主的义务,首在保护本国社会的安全,使之不受其他独立社会的暴行与侵略。而此种义务的完成,又只有借助于兵力。但平时准备兵力和战时使用兵力的费用,则因社会状态不同以及进化时期不同,而大不相同。
>
> ……
>
> 近代战争火药费用的浩大,显然给能够负担此浩大费用的国家提供了一种利益,而使文明国家对野蛮国家立于优胜的地位。在古代,富裕文明国家很难防御贫穷野蛮国家的侵略;在近代,贫穷野蛮国家却很难防御富裕文明国家的宰割。火器的发明,乍看起来,似对文明的持久与继续有害。但实际上,乃对文明的持久与继续有利。
>
> ——亚当·斯密,《国富论》(1776)

我们在导论中就已经指出,亚当·斯密在 1776 年发表的《国富论》不仅开创了古典经济学体系,也开创了财政学的传统框架。在他看来,自然自由的市场体制就像一只看不见的手,引导着每一个人去实现一个社会最优的结果。即便如此,他也认识到,市场并非完美,需要政府去履行一些基本的职能(义务),而政府的首要职能就是保护本国社会安全,即国防,因而国防支出也就成为政府最基本的支出。本章,我们将沿着亚当·斯密的思想轨迹,运用现代经济学原理,分析国防的纯公共产品性质,研究最优国防支出水平的确定,考察随国内外政治经济局势变化的中国国防支出政策实践,并进行国际比较,最后对国防支出与经济增长的关系进行初步的探讨。

10.1 国防支出概述

国防支出(defense expenditure),也称为军费(military expenditure),是一个难以被确切定义或者说承载过多的(overburdened)概念。根据瑞典斯德哥尔摩国际和平研究所(SIPRI)给出的权威定义,军费反映了当期军事活动中的全部成本。在学术研究中被广泛使用的《国防经济学手册》则将军费定义为一国在一定时期内(通常为一年)对军人和与军队有关的其他人员的全部支付,包括军队购买的商品和公民提供的服务[①]。

然而,各国政府在界定本国国防支出的范围时,常常可以任意取舍,这就导致各国统计的国防支出之间不存在可比性。为了便于国际比较,国际货币基金组织(IMF)在其《2001年政府财政统计手册》中,对国防支出的范围进行了统一,具体包括五个小类,分别为"军事防御"(military defense)、"民防"(civil defense)、"对外军事援助"(foreign military aid)、"国防研究与发展"(R&D defense)和"未另分类的国防支出"(defense n. e. c.)。

纵观世界各国,国防支出都是政府部门的基本公共支出,这是因为,国防是政府的一项基本职能。进一步,我们要问,为什么国防是政府的基本职能? 或者说,国防作为一种商品(goods),为什么市场不能有效提供,而需要由政府来提供?

这是因为,国防是全国性的纯公共产品(pure public good)。回忆一下第4章的内容,纯公共产品被定义为消费上同时具有非竞争性和非排他性的商品。所谓非竞争性,是指多一个人对给定商品的消费不会增加额外的成本;而非排他性是指无法将某个人排除在该商品的受益范围之外。试想一个婴儿在一国境内的某家医院出生,她就自然受到该国国防的保护,而且既不增加国防的成本,也不会被驱逐出境。这说明,国防不仅是一种纯公共产品,而且它的受益范围遍及整个国境。

遍及全国的非排他性,带来了遍及全国的搭便车心理,这使得国防作为一种全国性公共产品,要实现私人有效提供几乎是不可能的。因此,亚当·斯密认为,自然自由的市场体制再好,国防仍然需要由政府来提供,这也是政府首要的义务(duty)。

10.2 最优国防支出的确定

本节通过两个简单的模型考察最优国防支出水平的确定。第一个是用几何图形表示的"大炮—黄油转换线",第二个则是以数学形式表示的新古典最优化模型。

10.2.1 大炮—黄油转换线

一国的资源是有限的,而人们的潜在需求是无限的,经济学的任务就是要回答如何利用有限的资源去最大限度满足人们无限的需求。

我们将一国生产出来的全部商品分为两大类,"黄油"(代表民用品)和"大炮"(代表军用品)。给定生产技术不变,我们就可以得到一条生产可能性曲线,也就是著名的"大炮—黄油转换线"(Guns-Butter Transformation Curve),这条曲线最早是由萨缪尔森在他1948年出版的《经济学》教科书第一版中给出的,现在被广泛用于分析最优国防支出的确定。

如图10.1所示,FF曲线即大炮—黄油转换线,表示经济中的全部资源用来生产"大炮"和"黄油"的所有最大可能性组合。在FF曲线上有无数最大可能性组合,那么究竟哪一点才是最优的呢? 这取决于社会公众的偏好,我们用社会无差异曲线来表示公众的偏好。

① Brzoska, Michael. World Military Expenditures. *Handbook of Defense Economics*, 1995(1): 45-67, Amsterdam: Elsevier.

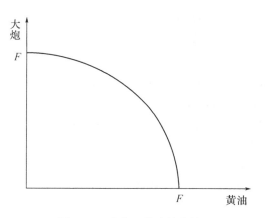

图 10.1　大炮—黄油转换线

回忆一下第 4 章第 4.2 节给出的公共产品最优提供条件,这一条件要求所有社会成员的边际替代率之和等于"大炮"与"黄油"之间的边际转换率。前者由社会无差异曲线的斜率代表,后者则是大炮—黄油转换线的斜率,当社会无差异曲线和大炮—黄油转换线相切时,达到给定资源约束下的最优组合,也就确定了最优的国防支出。

如图 10.2 所示,社会无差异曲线是一组凸向原点的曲线,距离原点越远,表示社会福利水平越高,但社会福利受到生产可能性的约束。其中,WW 与大炮—黄油转换线 FF 相切于 E 点,表明社会福利达到最大可能性,E 点即社会最优组合,表明最优的"黄油"产量为 OB,最优的"大炮"产量为 OG,后者也就是最优的国防支出水平。

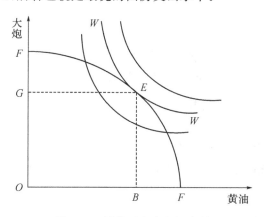

图 10.2　最优国防支出的确定

10.2.2　最优国防支出:数学方法

以上我们用大炮—黄油转换线和社会无差异曲线的切点来确定最优国防水平,这是一种几何图形分析方法,相对比较直观,但也比较粗糙,下面我们引入一个简单的标准新古典模型,运用数学方法来推导最优国防支出。[1]

我们假定一国社会福利 W 取决于消费 C 和安全 S 两个变量,即:

$$W = W(C, S) \tag{10.1}$$

为了便于分析,我们假设社会福利函数具有对数形式:

$$W = \alpha \ln C + (1 - \alpha) \ln S \tag{10.2}$$

政府的目标是最大化社会福利,受约束于以下两式:

$$Y = p_C C + p_M M \tag{10.3}$$

$$S = M - (\beta_0 + \beta_1 M_1) \tag{10.4}$$

(10.3)式为预算约束,Y 为名义国民收入,p_M 和 p_C 分别为真实国防支出 M 和消费 C 的价格。

(10.4)式为安全函数,假定安全函数具有线性形式,与本国国防支出 M 正相关,与其他国家国防支出 M_1 负相关。

这样,我们可以写出政府面临的社会最优化问题的拉格朗日函数,

$$L = \alpha \ln C + (1 - \alpha) \ln(M - \beta_0 - \beta_1 M_1) + \lambda(Y - p_C C - p_M M) \tag{10.5}$$

三个一阶条件分别为:

$$\frac{\partial L}{\partial C} = \frac{\alpha}{C} - \lambda p_C = 0 \tag{10.6}$$

$$\frac{\partial L}{\partial M} = \frac{1 - \alpha}{M - \beta_0 - \beta_1 M_1} - \lambda p_M = 0 \tag{10.7}$$

$$\frac{\partial L}{\partial \lambda} = Y - p_C C - p_M M = 0 \tag{10.8}$$

利用(10.6)和(10.7)式,可以得到:

$$(1 - \alpha) p_C C = \alpha p_M (M - \beta_0 - \beta_1 M_1) \tag{10.9}$$

将(10.9)代入(10.8)式,解得最优的国防支出和消费水平:

$$M = \frac{1 - \alpha}{p_M} Y + \alpha(\beta_0 + \beta_1 M_1) \tag{10.10}$$

$$C = \frac{\alpha}{p_C} [Y - p_M(\beta_0 + \beta_1 M_1)] \tag{10.11}$$

(10.10)式表明最优国防支出水平取决于国民收入、价格、其他国家的国防支出水平以及社会公众的偏好。

10.2.3　最优国防支出的变动

在不同的历史时期,最优国防支出水平是会发生变化的。(10.10)式两边除以 Y,得到:

$$\frac{M}{Y} = \frac{1 - \alpha}{p_M} + \frac{\alpha(\beta_0 + \beta_1 M_1)}{Y} \tag{10.12}$$

根据(10.12)式,最优国防支出相对规模(国防支出占国民收入的比例)将随着外国军事实力 M_1 以及公众对于国际和平或战争局势的判断 β_0 和 β_1 的变化而变化。一般而言,外国

---

① 该模型是 Smith(1995)模型的简化版本。Smith, Bon. The Demand for Military Expenditure. *Handbook of Defense Economics*, 1995(1): 69-87, Amsterdam: Elsevier.

军事实力增强,或者国民认为国际形势将趋于紧张,都会导致本国国防支出增加。

我们也可以利用大炮—黄油转换线,结合社会无差异曲线的移动,来分析最优国防支出的变动。

如图 10.3 所示,社会无差异曲线 WW 对应于冷战时期的社会偏好,与大炮—黄油转换线相切于 E 点,决定了冷战时期的最优国防支出水平 OG。如果国家进入热战状态,社会公众对"大炮"的评价提高,社会无差异曲线移动到 W'W',与大炮—黄油线切于 E' 点,决定了热战时期的最优国防支出水平 OG'。反之,如果国际社会进入和平年代,则公众对"黄油"的评价提高,社会无差异曲线移动到 W"W",与生产转换线相切于 E" 点,决定了和平时期的最优国防支出水平 OG"。上述分析表明,最优国防支出的变化存在波动性,其水平高低很大程度上取决于国际局势,局势紧张将引起国防支出增加,而和平将带来国防支出下降。国防支出的下降进一步导致经济中更多的资源可以用于经济建设,社会公众的福利水平也将随之提高,这种和平带来的好处被称为和平红利。

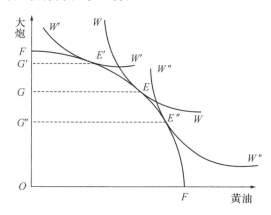

图 10.3　不同时期最优国防支出的变动

10.3　中国的国防支出

下面我们重点考察中国国防支出的变化趋势。表 10.1 给出了 1950—2008 年历年国防支出、财政支出和 GDP 的数据,并分别计算了国防支出占财政支出和占 GDP 的比重。

表 10.1　1950—2008 年中国国防支出　　　　　　　　　　单位:亿元,当年价格

年　份	国防支出	财政支出	占财政支出比例	GDP	占 GDP 比例
1950	28.01	68.05	41.2%		
1951	52.64	122.07	43.1%		
1955	65	262.73	24.7%	910.8	7.1%
1960	58	643.68	9.0%	1457.5	4.0%
1965	86.76	459.97	18.9%	1717.2	5.1%

续表

年　份	国防支出	财政支出	占财政支出比例	GDP	占 GDP 比例
1970	145.26	649.41	22.4%	2261.3	6.4%
1975	142.46	820.88	17.4%	3013.1	4.7%
1979	222.64	1281.79	17.4%	4062.6	5.5%
1980	193.84	1228.83	15.8%	4545.6	4.3%
1985	191.53	2004.25	9.6%	9016.0	2.1%
1990	290.31	3083.59	9.4%	18667.8	1.6%
1995	636.72	6823.72	9.3%	60793.7	1.0%
2000	1207.54	15886.50	7.6%	99214.6	1.2%
2001	1442.04	18902.58	7.6%	109655.2	1.3%
2002	1707.78	22053.15	7.7%	120332.7	1.4%
2003	1907.87	24649.95	7.7%	135822.8	1.4%
2004	2200.01	28486.89	7.7%	159878.3	1.4%
2005	2474.96	33930.28	7.3%	183217.4	1.4%
2006	2979.38	40422.73	7.4%	211923.5	1.4%
2007	3554.91	49781.35	7.1%	257305.6	1.4%
2008	4178.76	62592.66	6.7%	300670.0	1.4%

数据来源:《新中国五十五周年统计资料汇编》,2007—2009 年《中国统计年鉴》。

如表 10.1 所示,国防支出从绝对规模来看,在 1950—2008 年之间,呈现出逐渐增长的趋势,但是从其相对规模来看,无论是占财政支出的比例,还是占 GDP 的比例,都表现出不稳定的波动性,如图 10.4 所示。

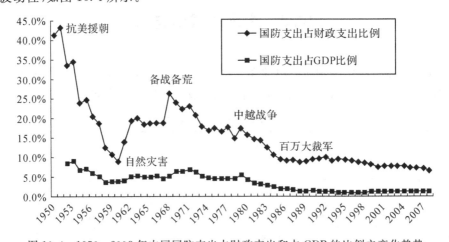

图 10.4　1950—2008 年中国国防支出占财政支出和占 GDP 的比例之变化趋势

 专栏 10.1

抗美援朝

1950 年 6 月 25 日,朝鲜战争爆发。美国为了维护其在亚洲的地位,立即出兵干涉。26 日,美国总统杜鲁门命令美国驻远东的海、空军参战,支援韩国国军。27 日,杜鲁门发表声明,宣布派兵,并令美国海军第 7 舰队侵入中国台湾海峡。同日,联合国安全理事会在没有苏联参加的情况下,通过了美国提案,要求各会员国在军事上给韩国以"必要的援助"。7 月 7 日,联合国安理会通过决议,派遣"联合国军"支援韩国抵御朝鲜的进攻,司令由美国指派。8 日,杜鲁门任命美国远东军总司令麦克阿瑟为"联合国军"总司令(后由李奇微、克拉克继任)。朝鲜战争共有 19 个国家参战(朝鲜、韩国、中国、美国、欧洲、东南亚等国家)。

6 月 28 日,周恩来发表声明指出:杜鲁门 27 日的声明和美国海军的行动,乃是对于中国领土的武装侵略,对于联合国宪章的彻底破坏。7 月 6 日,周恩来再次发表声明,指出联合国安理会 6 月 27 日关于朝鲜问题的决议为非法,中国人民坚决反对。9 月 15 日,美军第 10 军于朝鲜半岛南部西海岸仁川登陆。9 月 30 日,周恩来发表讲话,警告美国:中国人民决不能容忍外国的侵略,也不能听任帝国主义者对自己的邻人肆行侵略而置之不理。10 月 1 日美军越过北纬 38°线(简称"三八线"),19 日占领平壤,企图迅速占领整个朝鲜。10 月 8 日,朝鲜政府请求中国出兵援助。中国政府随即作出"抗美援朝、保家卫国"的决策。

1950 年 10 月 19 日,中国人民志愿军在司令彭德怀率领下,跨过鸭绿江,开赴朝鲜战场,25 日,揭开抗美援朝战争序幕。从 1950 年 10 月 25 日—1951 年 6 月 10 日,为抗美援朝战争第一阶段。这个阶段,中国人民志愿军和朝鲜人民军采取以运动战为主,与部分阵地战、游击战相结合的方针,连续进行了五次战略性战役。其特点是:战役规模的夜间作战和很少有战役间隙的连续作战,攻防转换频繁,战局变化急剧。

从 1951 年 6 月 11 日—1953 年 7 月 27 日,为抗美援朝战争第二阶段。这个阶段,中朝人民军队执行"持久作战、积极防御"的战略方针,以阵地战为主要作战形式,进行持久的积极防御作战。其特点是:军事行动与停战谈判密切配合,边打边谈,以打促谈,斗争尖锐复杂;战线相对稳定,局部性攻防作战频繁;战争双方都力图争取主动,打破僵局,谋求于自己更有利的地位。1951 年 7 月 10 日,战争双方开始举行朝鲜停战谈判。从此,战争出现长达两年多的边打边谈的局面。1953 年 7 月 27 日,战争双方在朝鲜停战协定上签字。至此,历时 2 年零 9 个月的抗美援朝战争宣告结束。

在整个抗美援朝战争期间,中国以轮战方式先后入朝参战的各种部队共计 190 万,补充兵源近 50 万,共计 240 万。据不完全统计,志愿军伤亡合计约 36 万人,其中阵亡 171687 人;美军伤亡约 14 万人次,其中死亡 36570 人。

——本文根据百度百科、少年维基百科的词条《抗美援朝》改写

虽然两个比例的波动性很大,但如图 10.4 所示,两者之间保持了一致的变化趋势。我们以国防支出占财政支出的比重为例,分析其变化趋势背后的原因。1950—1951 年,国防支出占财政支出的比重超过 40%,这时中国正在进行"抗美援朝"战争,大量的资源被投入到

战争中。随着 1953 年"抗美援朝"战争的结束,国防支出的比重逐渐下降,1960 年下降为 9%,这时外部环境相对稳定,而中国国内面临三年自然灾害,国民经济处于低谷,有限资源不得不用于解决国计民生问题,国防支出相应下降。随着经济复苏,国防支出的比重逐渐回升。同时期美苏对中国的军事威胁有所加强,毛泽东提出了"备战备荒"的口号,国防支出的比重进一步上升,1968 年达到 26%。整个 70 年代,国际经济形势相对较为平稳,国防支出的比重也相对比较平稳,略有下降,1979 年的中越战争也没有改变这一趋势。进入 80 年代以后,和平与发展逐渐成为国际政治经济的两大趋势,中国国内则开始改革开放,将经济建设作为工作中心,特别是 1985 年,中国向全世界宣布了"百万大裁军"的目标。在这种背景下,国防支出的比重出现了稳步下降的趋势,从 1980 年的 15.8% 下降为 1990 年的 9.4%。1991 年,苏联解体,冷战结束,世界和平与发展趋势得到加强,中国国防支出占财政支出的比重整体上继续下降,2000 年降为 7.6%,2008 年进一步下降为 6.7%。国防支出比重的下降,使得政府有更多财力用于提供一般公共服务和经济建设,全国人民都享受到了世界和平带来的红利。

　专栏 10.2

百万大裁军

进入 20 世纪 80 年代以后,在国际形势已经发生重大变化和国内实行以经济建设为中心的历史条件下,中国对国防建设和军队工作的指导思想也实行了战略性转变:由过去立足于早打、大打、打核战争的临战准备状态,真正转入和平建设轨道,充分利用今后较长时期内大仗打不起来的和平环境,在服从国家经济建设大局的前提下,抓紧时间,有计划、有步骤地加强以现代化为中心的军队建设,提高部队的军政素质,增强我军在现代战争条件下的自卫能力。这一转变的标志就是 1985 年 5 月 23 日至 6 月 6 日中央军委在北京召开的扩大会议,会议的主要内容就是贯彻党中央、国务院关于裁减军队员额 100 万,军队进行精简整编和体制改革。

1985 年 6 月,中国向全世界宣布,中国人民解放军将裁减员额 100 万。裁军百万,谈何容易。对中国军队来说,这是一次彻底的脱胎换骨,使人民军队向精兵、合成、提高效能上发展。通过"撤、并、降、交、改、理",裁军工作顺利进行。三总部机关处以上机构减少近六分之一,人员精简一半,11 个大军区合并减少为 7 个,减少军级单位 31 个,师团单位 4054 个,新组建国防大学、武警部队,整编集团军,县级人民武装部划归地方建制,正是因为通过精简整编同体制改革相结合,使人民军队诸兵种协同作战能力和整体作战效能得到增强,为逐步建立适应现代化战争的军队体制打下了基础,军队的革命化、现代化、正规化建设稳步前进。

——本文根据百度百科词条《百万大裁军》改写

10.4　国防支出的国际比较

10.4.1　2009 年国防支出最高的 15 个国家

瑞典斯德哥尔摩国际和平研究所每年都会对世界各国的国防支出进行统计和排名。表 10.2 给出了 2009 年世界国防支出排名前 15 位国家的国防支出(以当年美元计价)及其他相关指标。

表 10.2　2009 年世界国防支出排名前 15 位国家

排　名	国　家	国防支出 (10 亿美元)	人均国防支出 (美元)	占 GDP 比例 (2008 年)	占世界总支出比例
1	美国	661	2100	4.3%	43%
2	中国	100	74.6	2.0%	6.6%
3	法国	63.9	1026	2.3%	4.2%
4	英国	58.3	946	2.5%	3.8%
5	俄罗斯	53.3	378	3.5%	3.5%
前 5 国合计		937			61%
6	日本	51	401	0.9%	3.3%
7	德国	45.6	555	1.3%	3.0%
8	沙特阿拉伯	41.3	1603	8.2%	2.7%
9	印度	36.3	30.4	2.6%	2.4%
10	意大利	35.8	598	1.7%	2.3%
前 10 国合计		1147			75%
11	巴西	26.1	135	1.5%	1.7%
12	韩国	24.1	499	2.8%	1.6%
13	加拿大	19.2	568	1.3%	1.3%
14	澳大利亚	19	892	1.8%	1.2%
15	西班牙	18.3	408	1.2%	1.2%
前 15 国合计		1254			82%
世　界		1531	224	2.7%	100%

数据来源:瑞典斯德哥尔摩国际和平研究所:SIPRI Yearbook 2010。中国数据按 SIPRI 的统计口径进行估计,与中国官方统计数据有一定出入。

如表 10.2 所示,美国是世界上国防支出最高的国家,2009 年支出 6610 亿美元,占世界总国防支出的 43%。中国的国防支出总量仅次于美国,居世界第二。但中国的人均国防支出仅 74.6 美元,不足美国人均支出的 4%,也远低于世界平均水平 224 美元。中国国防支出占 GDP 的比例也是比较低的,低于世界平均的 2.7%。法国、英国作为老牌帝国主义国家,其国防支出仍位于世界较高水平,而俄罗斯因整体经济实力相对落后,其国防支出水平只排在世界第五位。

从前 15 国的地区分布来看,欧洲有六个国家,亚洲五个国家,美洲三个国家,澳洲一个国家,经济发展相对落后的非洲则没有一个国家进入前 15 位。这从直观上表明,一国的军事实力与其经济实力是密切相关的。

在前 15 国中,人均国防支出水平最高的仍然是美国,高达 2100 美元。之后依次是沙特、法国、英国和澳大利亚。从国防支出占 GDP 的比例来看,15 国中最高的是沙特,达到 8.2%,其次是美国、俄罗斯、韩国等国家。

2009 年世界国防总支出为 15310 亿美元,其中前 15 国合计 12540 亿美元,占比 82%,其他国家的占比只有 18%,说明世界军事力量的分布是非常集中的。这种军事力量相对集中的局面可以在一定程度上减少全球不稳定因素,有利于世界和平的维持。

10.4.2　美国的国防支出变化趋势分析

美国是世界上军事实力最强,国防支出水平最高的国家,其国防支出的变化对于世界局势将产生深远影响。因此,有必要对其进行专门分析。

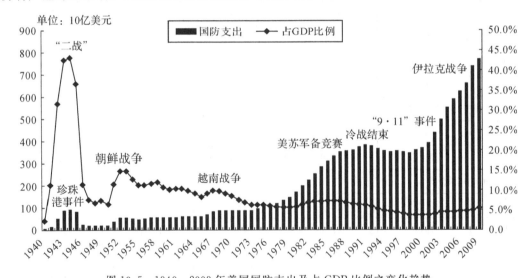

图 10.5　1940—2009 年美国国防支出及占 GDP 比例之变化趋势

数据来源:美国商务部经济分析署(BEA)统计资料,其统计口径比瑞典斯德哥尔摩国际和平研究所的口径要略大一点。

图 10.5 给出了美国 1940—2009 年 60 年间的国防支出及其占 GDP 比例的变化趋势。我们看到,这种趋势变化是非常明显的,剧烈的。美国是世界第一军事大国,它不仅受到国际局势的影响,它本身就对国际局势产生显著的影响。如图 10.5 所示,1940 年,美国国防支出仅 25 亿美元,占当年 GDP 比例只有 2.5%。1941 年 12 月珍珠港事件爆发,美国被迫参加第二次世界大战,军费开支迅速上升,1944 年军费支出达到 945 亿,占 GDP 比例高达

43%，超过四成的国民产出都被消耗于战争中。"二战"结束后，美国的军费支出迅速回落至1947年的182亿，占GDP比例下降为7.5%。1950年，美国卷入朝鲜战争，军费开支再度上升，1952年军费支出占GDP比例接近15%。1953年朝鲜停战协定签订后，美国开始削减军费开支，军费占GDP的比例逐渐下降至1964年的9.1%。1964年，越南战争爆发，美国于1965年参战，军费支出以每年两位数的速度增长，1967年军费达到834亿美元，占GDP的比例达到10%。越南战争打打停停，直到1973年停战。美国军费开支占GDP的比例也逐渐回落，至70年代末下降为5.7%。进入80年代，美苏军备竞赛升级，美国军费支出再次以两位数增长，至1990年军费支出已高达3739亿美元，占GDP的比例为6.4%。1991年12月，苏联解体，冷战宣告结束，美国享受到和平红利，军费支出从1992年开始连续九年负增长（按不变价格计算）。这一趋势一直持续到2000年，美国军费占GDP的比例下降为3.7%，这一比例是1941年以来的最低点。但2001年"9·11恐怖事件"发生，成为一个新的转折点。布什政府宣布将打击恐怖主义作为美国国内外政策的中心，在一系列小规模的反恐战争之后，美国联合英国于2003年发起了伊拉克战争，虽然战争很快取得了胜利，但实际上这场战争一直持续至2010年8月。相应的，美国军费支出从2001年开始再次出现连续的快速增长，2009年国防支出已经达到7716亿美元，占GDP的比例上升到5.5%。

美国的国防支出实践为我们提供了一个应用"大炮—黄油转换线"理论的最佳案例。"二战"期间是热战阶段，对应于图10.3的E'点，国防支出占GDP的比重超过40%；"二战"结束至1991年为冷战时代（期间的朝鲜战争与越南战争为冷战时代的小型热战），对应于图10.3的E点，国防支出占GDP的比例大致处在5%～10%之间；1992—2000年为和平时代，国防支出占GDP的比例大致在3%～5%之间；2001年之后进入反恐战争时期，国防支出占GDP的比例再次超过5%。

实际上每个国家的国防支出变化一般都可以用大炮—黄油转换线理论来加以分析，课后习题将要求读者运用这一理论对中国的国防支出实践进行分析。

专栏 10.3

伊拉克战争

美国"9·11恐怖袭击事件"发生后，美国总统布什宣布向恐怖主义宣战，并将伊拉克等多个国家列入"邪恶轴心国"（Axis of Evil）。2002年伊拉克危机爆发，联合国通过1441号决议，联合国武器检查团重返伊拉克检查伊拉克拥有的大规模杀伤性武器。2003年3月，美英对伊拉克发出最后通牒，要求伊拉克总统萨达姆·侯赛因和他的儿子在48小时内离开伊拉克。

2003年3月20日清晨，在对伊拉克的最后通牒到期两个小时之后，以美国和英国为主的联合部队正式宣布对伊拉克开战。澳大利亚和波兰的军队也参与了此次联合军事行动。联合部队是由12万人的美军部队、4万5千人的英军部队、2千多人的澳大利亚军队和200人的波兰军队所组成的，除此之外还有大约5万人的伊拉克反叛军。

经过两个星期的激战，英军首先控制了伊拉克南部的石油重镇、伊拉克第二大城市巴士拉。战争爆发大约三个星期之后，美军顺利进入巴格达市区，途中并没有遇到任何顽强抵抗。伊拉克官员则突然消失,去向不明,大批伊拉克军队向美军投降。之后巴格达和巴斯拉等伊拉克城市纷纷陷入无政府状态,巴格达市内发生频繁的抢掠事件,城市秩序陷入混乱之中,巴格达博物馆遭到洗劫,上万件珍贵文物失踪,各地的大量古遗迹在战争中遭到破坏,有伊拉克民众批评美军并没有努力维持巴格达的市内安全。2003 年 12 月美军成功捉拿伊拉克前总统萨达姆,被美国媒体认为是此次战事的最大成就。

联军占领伊拉克初期,由于结束萨达姆的独裁统治,受到伊拉克民众的广泛欢迎。美军进入巴格达时也曾被当地市民夹道欢迎。战后,在美国及各国的帮助下,伊拉克经济得到了恢复,但发展缓慢。失业人口庞大,居民生命安全和日常生活得不到有效保障。目前针对美英的军事占领而进行的伊拉克游击战正风起云涌,美国 16 万占领军介入伊拉克内战,深陷比越战更难以自拔的泥淖,兵力紧绷,使美国无余力对付其他挑战。美军阵亡人数突破 4400人,超过了"9·11 恐怖袭击"的死亡人数;三万多人受伤,许多人留下残疾,导致家庭破裂等悲剧。美国在伊拉克战争中耗资达 7400 亿美元,这个数值已经超过美国在越南战争的总费用 6630 亿美元。

2010 年 8 月 18 日,美军最后一批作战部队撤离伊拉克,标志着伊拉克战争的结束。8 月 31 日,美国总统奥巴马在白宫发表演说,正式宣布美国在伊拉克的战争结束。

——根据维基百科词条《伊拉克战争》和其他互联网资料综合编写

10.5 国防支出与经济增长

下面我们进入本章的最后一个主题,即国防支出与经济增长的关系。从 20 世纪 70 年代以来,国内外学者对这一问题进行了广泛而深入的研究,但并未得到一致的结论。

从理论上来说,国防支出对经济增长产生了正负两种效应。一方面,如大炮—黄油转换线所显示的,国防支出的消耗占用了社会资源,如果这些资源用于民用经济,可以提高教育水平和人力资本积累、促进技术进步进而带动经济增长,也可以直接转化为居民消费品提高公众的效用水平,因此国防支出对民用经济产生了挤出效应。但另一方面,国防支出也对经济增长产生了积极的影响,表现在以下几个方面:(1)国防支出的消耗为国家提供了一种和平安定的环境,这时经济增长的必要条件;(2)国防支出形成了对一国产出的有效需求;(3)国防支出推动军事科学技术进步,并通过技术转移转向民用领域,进而民用经济的发展;(4)国防建设有利于提高一国的人力资本素质;(4)国防支出形成的军事基础设施,对经济增长具有重要推动作用;(5)国防工业的发展可以对其上下游产业的发展起到带动作用。综上所述,国防支出对经济增长具有两种方向不同的效应,其整体效应究竟如何,依赖于对各国经验研究的结论。

Benoit(1973,1978)对这一问题进行了开创性研究,利用 44 个低收入国家 1950—1965

年的数据,发现国防支出对于经济增长具有正的显著影响[1]。相反,Faini,Annez 和 Taylor
(1984)利用 69 个发展中国家 1952—1970 年的混合数据,却发现国防支出对经济增长具有
负效应[2]。而 Landau(1986)利用 65 个低收入国家 1960—1980 年的混合数据,发现国防支
出对经济增长没有显著影响[3]。Huang 和 Mintz(1990)利用美国 1952—1988 年的时间序
列,得到了相似的结论[4]。

一些研究者认为国防支出与经济增长的相关关系未必是因果关系,因为有可能是国防
支出带动了经济增长,也有可能是经济增长带到了国防支出的增长。为了弄清楚两者的因
果,他们引入了格兰杰(Granger)因果检验等方法。其中,Joerding(1986)利用 57 个低收入
国家 1962—1977 年的数据,通过格兰杰因果检验对国防支出与经济增长的因果关系进行了
分析,结论是经济增长对国防支出有因果关系,但国防支出并非经济增长的因[5]。Chowdhu-
ry(1991)则对 55 个低收入国家的时间序列数据进行了回归,发现大多数国家的国防支出与
经济增长之间没有因果关系,只有七个国家的经济增长对国防支出具有正效应,同时有 15
个国家的国防支出对经济增长具有负效应,但没有一个国家的国防支出对经济增长具有正
效应[6]。与之相反,LaCivita 和 Frederiksen(1991)对 61 个低收入国家的回归发现大多数国
家国防支出与经济增长之间存在着双向因果关系[7]。

在国内,陈波(2005)利用中国 1954—2000 年的时间序列数据[8],牛晓健、陶川、钱科
(2009)则利用中国 1950—2007 年数据[9],通过格兰杰因果检验,均发现经济增长对国防支出
具有因果关系,而国防支出并非经济增长的格兰杰原因。

综上所述,国防支出与经济增长之间的关系并无统一的模式,现有研究结论也尚不明
确。仅就国内而言,研究结论倾向于认为中国经济增长带动了国防支出的增长,但国防支出
对经济增长并无显著效应。

---

[1] Benoit, E. *Defense and Economic Growth in Developing Countries*. Lexington: Lexington Books, 1973; Benoit, E. Growth and Defense in Developing Countries. *Economic Development and Cultural Change*, 1978, 26(2): 271-280.

[2] Faini, R., P. Annez and L. Taylor. Defense Spending, Economic Structure and Growth: Evidence among Countries and Over Time. *Economic Development and Cultural Change*, 1984, 32(3): 487-498.

[3] Landau, Daniel. Government and Economic Growth in the Less Developed Countries: An Empirical Study for 1960—1980. *Economic Development and Cultural Change*, 1986, 35(1): 35-75.

[4] Huang, C. and A. Mintz. Ridge Regression Analysis of the Defense-Growth Tradeoff in the United States. *Defense Economics*, 1990, 2(1): 29-37.

[5] Joerding, W. Economic Growth and Defence Spending: Granger Causality. *Journal of Development Economics*, 1986, 21(1): 35-40.

[6] Chowdhury, A. A Causal Analysis of Defence Spending and Economic Growth. *Journal of Conflict Resolution*, 1991, 35(1): 80-97.

[7] LaCivita, C. and P. Frederiksen. Defence Spending and Economic Growth: An Alternative Approach to the Causality Issue. *Journal of Development Economics*, 1991, 35(1): 117-126.

[8] 陈波. 国防支出与经济增长的协整及因果关系检验——对中国 1954—2000 年数据的实证研究. 中央财经大学国防经济与管理研究院工作论文,2005.

[9] 牛晓健,陶川,钱科. 中国的国防支出会构成军事威胁吗?——基于新中国建立以来国防支出和经济增长关系的实证研究. 复旦学报(社会科学版). 2009(6):28—34.

本章小结

1.国防支出是政府最基本的公共支出,是政府保卫国家职能的体现。

2.可以用"大炮—黄油转换线"等理论模型来确定最优的国防支出。一般而言,最优国防支出取决于国民收入、价格、其他国家的国防支出水平以及社会公众偏好等因素。

3.最优国防支出随国际局势变化而变化。和平时期,更多的社会资源将被用于民用经济,社会福利水平提高,全民享受到和平红利。

4.1950—2008 年期间,中国国防支出占财政支出和 GDP 的比例表现出波动性趋势,但 20 世纪 80 年代以来,表现出整体的下降趋势。

5.世界军事力量分布非常集中。美国的国防支出占世界总支出的 40% 以上,而世界排名前 15 位的国家国防支出合计超过总支出的 80%。

复习与思考

1.如果社会福利函数形式为 $W = \alpha B + (1-\alpha)G$($B$ 表示"黄油",G 表示"大炮",$0 < \alpha < 1$),请画出社会无差异曲线的形状。假设大炮 — 黄油转换线具有如图 10.1 所示的形状,找到社会最优点 E。如果 α 变大,最优国防支出将发生什么变化?

2.运用大炮—黄油转换线理论,分析中国 1950—2008 年期间国防支出的变化趋势,并结合当前国际局势对未来一段时期内中国国防支出的发展趋势进行预测。

3.如何评价国防支出与经济增长的关系?

4.为什么 20 世纪 80 年代的军备竞赛没有拖垮美国,却拖垮了苏联?

进一步阅读文献

1.基斯·哈特利,托德·桑德勒主编.国防经济学手册(第 1 卷).北京:经济科学出版社,2001.

2.托德·桑德勒,基斯·哈特利.国防经济学.北京:北京理工大学出版社,2007.

3.妮科勒·施莱,萨贝娜·布塞.美国的战争:一个好战国家的编年史.北京:三联书店,2006.

4.卢周来等主编.中国国防经济学(2004—2008 年).北京:中国财政经济出版社,2004—2008.

第 11 章　行政管理支出

君主的第二个义务,为保护人民不使社会中任何人受其他人的欺侮或压迫,换言之,就是设立一个严正的司法行政机构。这种义务的实行,因社会各时期的不同而有费用大小的差异。

——亚当·斯密,《国富论》(1776)

与国防一样,行政管理也是政府的一项基本职能,相应的,行政管理支出也就成为政府的一项基本公共支出。本章将在界定行政管理支出概念和范围的基础上,重点分析中国行政管理支出的历史变化趋势,并进行国际比较,进而探讨导致行政管理支出不断扩张的政治经济因素,最后提出控制和削减行政管理支出的若干设想。

11.1　行政管理支出概述

行政管理支出(administrative expense),是一个不容易被界定的概念。它源于政府的行政管理职能,其目的在于维持政府机构自身运转,向社会提供一般公共服务,维护公共秩序和安全。相应的,本文将行政管理支出界定为政府用于维持自身机构运转,提供一般公共服务与维护公共秩序和安全所消耗的成本。

至于行政管理支出的范围,在不同的国家都可能会有不同的界定,甚至有的国家根本不存在"行政管理支出"这样一个标签,但这一标签所对应的支出内容,则必然是存在的而且是最基本的。

国际货币基金组织(IMF)为了规范各国的政府财政统计,特别发布了《2001 年政府财政统计手册》。在这本手册中就未出现"行政管理支出"这一标签,与之相对应的支出类别包括两大类,分别为"一般公共服务"(general public services),"公共秩序和安全"(public order and safety)。其中,"一般公共服务"又细分为八个小类,为"行政和立法机关、金融和财政事务、对外事务"、"对外经济援助"、"一般服务"、"基础研究"、"一般公共服务研究和发展"、"未另分类的一般公共服务"、"公共债务交易"、"各级政府间的一般性转移"①。"公共秩序和安全"则包括"警察服务"、"消防服务"、"法院"、"监狱"、"公共秩序和安全研究和发展"、"未另分类的公共秩序和安全"五个小类。

从公共产品理论来看,一般公共服务也好,公共秩序和安全也好,都可以被视为典型的纯公共产品,而这些公共产品的提供又基于政府机构自身的正常运转。而行政管理支出的消耗正是为了提供这样一些纯公共产品,这也是行政管理支出之所以成为一项基本公共支出的经济学依据。根据萨缪尔森的最优公共产品条件,最优的行政管理支出应满足每个公民对最后一单位行政管理支出的边际评价之和刚好等于其边际成本。

11.2　中国的行政管理支出

以下我们重点考察中国行政管理支出的历史变化趋势。由于 2006—2007 年中国进行了一次彻底的政府收支分类科目改革,统计口径发生了很大变化。我们首先考察改革前后统计口径的变化,进而分析各种数据。

11.2.1　统计口径

我们在第 7 章第 7.4.1 节已经提到,为了与国际接轨,加强财政透明度,同时适合中国的国情,中央政府参照 IMF 的《2001 年政府财政统计手册》,于 2006 年进行了一次政府收支分类科目改革,建立了我国现行的政府收支分类科目体系。从 2007 年起,各级政府财政统计开始执行新的科目体系。新体系在很大程度上与 IMF 体系保持一致,但也充分考虑了中国的国情。

具体到行政管理支出,在旧体系下(2006 年以前),与之相对应的主要有六个支出科目,分别为"行政管理费"、"公检法支出"、"武警支出"、"外交外事支出"、"对外援助支出"、"国内外债务利息支出"。而在新体系下(2007 年以来)与之相对应的科目则包括三大类,分别为"一般公共服务"(含国内外债务付息),"外交"(含对外援助)和"公共安全"(含武装警察)。需要说明的是,新旧体系科目设置出入较大,在新科目体系下,一些专业职能部门(如教育部门)的行政运行支出从原行政管理费中分离出来列入与其职能对应的支出类别中,因而新旧数据并无可比性。

⋯⋯⋯⋯⋯⋯⋯⋯⋯⋯⋯⋯⋯⋯⋯⋯⋯⋯⋯⋯⋯⋯⋯⋯⋯⋯⋯⋯⋯

 专栏 11.1
2007 年政府收支分类科目体系下"行政管理支出"的内容

严格说,在 2007 年开始实行的政府收支分类科目体系下,已经没有原"行政管理支出"这一功能类别,它被拆分到不同的科目类别中。但大体上,原"行政管理支出"的内容主要包

----

① "公共债务交易"为政府借款的利息支出和债务发行费用。"各级政府间的一般性转移"为政府间转移性支出,当我们将各级政府作为一个整体加以考察时,可以忽略此项。

含在以下三类支出中：

1. 一般公共服务支出。分设 32 款：人大事务、政协事务、政府办公厅（室）及相关机构事务、发展与改革事务、统计信息事务、财政事务、税收事务、审计事务、海关事务、人事事务、纪检监察事务、人口与计划生育事务、商贸事务、知识产权事务、工商行政管理事务、食品和药品监督管理事务、质量技术监督与检验检疫事务、国土资源事务、海洋管理事务、测绘事务、地震事务、气象事务、民族事务、宗教事务、港澳台侨事务、档案事务、共产党事务、民主党派事务、群众团体事务、彩票事务、国债事务、其他一般公共服务支出。

2. 外交支出。分设 8 款：外交管理事务、驻外机构、对外援助、国际组织、对外合作与交流、对外宣传、边界勘界联检、其他外交支出。

3. 公共安全支出。分设 10 款：武装警察、公安、国家安全、检察、法院、司法、监狱、劳教、国家保密、其他公共安全支出。

——本文根据财政部预算司《政府收支分类改革方案》编写

11.2.2　数据

表 11.1 提供了 1952—2006 年历年行政管理支出、财政支出和 GDP 的数据，并分别计算了行政管理支出占财政支出和占 GDP 的比重。

如表 11.1 所示，行政管理支出的绝对规模在 1952—2006 年期间整体上表现出快速增长的趋势，图 11.1 给出了历年行政管理支出名义增长率的变动趋势，在 1952—2006 年期间，行政管理支出出现下降的年份只有 9 年，其余年份均表现为上升，特别是 1992—2006 年，连续 16 年保持两位数增长。这说明，整体而言，行政管理支出的增长速度非常快。

与此同时，从行政管理支出的相对规模来看，占财政支出的比例和占 GDP 的比例则表现出先降后升的变化趋势，如图 11.2 所示。前者的变动趋势更为明显：1952—1978 年期间，行政管理支出占财政支出的比例虽有波动，但总体上是下降的，从 1952 年的 9% 逐渐下降到 1978 年的 4.7%；1978—2006 年期间，其走势则刚好相反，表现出持续上升的趋势，2004 年达到 19.4% 的历史最高水平，2006 年该比例虽有所下降，但仍相当于 1978 年水平的 4 倍。

上述分析表明，自改革开放以来，中国行政管理支出出现了快速增长，其增长速度远远超过了财政支出的增长，占财政支出的比例从不到 5% 上升到接近 20%。这种快速增长背后的原因究竟是什么？我们将在 11.4 节进行专门讨论。

表 11.1　1952—2006 年中国行政管理支出　　　　　单位：亿元，当年价格

	行政管理支出	财政支出	占财政支出比例	GDP	占 GDP 比例
1952	15.49	172.07	9.0%	679.0	2.3%
1955	21.54	262.73	8.2%	910.8	2.4%
1960	31.39	643.68	4.9%	1457.5	2.2%
1965	26.34	459.97	5.7%	1717.2	1.5%
1970	32	649.41	4.9%	2261.3	1.4%

续表

	行政管理支出	财政支出	占财政支出比例	GDP	占 GDP 比例
1975	41.81	820.88	5.1%	3013.1	1.4%
1978	52.9	1122.09	4.7%	3645.2	1.5%
1980	75.53	1228.83	6.1%	4545.6	1.7%
1985	171.06	2004.25	8.5%	9016.0	1.9%
1989	386.26	2823.78	13.7%	16992.3	2.3%
1990	414.56	3083.59	13.4%	18667.8	2.2%
1993	634.26	4642.30	13.7%	35333.9	1.8%
1995	996.54	6823.72	14.6%	60793.7	1.6%
1997	1358.85	9233.56	14.7%	78973.0	1.7%
1998	1600.27	10798.18	14.8%	84402.3	1.9%
1999	2020.6	13187.67	15.3%	89677.1	2.3%
2000	2768.22	15886.50	17.4%	99214.6	2.8%
2001	3512.49	18902.58	18.6%	109655.2	3.2%
2002	4101.32	22053.15	18.6%	120332.7	3.4%
2003	4691.26	24649.95	19.0%	135822.8	3.5%
2004	5521.98	28486.89	19.4%	159878.3	3.5%
2005	6512.34	33930.28	19.2%	183217.4	3.6%
2006	7571.05	40422.73	18.7%	211923.5	3.6%

数据来源:《新中国五十五周年统计资料汇编》,《中国财政年鉴2007》。

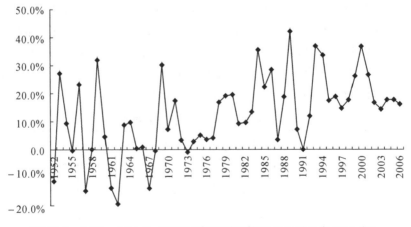

图 11.1　1952—2006 年中国历年行政管理支出名义增长率(比上年)

　　由于 2007 年以来,政府收支科目出现了调整,不再有专门的"行政管理支出"这一功能类别,相关支出内容主要归入到"一般公共服务"、"外交"和"公共安全"三类支出中,表 11.2

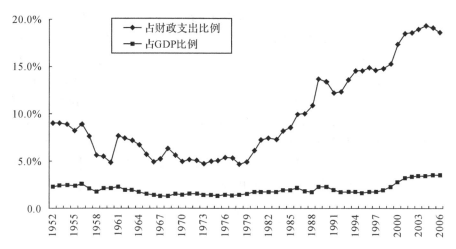

图 11.2　1952—2006 年中国行政管理支出占财政支出和占 GDP 的比例之变化趋势

给出了 2007—2008 年的相关统计数据。

表 11.2　2007—2008 年中国行政管理支出　　　　　　　　单位:亿元,当年价格

	一般公共服务		外　交		公共安全		合　计		
	金　额	占财政支出比	金　额	占财政支出比	金　额	占财政支出比	金　额	占财政支出比	占 GDP 比
2007	8514.24	17.1%	215.28	0.4%	3486.16	7.0%	12215.68	24.5%	4.7%
2008	9795.92	15.7%	240.72	0.4%	4059.76	6.5%	14096.40	22.5%	4.7%

数据来源:《中国统计年鉴 2008—2009》。

　　如表 11.2 所示,2007—2008 年"一般公共服务"、"外交"和"公共安全"三类支出合计占财政支出的比例达到 24% 左右,占 GDP 的比例 4.7% 左右,远超过 2006 年行政管理支出的比例,说明新旧统计口径不一致,前后数据不存在可比性。

11.3　行政管理支出的国际比较

　　要对各国的行政管理支出进行国际比较并不容易,关键原因是各国的统计口径不一致,数据之间不存在可比性。虽然有一些研究对中国与其他国家的行政管理支出进行了比较,但由于中外数据的不可比性,其研究结论并不可靠。2007 年新科目体系实行后,中国的统计口径与 IMF 的口径趋于一致,虽有差异,但这种差异并不太大,这使得数据间的国际比较具有了较高的可信度。本节利用《中国财政年鉴 2008—2009》和 IMF《政府财政统计年鉴 2008》提供的统计数据,对世界主要国家的行政管理支出水平进行估计和比较。

　　首先需要说明,上述统计资料中,并无"行政管理支出"这一标签,其有关内容分列在不同科目中:在中国为"一般公共服务"、"外交"与"公共安全";而 IMF 体系中为"一般公共服务"与"公共秩序和安全"。由于 IMF 体系的"一般公共服务"科目中已经包含了外交和对外援助支出,因此该科目大致对应于中国的"一般公共服务"和"外交"两个科目之和。而 IMF

的"公共秩序和安全"与中国的"公共安全"则基本一致。当然,这里的对应是粗略的,在细节上仍有出入,比如 IMF 将相关的研究和发展支出(R&D)分别记入"一般公共服务"与"公共秩序和安全",而中国的科目体系将 R&D 支出记入"科学技术支出"。

其次,国际比较研究通常需要对比各国支出的相对规模,即行政管理支出占政府支出的比例和占 GDP 的比例。正如第 7 章第 7.4 节所指出的,中国的"财政支出"与"政府支出"是两个不同的统计口径,前者是小口径,后者是全口径,除了财政支出,还包括政府性基金预算支出,社会保险基金预算支出和预算外资金支出。为了使各国数据之间具备可比性,我们需要计算全口径的行政管理支出与政府支出。表 11.3 给出了按 IMF 科目体系统计的中国2007—2008 年行政管理支出占政府支出的比例,平均为 17%左右。

表 11.3　2007—2008 年中国行政管理支出(IMF 科目体系)　单位:亿元,当年价格

	2007		2008	
	金　额	占政府支出比例	金　额	占政府支出比例
行政管理支出	12827.39	17.8%	14661.78	15.9%
一般公共服务(含外交)	9341.23	12.9%	10602.02	11.5%
预算内	8729.52		10036.64	
预算外	611.71		565.38	
公共安全	3486.16	4.8%	4059.76	4.4%
政府支出	72191.01	100%	92217.94	100%

数据来源:《中国财政年鉴 2008—2009》,政府支出数据来源为本书表 7.8。

表 11.4　各国一般公共服务与公共秩序和安全支出占政府支出的比例　单位:%

	年　份	一般公共服务	公共秩序和安全	合　计
芬兰	2006	13.3	3.0	16.3
法国	2007	13.3	2.4	15.7
德国	2007	13.6	3.5	17.1
意大利	2006	17.9	3.9	21.8
荷兰	2007	16.1	4.0	20.1
葡萄牙	2005	14.2	4.2	18.4
西班牙	2007	11.5	4.9	16.3
丹麦	2007	12.5	2.0	14.5
瑞典	2006	14.2	2.5	16.7
瑞士	2006	13.8	5.0	18.8
挪威	2007	10.2	2.2	12.4
俄罗斯	2006	14.6	8.4	23.0
波兰	2007	12.6	4.7	17.3

续表

	年　份	一般公共服务	公共秩序和安全	合　计
英国	2006	9.9	5.7	15.6
美国	2007	13.5	5.7	19.2
加拿大	2007	12.5	4.9	17.5
澳大利亚	2007	11.4	5.0	16.4
新西兰	2007	12.6	4.7	17.2
日本	2006	12.9	3.9	16.8
以色列	2007	14.4	3.9	18.3
新加坡	2007	12.4	6.2	18.6
南非	2005	12.3	9.0	21.3

数据来源：IMF. Government Finance Statistics Yearbook 2008.

表 11.4 则利用 IMF《政府财政统计年鉴 2008》提供的统计数据，计算了一些主要国家的一般公共服务支出、公共秩序和安全支出及其合计数（即行政管理支出）占全部政府支出的比例。

对比表 11.3 和表 11.4，我们不难发现，世界各国的行政管理支出水平都比较高，大致在 15%～20% 之间，其中一般公共服务（包含外交）的比例大致在 11%～14% 之间。这也说明，公共部门机构膨胀、行政管理支出过度扩张这些现象是世界性的，而非中国一国独有。

11.4　对行政管理支出扩张的解释

11.4.1　社会需求的不断扩大

行政管理支出是政府部门向社会提供一般公共服务、维护公共秩序和安全的成本。随着社会经济发展和市场化程度提高，公众对政府的行政管理，特别是立法、司法、警察等公共服务的需求会不断上升，相应的行政管理支出也会不断扩张。这实际上就是瓦格纳法则的主要内容，详见第 7 章第 7.3.1 节的讨论。

11.4.2　机构和人员的膨胀

行政管理支出一方面是政府提供一般公共服务的支出，另一方面也是政府机构维持自身运转的支出。因此，机构膨胀、政府雇员数量不断增加、雇员工资支出的增长以及官员追求预算最大化的动机等因素都是导致行政管理支出快速扩张的政治经济学原因。首先分析机构和人员的膨胀。

从中国的情况来看，改革开放以来，政府机构趋于膨胀，政府机构从业人员数量不断增加。虽然国务院在 1982 年、1988 年、1993 年、1998 年、2003 年和 2008 年先后进行了六次机构改革力图精简机构。虽然政府机构的个数总体上减少了，但以从业人员数量来衡量的政府机构规模确未能摆脱"膨胀—精简—再膨胀"的怪圈。

表 11.5 显示了 1978—2008 年期间国家机关、政党机关和社会团体的从业人员数量及其比例的变化趋势,说明政府机构和社会团体工作人员的数量在整体上保持了增长的趋势,年均增长 3.45%[①]。虽然期间 1993 年、2002 年人数曾有所下降,但很快又上升了,且超过了原来的水平。从比例来看,政府机构和社会团体从业人员数量占总人口的比例从 1978 年的 0.5% 上升到了 2008 年的 1%,整整提高了一倍。这些数字的背后反映出来的是整个政府机构规模的膨胀。

表 11.5　1978—2008 年中国国家机关、政党机关和社会团体从业人员　　单位:万人

	国家机关、政党机关和社会团体	总人口	总就业人口	占总人口比例	占就业人口比例
1978	467	96259	40152	0.49%	1.16%
1980	527	98705	42361	0.53%	1.24%
1985	799	105851	49873	0.75%	1.60%
1990	1079	114333	64749	0.94%	1.67%
1991	1136	115823	65491	0.98%	1.73%
1992	1148	117171	66152	0.98%	1.74%
1993	1030	118517	66808	0.87%	1.54%
1994	1033	119850	67455	0.86%	1.53%
1995	1042	121121	68065	0.86%	1.53%
1996	1093	122389	68950	0.89%	1.59%
1997	1093	123626	69820	0.88%	1.57%
1998	1097	124761	70637	0.88%	1.55%
1999	1102	125786	71394	0.88%	1.54%
2000	1104	126743	72085	0.87%	1.53%
2001	1101	127627	73025	0.86%	1.51%
2002	1075	128453	73740	0.84%	1.46%
2003	1146.3	129227	74432	0.89%	1.54%
2004	1170.2	129988	75200	0.90%	1.56%
2005	1213.5	130756	75825	0.93%	1.60%
2006	1235.4	131448	76400	0.94%	1.62%
2007	1260.1	132129	76990	0.95%	1.64%
2008	1291.9	132802	77480	0.97%	1.67%

数据来源:《中国统计年鉴 2008—2009》。

[①]　由于统计数据的限制,我们无法获取政府机构从业人员的单独数据。

 专栏 11.2

中国的政府机构改革:三十年回顾

改革开放以来,中国分别在 1982 年、1988 年、1993 年、1998 年、2003 年和 2008 年进行了六次规模较大的政府机构改革。

（一）1982 年改革

改革开放初期,一方面要恢复和发展国民经济,另一方面要解决许多"文革"遗留下来的历史问题,各级政府机构迅速膨胀,至 1981 年底,国务院机构数量达到 100 个,机构臃肿,人浮于事。在此背景下,1982 年 3 月,国务院实施了改革开放以来的第一次政府机构改革。这次改革明确规定了各级各部的职数、年龄和文化结构,减少了副职,提高了素质;在精简机构方面,国务院各部门从 100 个减为 61 个,人员编制从原来的 5.1 万人减为 3 万人。

（二）1988 年改革

1982 年机构改革由于没有触动高度集中的计划经济管理体制,没有实现政府职能的转变等原因,政府机构不久又呈膨胀趋势,至 1986 年底国务院部门又猛增至 76 个。因此国务院决定再次进行于 1988 年启动第二次机构改革。这次改革着重于推进政府职能的转变,即由从直接管理为主转变为间接管理为主,强化宏观管理职能,淡化微观管理职能。按照"三定"(定职能、定机构、定编制)原则精简专业部门和减少人员编制。经过改革,国务院机构由72 个精简到 65 个,人员编制比原来减少了 9700 多人。

（三）1993 年改革

1989 年之后,国务院工作部门再度膨胀至 86 个,各级地方政府机构增长更为显著,机关工作人员达到创纪录的 970 万人。1993 年,国务院实施了第三次机构改革,这次改革是在确立市场经济体制的背景下进行的,其核心任务是推进经济体制改革,建立与市场经济体制相适应的行政管理体制。本次改革经过两次调整,国务院部门有增有减,总数从 86 个先下降到 59 个,再减少到 40 个。同时各级党政机关人员精简 20%。

（四）1998 年改革

1998 年,国务院进行了第四次也是规模最大的一次机构改革,改革目标是建立办事高效、运转协调、行为规范的政府行政管理体系,完善国家公务员制度,建设高素质的专业化行政管理队伍。这次改革持续了四年半时间,国务院部门从 40 个减少为 29 个,各级党政机关共精简行政编制 115 万人。

（五）2003 年改革

2005 年的第五次政府机构改革,是在加入世贸组织的大背景之下进行的,其改革目标是进一步转变政府职能,提高行政效率,改革重点在于深化国有资产管理体制改革,完善宏观调控体系。经过本次改革,国务院部门调整为 28 个。

（六）2008 年改革

2008 年的第六次改革也称作"大部制"改革,本次改革将"建设服务型政府"作为机构改革目标,突出三个重点:一是加强和改善宏观调控,促进科学发展;二是着眼于保障和改善民生,加强社会管理和公共服务;三是按照探索职能有机统一的大部门体制要求,对一些职能相近的部门进行整合,实行综合设置,理顺部门职责关系。本次改革涉及调整变动的国务院机构共 15 个,改革后国务院部门调整为 27 个。

总体评价:(1)政府机构改革受到外部环境的制约,需要逐步推进,不能过急。(2)政府机构改革应以转变政府职能为核心,但也要重视培育社会力量。历次机构改革中,政府通过职能转变放弃了一些公共事务管理权。然而,能够承担政府这些原有职能的社会力量还不成熟,由此引起了社会的混乱与失序。最后,政府不得不重新收回相关公共事务的管理权力,结果是精简机构和职能转变陷入"膨胀—精简—再膨胀"的怪圈。(3)官本位思想是阻碍机构改革的深层次原因。事实上,官本位的理念是行政机构不断走向膨胀的最原始而持久的动力。

参考文献

1. 谢洪波,高宝华. 构建服务型政府——改革开放以来我国政府机构改革的回顾与思考. 宏观经济管理,2008(8):31—33,54.

2. 精兵简政 转变职能——新中国成立以来的历次政府机构改革. 新华网资料.

11.4.3 工资推进型扩张和两部门模型

政府机构工作人员数量膨胀是导致行政管理支出上升的一个因素,另一个相关原因则是政府雇员工资水平的提高。从中国的情况来看,改革开放以后,政府机关工作人员工资先后经过了九次调整、改革与加薪,其中 2006 年公务员工资制度改革正式确立了公务员工资的稳定增长机制。

政府雇员工资水平的不断增长不仅将导致行政管理支出绝对规模的增长,也可能导致其相对规模的扩张。考虑一种简单的情形,假定全部行政管理支出均用于支付政府雇员工资,而雇员数量不变。如果工资率增长和雇员的生产率增长保持同步,那么单位成本将保持不变,也就是工资支出与总产出的比例将保持不变,这意味着行政管理支出的相对规模是基本稳定的。另一个极端情形是政府雇员生产率维持不变,而工资率不断提高,那么结果必然是行政管理支出的相对规模不断提高。

美国经济学家鲍莫尔(Baumol,1967)提出了一个两部门模型,利用这一模型可以对上述问题进行正规分析[1]。假定经济中存在着两个部门,进步部门(progressive sector)和非进步部门(nonprogressive sector),两者的差异在于前者的劳动生产率不断提高而后者的生产率停滞不前。我们假定私人部门是经济中的进步部门,也就是私人部门的生产率是不断提高的,这可能来源于技术进步和规模经济等因素;假定公共部门是非进步部门,也就是其生产率是停滞不前的或落后于私人部门生产率的增长速度。

由于在竞争性市场上,工资率增长反映边际产出水平的提高,因此私人部门随着劳动生产率的提高,其工资率也相应提高,这样其单位成本就保持长期不变。然而,劳动市场要达

---

[1] Baumol, William. Macroeconomics of Unbalanced Growth: The Anatomy of Urban Crisis. *American Economic Review*, 1967, 57(3): 415-426.

到均衡要求不同部门的工资率保持一致,这就要求公共部门把工资率提高到和私人部门同样的水平,但由于公共部门的劳动生产率停滞或增长慢于私人部门,这就导致公共部门的单位成本不断提高。这样,即使公共部门的产出水平没有任何变化,其成本(公共支出)也会由于政府雇员的工资提高而扩张。

我们可以将上述分析形式化,用 Y_1 表示公共部门的产出,L_1 表示公共部门雇佣的劳动力,假定其生产率水平保持不变[①]。Y_2 表示私人部门的产出,假定其劳动生产率以指数 r 的速度增长,L_2 表示私人部门雇佣的劳动力。t 为时间下标,a_1 和 a_2 为常数。则公共部门和私人部门的生产函数为:

$$Y_{1t} = a_1 L_{1t} \tag{11.1}$$
$$Y_{2t} = a_2 (1+r)^t L_{2t} \tag{11.2}$$

假设公共部门和私人部门的工资率相等,并与私人部门劳动生产率保持同步增长,用 w 表示工资率,w_0 为常数。则:

$$w_t = w_0 (1+r)^t \tag{11.3}$$

可以得出公共部门的单位成本 C_1 为:

$$C_{1t} = w_t L_{1t} / Y_{1t} = w_0 (1+r)^t / a_1 \tag{11.4}$$

而私人部门的单位成本 C_2 为:

$$C_{2t} = w_t L_{2t} / Y_{2t} = w_0 / a_2 \tag{11.5}$$

这说明私人部门的单位成本是一个常数,而公共部门的单位成本则以指数 r 的速度增长。这说明,由于公共部门雇员要求与私人部门雇员同样的工资水平将导致公共部门的工资支出不断增长。

利用鲍莫尔模型,我们还能得到一个重要而有趣的结论。(11.1)除以(11.2)式得到:

$$Y_{1t} / Y_{2t} = a_1 L_{1t} / a_2 (1+r)^t L_{2t} \tag{11.6}$$

如果我们假定两个部门的产出之比 Y_{1t}/Y_{2t} 恒等于一个不变的常数 A,那么,

$$L_{1t} / (1+r)^t L_{2t} = a_2 A / a_1 \triangleq K \tag{11.7}$$

令总劳动供给为 $L = L_{1t} + L_{2t}$,则必然有:

$$L_{1t} = (L - L_{1t}) K (1+r)^t \tag{11.8}$$
$$L_{2t} = L - L_{1t} = L / [1 + K(1+r)^t] \tag{11.9}$$

这意味着如果两个部门的产出之比保持不变,那么公共部门的就业人员数量将不断增加,而私人部门的就业人员数量将不断减少。这一结论为公共部门从业人员的不断膨胀提供了一个经济学解释。

··

专栏 11.3

公务员工资改革

改革开放以来,直到 2006 年,公务员工资先后进行了八次调整及改革。

第一次工资制度改革和调整始于 1985 年 6 月,从此建立了以职务工资为主的结构工资

[①] 如果公共部门生产率是提高的,但慢于私人部门的生产率提高,那么结论不会有实质性改变。

制。结构工资分为基础工资、职务工资、工龄工资和奖励工资四个部分。改革后的高低工资差别为 10.2 倍(不包括工龄工资和奖励工资)。

第二次工资调整于 1989 年,这次调整是将国家机关和事业单位工作人员的工资普调一级。这次改革后的高低工资差别仍为 10.2 倍(不包括工龄工资)。

第三次工资调整(包括工资制度改革)于 1993 年 10 月,这次工资改革实行了职级工资制。职级工资由职务工资、级别工资、基础工资和工龄工资四个部分组成。这次改革后的高低工资差别为 6.1 倍(不包括工龄工资)。

第四次工资调整于 1997 年 7 月,这次工资调整将基础工资标准由原每人每月 90 元提高到 110 元。调整后的高低工资差别仍为 6.1 倍(不包括工龄工资)。

第五次工资调整于 1999 年 7 月,这次调整将基础工资标准由每人每月 110 元提高到 180 元,级别工资标准由十级至一级每月 55 元至 470 元提高到 85 元至 720 元。通过这次调整,机关干部的高低工资差别为 5.6 倍(不包括工龄工资)。

第六次工资调整于 2001 年 1 月 1 日,这次调整将基础工资标准由每人每月 180 元提高到 230 元,级别工资标准由十五级至一级每人每月 85 元至 720 元,提高到 115 元至 1166 元。调整后的国家公务员高低工资差别为 5.7 倍(不包括工龄工资)。

第七次工资调整于 2001 年 10 月,这次调整将职务工资由原来的 50 元至 480 元提高到 100 元至 850 元。调整后的国家公务员高低工资差别为 6.4 倍(不包括工龄工资)。

第八次工资调整于 2003 年 7 月,这次调整将职务工资由原来的 100 元至 850 元提高到 130 元至 1150 元。调整后的国家公务员高低工资差别为 6.6 倍(不包括工龄工资),这次工资调整后一直维持到 2006 年公务员工资改革。

2006 年 6 月,国务院出台了《公务员工资制度改革方案》(国发〔2006〕22 号),正式建立了国家统一的职务与级别相结合的公务员工资制度,形成了公务员工资水平的决定机制和稳定增长机制。

——本文根据有关政策文件和新华网资料编写

11.4.4　官员的预算最大化动机

导致行政管理支出不断扩张的另一个政治经济学因素是官员追求预算最大化的动机。根据尼斯坎南的官僚模型(详见第 6 章第 6.6 节),政府官员具有追求预算最大化的内在动机,他们在确定预算规模时不以最优支出水平为目标,而以支出最大化为目标。这种内在动机的存在也导致了行政管理支出的过度膨胀。

11.5　控制和削减行政管理支出的设想

如何控制和削减过度膨胀的行政管理支出? 这是一个难题,但并非不能实现。基于一些政府规模较小而行政效率较高的国家的实践经验[①],我们提出以下若干设想。

（一）以法律约束政府

不受约束的政府,其支出水平必然也是不受约束的。只有通过权力制衡,严格以宪法和法律约束政府行为,行政支出规模才会受到控制。

（二）改革预算过程

模糊不清的预算过程也会使政府官员产生浑水摸鱼的倾向,行政支出的规模自然也会膨胀。这就要求改革预算过程,使预算的制定和执行过程均处于透明状态,时刻受到公众和法律的监督。

（三）制定财政规则

虽然从某种意义上来说,税收和赤字融资是等价的。但是在实践中税制既定的模式下,允许赤字融资意味着政府支出可以通过发行债券实现不断扩张。因此,控制支出需要制定明确的财政规则来约束政府的行为。最常见的财政规则是平衡预算规则或在一个经济周期内平衡预算的规则。

（四）转变观念,调整和削减政府职能

真正形成"小政府大社会"的理念和"服务型政府"的理念,切实调整和削减政府职能,将可以由市场来完成的一些管理职能逐步移交给市场,同时积极培育社会组织来接手政府转移出来的各项职能。

（五）建设高效率的公务员队伍

鲍莫尔模型的关键问题不在于公务员工资水平的上涨,而是公共部门生产率的停滞不前。因此,建设一支精干的行政效率高的公务员队伍才是解决鲍莫尔病的关键。事实上,公务员工资的正常增长机制是必需的,一个透明化的稳定的工资增长机制可以为公务员提供明确而可预期的激励,进而提高公务员队伍的工作效率,并减少腐败现象。此外,严格的公务员选拔机制也是提高行政效率的重要保证。

（六）实行绩效预算和官员问责制度

通过实行绩效预算,特别是在事后对预算执行效果进行评价的体制,配合以官员问责制度,强化部门领导的责任,可以在较大程度上约束官员的预算最大化动机。

在上述某些方面,中国已经开始了改革步伐,而另一些方面的改革也正在酝酿中,改革的效果是值得期待的。

本章小结

1.行政管理支出是政府的基本公共支出,用以维持政府机构运转,提供一般公务服务,维护公共秩序和安全。

2.改革开放以来,中国的行政管理支出规模出现了快速扩张的趋势。国际比较表明,行政管理支出水平偏高是一个相当普遍的现象。

3.行政管理支出的扩张一方面反映了经济发展和社会对公共服务需求的变化,另一方面也受到政府机构和人员膨胀、公务员工资水平上升以及官员的预算最大化动机等政治经

[①] 坦齐,舒克内希特.20 世纪的公共支出.北京:商务印书馆,2005.

济因素的影响。

  4.控制和削减行政管理支出的改革方案需要从多方面入手,包括通过法律和财政规则对政府行为加以约束,预算过程的透明化,实行绩效预算,转变观念和削减政府职能,以及建设一支高效精干的公务员队伍。

复习与思考

  1.为什么说行政管理支出是政府的一项基本支出?

  2.根据鲍莫尔模型,如果公共部门的劳动生产率以每年10%的速度增长,而私人部门的生产率则以21%的速度增长,那么公共部门的单位成本以何种速度增长?

  3.为什么改革开放以来,中国的行政管理支出增长如此迅猛?

  4.针对上述问题,可以采取哪些改革措施加以控制?

进一步阅读文献

  1.坦齐,舒克内希特.20世纪的公共支出.北京:商务印书馆,2005.

  2.谢洪波,高宝华.构建服务型政府——改革开放以来我国政府机构改革的回顾与思考.宏观经济管理,2008(8):31—33,54.

  3.党国英.我国30年政治体制改革回顾与展望.农村经济,2009(2):3—7.

第12章 教育支出

教育的经济价值是这样体现的：人们通过对自身的投资来提高其作为生产者和消费者的能力，而学校教育则是对人力资本的最大投资。这一命题的含义是：人们拥有的经济能力的绝大部分并不是与生俱来的，也并不是进入校门之时就已经具备；换言之，后天获得的这方面能力非同小可。其能量之大，可在根本上改变通常的储蓄与资本形成的现行标准。他们亦改变了工资结构及劳动与财产收入的相对数额。人们长期以来在经济增长、控制结构变化和个人收入变化等后面所存在的困惑，经过引进人力资本概念后，便可迎刃而解。

——舒尔茨，《教育的经济价值》(1963)

"百年大计，教育为本"。随着经济的发展，人们越来越认识到教育的重要性。教育的发达程度、教育的投入水平也被列入衡量一个国家、一个民族素质、文明程度的主要指标。

本章在探讨政府介入教育的原因及教育投入口径的基础上，分析中国教育支出的总量与结构及其变化趋势，并进行国际比较。最后探讨教育投入与个体收入及经济增长的关系。

12.1 教育支出概述

教育支出是一国用于教育的全部支出，包括公共教育支出和私人教育支出。从各国的经验来看，公共教育支出都占据了其中的绝大比例。这是为什么呢？

12.1.1 政府介入教育的原因

一般来说，政府介入教育领域的原因主要有如下几个方面。

（一）教育具有很强的正外部性

严格来说，根据有无竞争性和排他性的判断标准，除了以广播电视形式进行的公开教育外，在学校内部进行的教育通常是一种私人产品。但是，无可否认，在接受教育者与其他人之间存在着广泛的溢出效应，比如教育对国民文化素质的提高、对社会秩序的稳定、对整个社会技术进步的推动等等。教育被视为是人力资本投资的最主要形式，尽管现有研究在检验和测度人力资本外部性方面尚不能得到十分确切的结论，但经济学家对人力资本投资所产生的强大正外部性深信不疑，正如美国经济学家卢卡斯(Robert Lucas,1988)所言，"整个人类智慧的发展历史实际上就是人力资本外部性的传播历史"[①]。

教育的强大正外部性在某种意义上，使得教育具有了一定的公共产品性质，显然，教育所带来的外部性本身是非竞争和非排他的。基于此，人们有时候根据不同教育类型所具有的外部性强弱程度不同，(不太严格地)将不同类型的教育划分为具有公共产品性质的教育、具有准公共产品性质的教育和具有私人产品性质的教育三种类型。

具有公共产品性质的教育类型主要是指基础教育。相比其他教育类型，基础教育的外部性是最强的，这是因为基础教育的私人收益很低而社会收益很高(主要表现在国民素质的提高)。当然，从严格意义上讲，基础教育并不完全符合纯公共产品的属性，但实践中多数国家一般通过一种制度安排(主要是实行公共免费教育)而将其定位在公共产品上，因此基础教育的经费基本来自政府财政拨款。

具有准公共产品性质的教育类型包括基础教育阶段以上的各类教育，如高等教育、职业教育、成人教育等。这些教育类型，可以提高受教育者的终生收入，带来明显的私人经济利益，而且随着受教育程度的提高，这种私人收益一般呈现出增长的态势。在这种前提下，由这些教育类型的受教育者个人承担教育成本是合乎情理的。但是由于这类教育一般具有广泛的社会收益，受教育者个人所获得知识、技能、态度等等不仅可以为个人带来正的收益，而且也会外溢到全社会，促进社会经济发展，最终使其他社会成员受益。因此，从矫正外部性的角度考虑，政府对于这类教育也应给与适当的补贴。

需要特别说明的是，中等教育位于初等教育和高等教育之间，其外部性程度也介于两者之间。各国对中等教育的定位也有所不同。比如美国等很多西方国家都实行 12 年免费教育，实际上是将中等教育也定位于公共产品。而在中国，我们将中等教育划分为初级中等教育和高级中等教育两个部分，其中初中教育定位于公共产品，和小学教育共同作为"义务教育"，对全国所有适龄儿童实行强制性公共免费教育；高中教育则定位于准公共产品，通过向学生收取学费和政府补贴的形式实行混合提供。

具有较强的私人产品性质的教育类型主要各种为满足个人自身发展或消遣而开办的兴趣班和补习班的教育，企业对员工进行的各种技能培训等等。这些教育类型的收益主要体现在个人方面，这些形式的教育可以通过市场的运作自行发展而不需要政府补贴。

从理论上，外部性是政府从效率角度补贴教育的重要依据。根据初等教育、中等教育和高等教育的外部性强弱，我们可以大致确定政府补贴的大小，见图 12.1。

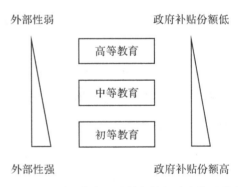

图 12.1　不同教育类型的外部性与政府补贴强度

①　Lucas，Robert E. On the Mechanics of Economic Development. *Journal of Monetary Economics*，1988，22(1)：3-42.

 专栏 12.1

中国义务教育的免费历程

1985 年,中央政府开始在全国范围内推行义务教育财政分权化改革,并于当年出台了《中共中央关于教育体制改革的决定》(中发〔1985〕12 号)。其中明确提出"实行九年制义务教育,实行基础教育由地方负责、分级管理的原则"。进一步,《中华人民共和国义务教育法》于 1986 开始实行,其中规定"国家对接受义务教育的学生免收学费"(第十条)。尽管《义务教育法》明文规定义务教育免收学费,但实际上义务教育阶段的学校仍然向学生收取一些费用,即所谓的杂费,以弥补办学经费不足。1992 年颁布的《义务教育法实施细则》认可了这样的行为,规定"实施义务教育的学校可收取杂费"(第十七条)。

义务教育杂费的存在成为学生及其家长的沉重负担,特别是在广大农村地区,导致了大量因穷失学的儿童。国务院于 2003 年发布了《关于进一步加强农村教育工作的决定》(国发〔2003〕19 号),提出了具有重大影响的"两免一补"政策,提出"到 2007 年,争取全国农村义务教育阶段家庭经济困难学生都能享受到'两免一补'(免杂费、免书本费、补助寄宿生生活费),努力做到不让学生因家庭经济困难而失学"。2005 年,国务院又进一步将免除义务教育学杂费政策推广到了全部农村学生,在《关于深化农村义务教育经费保障机制改革的通知》(国发〔2005〕43 号)中,明确规定:"全部免除农村义务教育阶段学生学杂费,对贫困家庭学生免费提供教科书并补助寄宿生生活费"。此外,该《通知》还对东中西部地区实现义务教育免除学杂费的进度做出了安排,要求 2006 年西部地区农村全部免除学杂费,2007 年中部和东部地区农村全部免除学杂费。

尽管 2006 年修订的《义务教育法》已经将"实施义务教育,不收学费、杂费"(第二条)的规定写入了法律条文,但中央对城市义务教育何时实现免费一直没有出台明确的时间表。直到 2008 年,国务院发布了《关于做好免除城市义务教育阶段学生学杂费工作的通知》(国发〔2008〕25 号),提出"从 2008 年秋季学期开始,全部免除城市义务教育阶段公办学校学生学杂费"。从 2008 年秋季起,中国的城乡义务教育都实现了公共免费提供,标志着义务教育已经正式从混合提供的教育形式转变为由政府免费提供的公共教育,这是中国教育发展史上的一个重要里程碑。

——本文根据有关法律条文和政策文件编写

(二)教育是促进社会公平的重要途径

受教育权是公民的一项基本权利,是每一个公民的生活和发展共同具有的部分,也是起码必备的部分。如果一个公民缺少了这一部分,那就保证不了其谋生所必需的基本条件。美国经济学家托宾(James Tobin,1970)提出的商品平均主义(commodity egalitarianism)观点就是建立在对公民基本权利保障的基础之上[1],他认为对某些特定的商品应当进行平均主

---

[1] 托宾意义上的商品平均主义是作为宏观经济政策的一种补充,意在缓解贫困,为贫困人口提供改善人力资本和收入能力的机会和手段。Tobin, James. On Limiting the Domain of Inequality. *Journal of Law and Economics*, 1970, 13 (2): 263-277.

义的分配。因为这些商品对生命和公民权利是至关重要的,这些商品(包括教育、医疗照顾、食品券)的平均分配不仅有助于改善未来人力资本和收入的分配,在实践中往往易于操作①。基于商品平均主义的观点,政府介入教育领域有助于促进社会公平。

(三)资本市场的不完善

虽然教育作为一种人力资本投资,应该由个人及其家庭支付部分成本。那么,我们能够像贷款买房等有形资本投资一样,进行人力资本投资吗? 出于以下原因,人力资本投资的风险要大大高于有形资本:

首先,有形资本投资可以抵押,人力资本投资不可抵押。一般而言,有形资本投资者在借款时可以用自己的财产(如房屋)作为抵押,必要时贷方可以将房屋收回。但是,人力资本投资,贷方就难以得到回收贷款的保证。因为知识和能力依附在掌握了知识和能力的借方(人)身上,知识和能力不是独立的、抓得住的"有形资产",贷方无法在发生债务纠纷时将它们收归已有。因此,对于以利润最大化为目标的商业银行来说,贷款给既无信用依据,又无有形资产作为抵押的学生风险太大。

其次,人力资本回报较高,但不稳定。美国经济学家贝克尔(Gary Becker,1964)对美国大学毕业生平均收益率的估算结果为 12.7%②。但是,人力资本的回报围绕着平均数波动很大。就每个大学毕业生个体来说,所选职业、个人努力、机会运气和其他因素都会影响借款的大学毕业生的个人回报以及还款能力。

最后,社会对人力资本投资契约的有效性以及对人力资本投资的管理费用也与有形资本投资不同。借贷双方签订契约是约束借贷双方,保障各自权利的基本制度。但是,如果借款的目的是人力资本投资,社会对违约的谴责、法律对违约的约束力都会低于有形资本投资,因为人不是奴隶,是不能买卖的。另外,在劳动力自由流动的条件下,管理契约、获取收入报告的难度都会高于有形资本投资,再加上人力资本投资的借款者分布范围广、借款数额小等原因又造成人力资本投资的管理费用大大高于有形资本投资。

因此,经济困难家庭很难获得人力资本投资所需的贷款,由政府提供教育服务或为教育贷款提供担保、补贴,帮助经济困难学生完成学业,也成为政府介入教育,特别是高等教育领域的一个重要原因。

12.1.2　教育支出的统计口径

在统计上,教育支出通常是指学校的经费,而非全部的教育成本。这是因为,一方面学生用于聘请家庭教师和参加各种兴趣班之类的教育支出很难进行统计,另一方面,学生为接受教育而放弃的工资收入作为一项重要的教育成本更是无法被统计的。

学校作为一个非营利单位,其教育经费可以从收入和支出两方面进行统计。

从收入来源上看,教育经费包括公共教育经费和私人教育经费。从中国的实践来看,教育经费主要包括财政性教育经费(对应于公共教育经费)、民办学校办学经费、社会捐赠经费

---

① 托宾曾作为美国总统经济顾问,实践过他的"商品平均主义"的理念,例如参与制定"反贫困计划",该计划使美国的贫困率从 1965 年的 19% 下降到 1980 年的 13%。婴儿死亡率、有色人种预期寿命等指标均有大幅度改善。

② 加里・贝克尔.人力资本.北京:北京大学出版社,1987:90.

和事业收入（主要是学生缴纳的学杂费）等。其中财政性教育经费是衡量公共教育支出的主要口径，包括预算内教育经费、各级政府征收用于教育的税费、企业办学中的企业拨款、校办产业和社会服务收入用于教育经费。在财政性教育经费中，预算内教育经费是绝对的主体，占比超过90%，因此，有时候在财政性教育经费数据难以获得的情况下，人们常常用预算内教育经费替代财政性教育经费，作为衡量公共教育投入的小口径。

从支出角度看，教育经费分为事业性经费支出和基建支出两部分，其中事业性经费支出占绝对比例。事业性经费支出又分为"个人部分"和"公用部分"，前者是用于在职教职工、离退休人员以及学生等个人方面的支出，包括"教职工工资"、"社会保障费"、"助学金"等；后者是用于公务费、业务费、设备购置费等公用性质的经费支出。基建支出则是指学校及教育事业单位用于基本建设的资金。

12.2　中国的教育支出

改革开放以来，特别是1995年开始实施科教兴国战略以来，我国教育事业得到了前所未有的进步。至2009年，小学学龄儿童净入学率达到99.4%，初中阶段毛入学率达到99%，高中阶段毛入学率达到79.2%，与此同时，高等教育本专科在校生规模从1978年的85.6万人上升到2009年的2144.7万人，年均增长率10.9%；在校研究生由1978年10934人上升到2009年的140.5万人，年均增长率17.0%。2009年高等教育的毛入学率已经达到24.2%，进入高等教育的大众化阶段[①]。这一切的成就，都离不开大量的公共及私人教育支出，教育投入为教育事业的快速发展提供了强有力的支撑。

12.2.1　全国教育总经费及其构成

表12.1给出了1992—2008年全国教育总经费及其构成的名义数据。其中，全国教育总经费增长迅速，从1992年的867亿元上升到2008年的14500亿元，年均增速达到19%，超过同期GDP的名义增长率3个百分点。与此同时，教育总经费占GDP的比例也有所提高，从3.2%逐步上升到4.8%。

从全国教育总经费的来源结构看，可以分为两个阶段：第一阶段自1992年到2005年，在此阶段学杂费所占比例呈现不断上升，从5%持续提高到18%；与此同时，这一时期的财政性教育经费所占比例不断下降，从1992年的84%下降到2005年的61%，平均每年下降2.4个百分点。这一过程的背后是一个教育服务市场化程度不断提高，教育经费筹措渠道日益多元化的过程。2005年以来，在义务教育阶段财政投入责任加大（特别是农村义务教育保障机制的实施），经济困难学生资助力度增大等政策的带动下，财政性投入在整个教育总经费中比例呈缓慢上升趋势，个人承担的教育投入责任有所减少，学杂费占教育总投入比例从2005年的18%下降到2008年的16%，而财政性教育经费的比例回升到72%，如图12.2所示。

---

① 数据来源：《2009年全国教育事业发展统计公报》和《中国统计年鉴2010》。

表 12.1　1992—2008 年中国教育总经费　　　单位:亿元,当年价格

	教育总经费	财政性教育经费	其中:预算内	学杂费	GDP	教育总经费占 GDP 比(%)	财政性教育经费占 GDP 比(%)
1992	867.0	728.8	538.7	43.9	26923.5	3.22	2.71
1993	1059.9	867.8	644.4	87.1	35333.9	3.00	2.46
1994	1488.8	1174.7	884.0	146.9	48197.9	3.09	2.44
1995	1878.0	1411.5	1028.4	201.2	60793.7	3.09	2.32
1996	2262.3	1671.7	1211.9	261.0	71176.6	3.18	2.35
1997	2531.7	1862.5	1357.7	326.1	78973.0	3.21	2.36
1998	2949.1	2032.5	1565.6	369.7	84402.3	3.49	2.41
1999	3349.0	2287.2	1815.8	463.6	89677.1	3.73	2.55
2000	3849.1	2562.6	2085.7	594.8	99214.6	3.88	2.58
2001	4637.7	3057.0	2582.4	745.6	109655.2	4.23	2.79
2002	5480.0	3491.4	3114.2	922.8	120332.7	4.55	2.90
2003	6208.3	3850.6	3453.9	1121.5	135822.8	4.57	2.84
2004	7242.6	4465.9	4027.8	1346.6	159878.3	4.53	2.79
2005	8418.8	5161.1	4665.7	1553.1	183217.4	4.59	2.82
2006	9815.3	6348.4	5795.6	1552.3	211923.5	4.63	3.00
2007	12148.1	8280.2	7654.9	2130.9	257305.6	4.72	3.22
2008	14500.7	10449.6	9685.6	2349.3	300670.0	4.82	3.48

数据来源:《中国统计年鉴 2009》,《全国教育经费统计年鉴 2009》。

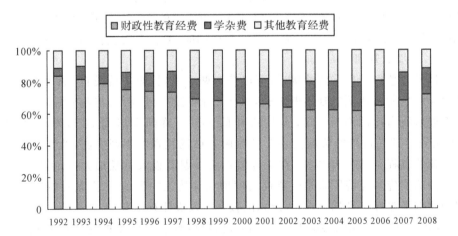

图 12.2　1992—2008 年中国教育总经费的构成

12.2.2 公共教育支出总量的变动趋势

财政性教育经费是衡量公共教育投入的主要口径。根据表 12.1,财政性教育经费总量从 1992 年的 728.8 亿元上升到 2008 年的 10449.6 亿元,增长迅速,年均增长约 18%。与此同时,财政性教育经费占 GDP 的比例从 1992 年的 2.71% 逐步上升到 2008 年的 3.48%。

尽管如此,这一比例仍然是偏低的。1993 年,中央政府发布的《中国教育改革和发展纲要》曾提出过一个重要目标,"国家财政性教育经费支出占国民生产总值即 GNP 的比例,本世纪末达到 4%"。遗憾的是,该目标至今尚未实现。

在财政性教育经费内部,预算内教育经费是绝对的主体(如 2008 年预算内教育经费占财政性教育经费的比例为 92.7%)。预算内教育经费是政府一般公共预算(即财政支出)中用于教育的全部支出,也称为财政教育支出,是衡量公共教育投入的小口径。下面我们在一个更长的时间区间里分析财政教育支出的变化趋势。

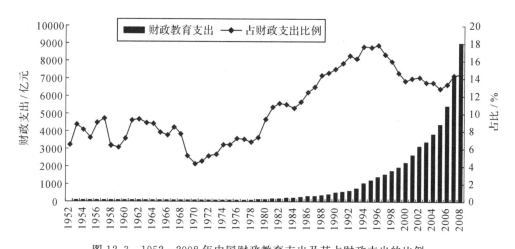

图 12.3　1952—2008 年中国财政教育支出及其占财政支出的比例

数据来源:《中国财政年鉴 2007,2009》。财政教育支出在统计上与《中国教育经费统计年鉴》的预算内教育经费有一定差异。

如图 12.3 所示,从新中国成立以来,我国财政教育支出增长迅速,从 1952 年的 11 亿元增至 2008 年的 9000 多亿元,年均名义增长 12.7%。我们重点关注财政教育支出占财政支出的比例,从图中可知,这一比例在不同阶段有着不同的变化趋势。

第一阶段,从新中国成立初到改革开放以前。这一时期财政教育支出占财政支出比例的波动性十分明显,特别是在"大跃进"和"文革"期间,曾出现两次大的下滑,1970 年降至最低点 4.2%,之后又开始逐步上升,至 1976 年达到 7.1%。

第二阶段,从 1978 年至 1996 年。这一阶段财政教育支出占财政支出比例呈现明显的上升趋势,从 1978 年的 6.7% 上升到 1996 年最高点 17.8%。这说明,改革开放以来,我国政府越来越重视教育事业的发展,对于教育的投入不断增加。

第三阶段,从 1996 年至 2005 年。这一阶段财政教育支出占财政支出的比例开始出现持续的下降趋势,2005 年降至 12.8% 的阶段性低点。这背后反映了我国实行教育产业化和高校收费等一系列政策的影响。

第四阶段,从 2005 年至今。2005 年农村义务教育投入保障机制开始实施,2008 年城乡义务教育全面实现免费教育(详见专栏 12.1),在这些政策带动下,各级政府加大了对义务教育的投入,更多的公共资金被用于基础教育,导致财政教育支出占财政支出的比例再次提高,2008 年上升为 14.4%。

12.2.3　公共教育支出的三级结构

初等教育(小学)、中等教育(中学)和高等教育(大学)是三类最主要的教育类型。根据不同教育类型的外部性强弱以及在实现社会公平上的作用不同,政府对不同教育层次所要承担的财政责任也应有所不同。一般而言,公共教育支出应重点投入外部性较强、更有利于社会公平的初等教育或义务教育。而对外部性相对较弱的高等教育的投入应该多元化的,不应完全依靠政府投入。

我国改革开放至今财政性教育资金的投入总体上是沿着加大义务教育投入、减少高等教育投入的改革趋势发展。这一点可以从生均预算内教育事业费的变化趋势上清楚地看出来,见表 12.2。1978 年一个大学生获得的预算内教育事业费相当于 146 个小学生获得的预算内教育事业费,1995 年这一数值下降到 20.5,2008 年一个大学生只能获得 2.75 个小学生的预算内教育事业费。

表 12.2　1978—2008 年中国生均预算内教育事业费的三级教育结构

单位:元,当年价格

	普通小学生(A)	普通中学生(B)	普通大学生(C)	B/A	C/A
1978	12.6	35.6	1843.9	2.83	146.34
1980	23.2	60.1	1753.4	2.59	75.58
1985	47.3	128.5	2472.3	2.72	52.27
1990	91.0	210.0	2832.0	2.31	31.12
1995	265.8	561.9	5442.1	2.11	20.47
2000	491.6	781.6	7309.6	1.59	14.87
2002	813.1	1076.6	6178.0	1.32	7.60
2005	1327.2	1618.8	5375.9	1.22	4.05
2006	1633.5	1993.5	5868.5	1.22	3.59
2007	2207.0	2669.1	6546.0	1.21	2.97
2008	2757.5	3442.4	7577.7	1.25	2.75

注:普通大学生指普通高校学生。

数据来源:1978—1990 年数据转引自王善迈. 教育投入与产出研究. 石家庄:河北教育出版社,1996:151;1995—2008 年数据根据历年《中国教育经费统计年鉴》有关数据计算。

12.2.4　公共教育支出的地区差异

从公共教育支出的地区差异看,整体上呈现东部、西部、中部的梯级分布,特别是在普通高中和普通高校两个层次尤为明显。表 12.3 给出了 2006 年和 2008 年三个地区各级教育的生均预算内教育事业费。以 2008 年为例,在义务教育阶段,中部和西部地区的生均预算内教育事业费较为接近,但仅为东部地区的 70%;在普通高中和普遍高校阶段,东、西、中部的梯级分布就更为突出。中部地区普通高中和普通高校生均预算内教育事业费分别是东部地区的 58% 和 54%;而西部地区的高中和高校生均经费分别是东部地区的 68% 和 64%,明显高于中部地区。

从生均教育经费的增长速度看,中部和西部作为整体,与东部地区之间的差距呈现缩小态势,这可以从各地区生均教育经费的增长率差异看出来。如表 12.3 所示,在各个教育层次,东部地区的增长率都低于全国平均增长率。但是,在普通高中和普通高校两个层次,西部和中部地区的差异却进一步扩大了。因此,从推进公共教育服务均等化的视角来看,中央政府应更重视加强中部地区的教育投入水平。

表 12.3　2006—2008 年中国各级教育生均预算内教育事业费的地区分布

单位:元,当年价格

	2006 年	2008 年	2006—2008 年均增幅
普通小学	1633.51	2757.53	29.93
东部	2036.63	3408.54	29.37
中部	1379.55	2308.91	29.37
西部	1366.27	2427.88	33.30
普通初中	1896.56	3543.25	36.68
东部	2433.42	4320.00	33.24
中部	1537.51	3045.57	40.74
西部	1576.05	3044.54	38.99
普通高中	2240.96	3208.84	19.66
东部	2931.27	4135.71	18.78
中部	1607.53	2392.29	21.99
西部	1847.16	2795.02	23.01
普通高校	5868.53	7577.71	13.63
东部	6555.08	8682.44	15.09
中部	3485.58	4705.34	16.19
西部	3572.29	5581.37	25.00

其中:东部地区包括北京、天津、河北、辽宁、上海、江苏、浙江、福建、山东、广东、广西、海南;中部地区包括山西、内蒙古、吉林、黑龙江、安徽、江西、河南、湖北、湖南;西部地区包括重庆、四川、贵州、云南、西藏、陕西、甘肃、青海、宁夏、新疆。

数据来源：根据历年《全国教育经费执行情况统计公告》和《中国统计年鉴》有关数据加权计算。

12.2.5　公共教育支出的城乡差异

长期存在的城乡二元结构导致公共教育支出的城乡差异明显。由于分布在农村的学校主要为小学和初中，下面我们重点考察义务教育阶段的城乡差异。表 12.4 给出的数据表明，这一差异近年来正在逐渐缩小。2002 年生均预算内公用经费和预算内教育事业费，农村小学分别是全国平均值的 72.4％和 87.1％，农村初中分别为全国平均值的 65.1％和 82.9％。2008 年农村小学生均预算内公用经费和预算内教育事业费分别为全国平均值的 94.4％和 94.9％，而农村初中分别是全国平均值的 95.3％和 93.2％，相比 2002 年有了显著提高。

表 12.4　中国城乡普通初中、普通小学生均预算内公用经费和事业费

单位：元，当年价格

	教育层次	1998	2000	2002	2005	2006	2007	2008
生均预算内公用经费	普通初中	79.82	74.08	127.31	232.88	378.42	614.47	936.38
	其中:农村	47.00	38.67	85.01	192.75	346.04	573.44	892.09
	普通小学	34.35	37.18	83.49	166.52	270.94	425.00	616.28
	其中:农村	23.02	24.11	60.91	142.25	248.53	403.76	581.88
生均预算内教育事业费	普通初中	610.65	679.81	960.51	1498.25	1896.56	2679.42	3543.25
	其中:农村	478.25	533.54	795.84	1314.64	1717.22	2433.28	3303.16
	普通小学	370.79	491.58	813.13	1327.24	1633.51	2207.04	2757.53
	其中:农村	305.62	412.97	708.39	1204.88	1505.51	2084.28	2617.59

数据来源：历年《全国教育经费执行情况统计公告》。

专栏 12.2

"教育券"制度

"教育券"（school voucher）是政府发放给学生的具有固定面额的有价凭证，学生可以据此选择政府所认可的各种学校就读，教育券可以冲抵部分学费，学校凭券到政府部门换取教育经费，这一概念最早由美国经济学家弗里德曼（Milton Friedman,1955）在《政府在教育中的作用》一文中正式提出的。当时美国公立学校的教育质量每况愈下，弗里德曼认为，根本原因在于政府将教育拨款直接给公立学校，而私立学校却没有得到政府经费支持，造成公立学校"集权过度症"，不利于教育市场的竞争。在弗里德曼看来，政府把原来直接投入公立学校的教育拨款按照生均成本折算后，以面额固定的教育券形式直接发放给学生，学生凭券可以自由选择政府所认可的公立或私立学校就读，这样可以进入竞争，从而大大提高公共资金的使用效率。为了实现充分竞争，弗里德曼还特别指出，教育券必须是"广泛的面对所有家长，其数额应当足够负担高质量的教育，并且不能对持券者的选择权附加任何限制条件，无论他们选择公立、私立还是教会学校"。

当然,弗里德曼提出的教育券制度因为没有考虑到社会公平因素而受到了一些学者的质疑。据此,经济学家皮科克、怀斯曼(Peacock and Wiseman),社会学家詹克斯(Jencks),以及法学家昆斯、许格曼(Conns and Surgman)等人从社会公平的角度发展了弗里德曼的教育券思想,主张教育券应该帮助弱势群体获得公平的教育机会,促进社会公平。

在教育券制度的实践中,存在着两条发展路线:一条是弗里德曼倡导的市场路线,通过教育券开拓教育竞争市场,提高教育效率;另一条是皮科克、詹克斯、昆斯等人倡导的政策机制路线,通过公共政策的有效控制,帮助弱势群体获得公平的受教育机会。后一条路线是前一条路线的延伸和发展,其引申意义在于市场与政策的契合。从 20 世纪 60 年代起,美国的一些州市开始进行教育券实验,此后,波兰、英国、瑞典、智利、哥伦比亚等国家也纷纷推出适合本国需要的教育券制度。2001 年起,中国浙江长兴、湖北监利等地也陆续实行了教育券实验。

——本文改写自钟晓敏等. 公共财政之路:浙江的实践与探索(第 6 章第 6.1 节). 杭州:浙江大学出版社,2008.

12.3　教育支出的国际比较

12.3.1　教育支出总量及其结构的国际比较

下面我们对世界各主要国家的教育总经费情况进行比较分析,重点考察各国教育总经费占 GDP 比例、教育总经费的公私结构以及三级教育结构。我们将政府投入的部分作为公共教育支出(对于中国就是财政性教育经费),其余所有支出作为私人教育支出。

一般而言,教育投入会随着经济发展水平的提高而增加,经济发达国家教育投入总量绝大多数超过 5%,如冰岛教育总投入占 GDP 比例达到了 8%,美国和韩国的比例超过了 7%,加拿大、瑞典、新西兰等国也都超过了 6%,OECD 国家平均值达到 5.7%,见表 12.5。中国作为发展中国家,教育投入总量达不到这一水平,但 2008 年教育总经费占 GDP 的比例也已经达到了 4.82%,与中国的经济发展程度基本相适应。随着经济发展,持续提高教育投入水平仍将是我国今后一段时间的重要任务。

从教育总经费的公私结构看,绝大多数国家公共投入占整个教育投入的比例在 75%～90%之间,OECD 国家的平均值为 86%,中国公共投入占教育总经费比例为 73%,低于 OECD 国家平均值 13 个百分点。

表 12.5　世界主要国家 2006 年公共教育支出和私人教育支出占 GDP 比例　　　单位:%

	所有教育层次			其中:高等教育		
	合计	公共	私人	合计	公共	私人
澳大利亚	5.7	4.1	1.6	1.6	0.8	0.8
奥地利	5.6	5.2	0.4	1.3	1.2	0.1

续表

	所有教育层次			其中:高等教育		
	合计	公共	私人	合计	公共	私人
比利时	6.1	5.9	0.2	1.3	1.2	0.1
捷克	4.8	4.2	0.6	1.2	1.0	0.2
丹麦	7.3	6.7	0.6	1.7	1.6	0.1
芬兰	5.8	5.7	0.1	1.7	1.6	0.1
法国	5.9	5.5	0.4	1.3	1.1	0.2
德国	4.8	4.1	0.7	1.1	0.9	0.2
冰岛	8.0	7.2	0.8	1.1	1.0	0.1
意大利	4.9	4.6	0.3	0.9	0.7	0.2
日本	5.0	3.3	1.7	1.5	0.5	1.0
韩国	7.4	4.5	2.9	2.5	0.6	1.9
墨西哥	5.7	4.6	1.1	1.2	0.8	0.4
荷兰	5.6	4.8	0.8	1.5	1.1	0.4
新西兰	6.3	5.0	1.3	1.4	0.9	0.5
西班牙	4.7	4.2	0.5	1.1	0.9	0.2
瑞典	6.4	6.2	0.2	1.6	1.4	0.2
英国	5.9	5.2	0.7	1.3	0.9	0.4
美国	7.4	5.0	2.4	2.9	1.0	1.9
OECD 平均	5.7	4.9	0.8	1.5	1.0	0.5
智利[1]	5.6	3.1	2.5	1.7	0.3	1.4
中国[2]	4.82	3.48	1.35	1.45	0.69	0.76

注:1.智利为2007年数据。2.中国为2008年数据,中国公共教育支出是指财政性教育支出,私人教育支出按全部教育支出扣除财政性教育支出后的部分统计。

数据来源:各国数据来源为 OECD 统计网,中国数据来源为同表12.1。

但从各个国家教育经费的公私结构看,差异很大,见图12.4所示。有些国家,如智利、韩国、日本、美国的公共投入占教育总投入的比例只有60%左右,处于较低水平。而有些国家如比利时、丹麦、芬兰、瑞典等国家的公共投入比例超过90%,其中芬兰甚至高达98%。究其原因主要是由于各个国家在高等教育上的公共投入比例差别很大所致,事实上各个国家在非高等教育上的公共投入并无显著差异。如智利在高等教育上的公共投入仅占高等教育总投入的18%,韩国为24%,日本为33%,美国为34%。而他们在非高等教育上的公共投入责任分别为72%、80%、80%和89%。

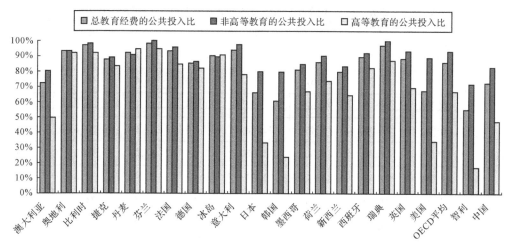

图 12.4　世界主要国家公共教育投入的比例

数据来源:根据表 12.5 计算。

　　三级教育上的公私结构差异,实际上反映了政府在不同教育层次上的责任重点。初等、中等和高等教育三个教育层次相比,初等教育具有较大的外部性。因此,各个国家的公共教育资金普遍按照在初等教育尚未普及时,公共财力优先用于初等教育,在初等教育普及后,加大中等教育公共投入的原则进行公共教育资金的分配。如图 12.4 所示,各个国家在非高等教育阶段(主要是初等和中等教育)的投入比例差异并不显著,平均水平 90% 左右,中国政府在非高等教育阶段的投入比例为 83%(2008 年)。但在高等教育上,各国政府的投入责任却差异明显,最低值只有 18%(智利),最高值达到 94%(丹麦、芬兰),中国政府在高等教育的投入比例为 48%(2008 年)。

　　从生均教育投入的三级教育结构看,中国与其他国家差异很大,见表 12.6。

　　首先,生均大学生投入占人均 GDP 比例远远高于其他国家,但是下降速度很快。1999年我国生均大学生投入总量相当于 24 个小学生的投入总量,这一数字远远超过世界上大多数国家的同一比例。2007 年生均大学生投入总量占人均 GDP 比例从 1999 年的 239% 下降到 109%,8 年间下降了 130 个百分点。

　　其次,我国生均小学生投入占人均 GDP 比例处于较低水平,但生均小学生投入总量的增长幅度处于较高水平,生均小学生投入占人均 GDP 比例,8 年间从 10% 增加到 15%,增加了 5 个百分点,增幅达到 50%。

　　最后,生均中学生的投入水平和绝大多数国家相一致,生均中学生投入占人均 GDP 在20% 左右。从增长幅度看,虽然低于小学阶段,和其他国家相比,仍有较大幅度增长,8 年间增加了近 6 个百分点。

表 12.6　部分国家生均教育投入的三级教育结构(生均投入/人均 GDP)　　　单位:%

		1999	2000	2002	2004	2005	2006	2007
印度	小学	11.88	14.52	—	9.66	8.93	8.86	—
	中学	24.73	24.37	—	17.80	16.70	16.18	—
	大学	—	90.82	—	61.08	57.84	54.98	—
古巴	小学	27.90	26.49	34.68	37.65	37.04	33.84	51.14
	中学	41.38	38.58	41.03	41.14	43.94	43.01	60.05
	大学	86.58	88.90	91.51	59.01	51.13	34.50	43.52
丹麦	小学	24.59	24.21	24.63	24.85	25.20	24.54	—
	中学	38.11	38.15	35.79	35.36	35.07	34.36	—
	大学	65.86	70.18	73.91	62.55	55.39	53.41	—
肯尼亚	小学	—	22.49	—	24.54	—	22.31	—
	中学	—	15.05	—	24.46	—	21.99	—
	大学	—	207.84	—	273.42	—	—	—
墨西哥	小学	11.69	13.01	13.98	13.45	13.76	13.39	—
	中学	14.22	—	15.70	14.11	14.82	13.78	—
	大学	47.84	—	48.42	37.21	37.88	35.39	—
波兰	小学	—	—	22.46	22.78	23.71	27.02	—
	中学	—	—	19.87	21.57	22.17	24.91	—
	大学	21.09	17.64	21.11	21.43	21.43	18.44	—
英国	小学	14.11	14.39	16.22	17.75	18.82	22.14	—
	中学	24.20	24.78	26.66	26.67	20.15	27.33	—
	大学	26.00	23.38	28.68	27.25	32.13	29.23	—
日本	小学	21.09	21.64	22.49	22.73	22.21	21.94	—
	中学	20.88	21.16	21.96	22.66	22.39	22.37	—
	大学	15.12	17.70	17.37	20.80	19.22	19.06	—
法国	小学	17.31	17.33	17.52	17.79	17.30	17.13	—
	中学	28.53	28.09	28.10	29.02	26.83	26.63	—
	大学	29.68	29.17	28.86	33.95	33.16	33.51	—
中国	小学	10.25	10.58	12.67	13.01	13.32	13.47	15.28
	中学	18.50	18.15	19.11	23.45	23.66	23.36	24.27
	大学	239.47	209.02	175.25	129.47	116.30	106.09	109.26

数据来源:各国数据来源为世界银行网站,中国数据根据历年《中国教育经费统计年鉴》和《中国统计年鉴》计算而得。

12.3.2 公共教育支出总量及其结构的国际比较

政府在教育投入中一直处于重要地位。从近 30 年各个国家公共教育投入情况来看,呈现缓慢上升趋势,即随着一国经济的发展,公共教育支出的相对规模(通常用公共教育支出占 GDP 的比例衡量)将缓慢增加,但到达一定程度后将趋于稳定。改革开放以来,中国公共教育支出(即财政性教育经费)占 GDP 的比例也呈现震荡上升的趋势,这一点和其他国家是一致的,见图 12.5。

但是,中国公共教育支出占 GDP 的比例相比其他国家明显偏低,2008 年达到历史最高值,也只有 3.48%,这一水平不仅没有达到国务院 1993 年提出的"本世纪末达到 4%"的目标,也比世界平均水平低 1 个百分点,比高收入国家平均水平低 1.5 个点,与低收入和中等收入国家的平均水平相比也低了 0.5%。因此,我国迫切需要进一步提高公共财政在教育上的投入责任。

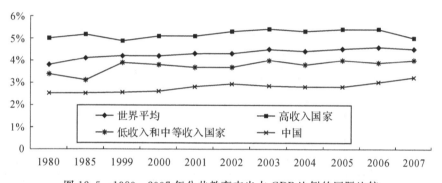

图 12.5 1980—2007 年公共教育支出占 GDP 比例的国际比较

数据来源:中国数据根据王善迈(1996)以及历年《中国教育经费统计年鉴》和《中国统计年鉴》有关数据计算,其他数据来源为世界银行网站。

从公共教育支出的结构(即对三级教育的公共投入分别占公共教育支出的比例)来看,由于各个国家的经济发展水平不同,对公共教育投入的侧重点亦有差别。一般而言,经济欠发达国家对初等教育的公共投入需求更大,中国目前仍属于发展中国家,经济发展水平较低,包含"小学教育和初中教育"的义务教育仍然是公共财政的投入重点。从 2000 年到 2007年,用于小学和中学的公共教育支出尽管有了较大幅度上升,占比从 59% 上升到 63%,但与那些同我国经济发展水平相当的发展中国家相比,仍需要进一步提高,绝大多数国家对小学和中学阶段的公共投入普遍超过公共教育支出的 70%,见表 12.7。

表 12.7　部分国家公共教育支出的三级教育结构　　　　单位：%

	占公共教育支出比例（2000 年）				占公共教育支出比例（2007 年）			
	初等	中等	高等	初等＋中等	初等	中等	高等	初等＋中等
孟加拉国	46	36	10	82	46	41	11	87
印度	38	40	20	78	35	43	20	78
肯尼亚	68	17	12	85	54	22	15	76
阿根廷	36	36	18	72	35	39	18	74
巴西	31	38	22	69	32	44	16	76
哥伦比亚	45	33	20	78	37	40	22	77
波兰	34	38	19	72	32	38	19	70
澳大利亚	34	40	24	74	34	39	23	73
新西兰	28	40	25	68	24	40	27	64
奥地利	20	45	25	65	18	46	28	64
比利时	23	43	22	66	24	43	22	67
法国	20	50	18	70	20	47	21	67
德国	15	49	24	64	15	47	25	62
日本	35	40	15	75	35	38	18	73
中国	32	27	25	59	32	31	19	63

数据来源：中国数据来源为历年《中国教育经费统计年鉴》，其他数据来源为世界银行网站。

公共资金在生均三级教育的分配上，差距呈现缩小趋势，见表 12.8。对于经济欠发达地区，生均高等教育公共支出与生均初等教育公共支出的差距较大，前者一般相当于后者的 3 倍以上，如摩洛哥对一个大学生财政拨款相当于 4～5 个小学生的财政拨款，而印度生均大学生拨款相当于 6 个以上小学生的拨款。目前中国的比值大约是一个大学生的拨款相当于 3 个左右的小学生拨款（2008 年为 2.96），但是与世界上大多数国家生均大学生财政拨款为 1～2 个小学生生均拨款的水平相比，我国的大学生仍然享受了相对较高的公共资金。

生均中学生享有的公共教育支出，在世界上大多数国家都相当于 1～1.5 个小学生享有的拨款水平，目前中国的数值在 1.2～1.3 之间（2008 年为 1.27），与其他国家的比例基本一致。

表 12.8　世界主要国家生均公共教育支出的三级教育结构

	生均中等教育支出：生均初等教育支出			生均高等教育支出：生均初等教育支出		
	2002	2005	2006	2002	2005	2006
澳大利亚	0.89	0.89	0.89	1.38	1.34	1.36
新西兰	1.15	1.16	1.16	1.98	1.30	1.49
阿根廷	1.51	1.63	1.54	1.16	/	1.08

	生均中等教育支出:生均初等教育支出			生均高等教育支出:生均初等教育支出		
	2002	2005	2006	2002	2005	2006
智利	0.98	1.10	1.12	1.12	0.97	1.06
古巴	1.18	1.19	1.27	2.64	1.38	1.02
墨西哥	1.12	1.08	1.03	3.46	2.75	2.64
摩洛哥	2.61	1.73	/	5.23	4.06	/
保加利亚	1.18	0.96	0.93	1.16	1.01	0.98
捷克	1.91	1.82	1.70	2.64	2.16	2.76
匈牙利	1.03	0.90	0.91	1.58	0.93	0.93
波兰	0.88	0.93	0.92	0.94	0.90	0.68
比利时	1.33	1.66	/	2.03	1.74	1.74
丹麦	1.45	1.39	1.40	3.00	2.20	2.18
芬兰	1.5	1.79	1.76	2.08	1.91	1.85
法国	1.6	1.55	1.55	1.65	1.92	1.96
以色列	1.02	0.99	1.01	1.16	1.11	1.14
意大利	1.10	1.16	1.14	1.08	0.96	0.93
新西兰	1.34	1.38	1.43	2.38	2.34	2.47
西班牙	1.29	1.22	1.23	1.2	1.19	1.21
瑞典	1.09	1.3	1.29	2.08	1.62	1.6
英国	1.64	1.07	1.23	1.77	1.71	1.32
美国	1.15	1.12	1.11	1.20	1.13	1.14
日本	0.98	1.01	1.02	0.77	0.87	0.87
韩国	1.45	1.25	1.29	0.31	0.50	0.55
马来西亚	1.41	/	/	5.08	/	5.54
伊朗	1.06	1.24	1.36	3.41	2.35	2.20
印度	/	1.87	1.83	/	6.48	6.21
中国	1.36	1.25	1.25	8.42	4.36	3.83

数据来源:中国数据为普通高校、普通中学和普通小学生均预算内教育经费的相互比例,根据历年《中国教育经费统计年鉴》有关数据计算,其他国家数据来源为世界银行网站。

12.3.3 公共教育支出的公平性比较

在12.2节对中国公共教育支出的分析中,我们曾进行了地区比较和城乡比较,这一内容可归入教育支出的公平性分析,因为帮助低收入群体接受教育,促进公平,是政府出资教育的重要原因。国际货币基金组织对各个国家的利益归宿分布进行总结后发现,初等教育公共支出的主要受益者,除撒哈拉以南非洲以及转型国家外,均为低收入群体;而高收入群体却是高等教育公共支出的主要受益者,如表 12.9 所示。

表 12.9　部分国家公共教育支出的利益归宿　　单位:%

	国家个数	初等教育		中等教育		高等教育	
		最低收入 20％人口	最高收入 20％人口	最低收入 20％人口	最高收入 20％人口	最低收入 20％人口	最高收入 20％人口
撒哈拉以南非洲	10	17.8	18.4	7.4	38.7	5.2	54.4
亚洲太平洋地区	4	20.3	16.9	8.3	37.3	2.5	69.0
发达国家	14	29.5	9.4	15.1	17.8	4.7	41.6
中东和北非	2	24.7	12.4	11	24.4	4.0	46.9
转型国家	7	19.3	20.0	12.5	24.6	8.7	32.6
总　　计	37	22.8	15.1	11.3	27.9	5.4	46.3
备注							
最小值		7.4	4.3	1.9	9.6	0	24.6
最大值		39.4	27.8	24.3	60.8	18.3	93.1

数据来源:Davoodi, Hamid R., Erwin R. Tiongson and Sawitree S. Asawanuchit. How Useful Are Benefit Incidence Analyses of Public Education and Health Spending? *IMF Working Paper* WP/03/227, 2003.

　　有关中国公共教育支出的公平研究,由于缺乏将人口划分不同组别的基础数据,研究者更多采用城乡、地区进行比较。对中国初等教育公共支出利益归宿的研究表明,高收入地区的家庭及其子女是公共支出的主要受益者,而受益最少的是中间收入地区的家庭[①]。研究者还发现,中国高等教育公共支出的主要受益者和其他国家相似,是高收入地区的家庭[②]。

12.4　教育投入与个体收入及经济增长的关系

　　大量理论与经验研究表明,对教育的投入不仅能够增加微观的居民个体收入,也有助于促进宏观的经济增长。早在 1974 年,美国经济学家明瑟(Mincer,1974)就发现了受教育年限与个体收入之间存在稳定的经验关系,并给出了如下的工资方程[③]:

$$\ln W = b_0 + b_1 S + b_2 X + b_3 X^2 + u$$

其中,W 表示个人的工资收入;S 表示受教育年限;X 表示工作经验;b_1 被称为教育个人收益率,表示受教育年限每增加一年,导致个人收入的变动比例。国内外经验研究表明,中国及

---

① 赵海利,赵海龙.谁是我国初等教育公共支出的受益者? 经济社会体制比较,2007(4):141—144.

② 蒋洪等.公共高等教育利益归宿的分布及成因.财经研究,2002(3):8—16.

③ Mincer, Jacob. *Schooling, Experience, and Earnings.* New York: Columbia University Press for NBER, 1974.

世界各国的教育个人收益率均显著为正[①]。

在宏观层面,经济学家深入探讨了教育促进经济增长的机制,其中最重要的研究是卢卡斯(Lucas,1988)做出的,他发现由教育投入带来的人力资本积累过程中产生了强大的生产外部性,这种人力资本外部性构成了内生经济增长的源泉[②]。外部性的存在意味着市场失灵,要求政府进行适当的干预。金戈(2009)基于卢卡斯模型,推导出了最优政府教育补贴率的时间路径,发现最优补贴率与人力资本外部性强度成正比,与教育个人收益率成反比。这意味着,随着教育的外部性强度变弱或教育个人收益率提高,最优补贴率将下降[③]。

在经验研究方面,美国经济学家巴罗等人(Barro,1991,1995)的跨国研究表明,政府公共教育支出对各国经济增长有较大的贡献[④]。在国内,廖楚晖(2006)的研究发现,中国的公共教育投入对人均产出增长也起到了显著的促进作用[⑤]。

本章小结

1.由于教育具有很强的正外部性,又是促进社会公平的重要途径,世界各国政府都在教育领域投入了大量的公共资金。

2.根据不同教育层次的外部性程度不同,政府在不同教育层次中所承担的责任也不尽相同。一般而言初等教育的外部收益更加明显,政府在初等教育中的责任相应地也更大些。

3.改革开放以来,中国的公共教育支出的绝对总量增长迅速,但与国际水平相比,公共教育支出占 GDP 的比重这一重要指标仍然偏低。从公共教育支出的三级结构来看,高等教育享有了相对较多的公共资源。因此,进一步提高公共教育投入总量、优化教育支出结构显得尤为迫切。

4.从国际经验来看,各国政府在初等教育上都承担了主要责任,然而在高等教育上,各国的公共资金投入比例相差很大。

5.国外公共教育支出的利益归宿分析结果表明:随着教育层次的上升,教育的公平程度下降,绝大多数国家初等教育公共支出的主要受益者为低收入家庭及其子女,而高等教育公共支出的主要受益者却是高收入家庭及其子女。

6.大量研究表明,良好的教育既可以增加微观的居民个体收入,又有助于促进宏观的经济增长。

[①]　Krueger, A. B. and M. Lindahl. Education for Growth: Why and for Whom? *Journal of Economic Literature*, 2001, 39(4): 1101-1136;陈晓宇,陈良焜,夏晨. 人力资本的外部性与行业收入差异. 北京大学教育评论,2003(2): 65—72.

[②]　Lucas, Robert E. On the Mechanics of Economic Development. *Journal of Monetary Economics*, 1988, 22(1): 3-42.

[③]　金戈. 中国教育补贴率的变动趋势:基于教育个人收益率的分析. 经济学季刊,2009(3):1083—1106.

[④]　Barro, Robert J. Economic Growth in a Cross Section of Countries. *Quarterly Journal of Economics*, 1991, 106 (2): 407-443;Barro, Robert J. and X. Sala-i-Martin, *Economic Growth*, New York: McGraw-Hill, 1995.

[⑤]　廖楚晖. 中国人力资本和物质资本的结构及政府教育投入. 中国社会科学,2006(1):23—33.

复习与思考

1.简述政府大规模介入教育领域的主要理论依据。

2.比较不同教育层次的外部性强弱与政府承担责任的差异。

3.教育券有哪些类型,它们有什么不同的作用?

4.1998年5月4日,教育部决定在实施"面向21世纪教育振兴行动计划"中,重点支持部分高校创建世界一流大学,简称"985工程"。首批重点建设资金投入时间从1999年至2001年,除正常经费外,国家对清华大学、北京大学各投入18亿元人民币,其他入选大学也都采取两方或三方共建的形式分别给予10亿元左右的重点建设资金。谈谈你的看法。

5.为什么良好的教育有助于提高个人收入,促进经济增长?

进一步阅读文献

1.舒尔茨.教育的经济价值.长春:吉林人民出版社,1982.

2.弗里德曼.政府在教育中的作用.载:资本主义与自由.北京:商务印书馆,1986.

3. Lucas, Robert E. On the Mechanics of Economic Development. *Journal of Monetary Economics*, 1988, 22(1):3—42.

4.金戈.中国教育补贴率的变动趋势:基于教育个人收益率的分析.经济学季刊,2009(3):1083—1106.

5.赵海利,赵海龙.谁是我国初等教育公共支出的受益者?经济社会体制比较,2007(4):141—144.

第 13 章　研究开发支出

技术进步,位于经济增长的核心。

——保罗·罗默,《内生技术进步》(1990)

在人类的历史长河里,世界性的经济增长其实是最近才发生的事情。直到 18 世纪中期以前,人类的经济增长是非常缓慢的,产出水平仅仅只能满足人们的基本生存。随着知识的逐步积累和能够鼓励人们创新的经济制度的逐渐形成,工业革命爆发了,新技术和纯科学知识开始不断出现和更新,快速的技术进步带来了持续的经济增长和生活水平的提高,人类社会从此进入了一个崭新的时代。

大量证据表明,技术进步是现代经济增长的引擎,而技术进步则是通过人类的科技活动来推进的。在所有的科技活动中,研究开发活动处在核心位置。本章在简要考察科技活动支出基础上,重点考察研究开发的层次与性质,探讨政府在不同层次研究开发活动中所应承担的责任,分析中国研究开发支出的规模与结构及其变化趋势,并进行国际比较。最后利用现有的经验研究成果,探讨公共与私人研究开发支出的关系及其对经济增长的作用。

13.1　科学技术支出

13.1.1　科学技术活动概述

所谓科学技术活动,泛指人类在自然科学、农业科学、医药科学、工程与技术、人文与社会科学领域(统称为科学技术领域)中与科技知识的产生、发展、传播和应用密切相关的有组织的活动。根据联合国教科文组织的分类,科技活动可分为研究与试验开发、研究开发成果应用及相关的科技服务三类活动。

(一)研究与试验开发(research and development,R&D)

简称研究开发,是指人类为增加知识存量,以及运用这些知识去创造新的应用所进行的系统的创造性的活动,包括基础研究、应用研究和试验开发三类活动[①]。研究开发活动处在全部科技活动的核心位置,国际上通常以研究开发规模和强度指标反映一国的科技实力与核心竞争力。我们将在 13.2 节对研究开发活动的层次与性质做进一步考察。

(二)研究开发成果应用

研究开发成果应用是指为使研究开发阶段产生的成果(如新产品、新材料、新工艺等)能够投入生产或实际应用,解决所存在的技术问题而进行的系统性的工作。

(三)科技服务

科技服务是指与研究开发活动相关并有助于科学技术知识的产生、传播和应用的活动[②]。

13.1.2　中国的科学技术支出

我们首先分析财政科技支出,进而考察全国科技活动支出总量及其筹资结构。

财政科技支出是指政府公共预算中用于科学技术活动的支出总量,在 2007 年新的政府收支科目使用之前,财政科技支出分散在不同的支出项目中,主要包括科技三项费用、科学事业费、科研基建费和其他科研支出。2007 年开始,科学技术支出才有了独立的统计科目。需要指出,在国际货币基金组织的《2001 年政府财政统计手册》中,并没有专门的科技支出这一科目,相应的支出被分别归入不同的职能类别中,如一般公共服务、经济事务和环境保护等。因此,保留了科学技术支出这一独立科目也是中国政府收支科目体系与 IMF 科目体系的主要差异之一。

表 13.1 给出了 1953—2008 年财政科技支出的历年统计数据及其占财政支出与 GDP 的比例。

表 13.1　1953—2008 年中国财政科技支出　　　　　　　　单位:亿元,当年价格

年　份	财政科技支出	财政支出	占财政支出比例	GDP	占 GDP 比例
1953	0.56	219.21	0.3%	824.2	0.07%
1955	2.13	262.73	0.8%	910.8	0.23%
1960	33.81	643.68	5.3%	1457.5	2.32%
1965	27.17	459.97	5.9%	1717.2	1.58%
1970	29.96	649.41	4.6%	2261.3	1.32%
1975	40.31	820.88	4.9%	3013.1	1.34%
1978	52.89	1122.09	4.7%	3645.2	1.45%
1980	64.59	1228.83	5.3%	4545.6	1.42%
1985	102.59	2004.25	5.1%	9016.0	1.14%

---

① Research and development 也可以译作研究与试验发展,或研究发展。本书中"研究开发"和"研究发展"两词混用,为同义词。

② 参见:科学技术部.科技活动定义及其分类.2007.

年　份	财政科技支出	财政支出	占财政支出比例	GDP	占 GDP 比例
1990	139.12	3083.59	4.5%	18667.8	0.75%
1995	302.36	6823.72	4.4%	60793.7	0.50%
2000	575.62	15886.50	3.6%	99214.6	0.58%
2001	703.26	18902.58	3.7%	109655.2	0.64%
2002	816.22	22053.15	3.7%	120332.7	0.68%
2003	944.68	24649.95	3.8%	135822.8	0.70%
2004	1095.34	28486.89	3.8%	159878.3	0.69%
2005	1334.91	33930.28	3.9%	183217.4	0.73%
2006	1688.5	40422.73	4.2%	211923.5	0.80%
2007	1783.04	49781.35	3.6%	257305.6	0.69%
2008	2129.21	62592.66	3.4%	300670.0	0.71%

数据来源:《中国财政年鉴 2007—2009》。

如表 13.1 所示,中国财政科技支出虽然在总量上持续增长,但是其相对比例却表现出明显的波动趋势,图 13.1 清楚显示了财政科技支出总量及其占财政支出比例的变化趋势。

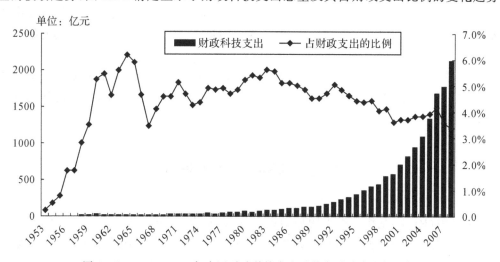

图 13.1　1953—2008 年中国财政科技支出及其占财政支出的比例

表 13.1 的数据还显示,1995 年以来,财政科技支出占 GDP 的比例表现出缓慢上升的趋势,这可能与 1995 年中央提出科教兴国战略有关。表 13.2 进一步给出了 1995 年以来全国科技活动支出总量及其筹资来源。

表 13.2　1995—2008 年中国科技支出总量及其筹资结构

	总　量 (亿元)	占 GDP 比例 (%)	筹资来源结构(%)		
			政府资金	企业资金	金融机构贷款
1995	962.5	1.58	25.8	31.7	13.2
2000	2346.7	2.37	25.3	55.2	8.4
2001	2589.4	2.36	25.3	56.3	7.4
2002	2938.0	2.44	26.4	57.1	6.9
2003	3459.1	2.55	24.3	59.4	7.5
2004	4328.3	2.71	22.8	64.0	6.1
2005	5250.8	2.87	23.1	65.5	5.3
2006	6196.7	2.92	22.1	66.3	6.0
2007	7695.2	2.99	22.1	67.4	5.0
2008	9123.8	3.03	20.8	69.8	4.4

数据来源:《中国科技统计年鉴 2009》。

如表 13.2 所示,全国科技活动经费总量占 GDP 的比例从 1995 年的 1.58% 上升到 2008 年的 3.03%,增长幅度超过 90%,表明整个国家在科教兴国与自主创新战略下,对科技活动的重视程度有了很大提高。从筹资结构来看,政府科技投入占 GDP 的比例虽然有所提高,但是在科技活动总量中的比重实际上是下降的[1],而企业自有资金占全部科技支出的比例从 1995 年的 32% 上升到了 2008 年 70%,这说明企业已经成为中国科技活动的绝对主导力量。

那么,政府投入比例的下降是否是合理的? 政府在全国科技活动中究竟应该承担什么样的责任? 下面,我们将围绕着科技活动的核心内容,即研究开发活动,对上述问题进行深入探讨。

13.2　研究开发的层次

研究开发(R&D)是指人类为增加知识存量(包括自然科学、农业科学、医药科学、工程与技术、人文与社会科学知识),以及运用这些知识去创造新的应用而进行的系统的创造性的活动。研究开发活动与其他科技活动的不同在于,研究开发具有创造性和新颖性,常常伴随着新的发现、新的发明或者新的工艺和设计。因此,研究开发活动处在整个科技活动的核心,也是推动技术进步的核心力量。

---

[1]　表 13.2 与表 13.1 的政府科技支出统计口径有所差异,但变化趋势基本保持一致。

13.2.1　研究开发的层次与性质

一般而言,研究开发包含三个层次的活动:基础研究、应用研究和试验开发。其中基础研究与应用研究合在一起,统称为科学研究。

(一)基础研究(basic research)

基础研究是为了获得关于现象和可观察事实的基本原理及新知识而进行的实验性和理论性工作,它不以任何专门或特定的应用或使用为目的。基础研究的成果反映了知识的原始创新能力,其成果形式主要是科学论文和科学著作。

基础研究是为了认识和解释世界,增进人类一般知识,没有任何特定的使用目的,其研究成果具有一般性或普遍性,并以论文或著作的形式发布,其受益者是经济中所有的人。

基础研究的成果在本质上是一种新的知识,人们在获取这种知识时相互之间并不存在竞争性。同时,由于基础研究的成果形式主要是公开发表的科学论文和著作,人们可以方便地通过图书馆或互联网等多种途径阅读这些科学论文或著作,因此也不具有排他性。在这个意义上,基础研究成果属于或接近于纯公共产品。

(二)应用研究(applied research)

应用研究是为了获取与某一特定目的或目标有关的新知识而进行的创造性研究。应用研究反映了对基础研究成果应用途径的探索,是将基础理论发展为实际应用的过程,其研究成果一般只影响科学技术的有限范围,针对具体的领域、问题或情况,成果形式一般以科学论文、著作或发明专利为主。

应用研究同样创造了新的知识,只要是知识就具有非竞争性。但是从成果形式来看,以论文和著作形式存在的应用研究一般不具备排他性;但以发明专利等形式存在的应用研究则具有一定的排他性,发明专利属于专利拥有人,受到法律保护,其他人除非购买专利使用权,否则不能使用该项专利。因此,应用研究成果中既包括纯公共产品,又包括混合产品(排他性公共产品)。

(三)试验开发(experimental development)

试验开发是指利用从基础研究和应用研究获得的现有知识,为产生新的产品、材料和装置,建立新的工艺、系统和服务,以及对已产生和建立的上述各项作实质性的改进而进行的系统性工作。在社会科学领域,试验开发是指把通过基础研究和应用研究获得的知识转变成可以实施的计划(包括为进行检验和评估实施示范项目)的过程。人文科学领域没有对应的试验发展活动。试验开发的成果主要反映了将科研成果转化为技术和产品的能力,是科技推动经济社会发展的物化成果。其成果形式主要是专利、专有技术和研究报告等。

试验开发虽然没有创造新的知识,但是对已有的知识进行了新的组合,其成果形式仍然与知识有关,具有非竞争性。大多数研究成果或者受到专利的保护,或者作为专有技术以不公开的形式存在,具有很强的排他性,在产品性质上属于混合产品。需要指出,试验开发中还存在一部分社会科学领域的成果,这些成果主要以研究报告形式存在(比如一项帮助低收入家庭的计划),它是面对整个社会的,在性质上属于或接近于纯公共产品。

 **专栏 13.1**

如何区分不同层次的研究开发活动？

在实践中,区分基础研究、应用研究与试验开发三者之间的标准是活动的直接目的及其特征见表13.3。

(1)区分基础研究与应用研究的主要标准是:基础研究是为了认识现象,获取关于现象和事实的基本原理的知识,而不考虑其直接的应用,应用研究在获得知识的过程中具有特定的应用目的。

基础研究没有特定的应用目的或目标主要表现在,在进行研究时对其成果的实际应用前景如何并不很清楚,或者虽然确知其应用前景但并不知道达到应用目标的具体方法和技术途径。应用研究的特定应用目的不外乎两类:或是发展基础研究成果确定其可能用途,或是为达到具体的、预定的目标确定应采取的新的方法和途径。应用研究虽然也是为了获得科学技术知识,但是,这种新知识是在开辟新的应用途径的基础上获得的,是对现有知识的扩展,为解决实际问题提供科学依据,对应用具有直接影响。基础研究获取的知识必须经过应用研究才能发展为实际运用的形式。

(2)区分基础研究、应用研究与试验开发的主要标准是:基础研究和应用研究主要是扩大科学技术知识,而试验开发则是开辟新的应用即为获得新材料、新产品、新工艺、新系统、新服务以及对已有上述各项作实质性的改进。

虽然应用研究和试验开发所追求的最终目标是一样的,但它们的直接目的或目标却有着本质的差别。应用研究是为达到实际应用提供应用原理、技术途径和方法、原理性样机或方案,这是创造知识的过程;试验开发并不增加科学技术知识,而是利用或综合已有知识创造新的应用,与生产活动直接有关,所提供的材料、产品装置是可以复制的原型,而不是原理性样机或方案,提供的工艺、系统和服务是可以在实际中采用。

表 13.3　基础研究、应用研究与试验开发的区分

基础研究	应用研究	试验开发
微分方程数值解研究	用于说明波动(如说明无线电波传送的强度和速度)的微分方程数值解研究	为说明波动的微分方程数值解设计计算机程序
关于心理因素对疾病影响的研究	研究引发胃溃疡心理因素,以便取得发展有效的治疗方法所需要的资料	发展治疗由心理因素引起的胃溃疡的新方法
关于植物的蛋白生物合成与光合率的关系的研究	研究谷物的抗病力的遗传特性以便获得关于培植更能抗病的谷物新品种的知识	培植更能抗病的谷物新品种
空气中的污染物的化学变化的研究	分析方法的研究,以确定和测量空气中的二氧化硫为目标	发展物理化学技术,减少燃烧过程中二氧化硫的发散
金属和非金属结构与性质的研究	高温金属陶瓷复合材料结构与性能的研究,以探寻高温金属陶瓷制备与成型技术途径	研制600℃～800℃下可供实际应用的新型耐高温陶瓷复合材料

续表

基础研究	应用研究	试验开发
高磁能和磁体微观结构及性质的研究	根据高磁能各磁体的原理和规律,探讨用快淬、热压制作磁体的最优化的机理和规律,从而提出产生 ND－FE－B 磁体原理模型	根据已有的原理性模型,探求制作高磁能积 ND－FE－B 磁体的快淬、热压工艺

——本文改编自科学技术部.科技活动定义及其分类.2007.

13.2.2 研究开发的生产与提供

研究开发是推动技术进步的核心力量。那么究竟谁在进行研究开发活动? 又是谁在为这种活动买单? 这实际上就是一个公共产品的生产与提供的问题。

实践中,研究开发的生产部门,或者说执行部门,主要包括高校、政府研究机构和企业。而研究开发活动的提供者,或者说研究开发的筹资来源,则主要是政府和企业。

从理论上分析,不同层次的研究开发活动需要由不同的执行部门来进行生产,并且由不同的部门为其提供资金。我们逐一进行分析(见表 13.4)。

表 13.4 研究开发的层次

	基础研究	应用研究	试验开发
研发目标	增进人类一般知识	探索基础研究的应用途径	以运用于生产为目的
成果形式	论文与著作等	论文与著作、发明专利等	专利、专有技术、研究报告等
产品性质	纯公共产品	纯公共产品、混合产品	混合产品、纯公共产品
提供方式	公共提供	混合提供	混合提供
筹资来源	政府公共资金	政府公共资金为主 企业资金为辅	企业资金为主 政府公共资金为辅
执行部门	高校和政府研究机构	高校和政府研究机构为主 企业为辅	企业为主 高校和政府研究机构为辅

(一)基础研究

基础研究增进了人类的一般知识,没有任何特定目的,其成果一般以论文和著作的形式存在。在消费上,基础研究具有非竞争性和非排他性,属于或接近于纯公共产品。显然,纯公共产品由私人提供是没有效率的,因此基础研究需要由政府来提供,或者说基础研究的筹资来源应该是政府部门。在生产上,由于基础研究没有任何特定目的,也不能转化为商业利润,很难想象由企业来主动进行基础研究,因此,基础研究的执行部门主要是高校和政府研究机构。

(二)应用研究

尽管应用研究也创造了新的知识,但是应用研究具有特定的目的,针对某一具体的领域或问题,探索基础研究成果的实际应用,在成果形式上以论文、著作和发明专利为主。在消费上,当应用研究成果以论文和著作形式存在时,它具有非竞争性和非排他性,属于或接近于纯公共产品;当应用研究成果以发明专利形式存在时,它是非竞争的,但是具备了一定的排他性,属于混合产品。对于具有纯公共产品性质的应用研究成果而言,主要应该由政府来提供。然而,那些受到发明专利保护的应用研究成果,实际上具备了一定的排他性,可以采取以私人提供为主的形式,政府给予一定补贴[①]。在生产上,由于应用研究成果具有特定的目的,探索基础研究成果的实际应用,能够经过试验开发转化为技术和产品的能力,因此应用研究活动主要在高校、政府研究机构进行,也可以在企业进行,或者采取企业与高校或研究机构合作的形式进行。

（三）试验开发

试验开发有着明确的目的,其研究成果能够转化为现实的生产力和商业利润,企业有着很强的动力去进行这些活动,因此,企业是执行试验开发的主要部门。在消费上,试验开发的成果虽然受到专利权的保护或者是不公开的,具有较强的排他性,但是其外部性仍然存在,因此政府可以给予适当补贴（或者减税）。对于社会科学领域的试验开发,其收益主要体现在社会层面,营利性企业没有动力去做,其执行部分仍然以高校和研究机构为主,并且政府应该作为主要的资金提供者。

13.2.3　政府的责任

在研究开发活动中,政府的责任体现在三个方面。一是作为资金提供者,为具有纯公共产品性质的研究开发活动直接提供资金,对具有混合产品性质的研究开发活动进行适当补贴。二是作为活动执行者,通过公共研究机构和公立高校直接进行一部分研究开发的生产活动,这部分研究开发活动通常是私人部门所不愿意从事的。三是作为产权保护者,通过专利法等一系列制度安排为私人从事研究开发活动提供知识产权保护,这种保护实际上是为私人从事研究开发活动提供一个良好的制度环境。

 专栏 13.2

制度环境与西方世界的兴起

众所周知,技术进步是经济增长的原动力。然而,一个无法回避的问题是,为什么大规模的技术进步和经济增长现象直到 18 世纪才开始出现? 为什么在这之前没有出现? 究竟是什么因素制约了技术进步,又是什么因素刺激了技术创新?

诺思、托马斯(1973)通过考察西方世界的经济发展史,提出了一个令人信服的解释。在他们看来,技术进步和经济增长依赖于一系列制度安排,这些制度安排为人们从事有利于经济增长的那些活动(比如研究开发活动)提供了必要的激励。当人们缺乏这种激励时,人们将不愿意从事这些活动,整个社会也将处于停滞状态。因此,经济增长的关键在于要发展出一个"有效率的经济组织",这个"有效率的组织需要在制度上作出安排和确立所有权以便造成一种刺激,将个人的经济努力变成私人收益率接近社会收益率的活动"。

---

① Arrow(1962)和 Romer(1990)对研究开发活动的外部性进行了深入讨论。Romer, Paul. Endogenous Technological Change. *Journal of Political Economy*, 1990, 98(5): S71-105; Arrow, Kenneth. The Economic Implications of Learning by Doing. *Review of Economic Studies*, 1962, 29(3): 155-173.

公元 10 世纪,在西方世界中已经普遍形成了封建主义和庄园制度。经济活动围绕着庄园进行,庄园的习惯法是不成文的"宪法",实质上为当时的无政府社会提供了一种重要的制度协定。每个庄园都有一处堡垒作保护,四周荒野环绕。庄园之间就像一个个孤立的小村落,封建主义则为这一四分五裂的社会提供了一种稳定和秩序。随着和平和安全的恢复,庄园间的贸易逐渐扩大,相应的,在人烟稠密的定居区建起了市镇。11 和 12 世纪贸易和商业的发展,不仅促使市镇激增,而且带来了一系列旨在减少市场不完善的制度安排。新市镇发展了自己的具有行政和保护职能的政府,并形成了一套法律来制裁争端。随着人口和贸易的不断发展,北意大利和中德意志的市镇成为了繁荣的商业中心。

然而,到了 13 世纪,最好的土地全占用了,劳动力过剩,新移民只能依靠贫瘠的土地,农业生产率开始下降,农产品价格相对于农业劳动者收入不断上升。农业劳动收益递减导致人口增长超过产量增长,其直接后果是 14 世纪出现了大面积的饥荒和瘟疫,人口开始持续下降,这就是所谓的马尔萨斯循环。人口的下降扭转了产品和要素的相对价格,土地再次变得丰裕而劳动力不足,这一局面改变了工人的谈判实力,进而庄园制的主仆关系逐渐消失了。租约变长,农奴开始获得对其土地的专有权。到 14 世纪后半期人口重新开始增长时,封建社会的基本结构已经瓦解。在一些地区逐渐出现了保护所有权结构的生产性制度安排,船舶和航海技术得以改进并导致了地理大发现。因此,这一过程虽然也伴随着农产品价格上升而工资下降的现象和马尔萨斯循环的压力,但向新大陆的移民和生产率的提高缓解了农业报酬递减的趋势。

16 世纪是商业扩张的时代,股份公司等旨在应付资金筹集和风险分担的制度安排被创立并推广开来。随着市场经济的扩张与最优军事规模的扩大,为了提高效率庄园必须扩大为一个共同体,这就导致了民族国家的形成。这些变化为所有权的演进提供了一个适宜的环境,进而促进了土地所有制、自由劳动力、保护私有财产、专利法和其他知识产权保护等一系列制度安排。到 18 世纪初,西方世界已经形成了私人收益率相当接近于社会收益率的制度环境,刺激人们去从事生产性活动特别是研究开发活动。这些变化很快就导致了一场蔓延至整个欧洲及其海外殖民地的技术革命。西方世界的长期经济增长正式拉开了序幕。

参考文献

1.道格拉斯·诺思,罗伯斯·托马斯.西方世界的兴起.北京:华夏出版社,1999.

13.3　中国的研究开发支出

表 13.5 给出了全国 1995—2008 年各年的研究开发支出总量及其三个层次的支出比例。如表中数据所示,自 1995 年提出科教兴国战略以来,我国研究开发支出总量增长十分迅速,名义支出增长了 12 倍,研究开发的强度(占 GDP 的比例)也从 1995 年 0.57% 上升了 1.54%。

但是从分层次的结构来看,基础研究和应用研究的比例都下降了,基础研究支出的比例从 1995 年的 5.2% 下降到了 2008 年的 4.8%,应用研究支出的比例则从 26.4% 下降为 12.5%,这意味着科学研究支出占研究开发支出的比例从 1995 年的 32% 下降到了 2008 年的 17%。相应的,试验开发支出的比例从 68% 增加到了 83%。

表 13.5　1995—2008 年中国研究开发支出及其结构

	总　量 (亿元)	占 GDP 比例 (%)	层次结构(%)		
			基础研究	应用研究	试验开发
1995	348.69	0.57	5.18	26.39	68.43
2000	895.66	0.90	5.22	16.96	77.82
2001	1042.49	0.95	5.33	17.73	76.93
2002	1287.64	1.07	5.73	19.16	75.12
2003	1539.63	1.13	5.69	20.23	74.08
2004	1966.33	1.23	5.96	20.37	73.67
2005	2449.97	1.34	5.36	17.70	76.95
2006	3003.10	1.42	5.19	16.28	78.53
2007	3710.24	1.44	4.70	13.29	82.01
2008	4616.02	1.54	4.78	12.46	82.76

数据来源:《中国科技统计年鉴 2009》。

　　研究开发支出规模与结构变化的背后,反映出企业已经逐渐成为研究开发活动的主体,而企业的绝大多数资金都投入到试验开发活动中,因此试验开发支出在研究开发支出中的比例越来越大[①]。表 13.6 给出了 2008 年按执行部门和资金来源分组的研究开发支出结构。

表 13.6　2008 年按执行部门和资金来源分组的研究开发支出　　　　单位:亿元

执行部门	研究开发支出	筹资来源		
		政府资金	企业资金	其　他
全国合计	4616.0	1088.9	3311.5	215.5
政府研究机构	811.3	699.8	28.2	83.3
企业	3381.7	145.5	3137.2	99.0
高校	390.2	225.5	134.9	29.8
其他	32.9	18.2	11.2	3.5

数据来源:《中国科技统计年鉴 2009》。

　　如表 13.6 所示,2008 年全国研究开发支出 4616 亿元,其中政府投入的比例只有 23.6%,而企业投入的比例高达 71.7%。从执行部门来看,企业执行经费共 3381.7 亿元,占

---

　　①　2008 年全国规模以上工业企业研究开发支出合计 3073.1 亿元,其中试验开发支出 3028.5 亿元,占比 98.5%。
数据来源:《中国科技统计年鉴 2009》。

全国研究开发支出的 73.3%。因此,无论从资金来源还是执行部门来看,企业均已成为研究开发活动的绝对主力。高校执行经费为 390.2 亿元,仅占全国总量的 8.5%,说明高校在研究开发活动中所做的贡献比较小,处在从属的地位。

13.4　研究开发支出的国际比较

2007 年,全球研究开发支出总额达到 1.07 万亿美元,中国的研究开发支出达到 488 亿美元,位居世界第六位,仅次于美、日、德、法、英五国[①]。表 13.7 提供了世界主要国家研究开发支出总量及其占 GDP 比例的相关数据。

表 13.7　世界主要国家研究开发支出　　　　　单位:亿美元,当年价格

	年　份	研究开发支出	占 GDP 比例
美国	2007	3687.99	2.68%
日本	2007	1507.91	3.39%
德国	2007	842.28	2.53%
英国	2007	502.83	1.79%
法国	2007	538.83	2.08%
中国	2007	487.93	1.44%
韩国	2007	336.84	3.47%
加拿大	2008	272.45	1.89%
意大利	2006	211.17	1.14%
俄罗斯	2007	145.06	1.12%

数据来源:中国数据为表 13.5,其他各国为科学技术部统计数据库。

如表 13.7 所示,虽然中国的研究开发支出位列世界第六,但研究开发的强度(即研究开发支出占 GDP 的比例)并不算高,尚不足 1.5%。而我们的邻国日本和韩国,其研究开发强度均超过了 3%。研究开发强度偏低和我国一直以来倡导的科教兴国与自主创新发展战略相比存在一定差距。

除了总量水平偏低,中国研究开发支出的结构与世界其他国家相比也存在一定不合理性。表 13.8 列出了分别按不同指标划分的世界主要国家研究开发支出结构。

---

① 数据来源:科学技术部发展计划司.中国 R&D 经费支出特征及国际比较.科技统计报告,2009(6).

表 13.8　2008 年或最近年份世界各国研究开发支出结构

	筹资来源（%）		执行部门（%）			层次结构（%）	
	企业资金	政府资金	企业	高校	政府研究机构	基础研究	应用研究和试验开发
美国	67.3	27.0	72.6	12.9	10.6	17.3	82.7
日本	77.7	15.6	77.9	12.6	7.8	11.8	88.2
德国	67.9	27.7	70.0	16.1	13.9	/	/
英国	47.2	29.5	64.2	26.5	8.3	/	/
法国	50.5	39.4	63.0	19.7	16.1	24.5	75.5
韩国	73.7	24.8	76.2	10.7	11.7	14.4	85.6
加拿大	47.5	33.1	54.1	34.9	10.4	/	/
意大利	42.0	44.3	50.9	32.6	13.2	/	/
OECD 全部	64.2	28.1	69.8	17.0	10.9	/	/
中国	71.7	23.6	73.3	8.5	17.6	4.8	95.2
俄罗斯	28.7	64.7	62.9	6.7	30.1	17.0	83.0

数据来源：中国数据为表 13.5 和表 13.6，其他各国为 OECD，Main Science and Technology Indicators，2009(2).

　　如表 13.7 所示，从筹资来源看，中国研究开发支出中的政府投入比例仅 24%。在表列 R&D 大国中，除日本外，其余各国的政府投入比例均高于中国。中国经济发展程度相对较为落后，企业部门实力相对较弱，而政府在研究开发中承担的比例却不足 1/4。相比，与中国经济发展程度较为接近的俄罗斯在研究开发中的政府投入比例超过 60%。

　　从执行部门来看，中国与其他国家一样，企业是研究开发活动的主力。但中国高校在研究开发活动中的份额很低，只有 8.5%。而 OECD 国家的同一比例普遍超过 10%，甚至有的国家达到 30%，OECD 各国平均为 17%，两倍于中国。这说明，从国际经验来看，高校作为一个国家的学术圣地，应该在科学研究活动中承担更大的责任。

　　从分层次的结构来看，中国的问题也很突出。在我们能够掌握数据的表列国家里，中国的基础研究比例是最低的，还不到 5%。同一比例，在法国是 1/4，美国和俄罗斯是 17%，韩国与日本也都超过 10%。我们知道，相比应用研究和试验开发而言，基础研究没有特定的目的或目标，纯粹是为了开拓人类的一般知识，企业不愿意将资金投入到这些活动中，因此基础研究需要采取公共提供的方式。中国的基础研究支出比例如此之低，实际上反映出政府职能的缺位。政府对研究开发的投入比例已经很低（不到 1/4），而且还将大部分资金投到了应用研究和试验开发领域中。这也说明，整个国家在研究开发活动中存在着严重的浮躁之风，总想着立竿见影，而不愿意从事基础性的研究活动。政府如果不充分认识到这一点，不及时采取措施加以纠正，长此以往，中国与发达国家的科技实力差距将越来越大。

　　针对上述问题，国务院于 2005 年底发布了《国家中长期科学和技术发展规划纲要（2006—2020 年）》，在这份纲要中，不仅提出了研究开发支出占 GDP 比例要在 2010 年达到

2％、2020 年达到 2.5％以上的中长期目标,还提到了一系列保障措施,特别是要增加政府投入的比例,调整政府投入的结构,重点加强对基础研究和前沿技术研究的支持力度。

 **专栏 13.3**

国家中长期科学与技术发展规划纲要(2006—2020 年)(摘录)

进入 21 世纪,新科技革命迅猛发展,正孕育着新的重大突破,将深刻地改变经济和社会的面貌。信息科学和技术发展方兴未艾,依然是经济持续增长的主导力量;生命科学和生物技术迅猛发展,将为改善和提高人类生活质量发挥关键作用;能源科学和技术重新升温,为解决世界性的能源与环境问题开辟新的途径;纳米科学和技术新突破接踵而至,将带来深刻的技术革命。基础研究的重大突破,为技术和经济发展展现了新的前景。科学技术应用转化的速度不断加快,造就新的追赶和跨越机会。因此,我们要站在时代的前列,以世界眼光,迎接新科技革命带来的机遇和挑战。面对国际新形势,我们必须增强责任感和紧迫感,更加自觉、更加坚定地把科技进步作为经济社会发展的首要推动力量,把提高自主创新能力作为调整经济结构、转变增长方式、提高国家竞争力的中心环节,把建设创新型国家作为面向未来的重大战略选择。

同发达国家相比,我国科学技术总体水平还有较大差距,主要表现为:关键技术自给率低,发明专利数量少;在一些地区特别是中西部农村,技术水平仍比较落后;科学研究质量不够高,优秀拔尖人才比较匮乏;同时,科技投入不足,体制机制还存在不少弊端。目前,我国虽然是一个经济大国,但还不是一个经济强国,一个根本原因就在于创新能力薄弱。

今后 15 年,科技工作的指导方针是:自主创新,重点跨越,支撑发展,引领未来。自主创新,就是从增强国家创新能力出发,加强原始创新、集成创新和引进消化吸收再创新。重点跨越,就是坚持有所为、有所不为,选择具有一定基础和优势、关系国计民生和国家安全的关键领域,集中力量、重点突破,实现跨越式发展。支撑发展,就是从现实的紧迫需求出发,着力突破重大关键、共性技术,支撑经济社会的持续协调发展。引领未来,就是着眼长远,超前部署前沿技术和基础研究,创造新的市场需求,培育新兴产业,引领未来经济社会的发展。

到 2020 年,我国科学技术发展的总体目标是:自主创新能力显著增强,科技促进经济社会发展和保障国家安全的能力显著增强,为全面建设小康社会提供强有力的支撑;基础科学和前沿技术研究综合实力显著增强,取得一批在世界具有重大影响的科学技术成果,进入创新型国家行列,为在本世纪中叶成为世界科技强国奠定基础。

改革开放以来,我国科技投入不断增长,但与我国科技事业的大发展和全面建设小康社会的重大需求相比,与发达国家和新兴工业化国家相比,我国科技投入的总量和强度仍显不足,投入结构不尽合理,科技基础条件薄弱。当今发达国家和新兴工业化国家,都把增加科技投入作为提高国家竞争力的战略举措。我国必须审时度势,从增强国家自主创新能力和核心竞争力出发,大幅度增加科技投入,加强科技基础条件平台建设,为完成本纲要提出的各项重大任务提供必要的保障。

1.建立多元化、多渠道的科技投入体系。充分发挥政府在投入中的引导作用,通过财政直接投入、税收优惠等多种财政投入方式,增强政府投入调动全社会科技资源配置的能力。

国家财政投入主要用于支持市场机制不能有效解决的基础研究、前沿技术研究、社会公益研究、重大共性关键技术研究等公共科技活动,并引导企业和全社会的科技投入。在政府增加科技投入的同时,强化企业科技投入主体的地位。总之,通过多方面的努力,使我国全社会研究开发投入占国内生产总值的比例逐年提高,到 2010 年达到 2%,到 2020 年达到 2.5%以上。

2. 调整和优化投入结构,提高科技经费使用效益。加强对基础研究、前沿技术研究、社会公益研究以及科技基础条件和科学技术普及的支持。合理安排科研机构(基地)正常运转经费、科研项目经费、科技基础条件经费等的比例,加大对基础研究和社会公益类科研机构的稳定投入力度,将科普经费列入同级财政预算,逐步提高科普投入水平。

3. 加强科技基础条件平台建设。

4. 建立科技基础条件平台的共享机制。

——本文摘录自《国家中长期科学与技术发展规划纲要(2006—2020 年)》

··

13.5　公共、私人研究开发支出与经济增长

在理论上,政府对研究开发活动的投入将会对企业的研究开发活动产生两种效应。

(一)互补效应(complementary effect)

互补效应是指公共研究开发支出的增长促进了私人研究开发支出的进一步增长,也可以称为示范效应(demonstration effect)。互补效应的机制是,政府投资于基础研究和一部分应用研究活动,为企业从事后续研究开发活动打下了良好基础,降低了市场风险,从而带动了企业在相关领域的研究开发投入。

(二)替代效应(substitution effect)

替代效应是指公共研究开发支出的增长替代或挤出了私人研究开发支出。这是因为,某些研究开发领域即使政府不投入,企业也是愿意投入的,如果政府投入到这些领域中就会对企业资金产生替代效应,或者说挤出效应。

现有的经验研究表明,实践中公共研究开发支出对私人研究开发支出既存在替代效应,也存在互补效应。戴维等(David,Hall 和 Toole,2000)综述了 1966 年以来的 30 篇研究世界各国公共与私人研究开发支出关系的实证文献,发现这些文献的结论并不一致[①]。从净效应(net effect)来看,有 18 篇文献支持两者之间存在互补效应,6 篇文献支持替代效应,6 篇文献认为结果是不显著或者不明确的。从数量来看,大多数文献还是倾向于互补效应。

谢兰云(2010)利用结构向量自回归模型(SVAR)和全国 1991—2006 年的时间序列数据,对中国政府与企业研究开发支出的关系及其对经济增长的推动作用进行了实证研究[②]。

---

① David, Paul, Bronwyn Hall and Andrew Toole. Is Public R&D a Complement or Substitute for Private R&D? A Review of the Econometric Evidence. *Research Policy*, 2000, 29(4—5): 497-529.

② 谢兰云. 政府、企业 R&D 投资与经济增长:一个实证研究. 商业研究, 2010(6):108-113.

结论表明中国政府研究开发支出对企业研究开发支出具有很强的互补效应,而替代效应则基本不存在。从研究开发支出与经济增长的关系来看,政府研究开发支出对经济增长有着长期的促进作用,而企业研究开发支出对经济增长只有短期的正向作用。这可能是因为,政府主要投入于基础研究和应用研究领域,这些活动提高了国家的整体科技水平,促进了人力资本积累,因而对经济增长产生了长期的推动作用。而企业的研究开发活动主要是被动的技术模仿与引进,缺乏自主创新,其研究开发活动目标的短期化导致其产生的效益也是短期性的。由于政府研究开发支出既能带动企业的研究开发活动,又能对经济增长产生长期作用,因此我国应该大力增加政府的科技投入(包括减税),并积极引导企业从事有利于自主创新的研究开发活动。

本章小结

1.技术进步是现代经济增长的引擎,而技术进步则是通过人类的科学技术活动来推进的。所谓科技活动,泛指人类在自然科学、农业科学、医药科学、工程与技术、人文与社会科学领域中与科技知识的产生、发展、传播和应用密切相关的有组织的活动。科技活动可分为研究与试验开发、研究开发成果应用及相关的科技服务三类活动。

2.研究开发活动是指人类为增加知识存量,以及运用这些知识去创造新的应用而进行的系统的创造性的活动。研究开发活动处在科技活动的核心,包含基础研究、应用研究和试验开发三个层次。

3.根据不同层次研究开发成果的产品性质不同,可以采取不同的提供方式。基础研究具有纯公共产品性质,应该采取公共提供的方式。应用研究和试验开发则适于采取混合提供的方式,其中试验开发的主要资金来源为企业。

4.1995 年以来,中国的研究开发支出总量和强度都增长较快,然而与发达国家相比仍有较大差距。从结构来看,企业已经成为中国研究开发活动的绝对主力,但政府投入比例和基础研究比例相比其他国家明显偏低。

5.对中国经验的实证研究表明,政府研究开发支出对企业支出产生了明显的互补效应,同时对经济增长具有长期的促进作用,而企业研究开发支出对经济增长只有短期影响,这可能是因为企业的研发活动更注重模仿与引进而非自主创新。因此,加强政府科技投入并鼓励企业从事自主创新活动是促进中国经济长期增长的关键。

复习与思考

1.研究开发活动具有哪三个层次,它们各自有什么特点,如何区分三类不同层次的研究开发活动?

2.对于不同层次的研究开发活动,政府、高校与企业应该分别承担什么责任?

3.分析自 1995 年以来,中国研究开发支出总量与强度的变化趋势。

4.结合国际经验,分别从不同层次、筹资来源与执行部门三个角度分析中国研究开发支出的结构存在哪些问题?

5.公共研究开发支出的增长对私人研究开发支出具有哪些效应?

进一步阅读文献

1. Romer, Paul. Endogenous Technological Change. *Journal of Political Economy*, 1990, 98(5): S71-105.

2. 科学技术部发展计划司. 中国 R&D 经费支出特征及国际比较. 科技统计报告, 2009(6).

3. 科学技术部. 科技活动定义及其分类. 2007.

4. Arrow, Kenneth. The Economic Implications of Learning by Doing. *Review of Economic Studies*, 1962, 29(3): 155-173.

5. 谢兰云. 政府、企业 R&D 投资与经济增长: 一个实证研究. 商业研究, 2010(6): 108—113.

第14章 社会保障支出

> 大道之行也,天下为公。选贤与能,讲信修睦。故人不独亲其亲,不独子其子,使老有所终,壮有所用,幼有所长,矜寡孤独废疾者,皆有所养。男有分,女有归……是谓大同。
>
> ——孔子,载《礼记·礼运》

这是昔日孔子的大同理想。恐怕孔子不会想到,这一理想的核心内容,即"使老有所终,壮有所用,幼有所长,矜寡孤独废疾者,皆有所养",要等到两千多年后的现代市场经济国家才以社会保障的形式得以实现。

本章,我们将考察社会保障的内涵、范围、发展历史,政府介入社会保障的理由,社会保障的制度设计和存在的问题,以及政府在社会保障领域的支出。我们重点分析中国的情况,但也充分考虑到国际比较。

14.1 社会保障概述

14.1.1 社会保障的内涵与范围

社会保障是指政府通过收入再分配,帮助公民应对生存风险,如疾病、衰老、失业、事故等,并且为低收入等特殊群体提供生活保障的一系列社会制度安排。社会保障在英语里是social security,因此也可以称为社会安全,它本质上是一张"安全网"(safety net),是政府为公民应对生存问题时提供的一种保护。

在现代社会保障体系下,根据不同福利计划所面对的群体是全体公民还是某些特殊群体,可以划分为两大块内容,一是社会保险,二是对低收入者等特殊群体的生活保障。

(一)社会保险(social insurance)

本质上是政府实行的一种缴费型的强制性保险,旨在帮助公民应对各种生存风险,如疾病、衰老、丧失劳动能力、失业、意外事故等,其特点是面对所有公民。从各国的经验来看,社会保险构成了社会保障的主要内容。

(二)特殊群体生活保障

本质上是一种非缴费型的国家救助,是政府对符合条件的低收入者或其他特殊群体进行收入转移,以保障其基本生活权利,使其免于物质匮乏的困扰。它的特点是只面对某一特殊群体,其中最主要的群体就是低收入者,其身份需要通过收入调查来加以确定。

14.1.2 社会保障的产生与发展

对于现代市场经济国家,社会保障制度的存在是通向社会公正和实现共同富裕的必要条件,这已经成为一种基本共识。但社会保障并非与市场经济体制同时出现,而是在市场经济已经发展到一定程度的 19 世纪晚期才姗姗来迟。

社会保障起源于德国,最初它是社会矛盾激化的产物[①]。德国于 19 世纪中期迈开了工业化进程,社会结构随之发生了巨大变化,大量农民进入城镇称为工人。大机器生产和资本的快速流动,一方面带来了社会生产率的提高,另一方面也导致了社会的迅速分化,以工资为生的产业工人工资微薄,处在生存边缘,根本无力应对年老、疾病、失业等生存风险以及由此引起的贫困,社会矛盾日益激化。不同的社会思潮在不断碰撞中,新历史学派的观点逐渐成为主流思想,他们主张国家干预,认为"经济、社会的发展应该符合本民族的道德标准,国家承载着民族的文化传统而不是某个利益集团的代表,国家是传统价值观念的捍卫者,要为经济发展确定总体框架。"[②]在此背景下,铁血首相俾斯麦在德国开始了社会保险立法,于 1883 年、1884 年和 1889 年先后通过了疾病保险法、工伤事故保险法和老年与残废保险法。这三个保险都是强制性的,其资金来源是由企业和工人分摊交纳的保险费,这意味着工人的基本生存问题得到了国家的保障,这也是人类历史上的第一个国家社会保险制度,具有划时代的意义。

到了 20 世纪初,西方国家逐步模仿德国的制度,建立起了各自的社会保障制度,其中英国于 1908 年、1911 年分别通过了养老金法和国民保险法,另一高福利国家瑞典则于 1915 年通过了养老金法。1929 年,美国经济陷入大萧条,1933 年罗斯福总统开始推行"新政"并于 1935 年通过了《社会保障法》,标志着社会保障制度在西方世界的全面形成。

"二战"后,西方国家经历了长时期的经济繁荣,国民收入快速增长,福利国家逐渐兴起,各国的社会保障制度趋于完善,其覆盖面和受益范围也进一步扩大,相应的,政府用于社会保障方面的支出水平也不断扩张。

14.2 政府介入社会保障的理由

世界各国的经验表明,无论社会保障制度形式如何,它都离不开政府的主导。除了前面提到的缓解社会矛盾,还有哪些政治经济学理由支持政府介入并主导社会保障?

14.2.1 保护公民基本生活权利

基本生活权利是公民的一项经济权利,意味着人们具有摆脱贫困、拥有生活所需的基本

---

① 也有人认为社会保障的最早雏形是 1601 年英国修订的《济贫法》,但一般认为德国的俾斯麦才是社会保障制度的真正奠基者。参见:周其仁.社保的初衷.上海证券报,2008-01-28(B6).

② 李维.德意志帝国时期的社会保险政策:1871—1914 年.中国与世界观察,2007(1).

物质财富的权利,这也是公民追求政治自由的前提。在早期市场经济体制下,法律虽然保护公民的政治自由,却并不保障这一基本经济权利。在亚当·斯密《国富论》关于政府义务的经典论述中,也没有提到政府有保障公民不受物质匮乏的义务,人们只能靠自己的双手去摆脱贫困,获得基本的生活权利。直到 20 世纪,人们才逐步认识到人类免于贫困的基本生活权利是一项基本人权,政府有责任去保护公民的这一权利。在 1936 年的一次演说中,美国总统罗斯福指出,"在现代文明社会,政府对公民负有某些义不容辞的责任,其中包括保护家庭,建立一种机会均等的民主制,对不幸者提供帮助。"[1]1941 年,罗斯福又提出了四项"人类的基本权利",其中之一就是"免于匮乏的自由",也就是说免于贫困、不受物质匮乏所困扰是每一个人的自由与权利[2]。1948 年,联合国大会通过并颁布了"世界人权宣言",其中第二十五条明确宣称,"人人有权享受为维持他本人和家属的健康和福利所需的生活水准,包括食物、衣着、住房、医疗和必要的社会服务;在遭到失业、疾病、残废、守寡、衰老或在其他不能控制的情况下丧失谋生能力时,有权享受保障。"[3]至此,公民的基本生活权利已经成为全人类所共同认可和追求的基本价值,保障公民的这一权利也逐渐成为世界各国政府"义不容辞"的责任。

....

 专栏 14.1

炉边谈话与"免于匮乏的自由"

炉边谈话(fireside chats)是由美国总统富兰克林·罗斯福(Franklin D. Roosevelt, 1882—1945)所开创的广播发言形式。1933 年 3 月 12 日,罗斯福就职总统后的第 8 天,他在总统府楼下外宾接待室的壁炉前接受美国广播公司、哥伦比亚广播公司和共同广播公司的录音采访,工作人员在壁炉旁装置扩音器。总统说:希望这次讲话亲切些,免去官场那一套排场,就像坐在自己的家里,双方随意交谈。哥伦比亚广播公司华盛顿办事处经理哈里·布彻随口说:既然如此,那就叫"炉边谈话"吧。从此,炉边谈话就成为罗斯福发表广播演说的正式名称,一直延续下来直到他去世。

罗斯福进行初次炉边谈话的背景,正值美国 20 世纪 30 年代大萧条时期,罗斯福利用刚刚兴起的广播媒介,用"谈话"而非"讲话"的形式将自己自信洪亮的声音传遍全国,带进千家万户,一下子就将总统与民众的感情拉近了,从而在心理上造成了一种休戚与共的神圣感。每当听到炉边谈话,人们就仿佛看见脸上挂满笑容的罗斯福,所以有人说,"华盛顿与他们的距离,不比起居室里的收音机远"。甚至有民众将他的照片剪下来,贴在收音机上。炉边谈话取得的巨大影响,成为了广播史上的一个传奇。

罗斯福在其 12 年总统任期内,共进行了 30 次炉边谈话,每当美国面临重大事件之时,总统都用这种方式与美国人民沟通。他的谈话不仅鼓舞了美国人民,坚定了人民的信心,而且也宣传了他的经济及社会改革的基本主张,赢得了人们的理解和尊敬,为美国政府度过艰难,缓和危机起到了较大作用。

---

[1] Roosevelt, F. D. Speech before the Democratic National Convention, 1936.

[2] Roosevelt, F. D. Message to the Congress, 1941.

[3] 联合国大会. 世界人权宣言. 1948-12-10.

1941 年 1 月 6 日,在国会大厦的国情咨文演讲中,罗斯福总统第一次向全国人民宣布了四项"人类的基本自由",并表达了要实现这些自由的决心。这四大自由分别是:言论自由(freedom of speech and expression)、信仰自由(freedom of worship)以及免于匮乏的自由(freedom from want)以及免于恐惧的自由(freedom from fear)。此后,罗斯福多次在炉边谈话中又重申了这四大自由,使之深入人心(虽然这四大自由并非在炉边谈话中最早提出的,但今天的人们更愿意将其视为一次炉边谈话)。其中,前两项自由在美国宪法中早已确立,而后两项自由则是罗斯福总统首次提出,特别是"免于匮乏的自由",第一次将保障公民具有摆脱贫困、不受物质匮乏所困扰的自由作为政府的一项基本责任。

在 1944 年 1 月 11 日的咨文演讲中,罗斯福进一步阐明了公民所具有的"不言自明"的八大经济权利(被称为第二权利法案),这些权利将"免于匮乏的自由"具体化了。其中包括拥有体面住宅的权利;享受充分医疗照顾和有机会获得并保持健康身体的权利以及享受充分保障;不必在经济上担心老、病、事故和失业的权利;享受良好教育的权利。罗斯福总统的这些理念为美国政府大规模介入社会保障提供了最重要的理论依据,对社会保障在世界范围的发展也具有划时代的意义。

——本文根据罗斯福总统演讲原文和维基百科、百度百科词条"炉边谈话"综合编写

14.2.2　促进社会公平

保护公民"免于匮乏的自由",只是政府介入社会保障的第一步。中国有句古话"不患寡,患不均",寡是一个方面,不均是另一个方面。即使每个人的基本生存问题都得以解决,如果社会存在巨大的收入差距同样是社会伦理所不能接受的。

公平是一个承载过多的概念,有时候它是指起点公平、规则公平,有时候它又是指结果公平。前面提到的"均"就是一个接近于结果公平的概念。也许有人认为,只要竞争的起点和规则是公平的,那么结果是否公平就无关紧要。但是不管怎么样,如果在某一制度环境下,经济运行导致的收入分配结果存在巨大差异,那么这一制度本身就可能是不公平的,需要进行修正或补充。市场经济体制就是这样一种制度,它鼓励公平竞争,却导致了巨大的收入差异,社会保障制度的出现和发展实质上就是对市场体制的一种修正和补充。政府通过税收和社会保障对市场竞争形成的初次分配进行再分配,以缩小收入差距,促进社会公平。

14.2.3　消除保险市场上的逆选择

以上两个理由都是从收入分配的角度提出的,政府将一部分社会资源转移给低收入者,以保障他们免于贫困与匮乏,并促进公平。那么从效率或资源配置的角度,是否也支持政府介入社会保障?

对于社会保障的主要内容,也就是社会保险而言,情况的确如此。社会保险是面对所有人的强制性保险,但是为什么要实行强制保险,而不是允许人们自愿购买保险呢?这里有两个理由,第一个理由是逆选择现象的存在而导致私人保险公司不愿意供给相应的险种。

逆选择(adverse selection)是信息不对称导致的一种后果。在保险市场上,逆选择是指

保险公司面临的索赔概率大于平均概率的现象①。考虑一下失业保险的例子,如果保险公司与投保人之间的信息是完全对称的,那么高失业风险的投保人支付高保险费率,低失业风险的人支付低费率,市场将会实现一个有效率的均衡。但问题是,现实中,一个人的失业风险往往只有他本人知道,而保险公司对此并不了解。这样,保险公司就无法对不同的投保人进行区分并实行区别费率,只能对所有投保人按平均费率收费。平均费用是按平均失业概率计算得到的。当保险公司收取平均费率时,高风险的投保人自然愿意购买,而低风险的投保人往往嫌保险公司收费太高而退出市场。这样,保险公司将来面临的索赔概率必然大于平均概率,而保费又是按平均概率收取的,则保险公司必然亏损,理性的保险公司将会选择退出这一险种的市场。

然而,在一个充满不确定性的世界里,这样的险种,特别是与人类生存风险有关的险种又是不必可少的。于是,政府的作用就体现出来了,既然市场不能供给,那么政府就作为市场的补充来供给这些险种。但是政府同样面临如何消除逆选择的问题,一个最简单的办法就是实行强制性的全民保险。如果所有人都购买了保险,那么索赔概率必然等于平均概率,逆选择现象也就自然消失了。

14.2.4　家长主义

实行强制性保险的第二个理由是政府的家长主义。政府站在家长的角度,总会觉得自己的孩子(公民)不够懂事,他们倾向于把赚来的钱全部花完,却不懂得为自己将来所要面临的生存风险(如变老、生病、失业或其他生存事故)提前储蓄或购买保险。为了纠正社会公民的短期化行为,作为家长的政府将会强制要求每一个公民购买由政府供给的社会保险,以此应对将来可能出现的各种生存风险。

14.3　中美社会保障制度比较

在进一步考察社会保障支出之前,有必要先弄清楚社会保障制度的具体内容。本章通过比较中美制度的异同点,帮助读者对中国和西方的社会保障体系有一整体性把握。选择美国作为比较对象的一个主要原因是美国的社会保障体制十分成熟,与市场经济的相互关系也处理得比较好。

14.3.1　美国的社会保障体系

首先,我们考察美国的社会保障体系。这一体系起源于 1935 年,罗斯福总统签署了《社会保障法》(Social Security Act),开始为人们提供老年保险和失业保险。在后来的一些修正案里,老年保险(Old-Age Insurance)逐步扩展为老年、遗属和残疾保险(OASDI)。1965 年,又以修正案的形式通过了老年人医疗照顾计划(Medicare)和穷人医疗补助计划(Medicaid)两项重要的公共医疗保障制度。至此,美国社会保障体系中的主体内容已经基本形成。

---

① 逆选择最早是一个保险市场上的术语,后来人们发现在产品市场上同样存在着逆选择现象。

　　当代美国经济中各种各样的社会保障计划形形色色,名目繁多,相互交叉,覆盖了生老病死、衣食住行、工作学习、天灾人祸等各个方面以及穷、老、妇、幼、残、军等各个特殊群体,一时难以穷尽[①]。以下,我们从社会保险和特殊群体生活保障两个方面,对美国社会保障计划中的主要内容做一简单概括与介绍。

　　(一)社会保险

　　美国的社会保险主要包括以下三项内容。

　　1.老年、遗属和残疾保险(OASDI)

　　这是一个捆绑式的养老保险,不仅是对在职人员的养老保险和残疾保险,也覆盖了参加OASDI计划的雇员家属或遗属。这项保险也被称为SS(Social Security),中文可以译为"社会保障",但读者一定要注意,这里社会保障的范畴与本书所谓的社会保障并非一个概念,前者主要是养老保险,包含在社会保险范围之内,是狭义的社会保障;而后者则是真正意义上的社会保障,不仅包含社会保险,也包含其他收入转移计划。

　　2.老年人医疗照顾(Medicare)

　　主要是针对老年人和残疾人的医疗保险计划。这里有必要指出,在美国的医疗体制里,在职者及其家属由雇主为其购买私人医疗保险[②],只有65岁以上的老年人才能享受联邦政府提供的医疗保险。

　　3.失业保险(Unemployment Insurance)

　　对在职者失业时提供的生活补助,为了避免失业者对保险金的依赖,鼓励其尽快找到工作,失业保险具有时间限制。

　　(二)特殊群体生活保障

　　针对不同的特殊群体,美国政府为其提供了各种不同的社会保障项目,包括老年人残疾人补充保障,妇女儿童保障,退伍军人保障,农民保障,自然灾害救助等一系列福利计划。在某种意义上,低收入者是最主要的特殊群体,当然低收入者与上述不同特殊群体之间是相互交叉的。政府在经过收入调查(mean-tested)后确定符合条件的低收入者,并对他们主要提供了以下保障计划。

　　1.贫困家庭临时补助(TANF)

　　TANF是政府对低收入家庭提供的一项临时现金补助计划,处在全美国现金补助体系的核心。TANF从1997年开始实行,其前身是源于1935年的AFDC(抚养儿童家庭补助)。为了提高受助人的工作意愿和增加他们的个人责任,降低其对补助金的依赖,TANF具有严格的工作要求和接受补助的时间限制。

　　2.劳动所得税抵免(EITC)

　　EITC是对低收入家庭取得的劳动收入所进行的税收抵免,以鼓励其从事工作。

　　3.医疗补助(Medicaid)

　　Medicaid是政府为低收入家庭提供的医疗补助,是一项实物转移(in-kind transfer)。该

---

　　① 想了解美国社会保障体系详细内容的读者,可以参阅:黄安年.当代美国的社会保障政策.北京:中国社会科学出版社,1998.

　　② 奥巴马总统2010年的医疗改革扩大了医疗保险覆盖范围,而且允许人们在私人保险机构和公共保险机构之间进行转换。

计划源于 1965 年,其资格标准(eligibility)随时间发生变化,奥巴马总统 2010 年的医疗改革把 Medicaid 的覆盖面扩大到所有低于联邦贫困线 133% 的家庭,这意味着年收入低于 29327 美元的四口之家将从 2014 年开始可以享受政府提供的医疗补助。

4. 食品券(food stamp)

食品券计划从 1975 年开始实行,也是一项典型的实物转移,旨在帮助穷人购买食品,但对处于工作年龄的没有小孩的成年人有一定限制。

5. 住房补助(housing benefit)

住房补助或许是美国诸多社会福利计划中最失败的一项,政府提供公共住房给穷人,但是受到了很多批评。人们指责政府提供住房成本太高而质量太低,还把穷人隔离了出来,弄成了贫民窟,出现了一系列诸如犯罪、毒品等社会问题。从 20 世纪 90 年代中期开始,美国政府被迫减少了公共住房的供给,转而实行抵押贷款、租金补贴和住房供给券等一系列替代计划[1]。

14.3.2　中国的社会保障体系

改革开放以前,中国传统的社会保障制度是建立在计划经济体制之上的"企业保险"制度:从养老到医疗,从坟墓到摇篮,均由企业包揽下来;由于在计划经济时代中国采取的几乎是百分之百的公有经济体制(国营与集体),实则所有福利由国家包揽下来,基本没有失业,所以就不存在失业保险。在农村人民公社制度下,医疗保障实行集体合作医疗制度[2]。

改革开放以来,随着计划经济体制逐步转向市场经济体制,传统的"企业保险"制度已不再适应国情。以 1984 年企业退休费用社会统筹试点为起点,社会保障制度改革逐步展开,先后启动了养老、医疗、失业、工伤和生育保险改革,对社会福利、社会救助等其他保障制度也进行了改革,逐步确立了市场经济体制下的社会保障制度基本框架[3]。以下我们对中国现行的社会保障体系的主要内容进行简单概括与介绍。

(一)社会保险

中国的社会保险制度主要由以下五大保险构成。

1. 企业职工基本养老保险

养老保险改革于 1991 年正式启动,1997 年确立了"统账结合"的企业职工基本养老保险制度,由企业和职工共同缴费,采取"个人账户"和"社会统筹"相结合的部分基金制度。2005 年进一步扩大了覆盖面,目前基本养老保险制度覆盖城镇各类企业及其职工、个体工商户和灵活就业人员。截至 2008 年,共有 2.19 亿人参加了企业职工基本养老保险。这里有必要指出,企业职工的退休后由基本养老保险基金向其支付养老金,而行政事业单位职工的退休金由政府的财政预算直接支付。

2. 城镇职工基本医疗保险

医疗保险改革始于 1994 年,1998 年确立了覆盖城镇所有用人单位及其职工,社会统筹

---

①　斯蒂格利茨. 公共部门经济学(第三版). 北京:中国人民大学出版社,2005:327-328.
②　郑秉文. 改革开放 30 年社会保障制度发展历程. 上海证券报,2008-12-13(8).
③　董克用,郭开军. 中国社会保障制度改革 30 年. 中国国情国力,2008(12):4-6.

和个人账户相结合，单位和职工共同缴费的城镇职工基本医疗保险制度[①]。2008 年末参加人数为 2 亿人。

3. 失业保险

在 1986 年开始实行的国有企业待业保险基础上，1999 年正式开始实行覆盖所有城镇企事业单位及其职工，由用人单位和职工共同缴费的失业保险制度。至 2008 年末，共有 1.24 亿人参加了失业保险。

4. 工伤保险

工伤保险制度从 1993 年开始试行，2003 年正式建立，面对城镇各类企业和有雇工的个体工商户，由雇主为职工购买工伤保险。2008 年末参加人数为 1.38 亿。

5. 生育保险

生育保险制度从 1994 年开始建立，面对城镇各类企业及其职工，由企业缴费，实行社会统筹。2008 年末，生育保险的参加人数共有 0.93 亿人。

(二)特殊群体生活保障

面向特殊群体的基本生活保障项目主要包括社会救助、社会福利、社会优抚和住房保障等方面。

1. 社会救助

社会救助是政府对低收入者、生活无依靠者、遭受自然灾害者等需要救助的群体进行的收入转移计划，以保障其基本生活需求，主要包括经常性救助、紧急救助和临时性救助等内容。其中，经常性救助主要包括城乡最低生活保障、农村五保供养、农村特困户生活救助以及城乡医疗救助等专项救助；紧急救助主要是指发生自然灾害情况下的对灾民的紧急救助和应急救助行动，也包括对灾民延续一段困难生活的救助和民房倒房重建与修复工作的救助；临时性救助主要是对低收入人群的救助工作和对城市生活无着的流浪乞讨人员，包括流浪儿童的救助。

2. 社会福利

此处的"社会福利"是特定名词，而非社会福利函数中所指的广义的"社会福利"。在中国的社会保障体系里，社会福利特指政府向老人、儿童、残疾人等社会中特别需要关怀的人群提供的社会援助。

3. 社会优抚

社会优抚制度是专门针对军人及其家属所提供的各种优待、抚恤、养老、就业安置等一系列保障项目。

4. 住房保障

中国目前的住房保障制度主要包括廉租房、公共租赁房、经济适用房等一系列项目。

---

① 2007 年开始，中国开始试行城镇居民基本医疗保险，将城镇医疗保险的覆盖范围扩展到非从业人员。

 专栏 14.2

中国农村的养老和医疗保障制度

中国的五大社会保险都是面对城镇的,没有覆盖农村。至今,农村的社会保险制度仍然非常薄弱。农村社会养老保险制度从 1992 开始实行,但由于制度设计不合理,基本上是一种完全个人储蓄积累式的自我保险,农民参保积极性一直不高,直到 2008 年年底,全国参保人数仅 5595 万人,占全部农村人口的比例不到 8%。2009 年起,国务院决定在全国试行新型农村社会养老保险(简称新农保),探索建立政府主导与农民自愿相结合、个人缴费、集体补助、政府补贴相结合的新农保制度,实行社会统筹与个人账户相结合,与家庭养老、土地保障、社会救助等其他社会保障政策措施相配套,保障农村居民老年基本生活。2009 年试点覆盖面为全国 10% 的县(市、区)。

医疗保险方面,由于传统的基于人民公社的农村合作医疗制度失去存在的基础,农村的医疗保障一度处于真空状态。2003 年,中央开始在全国范围内逐步推行新型农村合作医疗制度,这是一项由政府组织和引导,农民自愿参加,个人、集体和政府多方筹资,以大病统筹为主的农民医疗互助共济制度。从 2003 年开始试点,发展十分迅速,至 2008 年年底,覆盖全国 2729 个县(市、区),参合人数达到 81518 万人。

需要指出,新农保和新农合都是一种自愿保险,严格意义上不能算是强制性的社会保险。2006 年中共十六届六中全会首次明确提出到 2020 年要建立覆盖全民的社会保障体系。这对农村养老和医疗保障制度,以及其他农村社会保障项目提出了一个总体的发展方向。

——本文根据有关政策文件与官方统计数据综合编写

14.3.3 比较

美国的社会保障制度建立在其发达的市场经济体之上,体系非常复杂,也相当成熟和完善,其政府支出水平也位于世界首位。相比之下,中国的社会保障制度发展时间较短,内容较为简单,整体支出水平也较低(关于支出水平的国际比较参见 14.5 节)。表 14.1 对中美的社会保障体系做了一个大致的对应。

表 14.1　中美社会保障体系比较

	美　国	中　国
	老年、遗属、残疾保险(OASDI)	养老保险
	医疗照顾(Medicare)	医疗保险
社会保险	失业保险	失业保险
		工伤保险
		生育保险

续表

	美 国	中 国
特殊群体 生活保障	贫困家庭临时补助(TANF) 劳动所得税抵免(EITC) 医疗补助(Medicaid) 食品券 农民保障 自然灾害救助	社会救助
	老年人残疾人补偿保障 妇女儿童保障	社会福利
	军人保障	社会优抚
	住房保障	住房保障

（一）制度差异

整体而言,中国和美国的社会保障体系都包括缴费型的社会保险和非缴费型的特殊群体生活保障两大块,保障的内容也比较一致,主要是生老病死、衣食住行、天灾人祸等方面,覆盖穷人、老人、儿童、残疾人、军人等人群。但相比之下,美国的制度设计比中国要复杂和成熟得多,覆盖面也要广得多,前文已有所涉及,在此不一一赘述。这里特别要强调以下三点制度差异。

1. 医疗保险

中国的基本医疗保险制度是一种典型的社会保险,保险对象是所有城镇用人单位的职工。而在美国,只有老人享受社会医疗保险(medicare),而在职者需要购买私人医疗保险。

2. 生育保险

中国的生育保险是一项社会保险,而美国没有独立的生育保险,通常都是包含在医疗保险中的一个项目。

3. 工伤保险

中国的工伤保险是一项社会保险,而美国的工伤保险则是一项商业保险。

上述三点差异没有优劣之分,但可以说明一个问题,就是美国的私人保险市场非常发达,政府尽量把能够由市场来完成的事情交给市场,并加以引导和管理。

（二）筹资来源差异

一般而言,特殊群体生活保障是非缴费型的,由财政预算直接支付,而社会保险是缴费型的,一般由雇主和雇员缴纳,形成一个社会保险基金由政府统一运作。在这些方面,中国和美国的制度是一致的。差异在于,美国的社会保险基金筹资来源是政府向雇主和雇员征收的工薪税(payroll tax),中国的社保基金则通过雇主和雇员缴纳的社会保险费筹资。

（三）运作模式差异

从世界范围内来看,社会保险基金的运作模式有三种,现收现付制(pay-as-you-go),完全基金制(fully funded)和部分基金制(partially funded)。美国的社会保险基金采取了典型的现收现付制度,而中国的养老保险基金和医疗保险基金都采取了社会统筹与个人账户相结合的"统账结合"模式,在制度上属于部分基金制[①]。

14.4　中国的社会保障支出

以下我们重点考察中国的社会保障支出情况。表 14.2 给出了 1998—2008 年期间财政社会保障支出及其内部一些主要项目的数据。

表 14.2　1998—2008 年中国财政社会保障支出　　　单位:亿元,当年价格

	1998	2000	2002	2004	2006	2007	2008
财政社会保障支出	595.63	1517.57	2689.10	3185.57	4394.11	5447.16	6804.29
财政对社会保险基金的补助	21.55	298.65	517.29	519.77	888.95	1275.00	1630.88
行政事业单位离退休	274.36	478.57	788.83	1028.11	1330.20	1566.90	1812.49
城市居民最低生活保障	8.86	26.48	101.63	178.83	241.01	296.04	411.70
自然灾害生活救助	52.56	31.16	38.62	49.04	70.99	91.57	356.92
财政支出	10798.18	15886.50	22053.15	28486.89	40422.73	49781.35	62592.66
财政社保支出占财政支出比重	5.5%	9.6%	12.2%	11.2%	10.9%	10.9%	10.9%
财政社会保障支出(不含社保基金补助)	574.08	1218.92	2171.81	2665.80	3505.16	4172.16	5173.41

数据来源:《中国财政年鉴 2008—2009》。

财政社会保障支出也就是政府一般预算用于社会保障的支出,主要包括财政对社保基金的补助、行政事业单位离退休支出、居民最低生活保障支出、自然灾害救助和社会抚恤和福利支出等项目。扣除财政对社会基金补助后的余额,实际上也就是财政用于非缴费型社会保障项目的支出,如表 14.2 最后一栏。

总体而言,财政社会保障支出增长速度较快,在 1998—2008 年期间年均增长 27.6%,高于同期财政支出增长速度,占财政支出的比例也从 5.5% 上升到 11% 左右。其中,增长最快的项目是财政对社会保险基金的补助,年均增长速度超过 50%,从中可以看出政府对社会保险基金的重视程度。增速次高的项目是城市居民最低生活保障,表现出政府对低收入者的收入转移政策取得了一定的进步。

社会保险基金是社会保障的主体,采取基金式运转,并不体现在一般预算中,而是在独立的社会保险基金预算中反映(详见第 7 章专栏 7.1)。表 14.3 给出了 1998—2008 年期间社会保险基金的收支与结余情况。

---

① 很多人认为中国的养老保险实际上是现收现付制,因为个人账户是空账运行的。但一方面,政府正在努力做实个人账户,另一方面,至少在制度设计上,中国采取了部分基金制。参见:郑秉文.改革开放 30 年社会保障制度发展历程.上海证券报,2008-12-13(8).

表 14.3　1998—2008 年中国社会保险基金收支及累计结余　单位:亿元,当年价格

	1998	2000	2002	2004	2006	2007	2008
基金收入	1623.1	2644.9	4048.7	5780.3	8643.2	10812.3	13696.1
基本养老保险	1459.0	2278.5	3171.5	4258.4	6309.8	7834.2	9740.2
基本医疗保险	60.6	170.0	607.8	1140.5	1747.1	2257.2	3040.4
基金支出	1636.9	2385.6	3471.5	4627.4	6477.4	7887.8	9925.1
基本养老保险	1511.6	2115.5	2842.9	3502.1	4896.7	5964.9	7389.6
基本医疗保险	53.3	124.5	409.4	862.2	1276.7	1561.8	2083.6
累计结余	791.1	1327.5	2423.4	4493.4	8255.9	11236.6	15176.0
基本养老保险	587.8	947.1	1608.0	2975.0	5488.9	7391.4	9931.0
基本医疗保险	20.0	109.8	450.7	957.9	1752.4	2476.9	3431.7

数据来源:《中国统计年鉴 2009》。

如表 14.3 所示,社会保险基金在 2008 年之前的十年里,保持了迅速的增长趋势,基金支出每年以 20% 的速度增长,基金收入增长速度达到了 24%,由于收入的增速超过了支出,累计结余以年均 34% 的速度增长。养老保险基金是最重要的社保基金,养老基金收支分别占总基金收支的比例均超过 70%。1998 年养老基金结余占当年养老基金支出的比例仅 38%,2008 年这一比例提高到 134%,这也说明养老保险基金的部分积累性质正在体现出来。

14.5　社会保障支出的国际比较

我们重点比较各国社会保障支出占全部政治支出的比例和 GDP 的比例。为了使数据具有可比性,研究应以各国全部社会保障支出的数据和全部政府支出的数据作为起点。因此,在比较各国数据之前,我们先估算中国的全部社会保障支出及其占政府支出的比例。

如前所述,财政社会保障支出是一般预算中用于社会保障的支出,而社会保险基金支出则是社会保险基金预算的支出,此外预算外资金也有一块支出用于社会保障,三者合计才是全部社会保障支出。由于财政社会保障支出中有一项内容是对社会保险基金的补助,为了避免重复计算,我们将其剔除。基于上述分析,表 14.4 计算了中国 2007—2008 年的社会保障总支出及其占当年政府支出和 GDP 的比例。

其他各国的指标,我们根据国际货币基金组织(IMF)发布的《政府财政统计年鉴 2008》提供的统计数据计算。其中,社会保障支出在 IMF 科目体系中,对应于按经济分类的社会福利支出(social benefit)。计算结果如表 14.5 所示[①]。

---

① 为保持前后口径一致,在计算社会保障支出占政府支出比例时使用的分母是 total outlays,而非 expense。关于 outlay 和 expense 的区分详见第 7 章第 7.1.1 节。

表 14.4   2007—2008 年中国社会保障总支出   单位:亿元,当年价格

	2007	2008
社会保障总支出	12315.9	15316.3
财政社会保障支出(不含社保基金补助)	4172.16	5173.41
预算外社会保障支出	255.94	217.83
社会保险基金支出	7887.8	9925.1
政府支出	72191.01	92217.94
社会保障总支出占政府支出比例	17.1%	16.6%
国内生产总值	257305.6	300670.0
社会保障总支出占 GDP 比例	4.8%	5.1%

数据来源:《中国统计年鉴 2009》,《中国财政年鉴 2009》,本书表 7.8。

表 14.5   各国社会保障支出占政府支出和 GDP 的比例   单位:%

	年　份	占政府支出比例	占 GDP 比例
芬兰	2007	36.6	17.3
法国	2007	44.1	23.1
德国	2007	56.2	24.6
意大利	2007	41.5	20.0
荷兰	2007	44.1	20.0
葡萄牙	2007	41.9	19.3
西班牙	2007	36.4	14.1
丹麦	2007	32.1	16.4
瑞典	2007	34.7	18.3
瑞士	2006	26.9	9.1
挪威	2007	35.1	14.3
俄罗斯	2007	23.7	9.7
波兰	2007	39.4	16.3
英国	2007	28.5	12.7
美国	2007	32.9	12.2
加拿大	2007	22.3	8.8
澳大利亚	2007	29.4	10.1
新西兰	2007	27.3	10.0
日本	2006	49.2	17.8
以色列	2007	20.9	9.4

续表

	年　份	占政府支出比例	占 GDP 比例
新加坡	2007	21.4	3.3
南非	2007	10.7	3.9
智利	2007	20.5	4.2

数据来源：IMF. Government Finance Statistics Yearbook 2008.

表 14.5 所列的各国中，按照 IMF 统计年鉴的归类，除俄罗斯、波兰、南非、智利为发展中国家，其余均为发达国家。我们着重分析社会保障支出占 GDP 的比例（相对规模）这一指标。

在表列发达国家中，除新加坡外，其余国家的社会保障支出相对规模均高于中国[①]。在这些国家中，德国、法国、荷兰、意大利属于第一梯队，社保支出的相对规模超过 20%；葡萄牙、瑞典、日本、芬兰、丹麦、挪威、西班牙处在第二梯队，支出规模在 14%～19% 之间；美国、英国、澳大利亚、新西兰、以色列、瑞士、加拿大位于第三梯队，支出规模在 8%～12% 之间。在这些国家中，美国的相对规模虽然较低，但由于其 GDP 总量大，从绝对规模来看，美国 2007 年社会保障支出高达 16850 亿美元（当年价格），远远超过其他国家。

在表列发展中国家中，波兰和俄罗斯的社会保障支出相对规模已经分别达到了第二和第三梯队的发达国家水平，而智利、南非的水平相对还比较低，不足 5%。与之相比，中国 2007—2008 年的社会保障支出规模水平约 5%，略高于智利和南非的水平，但远远低于波兰和俄罗斯的水平。

总的来说，中国目前的社会保障支出总体水平还是偏低，特别是在中国近年来国内生产总值持续快速增长，经济总量跻身世界前三，而收入差距却越来越大的背景下，政府有责任在调节收入差距，扩大社会保障方面发挥更大的作用。

14.6　对社会保障制度设计的进一步探讨

最后我们对社会保障制度设计方面的两个问题做进一步的启发性探讨。其一是养老金的运作模式与老龄化问题，其二是对低收入群体的工作激励问题。

14.6.1　养老金制度与老龄化问题

一般来说，养老金制度的设计有三种模式：现收现付制，如美国；完全基金制，如新加坡；部分基金制，如中国。由于中国积累水平不高，从某种意义上更接近于现收现付制。

不同的制度设计本身没有优劣之分，但遇到老龄化问题，各自的表现就会有所差异。先考察现收现付制。顾名思义，现收现付制下，老人没有积累，现在的在职工人缴纳的养老保险费（税）直接支付给了现在的老人；当这些工人老了的时候，再由他们的下一代缴费（税）为

[①]　新加坡的情况比较特殊，采取完全个人储蓄的基金制社会保险，因此政府支出规模相对较低。

其养老,以此类推。因此,现收现付制可以总结为一个数学公式:

$$P \times O = t \times W \times L \tag{14.1}$$

其中,P 为平均养老金水平;O 为老人数量;t 为工人缴纳的养老保险缴费(税)率;W 为工人的平均工资水平;L 为工人数量。移项,得到,

$$t = (O/L)(P/W) \tag{14.2}$$

其中,O/L 称为依赖比率;P/W 称为替换比率。老龄化意味依赖比率将要提高,要使上式成立,其后果必然是要么 t 上升,意味着未来的工人承担更高的费(税)率;或者 P/W 下降,意味着未来老人的相对待遇将要下降。这是老龄化背景下,现收现付制面临的一个困境,要么工人的费率提高福利下降,要么老人的待遇下降。

而在完全基金制下,每个工人都有自己的账户,政府强迫他们为自己储蓄,这些储蓄只有他自己退休后才能使用,政府无权使用,因此,每个人都在为自己养老。看起来,完全基金制完全不会受到老龄化问题的冲击。部分基金制则介于现收现付制和完全基金制之间。

为了改变现收现付制的两难困境,有人建议,在老龄化还没到来前,将现收现付制逐步转为基金制或部分基金制。中国在制度设计上已经采取了"统账结合"的部分基金制,然而其个人账户是记账式的,"空账"现象很普遍,积累程度不高,因此在运作上更接近于现收现付制[①]。但只要"做实"个人账户,中国的制度还是可以转向真正的部分基金制。

然而,上面的分析忽略了一个更重要的问题,账面与产出是两个不同的概念。真正能够解决老龄化问题的,不是账面金额(本质上这些只是记号),而是一国的产出水平。只有提供足够的产品供老年人和在职者消费,才能从根本上解决老龄化问题。因此,解决老龄化问题的可行方案如下。

(一)增加储蓄

在基金制或部分基金制下,要确保账户里的资金真正转化为储蓄(而不是被用到其他地方),进而使储蓄转化为资本积累,增加未来产出以供将来更多的老人消费。在现收现付制下,同样需要找到某种方式增加储蓄和资本积累。归根到底,这是一个经济增长问题,因此任何可以促进增长的手段都是解决老龄化问题的有效方案[②]。

(二)延长退休年龄

通过适当延长退休年龄可以增加在职工人数量,减少老人数量,在一定程度上缓解老龄化的压力。

 专栏 14.3

中国的老龄化趋势

目前,世界上所有发达国家都已经进入老龄社会,许多发展中国家正在或即将进入老龄社会。1999 年,中国也正式进入了老龄社会,是较早进入老龄社会的发展中国家之一。至 2009 年底,中国 60 岁及以上老年人口达到 1.67 亿,占总人口的 12.5%。中国也是世界上

---

① 参见:马丁·费尔德斯坦等.实现中国养老保险体制的潜力.比较,2006(24):67—72.

② 关于养老金制度更详细的讨论,参见:尼古拉斯·巴尔.养老金改革:谬误、真理与政策选择.保险与社会保障,2006(1):29—73.

老年人口最多的国家,占全球老年人口总量的五分之一。

21世纪的中国将是一个不可逆转的老龄社会。从2001年至2100年,中国的人口老龄化发展趋势可以划分为三个阶段:

第一阶段,从2001年到2020年是快速老龄化阶段。这一阶段,中国将平均每年增加596万老年人口,年均增长速度达到3.28%,大大超过总人口年均0.66%的增长速度,人口老龄化进程明显加快。到2020年,老年人口将达到2.48亿,老龄化水平将达到17.17%,其中,80岁及以上老年人口将达到3067万人,占老年人口的12.37%。

第二阶段,从2021年到2050年是加速老龄化阶段。伴随着20世纪60年代到70年代中期的新中国成立后第二次生育高峰人群进入老年,中国老年人口数量开始加速增长,平均每年增加620万人。同时,由于总人口逐渐实现零增长并开始负增长,人口老龄化将进一步加速。到2023年,老年人口数量将增加到2.7亿,与0~14岁少儿人口数量相等。到2050年,老年人口总量将超过4亿,老龄化水平推进到30%以上,其中,80岁及以上老年人口将达到9448万,占老年人口的21.78%。

第三阶段,从2051年到2100年是稳定的重度老龄化阶段。2051年,中国老年人口规模将达到峰值4.37亿,约为少儿人口数量的2倍。这一阶段,老年人口规模将稳定在3亿~4亿人,老龄化水平基本稳定在31%左右,80岁及以上高龄老人占老年总人口的比重将保持在25%~30%,进入一个高度老龄化的平台期。

与发达国家相比,中国老龄化的一个突出特征就是老龄化超前于现代化。发达国家是在基本实现现代化的条件下进入老龄社会的,属于先富后老或富老同步,而中国则是在尚未实现现代化,经济尚不发达的情况下提前进入老龄社会的,属于未富先老。发达国家进入老龄社会时人均国内生产总值一般都在5000~10000美元以上,而中国目前人均国内生产总值才刚刚超过1000美元,仍属于中等偏低收入国家行列,应对人口老龄化的经济实力还比较薄弱。

人口老龄化将给中国的经济、社会、政治、文化等方面的发展带来深刻影响,庞大老年群体的养老、医疗、社会服务等方面需求的压力也将越来越大。

——本文改编自全国老龄工作委员会办公室,《中国人口老龄化发展趋势预测研究报告》(2006)

14.6.2　收入转移与工作激励

如何解决收入转移过程中的劳动激励问题是社会保障制度设计的一个难题。毕竟,社会希望穷人能够靠自己的双手获得收入来源而不是总是依靠政府,而且一旦依赖性形成,对于政府支出而言,就成了一个无底洞。因此,如何激励受补群体的工作积极性,而不是助长其惰性就成了制度设计的关键问题。

发达国家在这方面遇到了很多问题,也积累了一些经验,比如美国在1997年用TANF(贫困家庭临时补助)制度取代原来最大的现金补助项目AFDC(抚养儿童家庭补助),与原AFDC只要符合条件就能长期领取补助的规定相比,TANF是临时性的,一般领取时间最长不超过5年,而且对受补家庭也提出了严格工作要求。此外,AFDC规定受补人因工作获取劳动收入将等额减少补助,这样的制度彻底抑制了受补人的工作积极性,而在 TANF 制度下,获取劳动收入只会部分程度地降低补助额,也就是受补人工作时间越长其总收入水平越高,从而一定程度上激励了受补人的劳动供给。EITC(劳动所得税抵免)制度则通过劳动所得税抵免来鼓励低收入者的工作积极性,在一定范围内,低收入者工作时间越长,能够获得的税收补贴也就越高①。当然,美国的制度仍然存在很多问题,但这些经验与教训对于中国未来的社会保障制度改革都具有启示性。

本章小结

1.社会保障是指政府通过收入再分配,帮助公民应对生存风险,如疾病、衰老、失业、事故等,并且为低收入等特殊群体提供生活保障的一系列社会制度安排,其本质上是一张社会安全网,是政府为公民应对生存问题时提供的一种保护。根据面对的群体不同,社会保障可以划分为缴费型的全民社会保险和非缴费型的特殊群体生活保障两大部分。

2.保护个人免于匮乏的自由、促进社会公平、维持社会稳定、消除逆选择,以及对公民自我保障能力的家长式的不信任等因素为政府介入社会保障提供了充分的动机。

3.中国的社会保障体系由养老、医疗、失业、工伤、生育五大社会保险以及社会救助、社会福利、社会优抚和住房保障等一系列制度构成。

4.20 世纪 90 年代以来,中国的社会保障支出增长速度很快,但总体而言,其支出水平仍然偏低,与经济的快速发展不相适应。

5.人口老龄化是一个世界性难题,中国在 21 世纪也将面临严峻的老龄化考验。解决老龄化问题的关键是储蓄,是资本积累和经济增长。

6.社会保障制度的另一个难题是如何激励而不是抑制受补人的工作积极性。在制度设计中添加时间限制、工作要求等方面的条款,同时对受补人的工资收入实行税收抵免等方法是可以尝试的方向。

复习与思考

1.社会保障的本质是什么? 它应该包括哪些内容?

2.为什么政府要介入社会保障?

3.某大国,2000 年 60 岁以上的老年人已经达到 1.36 亿,占总人口比例超过 10%,预测到 2050 年,60 岁以上老年人将达 4 亿左右,占人口比例的 25% 左右。该国实行现收现付的养老保险制度,并通过社会保险费筹集养老金。则社会保险费率在 2000 年到 2050 年之间应当如何变化,才能维持 2000 年的养老金与工资的比例? 如果该税率不变,养老金与工资的比例会如何变化?

4.解决老龄化问题的关键是什么?

5.分析 20 世纪 90 年代以来,中国社会保障支出的变化趋势。并结合经济发展与老龄化趋势,对未来社会保障支出的走势进行预测。

---

① 哈维·罗森,特德·盖亚.财政学(第八版).北京:中国人民大学出版社,2009:264—274.

进一步阅读文献

1. 约瑟夫·斯蒂格利茨. 公共部门经济学(第三版第 14—15 章). 北京:中国人民大学出版社,2005.

2. 哈维·罗森,特德·盖亚. 财政学(第八版第 3 篇). 北京:中国人民大学出版社,2009.

3. 尼古拉斯·巴尔. 养老金改革:谬误、真理与政策选择. 保险与社会保障,2006(1):29—73.

4. 马丁·费尔德斯坦,杰弗里·利伯曼. 实现中国养老保险体制的潜力. 比较,2006(24):67—72.

5. 郑秉文. 改革开放 30 年社会保障制度发展历程. 上海证券报,2008-12-13(8).

第15章 医疗卫生支出

> 如果门关上了,我们就翻篱笆;如果篱笆太高,我们就撑竿跳;如果撑竿跳还是够不着,我们就跳伞。总之,不论如何,我们都要通过医改方案。
>
> ——美国众议院院长佩洛西,2010 年 1 月 28 日

这段话是美国众议院女院长佩洛西在美国医改方案最后一轮投票前所表达的决心,生动展现了民主党人的医改之路。2010 年 3 月,医改方案 PPACA 最终以微弱优势得以通过,从此改写了美国百年医改历史,政府的作用得到强化,并使美国走向了全民医保。

此前一年,中国也正式发布了新医改方案,重新确立了政府主导医疗卫生服务的基本方向,"人人享有基本医疗卫生服务"成为改革的总目标和根本出发点。在这以前,从改革开放之初直到 2005 年,中国都在走一条市场化的医改道路,最后却不得不承认市场化改革"是不成功的"[①],这才有了后来风生水起的新医改。

尽管中美两个大国的新医改过程中都遇到了各种阻力,但最终出台的方案都强化了政府的责任。正如世界卫生组织(WHO)在《2008 年世界卫生报告》中所指出的,"构建国家卫生系统的最终成败责任在于各国政府……政府机构对促进健康所应承担的责任是独一无二的,它根植于政府的原则政策和人们对政府所广泛寄予的期望。"[②]

本章在探讨医疗卫生服务的层次、性质以及政府相应责任的基础上,分析中国医疗卫生支出变化趋势,并进行国际比较。由于医疗卫生支出的结构变化实际上反映了政府相关职能的变化,我们还将对中国 30 年医改历程进行回顾,同时以 2010 年美国医改作为比较。最后,我们将利用泰尔指数对中国公共医疗卫生支出的均等化程度进行分析。

---

① 国务院发展研究中心课题组. 对中国医疗卫生体制改革的评价与建议. 2005.
② 世界卫生组织. 2008 年世界卫生报告——初级卫生保健. Geneva: WHO Press, 2008:84.

15.1 医疗卫生服务概述

15.1.1 医疗卫生服务的层次与性质

医疗卫生(health care)服务是一个混合概念,它包含了公共卫生和一般医疗服务两个方面的内容。

(一)公共卫生(public health)

所谓公共卫生服务是为了满足社会公众的公共卫生需求,实现健康安全的公共环境而提供的各项卫生服务,主要包括计划免疫、传染病控制、妇幼保健、饮用水安全、环境卫生和健康教育等内容。这些卫生服务的提供是为了满足全体居民的公共需求,在消费上都具有非竞争性和非排他性的特征,从产品性质来看,具有典型的公共产品性质。由于公共卫生服务为社会公众提供了一个安全健康的公共环境,因而处在整个医疗卫生服务体系的核心。

(二)一般医疗服务(medical care)

所谓一般医疗服务,特指医院或诊所为治疗病人各种疾病所提供的诊疗服务,在消费上具有显著的竞争性和排他性,属于私人产品范畴。进一步,一般医疗服务可以划分为两个层次:基本医疗服务和非基本医疗服务。其中,基本医疗服务是针对绝大多数的常见病、多发病,为全民提供所需药品和诊疗手段的基本医疗服务包,以满足全体公民的基本健康需求;非基本医疗服务则是基本医疗服务包以外的较高层次的医疗卫生服务,满足一部分居民较高层次的健康需求。

这样,全部医疗卫生服务可以分为三个层次:公共卫生服务、基本医疗服务和非基本医疗服务,分别用来满足社会公众的公共卫生需求、基本健康需求和较高层次的健康需求[1]。其中第一和第二个层次合在一起,被称为基本医疗卫生(primary health care,PHC)[2]。

15.1.2 政府的责任:一个基本的框架

由谁来提供和生产医疗卫生服务? 对这一问题的回答,不能简单从效率的角度来分析,还要考虑公平的因素,在某种意义上,公平是更加重要的一个维度。这是因为,进入现代社会,人类已经形成了一个基本共识,健康是一项基本的人权,无论贫富,人人都应享有基本医疗卫生服务。正如1978年国际初级卫生保健大会所做的《阿拉木图宣言》所提出的:"健康不仅是与疾病与体虚的匿迹,而是身心健康社会幸福的总体状态,是基本人权,达到尽可能高的健康水平是世界范围的一项最重要的社会性目标……增进并保障人民健康对持续的经济社会发展是首要的并有助于更为美好的生活质量及世界和平。"[3]因此,每一个国家的政府都应致力于为本国居民提供一个良好的公共卫生环境,保证基本医疗服务对每一个居民的

---

① 国务院发展研究中心课题组. 对中国医疗卫生体制改革的评价与建议. 2005.

② Primary health care 有时也被译作"初级卫生保健",如世界卫生组织使用的标准中译就是"初级卫生保健"。在本书中,"基本医疗卫生"与"初级卫生保健"是同义词。

③ 国际初级卫生保健大会. 阿拉木图宣言. 1978-09-12.

可及性和公平性,这是政府不可推卸的责任。

(一)公共卫生

从产品性质来看,公共卫生属于公共产品;从重要性来看,公共卫生位于医疗卫生服务的第一层次。因此,无论从效率还是公平的角度,公共卫生服务都应由政府来提供,并根据社会需求来确定公共卫生服务的最优水平。公共卫生支出的资金来源为政府公共预算,以税收筹集资金。

(二)基本医疗服务

首先从产品性质来看,基本医疗服务属于私人产品,因此从表面上来看,可以采取私人提供的方式,由市场价格机制这只"看不见的手"来配置资源[①]。然而,基本医疗服务与国民的基本健康状态联系在一起,享受基本医疗服务是每一个人的基本人权。因此基本医疗服务的可及性是一个与效率相比更为优先的指标,而在市场机制下,价高者得,势必将广大穷人排除在基本医疗服务的可及性之外。从这个角度出发,以政府这只"看得见的手"为主对基本医疗服务资源进行配置是更好的选择,让政府来统一保障基本医疗服务的可及性,使之面向全体公民。在具体运作方式上,可以采取直接以税收筹资并由政府公共预算免费向公众提供基本医疗服务的方式(英国式);也可以实行缴费型社会保险制度(德国),由政府、个人、企业共同分担形成社会共济的信托基金为基本医疗服务付费。

(三)非基本医疗服务

非基本医疗服务满足的是人们较高层次的健康需求,在社会资源有限的前提下,不宜采取政府统一保障的方式,而应由市场进行配置,采取私人提供的方式。为了降低个人和家庭的风险,可以发展自愿性质的商业健康保险,推动社会成员之间的互济互保。

以上我们讨论了不同层次医疗卫生服务的提供方式。在生产方式上,同样的问题依然存在。如果由营利性机构为主体来生产医疗卫生服务,其逐利动机将无法保证医疗卫生服务的公平性与可及性。因此,基本医疗卫生的服务主体必须是公立医疗卫生机构或非营利医疗机构,国际经验特别是大多数发达国家的经验也是如此。具体分层次而言,公共卫生应该由政府承担全部责任,适合以公立医疗卫生机构作为服务主体,便于统一组织和协调;基本医疗服务可以引进非营利医疗机构,政府可以对其进行价格指导;非基本医疗则可以进一步引进营利性医疗机构,按市场模式运作。

我们将这一基本框架总结为表 15.1。

表 15.1 医疗卫生服务体系的框架

	公共卫生	基本医疗	非基本医疗
保障目标	国民基本健康需求	国民基本健康需求	国民较高层次的健康需求
保障对象	全体国民	全体国民	国民中的所有自愿参加者
保障内容	预防保健,传染病控制	常见病、多发病诊疗	高水平医疗服务
提供方式	政府提供	政府提供,社会保险	商业保险,私人提供

① 即使不考虑收入分配和公平问题,风险和不确定性的广泛存在同样将导致医疗服务市场的无效率,需要政府加以干预。参见:肯尼斯·阿罗.不确定性和医疗保健的福利经济学.比较,2006(24):73—98.

续表

	公共卫生	基本医疗	非基本医疗
资金来源	政府公共预算全额支付	政府公共预算全额支付[1]	商业保险机构支付[2]
		社会保险基金支付	私人直接付费
服务主体	公立医疗卫生机构	公立医疗机构	公立医疗机构
		非营利性医疗机构	非营利性医疗机构
			营利性医疗机构

注1：基本医疗资金来源中的"政府公共预算全额支付"对应于提供方式中的"政府提供"；资金来源中的"社会保险基金支付"对应于提供方式中的"社会保险"。

2：非基本医疗资金来源中的"商业保险机构支付"对应于提供方式中的"商业保险"；资金来源中的"私人直接支付"对应于提供方式中的"私人提供"。

专栏 15.1

回归《阿拉木图宣言》之路（陈冯富珍）

30 年前,《阿拉木图宣言》从促进卫生发展的指导性价值观,开展卫生服务的原则,以及解决重点卫生需要和基本的健康决定因素的系列办法等不同角度,阐明了初级卫生保健的概念。

发起人人享有卫生保健运动,显示出勇气与胆识。这一远大目标的假定是,实行开明的政策,可提高贫困人口的健康水平,继而推动整体发展。《宣言》拓展了医疗模式,考虑到种种社会和经济因素,承认许多部门,包括民间社会组织开展的各种活动带来了改善健康的前景。公平获得医疗和高效率提供卫生服务是压倒一切的首要目标。

初级卫生保健以地方所有权为重点,承认人的复原力和人的精神智慧,为由社区发起、所有和维持解决办法提供了活动空间。尤其是,初级卫生保健采取预防与治疗并重的方针,对不同层次的医疗合理使用资源,为开展全方位卫生保健,无论是在家庭还是在医院,开辟了一条途径。

这一办法几乎一出台即引来种种误解。它是对医疗体制的激烈批评；它是凭空妄想；它被误解为仅注重初级医护。在一些鼓吹发展的人来看,这种服务模式似乎很廉价：穷人穷办法——是发展中国家不得已而采用的等而下之的解决办法。

在 1978 年,即便远见卓识的思想家也无法预见到以后发生的世界大事：石油危机、全球经济衰退,开发银行实施结构调整方案,使国家预算重心从社会服务,包括卫生领域向其他方向转移。由于卫生资源减少,人们不再热衷于彻底改变卫生保健模式,使用一揽子干预措施的选择性办法则受到人们的青睐。艾滋病毒/艾滋病的出现,与之有关的结核病死灰复燃,以及疟疾病例增多,促使国际公共卫生重点发生转移,从实施具有广泛基础的规划转向紧急管理高死亡率突发事件。

1994 年,在世界卫生组织关于《阿拉木图宣言》发表以来世界卫生发展变化的一份审查报告中,得出了消极的结论：到 2000 年之前人人享有卫生保健的目标将无法实现。

一场未能如期达到预期目标的运动,能给我们带来什么样的教益呢？很显然,有不少的经验教训值得借鉴和汲取。今天,人们对于初级卫生保健的误解不再那样根深蒂固。事实上,一些趋势和事件已从 30 年前所无法想象的角度澄清了它所具有的重大意义。初级卫生保健看起来愈发像是一种明智的选择,它可促使卫生发展步入正轨。

《千年宣言》及其发展目标为公平和社会公正的价值观注入了新的活力,现在是要确保全球经济一体化带来的好处在国家之间分布更均匀。艾滋病流行表明,公平和普遍获得治疗意义重大。随着抗逆转录病毒药物治疗的出现,对于千百万民众而言,能够获得药品与服务,就等于获得生存的机会。

——本文节选自世界卫生组织总干事陈冯富珍博士,《回归＜阿拉木图宣言＞之路》(2008),原文见世界卫生组织网站。

15.2 中国的医疗卫生支出

以上,我们考察了医疗卫生服务的层次与性质,并给出了一个不同层次医疗卫生服务中政府所应承担责任的基本框架。现在我们运用这一框架来分析中国的情况,与前面各章一样,国际比较是必不可少的。本节重点考察中国的医疗卫生支出,下一节进行国际比较。

15.2.1 医疗卫生总支出及其构成

医疗卫生总支出,也称为卫生总费用,是一国居民用于消费医疗卫生服务的全部支出。从其资金来源看,包括政府公共预算支出,社会医疗保险基金支出,商业健康保险支出和个人现金支出等内容。

根据卫生部的《中国卫生统计年鉴》,卫生总费用来源包括政府卫生支出(即政府公共预算支出)、社会卫生支出(含社会医疗保险基金支出和商业健康保险支出等内容)和个人卫生支出(即个人现金支出)三部分,表 15.2 给出了 1978—2007 年卫生总费用及其构成的数据。

表 15.2　1978—2007 年中国卫生总费用及其构成

	卫生总费用(亿元)				卫生总费用构成			人均卫生费用(元)	卫生总费用占 GDP 比例
	合计	政府	社会	个人	政府	社会	个人		
1978	110.21	35.44	52.25	22.52	32.2%	47.4%	20.4%	11.5	3.02%
1980	143.23	51.91	60.97	30.35	36.2%	42.6%	21.2%	14.5	3.15%
1985	279.00	107.65	91.96	79.39	38.6%	33.0%	28.5%	26.4	3.09%
1990	747.39	187.28	293.10	267.01	25.1%	39.2%	35.7%	65.4	4.00%
1995	2155.13	387.34	767.81	999.98	18.0%	35.6%	46.4%	177.9	3.54%
1996	2709.42	461.61	875.66	1372.15	17.0%	32.3%	50.6%	221.4	3.81%
1997	3196.71	523.56	984.06	1689.09	16.4%	30.8%	52.8%	258.6	4.05%
1998	3678.72	590.06	1071.03	2017.63	16.0%	29.1%	54.8%	294.9	4.36%

续表

	卫生总费用(亿元)				卫生总费用构成			人均卫生费用(元)	卫生总费用占 GDP 比例
	合计	政府	社会	个人	政府	社会	个人		
1999	4047.50	640.96	1145.99	2260.55	15.8%	28.3%	55.9%	321.8	4.51%
2000	4586.63	709.52	1171.94	2705.17	15.5%	25.6%	59.0%	361.9	4.62%
2001	5025.93	800.61	1211.43	3013.89	15.9%	24.1%	60.0%	393.8	4.58%
2002	5790.03	908.51	1539.38	3342.14	15.7%	26.6%	57.7%	450.7	4.81%
2003	6584.10	1116.94	1788.50	3678.66	17.0%	27.2%	55.9%	509.5	4.85%
2004	7590.29	1293.58	2225.35	4071.35	17.0%	29.3%	53.6%	583.9	4.75%
2005	8659.91	1552.53	2586.41	4520.98	17.9%	29.9%	52.2%	662.3	4.73%
2006	9843.34	1778.86	3210.92	4853.56	18.1%	32.6%	49.3%	748.8	4.67%
2007	11289.50	2297.10	3893.72	5098.66	20.3%	34.5%	45.2%	854.4	4.52%

数据来源:《中国卫生统计年鉴 2009》。

如表 15.2 所示,改革开放以来,中国的卫生总费用、人均卫生费用以及卫生总费用占 GDP 的比例整体上都有很大程度的提高,说明随着国民经济的快速发展,经济中可以有更多的资源用来满足人们不断提高的健康需求。

然而,当我们把注意力转向卫生总费用的构成时,我们会发现一些非常严重的问题。总体而言,可以分为两个阶段,如图 15.1 所示。第一个阶段是 1978—2001 年,这一阶段,个人现金支付在卫生总费用中的比例不断提高,从 1978 年的 20% 一直上升到了 2001 年的 60%,上升了整整 3 倍,与此同时,政府预算支出承担的比例从 32% 下降为 16%,社会承担的比例从 47% 下降为 24%。这一过程的背后,是一个政府将提供医疗卫生服务中的职能不断推向市场的过程,也是一个医疗卫生服务市场化程度越来越高,老百姓看病越来越贵,私人开销越来越多的过程。第二个阶段是 2002—2007 年,这一阶段,个人现金支付的比例逐步下降,从 60% 回落到 45%,而政府和社会支付的比例有所提高,说明政府开始重新承担起某些在医疗卫生服务方面所应承担的责任。

卫生总费用构成的变化,本质上是政府在医疗卫生服务中所承担职能的变化,反映了全国医疗卫生体制的变化。为了深入把握这一问题,我们将在 15.4 节探讨中国的医疗卫生体制改革历程。

15.2.2　公共医疗卫生支出的估计

表 15.2 的政府卫生支出实际上只是政府一般预算(公共预算)中用于医疗卫生服务的支出,根据第 7 章第 7.4 节的讨论,一般预算支出和社会保险基金支出都属于政府支出,因此卫生总费用中的政府卫生支出(即公共预算支出)和社会卫生支出中的社会医疗保险基金支出均应计入公共医疗卫生支出(简称公共卫生支出,或广义政府卫生支出)的统计范围。由于公共预算卫生支出中包含对社会医疗保险基金的补助,为避免重复计算,应将其扣除。

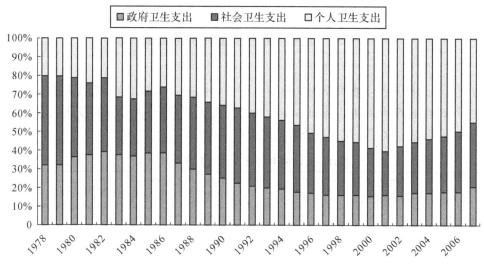

图 15.1　1978—2007 年中国卫生总费用的构成

据此,我们估计了 2001—2007 年的公共卫生支出及其占卫生总费用的比例和占 GDP 的比例。

表 15.3　**2001—2007 年中国公共医疗卫生支出**　　　　　单位:亿元,当年价格

	2001	2002	2003	2004	2005	2006	2007
公共医疗卫生支出	1044.71	1317.91	1749.84	2129.58	2594.13	3033.66	3846.70
公共预算支出	800.61	908.51	1116.94	1293.58	1552.53	1778.86	2297.10
社会医保支出	244.1	409.4	653.9	862.2	1078.7	1276.7	1561.8
扣除:财政对医保补助			−21.0	−26.2	−37.1	−21.9	−12.2
公共卫生支出占卫生总费用比例	20.8%	22.8%	26.6%	28.1%	30.0%	30.8%	34.1%
公共卫生支出占 GDP 比例	0.95%	1.09%	1.29%	1.33%	1.42%	1.44%	1.54%

数据来源:《中国卫生统计年鉴 2009》,《中国统计年鉴 2009》,《中国财政年鉴 2008》。

如表 15.3 所示,公共医疗卫生支出总额及其占卫生总费用的比例、占 GDP 的比例在 2001—2007 年期间均呈现逐年增长的趋势。在全部公共卫生支出中,社会医疗保险支出所占的比例从 2000 年的 23% 上升到 2007 年的 41%,说明 2001 年以来政府对居民健康需求的重视程度开始不断提高,并且通过大力发展社会医疗保险来满足居民的基本医疗需求。但是我们也要注意到,直到 2007 年,公共卫生支出占卫生总费用的比例仍然只有 34.1%,从国际经验来看,这仍然是一个很低的水平。

15.3 医疗卫生支出的国际比较

现在我们对世界各主要国家的医疗卫生支出情况进行比较分析,重点考察各国卫生总费用占 GDP 的比例,公共卫生支出占卫生总费用的比例,社会医疗保险支出占公共卫生支出的比例,人均卫生费用以及人均公共卫生支出等指标。

表 15.4　2006 年各国卫生总费用及其构成　　　　　单位:美元,当年价格

	卫生总费用占 GDP 比例	公共卫生支出占卫生总费用比例	社会医疗保险支出占公共卫生支出比例	人均卫生支出	人均公共卫生支出
澳大利亚	8.7%	67.7%	0.0%	3302	2237
巴西	7.5%	47.9%	0.0%	427	204
加拿大	10.0%	70.4%	2.0%	3917	2759
智利	5.3%	52.7%	67.2%	473	249
古巴	7.7%	91.6%	0.0%	362	332
丹麦	10.8%	85.9%	0.0%	5447	4677
芬兰	8.2%	76.0%	19.6%	3232	2455
法国	11.0%	79.7%	93.6%	3937	3139
德国	10.6%	76.9%	87.9%	3718	2858
印度	3.6%	25.0%	4.9%	29	7
以色列	8.0%	56.0%	72.3%	1675	938
日本	8.1%	81.3%	78.7%	2759	2242
墨西哥	6.6%	44.2%	60.2%	527	233
荷兰	9.4%	80.0%	95.1%	3872	3097
新西兰	9.3%	77.8%	0.0%	2421	1884
挪威	8.7%	83.6%	14.9%	6267	5241
阿曼	2.3%	82.3%	0.0%	332	273
波兰	6.2%	70.0%	83.9%	555	389
韩国	6.4%	55.7%	77.3%	1168	651
俄罗斯	5.3%	63.2%	42.3%	367	232
南非	8.0%	37.7%	4.3%	425	160
瑞典	9.2%	81.7%	0.0%	3973	3245
瑞士	10.8%	59.1%	72.6%	5660	3347
英国	8.2%	87.3%	0.0%	3332	2908
美国	15.3%	45.8%	28.7%	6719	3076
中国	4.67%	30.8%	42.1%	94	29

数据来源:中国数据来源为表 15.2 和表 15.3,其他各国数据直接摘自《中国卫生统计年鉴 2009》。

　　表 15.4 列举了一些主要的发达国家和发展中国家的相关数据,在表列国家中,卫生总费用占 GDP 比例最高的是美国,高达 15%;最低为阿曼,仅 2%;中国的比例为 4.67%,高于印度、阿曼两国。公共卫生支出占卫生总费用比例最高的是古巴,超过 90%;其次是英国,为 87%;最低的是印度和中国,分别是 25% 和 31%。社会医疗保险支出占公共卫生支出比例最高的分别是荷兰、法国和德国,分别为 95%、94% 和 88%;中国的比例为 42%,与俄罗斯的水平较为接近;澳大利亚、巴西、古巴、丹麦、新西兰、阿曼、瑞典和英国没有采取社会医疗保险制度,加拿大也基本没有。人均卫生支出水平最高的是美国,其次是挪威、瑞士、丹麦,这些国家的人均卫生支出都超过了 5000 美元;最低的是印度和中国,分别是 29 美元和 94 美元。人均公共卫生支出水平最高的是挪威,高达 5241 美元;其次是丹麦、瑞士、瑞典、法国、荷兰和美国,这些国家都超过了 3000 美元;最低的同样是印度和中国,分别是 7 美元和 29 美元。

　　上述国际比较表明,中国无论在卫生总费用的相对规模,人均卫生费用,还是政府在卫生总费用中投入的比例等指标上,都不仅远远低于世界发达国家,也低于很多发展中国家,如智利、古巴、巴西、墨西哥、波兰、南非等国。比中国水平更低的是印度,中国和印度的共同特点是人口众多,而恰恰是这一点,要求政府承担更大的责任,而不是将其推卸给市场。

　　世界卫生组织在《2000 年世界卫生报告》中对其 191 个成员国的卫生指标进行了排名,这些指标包括卫生系统筹资公正性、总体成就、健康水平、总体绩效[1]。我们重点关注中国、美国、英国、瑞典、法国、日本的指标(见表 15.5)。其中美国是医疗市场化程度最高的国家;英国、瑞典代表政府提供免费医疗服务的国家;法国、日本则是实行社会医疗保险的典型国家。

表 15.5　各国卫生指标排名(世界卫生组织 2000 年发布)

	筹资公平性	总体成就	健康水平	总体绩效	合　计
法国	26	6	4	1	37
日本	8	1	9	10	28
瑞典	12	4	21	18	55
英国	8	9	24	23	64
美国	54	15	72	37	178
中国	188	132	61	144	525

数据来源:《2000 年世界卫生报告》。

　　假定四个指标同等重要,我们以简单的合计数作为表列各国的综合指标。从综合指标排序来看,日本的情况是最好的,其后依次是法国、瑞典和英国,美国的情况比较糟糕,中国的指标是最差的。

　　日本和法国均采取了全民社会医疗保险的模式,其综合指标都比较好;而英国和瑞典实行的是全民免费医疗的模式,其综合指标排名不如日本和法国,但从全世界的排名来看,都

---

　　[1]　世界卫生组织.2000 年世界卫生报告——卫生系统:改进业绩.北京:人民卫生出版社,2000.

是比较靠前的。美国是医疗服务市场化程度最高,人均卫生支出水平最高的国家,但美国的综合指标排序并不理想,特别是筹资公平性和健康水平两个指标令人担忧。这也说明,市场化程度高和卫生支出水平高并不一定带来良好的健康水平和公正的卫生系统,这一现象也被人们称为"美国病"。

　　这个世界上不存在完美的医疗卫生体制,各国的体制都有着各自的弊端,美国市场化体制的最大问题是浪费和不公平,而英国全民免费医疗体制最大的问题则是供给不足(专栏15.2通过问答的形式向我们生动展现了英国体制的利弊)。相比较之下,日本和法国的经验告诉我们,通过政府主导医疗卫生服务,实行覆盖全民的社会保险制度,可以达到一个相对较为理想的状态。

　　中国的排名让我们每一个中国人为之汗颜,总体成就和总体绩效分别排在第 132 位和 144 位,而筹资公平性指标更是位于 191 个成员国的倒数第四。要知道,在改革开放之前,中国虽然贫困,但当时所取得的卫生成就却得到了世界卫生组织的充分肯定和赞许。为什么 20 多年后,同一组织对中国的评价会发生 180° 的大转弯,中国的医疗卫生体制究竟出现了什么变化? 知耻而后勇,中国人看到这份评价报告后,又是如何反思改革成败,如何重新开启医疗卫生体制的改革之路? 我们将在下一节通过回顾中国 30 年医改历程来思考这些问题。

 专栏 15.2
无论贫富 政府埋单——关于英国医疗体制的问答(周其仁)

　　问:你们在英国生了病,怎么获得医疗服务?

　　答:如果不是很急的毛病,一般先约 GP 就诊。所谓 GP,就是"General Practitioner"("通用的家庭医师"),他们通常在遍布英国城乡的社区诊所工作,很方便的。至于急诊,就要到医院。

　　问:无论看社区大夫、急诊,还是专科大夫,都是免费的吗?

　　答:可以都是免费的。就是说,在英国无论你是穷是富,无论到社区看 GP、挂急诊,还是由社区大夫转介给专科大夫、甚至住院和生孩子,私人都无须付费就可得到医疗服务,这些费用全部由英国政府埋单。

　　问:你们是说,英国政府用税收为全民提供医疗保健服务?

　　答:差不多是吧,正式名称叫"国民健保制度"(National Health Service,简称 NHS)。这个 NHS 既然叫"国民健保",就是政府用库房的资金,支付全体国民健保服务的开支,包括系统内所有社区诊所和医院的设备设施、医护用品、大夫和护士的薪水等等。

　　问:药费也全包吗?

　　答:英国实行"医药分家",NHS 覆盖全民医疗保健开支,但不含药费。大夫开了药方,患者要到独立于医院的药店购药,药费由个人负担,但低收入者、未成年人和老人的药费,也由 NHS 支付。为防止类似过去国内公费医疗乱开药的问题,由 NHS 负担的药费部分,患者也要付一点,比如每种药付几英镑之类。

　　问:这样看,NHS 覆盖了全部本国居民和外国正式学生的医疗健康保障,再加上所有在英人士可能的急诊费用，就是不全包药费，加到一起也不是小数目。一共要花多少钱？

答：每年都有报告。记得 2002—2003 年度 NHS 共花费了 680 亿英镑（约等于 9520 亿人民币，以英国人口 5987 万算，人均 NHS 开支 15900 元——笔者注），占当年英国 GDP 的 7.7%。这几年 NHS 开支每年都在涨，根据工党政府的"10 年改善计划"，到 2007—2008 年度 NHS 要增加到 900 亿英镑，占 GDP9.4%。所以英国国内政策的头号问题，永远就是 NHS，增加开支还是减少开支，每次大选都吵得昏天黑地。

问：但是对英国百姓而言，反正看病不要自己花钱，对不对？

答：也不完全。以我为例（说话的是一位在英国大学任教多年的华裔教授），全家都可以免费享受 NHS，但我还是每月花 100 英镑，为自己和太太买商业性医疗保险。

问：不是可以免费看病吗，为什么还要自掏腰包？

答：也许正因为免费，NHS 的需求就很大，供给总不足。特别是一些专科治疗，排队等候的时间太长了，你怕耽误，就自费另买一份保险。还有一种情况，社区大夫认为你的病不需要转介，而你不放心，想及时找更好的专科医生看。这些商业医疗保险，不是政府强制，而是市场行为，几家彼此竞争，服务不错，价格也不算太贵，所以不但伦敦城（金融业）和企业界的高收入层选用，不少教授、中学老师、秘书等中产家庭也选用。反正品种多，你可以按自己情况选合适的。

问：买了商业医疗保险，到哪里看病？和美国一样，要到保险公司指定的医院和医生那里求诊吗？

答：差不多。商业医疗保险指定一批私立医院和私家开业医生，为客户服务。但是英国有一点非常特别，就是它的 NHS 系统里的许多医生和医院，也都被商业医疗保险选中，签有服务合同，为保险公司的客户提供医疗保健服务。

问：你可以免费用 NHS 身份求诊这位医生，为什么还要花钱买了保险再见同一个医生？

答：第一次用 NHS 身份约见这位医生，足足等了 4 个月。第二次以保险客户身份，打电话的第二天就排上了！4 个月并不是最长的。在有的地方、看有的疾病，NHS 要等更长的时间（一位同学念出他们学校关于 NHS 的说明，"从家庭医生转诊到专科医师，等候的时间可以长至 12 到 18 个月"；她的评论也有意思：人家是真的排队，谁也不例外，NHS 大夫的老子来，也照样要排队）。你要是觉得等不起，就出一个保险价吧。当然还有医生质量问题，因为 NHS 给付的薪水不高，英国不少医生、护士外移他国开业，结果英国便从印度、巴基斯坦、阿尔及利亚等前英联邦国家，大量引进前英国人开设的医护学校的毕业生到英开业，使得 NHS 一部分医师的质量不那么高。

问：就是说，英国在体制上由政府用税收资源为全民提供医疗保健，但由于 NHS 的排队和大夫质量等因素，部分居民还是自费购买了公费以外的医疗服务。所以在事实上，英国医疗体制并不是政府和公立包办，而仍然是公、私医疗组织和机制并存、合作与竞争？

答：是这样的。至于未来的变化，英国改革 NHS 的呼声也很高，国内千万不要饥不择食地搬一个自以为是的"英国医疗体制"回家，过不了两天发现人家又改了。

——本文节选自周其仁. 无论贫富 政府埋单——关于英国医疗体制的问答. 上海证券报，2007-04-09（B4）.

15.4 中国医疗卫生体制改革历程

计划经济时期,在整体经济发展水平相当低的情况下,通过有效的制度安排,中国用占GDP仅 3%左右的卫生投入,大体上满足了几乎所有社会成员的基本医疗卫生需求,国民健康水平迅速提高,不少国民综合健康指标达到了中等收入国家的水平,成绩十分显著,被世界卫生组织和世界银行誉为"以最少投入获得了最大健康收益"的"中国模式"[①]。

但由于受到经济发展水平的制约,当时的医疗技术、服务水平和基础设施建设方面都不同程度地存在很多问题。改革开放以后,在"以经济建设为中心"的大旗下,中国开始了漫长的医疗卫生体制改革。从时间上,改革大致可以分为五个阶段[②]。

15.4.1 第一阶段:1979—1984 年

1978 年中共十一届三中全会开启了伟大的改革开放,以此为契机,时任卫生部部长的钱信忠在 1979 年第一次提出了"运用经济手段管理卫生事业"的口号。同年,卫生部等三部委联合发布了《关于加强医院经济管理试点工作的通知》,接着又开始对医院实行"定额补助、经济核算、考核奖惩"的办法。此后,卫生部又陆续颁布了《医院经济管理暂行办法》、《关于加强卫生机构经济管理的意见》和《全国医院工作条例》,加强了对医院的经济管理。

1980 年,国务院还批准了卫生部《关于允许个体开业行医问题的请示报告》,转变了国有、集体医疗机构一统天下的局面,开辟了医疗服务主体多元化的先河。

这一阶段处于恢复与改革之间的过渡时期,一些改革措施主要还是医疗机构内部的调整,没有涉及体制上的变革,因此这一阶段只是医改的孕育期。

15.4.2 第二阶段:1985—1992 年

1984 年中共十二届三中全会通过了《中共中央关于经济体制改革的决定》,在此大背景下,1985 年成为中国医改元年。当年 4 月,国务院批转了卫生部《关于卫生工作改革若干政策问题的报告》,其中明确提出:"必须进行改革,放宽政策,简政放权,多方集资,开阔发展卫生事业的路子,把卫生工作搞好。"标志着中国医疗卫生体制改革的大幕正式拉开。

1989 年国务院批转了卫生部等五个部门《关于扩大医疗卫生服务有关问题的意见》,其中提出五点:(1)积极推行各种形式的承包责任制;(2)开展有偿业余服务;(3)进一步调整医疗卫生服务收费标准;(4)卫生预防保健单位开展有偿服务;(5)卫生事业单位实行"以副补主"、"以工助医"。

这一阶段的改革主要是模仿国有企业改革,实行放权让利,扩大医院自主权。改革的主导思想是"给政策不给钱",医疗卫生服务商业化倾向已逐渐明晰。

---

① 国务院发展研究中心课题组. 对中国医疗卫生体制改革的评价与建议. 2005.

② 本节关于中国医改前四个阶段的分析,部分参考了:发展和改革蓝皮书:中国改革开放 30 年(第 23 章). 北京:社会科学文献出版社,2009;黎燕珍. 中国医改:20 年再回首. 中国改革,2005(10):30—33.

15.4.3　第三阶段：1992—2000 年

1992 年，中共十四大正式确立了建立社会主义市场经济体制的改革目标，1993 年中共十四届三中全会又发布了《关于建立社会主义市场经济体制若干问题的决定》，指出在卫生医疗领域，要继续探索适应社会主义市场经济环境的医疗卫生体制。

在此背景下，1992 年 9 月，国务院下发《关于深化卫生医疗体制改革的几点意见》，卫生部为贯彻文件提出了"建设靠国家，吃饭靠自己"的精神，要求医院要在"以工助医、以副补主"等方面更进一步。这项卫生政策刺激了医院创收，一系列能够创造效益的新事物，诸如点名手术、特殊护理、特殊病房像雨后春笋般在医疗系统出现，同时医院的公益性质日益淡化，普通老百姓"看病难、看病贵"的问题越来越严重。

中共中央和国务院于 1997 年初出台《关于卫生改革与发展的决定》，提出了推进卫生改革的总要求，包括改革城镇职工医疗保险制度、改革卫生管理体制、积极发展社区卫生服务、改革卫生机构运行机制等。1998 年，国务院在试点基础上正式发布了《关于建立城镇职工基本医疗保险制度的决定》，确立了覆盖城镇所有用人单位及其职工、社会统筹和个人账户相结合、单位和职工共同缴费的城镇职工基本医疗保险制度。

这一阶段，针对医院日益注重效益而忽视公益性的倾向，卫生部门内部也展开了一系列争论。在一次工作会议上，时任卫生部副部长的殷大奎明确表示反对市场化，要求多顾及医疗的大众属性和起码的社会公平，而他的言论被反对方批评为"思想保守，反对改革"。争论并没有结果，但医改的市场化方向没有改变。

这一阶段的特点是，伴随着医疗机构市场化倾向是与非的争议，各项市场化改革不断推行，医疗机构的公益性被逐渐忽视，日益成为追逐利益的市场主体。当然，这一阶段也取得了一项重要的改革成果，就是建立了城镇职工基本医疗保险，但这项改革遗留了一个重大问题，就是忽视了农村地区对医疗服务的需求。

15.4.4　第四阶段：2000—2005 年

2000 年，在经济领域广泛推行的产权改革开始延伸到医疗卫生领域。2000 年 2 月国务院公布《关于城镇医药卫生体制改革的指导意见》，其中指出"鼓励各类医疗机构合作、合并，共建医疗服务集团。营利性医疗机构医疗服务价格放开，依法自主经营，照章纳税"。之后又陆续出台了 13 个配套政策，这些政策被认为是为完全市场化的医改开了绿灯。

2000 年 3 月，江苏宿迁公开拍卖卫生院，拉开了医院产权改革的序幕，共有 100 多家公立医院被拍卖，实现了政府资本的退出；2001 年无锡市政府提出了托管制的构想；2002 年年初上海市出台了卫生事业单位投融资改革方案，这些都是产权化改革的探索。

这一阶段的其他重要改革是，2003 年国务院办公厅转发了卫生部等部门《关于建立新型农村合作医疗制度的意见》，开始在全国范围内推行新型农村合作医疗制度，这是一项由政府组织和引导，农民自愿参加，个人、集体和政府多方筹资，以大病统筹为主的农民医疗互助共济制度。这项制度的建立，将医疗保险制度从城镇引入了农村。同年 11 月，民政部联同卫生部和财政部发布了《关于实施农村医疗救助的意见》，开始着手在农村构建医疗救助制度，通过政府拨款和社会各界自愿捐助等多渠道筹资，对患大病的农村五保户和贫困家庭提供医疗救助。

这一阶段的改革特点是医改的市场化程度升级为产权改革,市场化程度的不断加深一方面鼓励了医院和医生的积极性,另一方面其弊端也不断显现,特别是受到了 2003 年 SARS(非典)事件的严重冲击,这也使得一些人开始认真反思中国医改的得与失。这一阶段最大的成就是建立了新型农村合作医疗制度和农村医疗救助制度,这是迈向医疗保障体制覆盖城乡目标的第一步。

15.4.5 第五阶段:2005 年至今

经过前几个阶段的改革,中国医疗卫生体制过度市场化和商业化的倾向以及由此导致的一系列问题已经暴露无遗,卫生总费用不断增长的同时,政府承担的比例却越来越低,老百姓"看病难,看病贵"这些老问题变得尤为突出。早在 2000 年,世界卫生组织就发布了《2000 年世界卫生报告》,对其 191 个成员国的卫生指标进行了评分和排名,中国的卫生系统总体成就、总体绩效和筹资公平性三个指标分别名列第 132、144 和 188 位。一个创造了经济发展奇迹的国家,其卫生系统竟然如此不公平,绩效竟然如此之低,这是令国人汗颜与痛心的。2003 年爆发的 SARS 事件更是对中国脆弱的公共卫生应急体制造成了巨大冲击。在这种背景下,人们不得不回过头重新反思中国医改的成与败。

2003 年 7 月,香港中文大学王绍光教授的长文《中国公共卫生的危机与转机》在《比较》杂志上发表[①],他在文章结论中写道:

> 非典是突如其来的,但它之所以带来如此严重的危机,有着深层的、制度性的原因。本文提供的大量数据表明,由于指导思想上的失误,在中国的医疗卫生领域,政府失职与市场失灵同时存在。其后果是卫生防疫体系千疮百孔,卫生服务极不平等,卫生资源利用效率低下。在这样的制度环境下,即使没有这次非典危机,我们的医疗卫生体制迟早会产生类似甚至更严重的危机。
>
> 过去十几年,中国一直在探索如何在市场经济的条件下改革医疗卫生制度。由于经验不足,认识上出现偏差,走了一些弯路是难以避免的。如果这次非典危机敲起的警钟能使我们清醒地认识到"投资于人民健康"的重要性和迫切性,认识到现行医疗卫生体制的种种弊端,那么坏事就可以变成好事,使危机变成重建中国公共卫生体系的契机。

这篇文章在国内产生了很大影响。2005 年 3 月,国务院发展研究中心课题组的研究报告《对中国医疗卫生体制改革的评价与建议》在《中国发展评论》增刊上正式发表,报告中明确指出,"改革开放以来,中国的医疗卫生体制发生了很大变化,在某些方面也取得了进展,但暴露的问题更为严重。从总体上讲,改革是不成功的。"这一结论第一次从官方层面对中国 20 多年的医改进行了一个总结性评价。报告还指出,改革开放以来中国医改的"基本走向是商业化、市场化",而问题的根源恰恰在于"商业化、市场化的走向违背了医疗卫生事业

---

① 王绍光.中国公共卫生的危机与转机.比较,2003(7):52—88.

发展的基本规律"。对于未来的改革应该如何进行,报告也提出了一些原则性设想:

基于医疗卫生事业的特殊性,无论是基本保障目标选择还是医疗卫生的干预重点选择,靠市场都无法自发实现合理选择,出路只能是强化政府职能。中国计划经济时期医疗卫生事业取得巨大成效的决定性因素也在于此。政府的责任应主要体现在两个方面,一是强化政府的筹资和分配功能,二是全面干预医疗卫生服务体系的建设和发展。

在筹资方面,首先要确保政府对公共卫生事业的投入。公共卫生事业属于典型的公共产品,提供公共卫生服务是政府的基本职责。这一点在任何情况下都不能动摇。除此之外,在一般医疗领域,基于个人疾病风险的不确定性及个人经济能力的差异,政府也必须承担筹资与分配责任,这是实现社会互济和风险分担的前提,也是实现合理干预目标的基本条件之一。

在全面干预医疗卫生服务体系的建设和发展方面,一是要干预医疗卫生服务的地域布局,避免医疗卫生资源过分向城市及发达地区集中,以确保医疗卫生服务的可及性;二是要干预医疗卫生服务的层级结构,大力扶持公共卫生及初级医疗卫生服务体系的发展,避免医疗卫生资源过分向高端集中,这是实现合理干预重点选择的基本条件之一;三是要干预医疗卫生服务的服务目标,突出公益性,在此基础上,发挥医疗服务机构及医务工作者在医疗卫生干预重点选择方面的积极作用。四是要干预医疗卫生服务的质量和价格,确保公众能够得到优质服务。

这份国务院发展研究中心的报告标志着中国医改的方向将发生根本性改变,政府将重新取代市场,成为提供和生产医疗卫生服务的主导力量。为了建立覆盖城乡的医疗保障制度,这一阶段进行了两项局部性的改革。一是在 2003 年实行农村医疗救助制度的基础上,2005 年 3 月国务院办公厅转发了民政部、卫生部等四个部门《关于建立城市医疗救助制度试点工作的意见》,开始在全国范围内逐步推进城市医疗救助制度,通过财政拨款和社会捐助建立城市医疗救助基金,为城市低收入者提供医疗救助。二是在 1998 年建立城镇职工基本医疗保险制度和 2003 年建立新型农村合作医疗制度的基础上,2007 年 7 月国务院颁布了《关于开展城镇居民基本医疗保险试点的指导意见》,针对城市非从业人员,以自愿为原则,以住院和门诊大病为主要保障内容,逐步在全国建立城镇居民医疗保险。至此,就制度设计本身而言,中国的医疗保障制度已经全面覆盖了城市和农村,从业和非从业人员,以及低收入者。截至 2009 年末,参加城镇职工、居民基本医疗保险和新型农村合作医疗保险的人数合计达到 12.34 亿,如表 15.6 所示。

表 15.6　中国的医疗保障制度

	建立时间	覆盖人群	性　质	参加人数(亿人) 2009 年末
城镇职工基本医疗保险	1998	城镇职工	强制缴费型	2.19
城镇居民基本医疗保险	2007	城镇非从业居民	自愿缴费型	1.82
新型农村合作医疗制度	2003	农民	自愿缴费型	8.33

续表

	建立时间	覆盖人群	性　质	参加人数(亿人) 2009 年末
农村医疗救助制度	2003	农村低收入者	非缴费型	/
城市医疗救助制度	2005	城市低收入者	非缴费型	/

数据来源:《2009 年度人力资源和社会保障事业发展统计公报》,《2009 年我国卫生事业发展统计公报》。

2006 年 9 月,医改协调小组成立,由国家发改委牵头,卫生部、财政部等 11 部委组成,全面启动拟定新医改方案。2007 年 10 月,中共十七大报告为新医改确立了一个基本框架:

> 建立基本医疗卫生制度,提高全民健康水平。健康是人全面发展的基础,关系千家万户幸福。要坚持公共医疗卫生的公益性质,坚持预防为主、以农村为重点、中西医并重,实行政事分开、管办分开、医药分开、营利性和非营利性分开,强化政府责任和投入,完善国民健康政策,鼓励社会参与,建设覆盖城乡居民的公共卫生服务体系、医疗服务体系、医疗保障体系、药品供应保障体系,为群众提供安全、有效、方便、价廉的医疗卫生服务。完善重大疾病防控体系,提高突发公共卫生事件应急处置能力。加强农村三级卫生服务网络和城市社区卫生服务体系建设,深化公立医院改革。建立国家基本药物制度,保证群众基本用药。

2009 年 3 月,中共中央和国务院发布了《关于深化医药卫生体制改革的意见》,《意见》中明确提出改革要"以保障人民健康为中心,以人人享有基本医疗卫生服务为根本出发点和落脚点,从改革方案设计、卫生制度建立到服务体系建设都要遵循公益性的原则,把基本医疗卫生制度作为公共产品向全民提供"。"建设覆盖城乡居民的公共卫生服务体系、医疗服务体系、医疗保障体系、药品供应保障体系,形成四位一体的基本医疗卫生制度"。在实施步骤上,"到 2011 年,基本医疗保障制度全面覆盖城乡居民,基本药物制度初步建立……基本公共卫生服务得到普及……明显提高基本医疗卫生服务可及性";"到 2020 年,覆盖城乡居民的基本医疗卫生制度基本建立……人人享有基本医疗卫生服务,基本适应人民群众多层次的医疗卫生需求,人民群众健康水平进一步提高"。《意见》的发布标志着新医改方案的正式出台,拉开了中国新医改的序幕。

15.4.6　总结与比较

以 2005 年为转折点,中国医改在两个时期选择了不同的方向。从 1979—2005 年,医疗卫生体制改革以市场化和商业化为基本走向,其后果是整个卫生系统的不公平和低绩效。2005 年以来,中国开始重新回到以政府为主导的改革方向上来,以"人人享有基本医疗卫生服务"作为最终目标和根本出发点,致力于建设由公共卫生服务体系、医疗服务体系、医疗保障体系、药品供应保障体系四大体系构成的基本医疗卫生制度。由于政府职能的回归,中国卫生总费用的结构得以改善,政府支出的比例逐渐提高,私人支出的比例有所下降。可以预见,新医改方案出台后,政府承担的比例将进一步提高。

无独有偶,医疗卫生体制与中国有着类似特征的美国,也经历了一次划时代的改革。美国是世界上人均卫生支出水平最高的国家,然而根据《2000 年世界卫生报告》,美国的卫生系统筹资公平性与总体绩效分别排在世界第 54 和 37 位,其健康水平更是排在第 72 位,不仅排在其他发达国家之后,甚至排在很多发展中国家后面。究其原因,主要是因为美国的医疗卫生体制过度市场化,政府管得太少,导致很多人既买不起私人健康保险,又被排除在政府医疗保障范围之外。据统计,美国享受私人或政府医疗保障的人群占总人口的比例只有85％左右,是发达国家中唯一没有实现全民医保的国家。这就是所谓的"美国病",简言之,就是浪费、不公和低绩效。美国经济学家保罗·克鲁格曼在一篇评论中对美国的医疗保障体制提出了严厉批评,并且指出只有建立全民医疗保障制度才是解决问题的办法[①]。

为了实现全民医保,美国总统奥巴马上台之后,全力推进医疗体制改革。2010 年 3 月,在经过参众两院投票后,奥巴马正式签署了医改方案《病人保护及平价医疗法案》(PPACA),这份法案大大扩展了政府在医疗服务领域的职能,将医疗保障覆盖率从 85％提高到了 95％,标志着美国向着全民医保的方向跨出了关键性的一步,是美国医改史上的里程碑。美国的例子告诉我们,医疗卫生服务领域过度市场化的倾向即使是在市场经济最发达的国家也是不成功的,只有强化政府的责任,才是实现人人健康的最终出路。

专栏 15.3

奥巴马医改

从 2009 年 1 月 20 日上任以来,美国总统奥巴马便开始力推医改。3 月 5 日,奥巴马在白宫举行医疗改革会议,决心在年内启动全面改革美国医疗卫生体制。美国医疗体制中的问题非常棘手,也非常紧迫。棘手是因为很难平衡多方面的利益,似乎无论怎么改,都会有人抱怨。紧迫是因为医疗费用在无节制地增长,其中政府承担的部分(老年人医疗照顾Medicare 和穷人医疗补助 Medicaid,详见第 14 章第 14.3.1 节)在迅速侵蚀大量财政收入。虽然美国医疗卫生支出占 GDP 的比例高达 16％,但效果却不好,有 15％以上的人没有医疗保障。这些人是既不符合 Medicare 和 Medicaid 的标准,也没有雇主提供的医疗保险的那些人。他们或者失业,或者是个体户和小公司雇员。小公司往往没有能力提供医疗保险,其雇员唯一的选择就是购买个人医疗保险。而这样的个人保险因为逆选择问题而价格昂贵(个人医疗保险的价格是集体保险价格的 3 倍以上),他们无法承受,于是成了医疗体制外的游民。

虽然历任美国民主党总统都心怀着实现全民医保的理想,但由于医改牵涉多方利益集团,历任总统都不敢轻触这块雷区。这一次,奥巴马痛下决心,他表示,"我不是进行这一事业的第一个总统,但我决心成为最后一个"。怀着这样的信心,奥巴马在 9 月 9 日的国会山演讲中向全体议员阐述了医改三大目标:给已有保险者提供更好保障;给没有保险者提供可行选择;缓解医保给家庭、企业和政府带来的开支增长。奥巴马主张把没有保险的美国人纳入医疗体系,通过四年时间创建一个新的医疗保险交易市场,为小公司和个人提供有竞争力的保险价格,政府则通过减税的办法鼓励他们购买保险。政府还将设立一个非营利性医疗保险机构,供没有医疗保险的人选择。

医改方案需要在代表不同群体的参议院和众议院分别进行表决通过后才具有法律效力。2009 年 12 月 24 日,医改法案在美国参议院以 60:39 的投票结果通过了这项历史性法案,也就是所谓的参议院版本,这是医改立法"两步走"的第一步。

由于参众两院在医改方案的堕胎、征税等问题上存在分歧,众议院除了要对参议院版本进行表决,还要表决包含参议院版本修正条款的"预算协调"法案。2010 年 3 月 21 日,众议院先以 219:212 的投票结果通过了参议院法案,又以 220:211 票的结果通过了"预算协调"议案,完成了医改立法"两步走"中的第二步。3 月 23 日,奥巴马正式签署了这部医改最终版本《病人保护及平价医疗法案》(PPACA),从此开启了一个新的时代,实现了民主党人努力多年的全民医保的目标。此前,众议院院长佩洛西曾经说过一番话,"如果门关上了,我们就翻篱笆;如果篱笆太高,我们就撑竿跳;如果撑竿跳还是够不着,我们就跳伞。总之,不论如何,我们都要通过医改方案。"这段话也许是对这次划时代医改的最好诠释。

根据最终的医改方案,政府的作用大大增强了。美国将在未来十年之内花费 8710 亿美元改造医疗系统,使美国 3200 万没有医疗保障的人(共有 5400 万人没有医保)因此获得保障,医疗保障覆盖范围上升到 95%。从 2014 年开始,Medicaid 的覆盖范围扩展到联邦贫困线的 133% 以下,这意味年收入低于 2.9 万美元以下的四口之家都可以享受政府提供的医疗救助。各州政府必须建立医疗保险交易所,使无法从工作单位获得医保的个人和小企业可在交易所联合议价,享受与大企业员工或政府雇员同样优惠的保险费率。小企业为员工购买医疗保险可享受减税。对于收入在联邦贫困线 133%~400% 之间(相当于一户四口之家年收入在 2.9 万~8.8 万美元之间)且通过州保险交易所参保的人群,政府还专门向其提供财政补贴。为了解决政府筹资问题,一方面通过削减 Medicare 的开支,另一方面主要是通过增加对高收入者的税收,如对收入在 20 万美元以上的个人和 25 万美元以上的家庭,增加 0.9%(从 1.45% 到 2.35%)的 Medicare 工薪税率。

——本文根据互联网资料综合编写

15.5　公共医疗卫生支出的均等化分析:泰尔指数的应用

由于改革的最终目标是人人享有基本医疗卫生服务,因此,公共医疗卫生支出的均等化程度就成为一个重点的考量标准。利用泰尔指数(详见第 3 章 3.2.3 节对泰尔指数的介绍)可以对此进行深入分析。

王晓洁(2009)分别计算了东、中、西三组地区之间及组内省市之间的公共卫生支出分布的泰尔指数[①]。根据她的计算,东、中、西三组地区之间泰尔指数从 1997 年的 0.028 下降为

---

① 王晓洁.中国公共卫生支出均等化水平的实证分析.财贸经济,2009(2):46—49.

2006 年的 0.012,而东部、中部和西部组内的泰尔指数也都下降了,说明 2006 年相比 1997 年,中国公共卫生支出的均等化程度有了一定的改善。

本章小结

1.医疗卫生服务是一个混合概念,它包含公共卫生、基本医疗服务和非基本医疗服务三个层次。其中公共卫生和基本医疗服务合在一起称为基本医疗卫生服务,用来满足居民的基本健康需求,非基本医疗服务则用来满足居民的高层次健康需求。

2.为了实现"人人享有基本医疗卫生服务"的目标,政府需要承担起主要责任。其中公共卫生应由政府向社会公众全额免费提供,基本医疗服务可以采取政府公共提供或社会保险的方式,非基本医疗服务可以采取私人提供或商业保险的方式。

3.改革开放以来,中国卫生总费用的结构发生了很大的变化,私人卫生支出的比例一度上升到 60%,而政府承担的比例却不断下降,曾经被世界卫生组织批评为卫生筹资公平性最差的国家之一。最近几年里,这种局面逐步得以改善,公共卫生支出的均等化程度也有所提高。

4.卫生总费用结构的变化实际上反映了医疗卫生体制的变化。1979 年以来,中国的医疗卫生体制改革经历了两个时期。1979—2005 年之间,医改的基本走向是市场化和商业化,从而导致了卫生系统公平性程度的不断下降。2005 年以后,这一趋势被逆转,中国重新走回到以政府为主导的医改方向上来。

5.2009 年,中国出台了新医改方案,明确提出了"人人享有基本医疗卫生服务"的改革总目标,致力于建设由公共卫生服务体系、医疗服务体系、医疗保障体系和药品供应保障体系等四大体系构成的基本医疗卫生制度。

6.中国和美国的经验均表明,医疗卫生服务领域的过度市场化倾向总体而言是不成功的,只有强化政府的责任,才是实现人人健康的最终出路。

复习与思考

1.医疗卫生服务包含哪些层次,它们各自的特征是什么?

2.对于不同层次的医疗卫生服务,政府应该分别承担什么责任?

3.分析改革开放以来,中国公共医疗卫生支出的变化趋势,并说明其背后的原因。

4.估算可获得统计数据的最近一个年度的公共卫生支出分布泰尔指数,要求分别计算地区间和城乡间的泰尔指数。

5.结合中国与美国的经验,分析医疗卫生服务领域过度市场化倾向可能带来的后果。

进一步阅读文献

1.国务院发展研究中心课题组.对中国医疗卫生体制改革的评价与建议.2005.

2.世界卫生组织.2008 年世界卫生报告——初级卫生保健.Geneva:WHO Press,2008.

3.王绍光.中国公共卫生的危机与转机.比较,2003(7):52—88.

4.肯尼斯·阿罗.不确定性和医疗保健的福利经济学.比较,2006(24):73—98.

5.保罗·克鲁格曼.美国医疗保障体制的危机及其对策.比较,2006(24):99—117.

第16章 基础设施投资

> 基础设施即便不是经济增长的引擎,也是经济增长的"车轮"。
>
> ——世界银行,《1994 年世界发展报告:为发展提供基础设施》

基本设施是国民经济赖以发展的基础,它对于一个国家的经济起飞和发展起着不可或缺的作用。本章将围绕着与基础设施及基础设施投资有关的一系列主题展开。

16.1 什么是基础设施?

基础设施(infrastructure)是一个具有多重定义、涵盖多种活动的术语。根据世界银行《1994 年世界发展报告:为发展提供基础设施》做出的权威界定,广义的基础设施可以划分为经济基础设施(economic infrastructure)和社会基础设施(social infrastructure)两大类。其中,经济基础设施是指永久性工程构筑、设备、设施和它们所提供的为居民所用和用于经济生产的服务。社会基础设施则是除经济基础设施以外的其他基础设施,主要包括文教和医疗保健[①]。

本章所讨论的是狭义的基础设施,也就是经济基础设施。根据世行报告的划分,经济基础设施又包括三个部分:一是公共设施(public utilities),如电力、电信、自来水、卫生设施与排污、固体废弃物的收集与处理及管道煤气;二是公共工程(public works),如公路、大坝和灌溉及排水用的渠道工程;三是其他交通部门(other transport sectors),如铁路、城市交通、港口和水路以及机场[②]。

---

① 世界银行.1994 年世界发展报告:为发展提供基础设施.北京:中国财政经济出版社,1994:13.

② 同上:第2页。

16.2　基础设施的提供与生产

16.2.1　政府介入基础设施的原因

从国际经验来看,各国政府都广泛介入于基础设施的提供与生产,这主要是基于以下几个方面的原因。

首先,基础设施为经济生产提供了必需的电力、运输、电信、供水和其他公共设施与工程,是国民经济赖以发展的基础。然而很多基础设施项目都具有规模大、周期长、回报低或风险高的特征,私人部门往往没有能力或不愿从事基础设施项目,这种现象在低收入国家就更为突出。这就要求政府部门介入基础设施的生产和经营。亚当·斯密(1776)所提出的政府三项义务中的第三项义务就是"建设并维持某些公共事业及某些设施(其建设和维持绝不是为着任何个人或任何少数人的利益),这种事业和设施,在由大社会经营时,其利润常能补偿其所费而有余,但若由个人或少数人经营,就决不能补偿所费"①。因此,世界各国政府都将建设并维持基础设施作为其一项重要责任。当然,随着一国经济发展和私人部门实力的增强,政府可以逐步通过特许权协议将一些基础设施移交给私人部门生产和经营。

其次,某些基础设施具有很强的规模经济和自然垄断特征。比如电力、电信、煤气、自来水和铁路运输等基础设施的输送网络,其特点是需要投入大量的初始固定成本(其中很大部分将成为沉没成本),而运营过程中的边际成本很小。对这些基础设施服务,如果由两家或两家以上的企业进行重复投资,不仅会浪费资源,而且使每家企业的网络系统均不能得到充分利用。但如果由私人企业垄断经营则会产生定价方面的难题。对于这一类具有自然垄断性质的基础设施,政府介入是一种相对较好的解决方案。

第三,基础设施普遍存在外部效应。基础设施服务的提供与使用对整个经济产生了正外部性。对于道路、桥梁、垃圾处理、交通信号等竞争性较弱的基础设施服务,其外部性是不言而喻的,它影响到附近每个居民的福利。即使是诸如电力这样竞争性较强的基础设施,同样具有外部性。电力使人类获得了廉价的自然力,可以说,没有电力,也就没有现代文明。当然,电力的外部性相比其他竞争性弱的基础设施的外部性要低一些。外部性的存在会造成市场失灵,这也是政府介入基础设施的重要原因。

第四,基础设施有助于减轻贫困,促进公平。大量经验证据表明,修建基础设施使穷人受益。例如,有关孟加拉国 16 个村庄的调查表明,那些从新建的政府投资基础设施中受益的村庄,在剔除其他影响收入的因素之后,其家庭平均收入增加 33%②,此外良好的饮用水及环境卫生基础设施不仅能为所有居民提供健康的生存环境,降低发病率和死亡率,还能提高穷人的生产效率。

此外,基础设施投资是政府调控宏观经济的重要手段。在经济不景气时,私人部门的消

---

① 亚当·斯密. 国民财富的性质和原因的研究(下卷). 北京:商务印书馆,1974:253.

② 世界银行.1990 年世界发展报告:贫困问题.北京:中国财政经济出版社,1990:60.

费需求和投资需求都不强,企业无法吸纳失业人口,此时政府加大基础设施投资,有助于拉动国内需求,缓解社会就业压力;在经济过热,私人部门消费和投资需求过旺时,减少政府基础设施投资,有助于降低国内需求,抑制或减缓通货膨胀势头。比如,为了应对 2008 年爆发的全球性金融危机以及国内诸多因素造成的经济下滑,我国政府推出了"四万亿"投资的经济刺激计划,其中近一半资金投向交通、水利、电网等基础设施领域。

16.2.2　基础设施的提供

不同的基础设施的竞争性和排他性程度并不相同,如图 16.1 所示,从左到右,基础设施产品的排他性是递减的,同时,外部性逐渐递增。从上到下,产品的竞争性逐渐递减。最接近私人产品的是电信、城市公交等,而最接近纯公共产品的是农村道路、街道清扫、交通信号控制等基础设施服务。

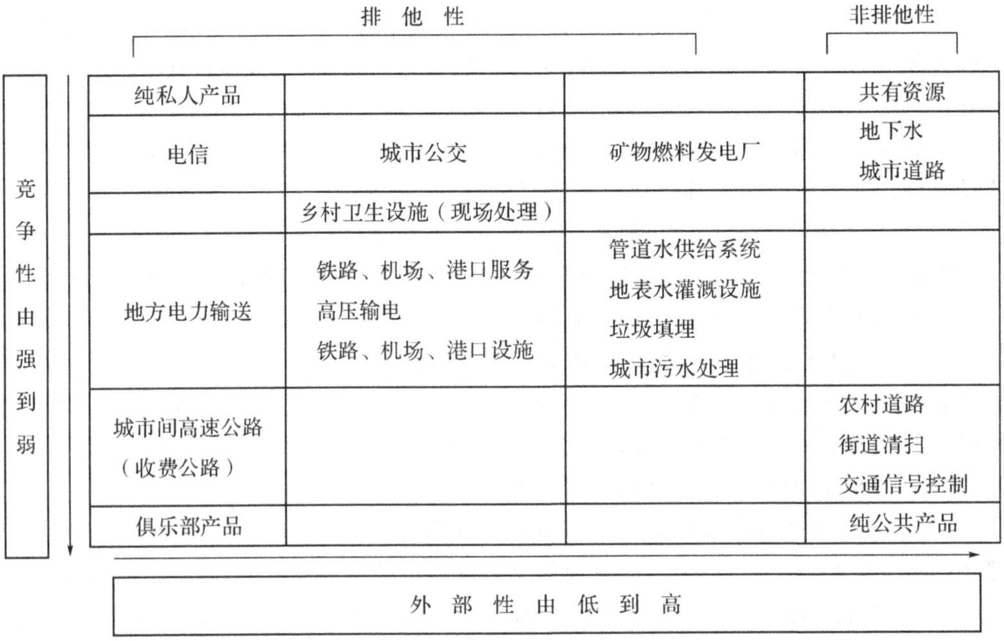

	排　他　性		非排他性
纯私人产品			共有资源
电信	城市公交	矿物燃料发电厂	地下水 城市道路
	乡村卫生设施(现场处理)		
地方电力输送	铁路、机场、港口服务 高压输电 铁路、机场、港口设施	管道水供给系统 地表水灌溉设施 垃圾填埋 城市污水处理	
城市间高速公路 (收费公路)			农村道路 街道清扫 交通信号控制
俱乐部产品			纯公共产品

竞争性由强到弱

外　部　性　由　低　到　高

图 16.1　各类基础设施的性质

注:此处的俱乐部产品包含第 4 章图 4.1 中的俱乐部产品和排他性公共产品。其特征是竞争性较弱而排他性较强。

资料来源:普拉丹.公共支出分析的基本方法.北京:中国财政经济出版社,2000:132.

从某种意义上来说,大多数基础设施都具有一定程度的排他性——能否使用这些设施取决于用户能否进入这些设施或网络,例如是否与自来水管道、煤气管道、下水道相连,而且向用户提供的服务可以计量收费。对于铁路、港口和机场,进入整个基础设施都可以被限制。但是,一旦一个用户进入设施或网络,此用户和其他用户之间的竞争程度取决于他给当前用户带来的成本(包括拥挤成本在内),或者提供商对消费额外单位服务所承担的成本。排他性在基础设施领域的广泛存在为基础设施的私人提供了可能性。

针对不同基础设施的综合评价,经济学家设计了私人部门提供基础设施的可行性大小,称为基础设施的市场化指数。市场化指数为基础设施的提供方式选择提供了依据,不同基础设施的市场化指数见表16.1。一般来讲,市场化指数＝1.0,不适宜在市场上出售,这类基础设施应采取政府公共提供方式,如农村道路、城市道路,管道排污与处理、一级与二级灌溉网络;市场化指数＝2.0,基本适宜在市场上出售,对这类基础设施,政府宜采取混合提供的政策,即通过适当收费和政府补贴,达到收支平衡,如:城市自来水管道网络、港口与机场设施、铁路路基与火车站、水净化处理设施等;市场化指数＝3.0,最适宜在市场上出售,对这类基础设施宜采取市场提供的政策。

表 16.1　基础设施的市场化指数

部门和子部门		竞争潜力	商品或服务特点	收费补偿成本的可能性	公共服务的责任	外部性	市场化指数
电信	地方性服务	中等	私人产品	高	中等	低	2.6
	长途、增值服务	高	私人产品	高	很少	低	3.0
电力或天然气	热力发电站	高	私人产品	高	很少	高	2.6
	电力输送	低	俱乐部产品	高	很少	低	2.4
	电力分配(供电)	中等	私人产品	高	很多	低	2.4
	天然气生产、运输	高	私人产品	高	很少	低	3.0
交通运输	铁路路基与火车站	低	俱乐部产品	高	中等	中等	2.0
	铁路货、客运服务	高	私人产品	高	中等	中等	2.6
	城市公交	高	私人产品	高	很多	中等	2.4
	城市地铁	高	私人产品	中等	中等	中等	2.4
	农村道路	低	公共产品	低	很多	高	1.0
	一级与二级公路	中等	俱乐部产品	中等	很少	低	2.4
	城市道路	低	公共产品	中等	很少	高	1.8
	港口与机场设施	低	俱乐部产品	高	很少	低	2.0
	港口与机场服务	高	私人产品	高	很少	低	2.6
自来水	城市管道网络	中等	私人产品	高	很多	高	2.0
	非管道系统	高	私人产品	高	中等	高	2.4
排污设施	管道排污与处理	低	俱乐部产品	中等	很少	高	1.8
	共管污水处理	中等	俱乐部产品	高	中等	高	2.0
	现场处理	高	私人产品	高	中等	高	2.4
水	收集	高	私人产品	中等	很少	低	2.8
	净化处理	中等	公共产品	中等	很少	高	2.0
灌溉	一级与二级网络	低	俱乐部产品	低	中等	高	1.4
	三级网络	中等	私人产品	高	中等	中等	2.4

注:市场化指数是每行的平均值。1.0＝不适宜市场提供;2.0＝基本适宜市场提供;3.0＝最适宜市场提供。
资料来源:普拉丹.公共支出分析的基本方法.北京:中国财政经济出版社,2000:133－134.

市场化指数通常考虑市场竞争潜力、商品或服务特点、向使用者收费补偿成本的可能性、公共服务的责任（对收入分配公平的作用）、外部性等五个方面。

市场竞争潜力，是指有无潜在的竞争者，竞争潜力低的为1分，高的为3分。

商品或服务的特点，是指产品是否具有排他性，偏向纯公共产品为1分，偏向私人产品为3分。

向使用者收费来补偿成本的可能性，是指通过收费方式收回其成本的可能性，不可能收费的产品和服务得1分，完全可能收回成本的得3分。

公共服务的责任，是指政府要不要通过采取无偿或低价收费服务来实现社会公平。那些更有责任实现公平的产品得1分，可以不考虑公平责任的产品得3分。

外部性，是指产品或服务的外部成本或外部收益，凡是外部收益或外部成本极小的产品或服务得3分，极高的得1分。

16.2.3　基础设施的生产与经营

尽管通过市场化指数的高低，可以对基础设施的提供方式做出判断，但这并不意味着我们可以将基础设施的提供与基础设施的生产经营等同起来。一般而言，两者之间并没有太大的关系。那么，究竟一种基础设施应该采取公共生产的形式还是私人生产的形式？对此，我们在第4章第4.4.3节已就公共生产与私人生产的选择进行了原则性讨论，在此不再重复。

从国际经验来看，基础设施传统上主要是由公共部门投资、生产和经营的，但近年来私人部门参与基础设施的生产和经营的现象已经越来越普遍。例如，有一些国家开始允许私人企业在移动电话服务领域进行竞争，也有一些国家允许私人企业建造发电站和出售电力。我国2003年出台的《中共中央关于完善社会主义市场经济体制若干问题的决定》标志着中国基础设施领域改革的进一步深入，提出"对垄断行业要放宽市场准入，引入竞争机制。有条件的企业要积极推行投资主体多元化。继续推进和完善电信、电力、民航等行业的改革重组。加快推进铁道、邮政和城市公用事业等改革，实行政企分开、政资分开、政事分开。对自然垄断业务要进行有效监管"。

 专栏 16.1

关于中国的基础设施私人投资问题

私人投资者在中国基础设施建设上起着一定的作用，但这种作用是有限的。原因很简单，私人的资本只有在确定了有这方面的市场需求之后才投入，绝不会在有市场需求之前投入。私人投资总是滞后于经济发展。私人投资者要求投资能及时收回，而这只能在基础设施服务已形成巨大市场之后才能做到。在工程刚开工时，需求量很大。如果基础设施兴建的目的是开拓经济发展的新领域，那么这种服务的需求量将会很少。私人投资者这时由于不打算等待他们投资的回报，就不会投资。只有政府对基础设施投资，才能将经济开发引向新领域。这一点对中国应该也是对的。私人投资者在利润高的时候，会向北京至上海之间的交通设施投资的。但他们不会把资金投到向农村或向西滚动开发的基础设施建设项目上的。这意味着中国必须把有限的公有基金和现有的政府贷款担保金留给农村及西部工程项目。无论如何，都必须找出东部沿海地区基础建设项目吸引私人投资的办法。

私人投资者要求他们向基础设施投资的回报率往往高于有政府担保的贷款利率。从这一点上讲，私人投资的项目总会比政府投资的项目费用高。但是，如果有合理的激励机制，私人投资的基础设施项目的建设、运营及维护效率高得多。原则上，节约的成本可以抵消或大大超过所付高额利息费用。为了减少成本，有必要建立一种投资体制，使私人投资者不仅营建工程设施，还要在工程建成后，对设施进行管理和维护。仅仅施工阶段节约的费用是不可能抵消高额利息的。归根到底，要研究的问题不是在私人投资还是公有投资中作简单选择的问题，而是需要建立一种包括调控管理、协作、竞争及公私投资者有效地融合到一起的复杂的体制，以便提供低成本高效率基础设施服务系统。

——本文节选自莱斯特·梭罗. 中国的基础设施建设问题. 经济研究，1997(1)：59—65.

从各国的实践经验来看，私人投资介入基础设施领域的生产与经营主要有两种模式：BOT 和 PPP。

（一）BOT

BOT(Build-Operate-Transfer)，即建设—经营—移交，是国际上最为流行的基础设施项目特许经营方式。首先由政府就某个基础设施项目（如道路、桥梁、电厂、水厂等）与私人项目公司签订特许权协议，根据协议由项目公司在特许经营期内承担该项目的投资、融资、建设、经营和维护。在特许期内，项目公司可以向设施的使用者收取适当费用，由此回收成本、并获取合理回报。特许期满后，项目公司需将该基础设施移交给政府部门或其他公共机构。BOT 的变形形式主要有 BOOT(Build-Own-Operate-Transfer，建设—拥有—经营—移交)和BOO(Build-Own-Operate，建设—拥有—经营)，后一种形式意味着建设基础设施项目的私人企业拥有该设施并不再移交给政府。如著名的英法海底隧道、中国广西来宾电厂 B 厂、湖南长沙电厂、四川成都水厂、福建泉州刺桐大桥等项目都采用了 BOT 模式。

（二）PPP

PPP(Public-Private-Partnership)，即公私合作模式，是指政府与私人企业签订长期合作协议，成立具有公私合作性质的项目公司，由项目公司投资、建设和运营某项基础设施，特许期满后项目公司再将该设施移交给政府。PPP 模式的特征为政府与企业共享投资收益，分担投资风险和责任[①]。近年来国际上越来越多采用 PPP 模式，英国伦敦地铁项目是 PPP 模式的典范，中国北京地铁 4 号线则被视为国内轨道交通的首例 PPP 项目。

 专栏 16.2

基础设施融资的新模式：PPP 模式

PPP，即公共部门和私人部门合作共同完成基础设施项目投资、建设和运营任务，兴起于 20 世纪 80 年代初的英国，近年来已成为国际流行的基础设施融资模式。

---

① 也有人认为 BOT 模式实质上只是 PPP 模式的一种类型。

伦敦地铁重建项目是 PPP 模式的典范。众所周知,地铁源于英国伦敦,但伦敦地铁却陷入了严重的投资不足局面。1997 年大选后,英国政府决定扭转这一困境,经过 4 年多的论证和试行,分别正式于 2002 年 12 月和 2003 年 4 月签约,伦敦地铁公司(LUL)将地铁系统的维护和基础设施供应工作以 30 年特许经营权的方式转给了三个基础设施公司(分别为 SSL、BCV 和 JNP 公司)。运营和票务依然由伦敦地铁公司控制,基础设施公司的回报由固定支付和业绩支付两部分组成。其运作流程如图 16.2 所示。

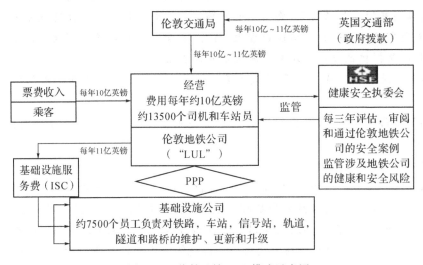

图 16.2　伦敦地铁 PPP 模式示意图

北京地铁 4 号线则是中国国内首次运用 PPP 模式融资的轨道交通项目,该项目总投资 153 亿元,为了破解融资难题,北京市政府决定采用国际流行的 PPP 模式。按 7∶3 的比例,将项目划分为公益性和可经营性两部分,其中公益性部分(A 部分,包括前期工作、征地拆迁、洞体等土建投资和建设)由政府来承担,可经营性部分(B 部分,包括车辆、信号、自动售检票系统等机电设备的投资和建设)则可以引入民间资本来承担。项目建成后,A 部分以一定价格租给 B 部分,赋予 B 部分一定期限特许经营权,票款和多种经营收入由 B 部分优先获得,以此构成一种盈利模式。

根据上述设想,北京市成立了北京市基础设施投资有限公司(以下简称京投公司),赋予京投公司承担北京市基础设施项目的投融资和资本运营的任务,使其作为北京市轨道交通业主。2003 年 8 月,经过半年的谈判,京投公司与香港地铁公司双方达成初步合作协议,2005 年 2 月,由北京市交通委代表市政府与“香港地铁—首创集团”联合体草签《特许经营协议》,2006 年 1 月,北京京港地铁公司正式成立,引入了港铁—首创联合体的 55 亿元建设投资,成为国内第一个特许经营的地铁项目。同政府全额投资相比,北京地铁四号线为政府节省了 55 亿元的地铁 B 部分投资,同时京港地铁还承担了四号线建设投资增加风险和 2 亿元的开通费用。此外,30 年经营权内,约 32 亿元的更新改造费也将由京港地铁承担,而且京港地铁还向政府每年上交 4250 万元租金。综合算下来,4 号线项目总体可节约政府财政支出 100 多亿元。

参考文献

1. 王灏. 伦敦地铁 PPP 模式冲裁机制. 中国投资,2005(4):111—112.
2. 王灏. PPP 开创北京地铁投融资模式先河. 中国科技投资,2009(12):63—65.

16.3 中国的基础设施投资

改革开放以来,中国的基础设施和城市面貌(尤其是沿海地区)发生了翻天覆地的变化。交通运输、通讯、能源供给和城市基础设施都日新月异。以交通为例,也许二三十年前,没有人敢奢望基础设施在今天所达到的水平以及它持续的更新速度。在 20 世纪 80 年代,甚至到 90 年代初的时候,中国人出门旅行还不得不依赖破旧不堪且速度缓慢的长途汽车和普通列车,并要为如何买到车票而大伤脑筋。如今,越来越多的高速公路和高速铁路出现在中国的大地上,人们开始纷纷选择高速大巴和动车组列车出行,更不用说城市基础设施的变化给中国人生活带来的福祉。对于那些三十年前来过中国而在过去十年里又重访中国的客人来说,中国基础设施水平所发生的变化的确让他们惊诧不已[1]。这一切源于中国庞大的基础设施投资及其持续增长。

16.3.1 基础设施投资范围与统计数据

由于国内各类统计资料并未直接给出每年的基础设施投资,我们只能根据统计年鉴提供的相关数据进行估算。参照世行报告给出的经济基础设施范围,结合历年《中国统计年鉴》和《中国固定资产投资统计年鉴》的可得数据,我们将 1981—2002 年期间基础设施投资的统计范围界定为经济中用于"电力、煤气及水的生产和供应业"、"地质勘查业、水利管理业"和"交通运输、仓储及邮电通信业"三个科目的固定资产投资。从 2003 年开始,统计口径发生了变化,2003—2008 年期间基础设施投资统计范围为经济中用于"电力、燃气及水的生产和供应业"、"交通运输、仓储和邮政业"、"信息传输、计算机服务与软件业"和"水利、环境和公共设施管理业"四个科目的固定资产投资。

基于上述统计范围,1981—2008 年期间基础设施投资与全社会固定资产投资的统计数据如表 16.2 所示。

表 16.2 1981—2008 年中国的基础设施投资   单位:亿元,当年价格

年 份	基础设施投资	固定资产投资总额	GDP	占固定资产投资比重(%)	占 GDP 比重(%)
1981	130.1	667.5	4891.6	19.48	2.66
1985	404.5	1680.5	9016.0	24.07	4.49

① 详见张军等(2007)关于中国基础设施改善的讨论。张军等. 中国为什么拥有了良好的基础设施? 经济研究,2007(3):4—19.

续表

年　份	基础设施投资	固定资产投资总额	GDP	占固定资产投资比重(%)	占 GDP 比重(%)
1990	798.5	2986.3	18667.8	26.74	4.28
1995	3693.6	10898.2	60793.7	33.89	6.08
2002	10871.5	43499.9	120332.7	24.99	9.03
2003	16278.3	55566.6	135822.8	29.30	11.98
2004	20170.8	70477.4	159878.3	28.62	12.62
2005	25024.5	88773.6	183217.4	28.19	13.66
2006	30752.4	109998.2	211923.5	27.96	14.51
2007	35624.0	137323.9	257305.6	25.94	13.85
2008	43718.5	172828.4	300670.0	25.30	14.54

注:1981—1995 年的基础设施和固定资产投资数据为国有经济数据。其余年份为全社会固定资产投资数据。

数据来源:《中国固定资产投资统计年鉴 1950—1995》,《中国固定资产投资统计年鉴 2003》,《中国统计年鉴 2009》。

根据表 16.2 可知,改革开放以来,中国基础设施投资出现了迅猛增长,从名义价格来看,2008 年的基础设施投资额相比 1981 年的水平,增长了 330 多倍! 这是一个非常惊人的数字。基础设施投资的增长速度远远超过了 GDP 的增长速度,占 GDP 的比重从不足 3%持续上升到 14%。与此同时,全国固定资产投资总量也整体上保持了快速增长,基础设施投资占全部固定资产投资的比重大致维持在 20%~30%之间。

16.3.2　基础设施投资的多元化筹资趋势

在计划经济时代,政府投入一直是中国基础设施发展的主要资金来源。尽管借助政府强制手段可以在短期内为基础设施筹集巨额资金,在一定程度上保证事关国民经济全局和具有长远意义的重点项目建设,但是这一筹资模式由于受政府财力约束,极大地制约了基础设施发展,使得基础设施成为经济发展的瓶颈。

随着改革开放和市场经济体制的逐步建立和完善,基础设施的多元化筹资格局逐步形成。虽然我们无法确切得到基础设施投资的资金来源结构变化,但是通过全社会固定资产投资资金的来源结构变化也可以间接说明这一点。如图 16.3 所示,政府预算内资金占全社会固定资产投资的比例大幅度下降,从 1981 年的 28%下降到 2008 年的 4%[1]。

吸引社会资金进入基础设施投资领域的案例越来越多。例如北京市在 2003 年,选择北京地铁 4 号线、京承高速公路二期工程、北苑污水处理厂等经营性项目面向社会投资者招标建设和运营;2004 年起,市政府逐步减少对经营性城市基础设施项目的投资,对新建经营性城市基础设施项目依法向社会投资者招标建设和运营;2008 年起,除国家法律法规规定外,北京经营性城市基础设施存量资产全部向社会投资者开放[2];成立于 2003 年的北京市基础

---

[1]　当然,也有学者质疑基础设施投资中财政性资金比例是否下降,目前基础设施资金的主要来源不是一般预算内资金,而是土地出让金收入(属政府性基金预算收入)和财政融资平台。

[2]　北京市人民政府,《批转市发展改革委员会关于本市深化城市基础设施投融资体制改革实施意见的通知》(京政发〔2003〕30 号)。

设施投资有限公司在六年时间里(截至 2009 年 10 月)累计为北京市基础设施投资落实社会资金 2800 多亿元[①]。

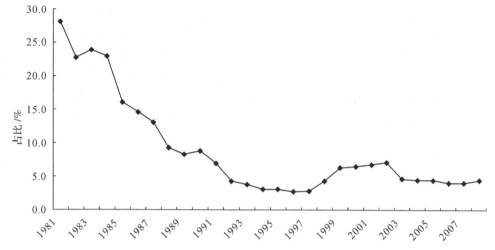

图 16.3 1981—2008 年中国全社会固定资产投资中预算内资金的比例之变化趋势
数据来源:《中国统计年鉴》2009 年。

世界银行提供的有关中国私人部门参与能源、电信、交通以及水处理方面的投资数据向我们展示了我国基础设施领域筹资多元化的一个侧面,见图 16.4。尽管我们不知道在以上四方面的投资总额,但可以看出私人参与的资金额度自 20 世纪 90 年代以来迅速增加,特别是在能源以及交通方面。另外,私人参与的资金波动较大,主要原因在于私人投资更多是以项目进行的。

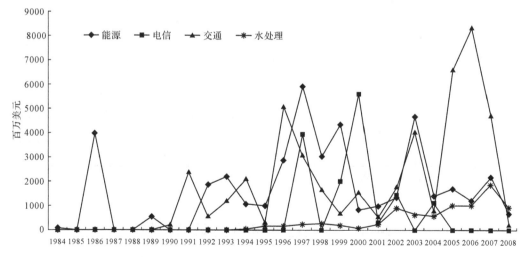

图 16.4 1984—2008 年私人参与基础设施投资情况
数据来源:世界银行网站。

① 王灏.PPP 开创北京地铁投融资模式先河.中国科技投资,2009(12):63—65.

16.3.3　基础设施投资的城乡差异

受二元经济的影响,我国农村的基础设施投资长期滞后于城镇。近年来,中央政府开始逐渐重视农村的基础设施建设,各级政府部门相继出台了一系列政策,改善农村供水、供电、道路条件,扩大农村通讯、电视发射覆盖面积等。根据世界银行的统计数据,1995—2006 年间,我国城乡在水处理设施、安全饮用水覆盖率方面均得到明显改善,其中农村的发展速度快于城镇,见表 16.3。城镇水处理设施的覆盖率年均增速为 1.21%,落后于全国平均1.91%的增速;安全饮用水的覆盖率农村的平均增速超过城镇近 1.85 个百分点。

表 16.3　中国水处理设施以及安全饮用水覆盖率的变化　　单位:%

	1990 年	1995 年	2000 年	2006 年	年均增速
水处理设施的改善	48	53	59	65	1.91
其中:城市	61	65	69	74	1.21
安全饮用水					
农村	55	63	71	81	2.45
城市	97	97	97	98	0.06

数据来源:世界银行网站。

但总体上,农村基础设施投资仍远远落后于城镇,如表 16.4 所示,农村基础设施投资占全国基础设施投资的比例虽然有所提高,但仍只有个位数水平。

表 16.4　2003—2008 年中国基础设施投资的城乡比较　　单位:亿元,当年价格

年　份	基础设施投资	其中:城镇投资	城镇投资占比(%)	农村投资占比(%)
2003	16278.3	15338.8	94.2	5.8
2004	20170.8	19145.4	94.9	5.1
2005	25024.5	23806.5	95.1	4.9
2006	30752.4	28763.8	93.5	6.5
2007	35624.0	33181.4	93.1	6.9
2008	43718.5	40600.0	92.9	7.1

数据来源:《中国统计年鉴》2009 年。

16.4　基础设施投资的国际比较

由于缺乏最新各国基础设施投资的数据,我们借鉴普拉丹《公共支出分析的基本方法》所提供的相关数据进行国际比较分析[①]。表 16.5 是发展中国家政府用于基础设施投资的平

[①]　普拉丹.公共支出分析的基本方法.北京:中国财政经济出版社,2000:61-65.

均情况,从中可以看出,发展中国家自 1975—1990 年的 15 年间,基础设施投资对财政的依赖程度均呈下降趋势,在能源、交通与通讯、道路等方面均是如此。1990 年政府承担能源投资资金的比例不足 1975—1979 年平均值的一半,政府承担交通通讯投资资金及道路投资资金的比例 15 年间的下降幅度也超过了 40%。

　　从政府承担基础设施投资责任的地区结构来看,不同国家政府在能源投资中责任的差别程度最小,占政府支出(不含债务利息支出)的比例在 1.6%～2.2%之间,而在交通通讯及道路上的责任比例在地区间差异较大。

　　有关中国与其他国家的国际比较,因缺少中国的详细数据,暂且忽略。

表 16.5　发展中国家政府用于基础设施投资的平均状况　　　　　单位:%

	能　源	交通与通讯	道　路
占 GDP 比例			
1975—1979 年	0.59	2.20	1.17
1985—1989 年	0.48	1.63	0.80
1990 年	0.24	1.27	0.68
占政府支出(不含利息)比例			
1975—1979 年	2.54	10.42	5.67
1985—1989 年	2.01	7.98	3.81
1990 年	1.94	7.56	4.11
占 GDP 比例 1985—1989 年			
东亚	0.27	2.32	1.09
南亚	0.66	2.19	1.00
撒哈拉以南非洲	0.33	1.57	0.84
拉美	0.26	1.25	0.69
中东与北非	0.97	1.48	0.63
占政府支出(不含利息)比例 1985—1989 年			
东亚	1.65	11.18	5.52
南亚	1.65	10.60	2.28
撒哈拉以南非洲	1.63	17.12	4.04
拉美	2.01	8.91	4.56
中东与北非	2.28	4.70	1.79

数据来源:普拉丹.公共支出分析的基本方法.北京:中国财政经济出版社,2000:61-65.

16.5　经济增长中的最优基础设施投资

基础设施是经济增长的必要条件。世界银行在《1994 年世界发展报告》中对基础设施的经济增长效应进行了广泛的讨论,并将基础设施视为经济增长的"车轮"[1]。大量经验研究表明基础设施投资促进了经济增长,如美国经济学家阿肖尔(Aschauer,1989)对美国 1949—1985 年时间序列数据的研究发现公共基础设施资本对经济增长的产出弹性为 0.39[2]。Wylie(1996)通过对加拿大 1946—1991 年时间序列的研究发现基础设施的产出弹性为 0.52[3]。范九利等(2004)则通过对中国 1981—2001 年的时间序列分析表明基础设施资本对中国经济增长的贡献高达 0.54[4]。

在经验研究基础上,经济学家试图构建理论模型来刻画公共基础设施投资影响经济增长的机制。美国经济学家巴罗(Barro,1990)提出的模型处于这一领域的核心,下面我们介绍巴罗模型的一个离散版本[5]。假定代表性消费者无限存活,其跨期效用函数为:

$$U = \sum_0^\infty \beta^t \ln c_t \tag{16.1}$$

其中,c_t 为第 t 期的人均消费,$0 < \beta < 1$ 为贴现因子,表示消费者的时间偏好。假定即期效用函数具有对数形式。

假定经济中有 N 个同质的消费者,他们每个人拥有一家企业,所有企业也是同质的。每家企业的生产函数为:

$$y_t = A k_t^{1-\alpha} G_t^\alpha \tag{16.2}$$

其中,k_t 为第 t 期的人均资本;G_t 为第 t 期的公共基础设施投资,它以生产外部性的形式进入每一家企业的生产函数。假定企业生产函数具有柯布—道格拉斯形式,$0 < \alpha < 1$ 表示公共基础设施投资的产出弹性。

由于经济中有 N 家同质的企业,则总产量为 $Y_t = N y_t = A N k_t^{1-\alpha} G_t^\alpha$。总资本 $K_t = N k_t$ 的积累方程为(δ 表示资本折旧率):

$$N k_{t+1} = (1-\delta) N k_t + A N k_t^{1-\alpha} G_t^\alpha - N c_t - G_t \tag{16.3}$$

我们考虑一个社会最优问题。一个追求社会福利最大化(即代表性消费者效用最大化)的政府,面临的问题是在(16.3)式的约束下,最大化(16.1)式。其拉格朗日函数为:

$$L = \sum_0^\infty N \beta^t \ln c_t + \sum_0^\infty \lambda_t [(1-\delta) N k_t + A N k_t^{1-\alpha} G_t^\alpha - N c_t - G_t - N k_{t+1}] \tag{16.4}$$

①　世界银行. 1994 年世界发展报告:为发展提供基础设施. 北京:中国财政经济出版社,1994:14—20.

②　所谓产出弹性,是指生产要素的变动比例引起产出变动的程度。基础设施的产出弹性为 0.39 意味着基础设施每增加 1% 将带动 GDP 增加 0.39%。Aschauer, David A. Is Public Expenditure Productive? *Journal of Monetary Economics*, 1989, 23(2):177-200.

③　Wylie, Peter J. Infrastructure and Canadian Economic Growth 1946—1991. *Canada Journal of Economics*, 1996, 29(s1):350-355.

④　范九利,白暴力,潘泉. 我国基础设施资本对经济增长的影响——用生产函数法估计. 人文杂志,2004(4):68—74.

⑤　Barro, Robert J. Government Spending in a Simple Model of Endogenous Growth. *Journal of Political Economy*, 1990, 98(5):S103-S126.

对于每一个时期 t ，一阶条件都要满足：

$$\frac{\partial L}{\partial c_t} = \frac{N\beta^t}{c_t} - N\lambda_t = 0 \Rightarrow \beta^t = \lambda_t c_t \tag{16.5}$$

$$\frac{\partial L}{\partial k_t} = \lambda_t [N(1-\delta) + Nr_t] - N\lambda_{t-1} = 0 \Rightarrow \frac{\lambda_{t-1}}{\lambda_t} = (1-\delta) + r_t \tag{16.6}$$

$$\frac{\partial L}{\partial G_t} = \lambda_t (\alpha A N k_t^{1-\alpha} G_t^{\alpha-1} - 1) = 0 \Rightarrow \frac{G_t}{Y_t} = \alpha \tag{16.7}$$

(16.6)式中的 $r_t = (1-\alpha) A k_t^{-\alpha} G_t^{\alpha}$ ，表示第 t 期资本的边际产出。

将(16.5)和(16.6)式联立，可以得到：

$$\frac{c_{t+1}}{c_t} = \beta(1-\delta + r_{t+1}) \tag{16.8}$$

(16.8)式被称为欧拉方程，它代表了最优的人均消费增长率，也就是最优经济增长率。

我们最关心的是(16.7)式，它给出了最优公共基础设施投资的条件，该条件要求在每一个时期，最优公共基础设施投资占总产出的比例都要等于基础设施投资的产出弹性 α [①]。

本章小结

1. 经济基础设施是指永久性工程构筑、设备、设施和它们所提供的为居民所用和用于经济生产的服务。

2. 基础设施是国民经济赖以发展的基础，然而很多基础设施项目具有规模大、周期长、回报低或风险高的特征，私人部门往往不愿从事。而且基础设施还往往具有不同程度的规模经济，在使用者与非使用者之间存在广泛的溢出效应，并有助于缩小社会贫富差距，所以世界各国政府都广泛介入基础设施的生产与提供。

3. 不同基础设施满足非竞争性、非排他性以及在促进社会公平方面的作用程度并不相同，政府公共提供应主要集中在农村道路、环境卫生、水利灌溉、交通信号控制等排他性程度较低或有助于改善收入分配的基础设施领域。

4. 私人部门介入基础设施领域的投资、建设和经营主要有 BOT 和 PPP 两种模式。

5. 改革开放以来，中国的基础设施投资增长迅猛，占 GDP 的比例不断提高，由此带动全国基础设施存量的巨大改善。

6. 大量研究表明，基础设施对经济增长产生了强大的促进作用。从长远来看，一国的最优公共基础设施投资条件是公共基础设施投资占 GDP 的比例等于其产出弹性。

复习与思考

1. 政府为什么要介入基础设施领域？有哪些介入方式？

2. 我国基础设施投资呈现哪些特点？并就这些特点谈谈自己的看法。

3. 美国纽约曾经是世界公认的"脏乱差"城市，公共卫生部门的管理"衙门化"，70%以上的街区属于"肮脏街区"。为了改变这一局面，市政当局按照"报酬率"重新考虑环卫问题，他

---

① 利用(16.2)和(16.7)式，可得 $G_t/k_t = (AN\alpha)^{1/(1-\alpha)}$ ，代入 $r_t = (1-\alpha) A k_t^{-\alpha} G_t^{\alpha}$ ，可知资本的边际产出 r_t 为不随时间变化的常数。令 $r_t = r$ ，只要 $\beta(1-\delta + r) > 1$ ，经济将出现持续的内生增长。

们在重新划分街区的基础上,分段公开招聘清洁公司,并请了 6000 多人的义务监察队伍,负责对各街道卫生状况打分,政府及时公开打分结果,并对卫生不合格的公司采取辞退、减少财政拨款等惩罚措施。采取这些措施后,纽约的街道卫生状况迅速好转,绝大多数街区变成了"清洁街区"。根据这个案例,谈谈基础设施的提供方式、生产方式与管理方式的关系。

4. 假定公共基础设施投资包括两种类型,G_1 和 G_2,它们具有不同的产出弹性,生产函数为 $y = Ak^{1-\alpha-\beta}G_1^{\alpha}G_2^{\beta}$,推导最优的公共支出结构,即 G_1/G_2。

进一步阅读文献

1. 世界银行. 1994 年世界发展报告:为发展提供基础设施. 北京:中国财政经济出版社,1994.

2. 张军等. 中国为什么拥有了良好的基础设施? 经济研究,2007(3):4—19.

3. Barro, Robert J. Government Spending in a Simple Model of Endogenous Growth. *Journal of Political Economy*, 1990, 98(5): S103-S126.

4. 普拉丹. 公共支出分析的基本方法. 北京:中国财政经济出版社,2000.

5. 莱斯特·梭罗. 中国的基础设施建设问题. 经济研究,1997(1):59—65。

词汇索引

阿拉木图宣言,252

阿罗不可能定理,098

埃奇沃斯方形图,023

安全函数,170

安全网,231

盎格鲁—萨克森传统,007

凹函数,016

百万大裁军,174

班扎夫权力指数,102

鲍莫尔模型,191

庇古补贴,076

庇古税,076,083

边际成本,019

 边际成本定价,033

 边际成本函数,019

 边际社会成本,073

 边际私人成本,073

 边际外部成本,073

边际技术替代率,018

边际替代率,017,023

边际转换率,020,025

禀赋,020,023

伯格森—萨缪尔森社会福利函数,100

不可分性,048

部分基金制,237,240

财政规则,193

财政科技支出,216

财政社会保障支出,241

财政性教育经费,198

财政政策,042

财政支出,123

产出弹性,280

产出最大化,018

成本函数,019

成本收益分析,131

 成本收益分析的评价标准,133

成本最小化,019

城市医疗救助制度,263

城镇居民基本医疗保险,263

城镇职工基本医疗保险,237,261

初等教育,196,202

初级卫生保健,250

传递性,014

创造市场,084

纯公共产品,032,048,168,182,219

纯交换经济,023

纯私人产品,048

搭便车,032,057

大炮—黄油转换线,168

带有生产的经济,025

单调性,015

单峰偏好,095

 单峰偏好的可能性定理,099

 单峰偏好理论,097

单位补贴额,151

道德风险,032

等可能性标准分析法,145

地方性公共产品,066

蒂博特模型,066

多峰偏好,096

多数同意规则,094

多元化筹资,276

反垄断,033

方法论个人主义,091

非纯公共产品,050

非耗竭性,048

非基本医疗服务,251

非竞争性,032,048,168

非排他性,032,048,168

分配,029,036

分析单位,149

福利经济学第二基本定理,027

福利经济学第一基本定理,021,023

福利指标,149

负所得税,038

负外部性,032,071

复式预算,113

高等教育,196,202

格罗夫斯—克拉克机制,062,064

个人卫生支出,253

个性化价格,056

工伤保险,238

工作激励,246

公地的悲剧,087

公共安全支出,183

公共部门,011

公共财政,007,012

公共产品,008,032,047,196

公共定价,034

公共工程,268

公共教育支出,149,195

　　公共教育支出的利益归宿,212

　　公共教育支出的三级结构,202

公共设施,268

公共生产,059

公共提供,059

公共投资支出,118

公共卫生,251

　　公共卫生服务体系,264

　　公共卫生支出,254

公共选择,008,091

公共研究开发支出,228

公共医疗卫生支出,254

公共支出,003,011,112

　　公共支出的规模扩张,116

　　公共支出的结构变化,122

　　公共支出的经济分类,112

　　公共支出的绝对规模,116

　　公共支出的时间分类,113

　　公共支出的相对规模,116

　　公共支出理论,004

　　公共支出项目的成本收益分析,135

公共秩序和安全,181

公平,036,148,197,234

公平税收原则,007

公私合作模式,273

公务员工资改革,191

功利主义,100

供给函数,019

共同消费,047

共有资源,049,086

购买性支出,112

固定资产投资,275

寡头垄断市场,031

关键加入者,102

官僚,107

　　官僚理论,107

规则公平,036,148

国防,167

　　国防支出,167

国际货币基金组织,011,113,181

合并,082

和平红利,171

宏观经济,040

  宏观经济政策的目标,041

互补效应,228

互投赞成票,100

混合产品,034,050,219

混合经济,029

货币政策,042

机会成本,134

基本医疗服务,250

基本医疗卫生服务,250

基本医疗卫生制度,264

基础教育,196

基础设施,268

  基础设施的生产与经营,272

  基础设施的提供,270

  基础设施投资,275

基础研究,219

基尼系数,037

基准贴现率,132

绩效预算,193

极差,156

极乐点,036

集中曲线,154

集中指数,156

技术进步,215

家长主义,140,235

价格管制,033

价格接受者,020

间接效用函数,017

简单多数同意规则,094

建设—经营—移交,273

交易费用,078

教育补贴,213

教育经费,198

教育券,204

教育投入,199

教育支出,195

结果公平,036,148,234

紧缩性政策,042

京都议定书,067

经常性支出,114

经常性转移,114

经济波动,041

经济基础设施,268

经济人,092

经济稳定职能,029,040

经济学中的灯塔,060

经济增长,042,178,212,228,280

  经济增长的源泉,042

经济周期,040

净现值,133

竞争性,049

竞争性市场均衡,020

俱乐部产品,049

捐献,058

军费,167

看不见的手,006,076

抗美援朝,173

柯布—道格拉斯偏好,017

科技服务,216

科斯第二定理,081

科斯定理,077,081

科学技术活动,215

科学技术支出,216

科学研究,219

可分性,048

可交易排放许可证,084

可容忍的税收负担,120

可自由处置的公共产品,055

克拉克税,063,065

孔多塞悖论,095

扩张性政策,041

拉格朗日函数,016,054

拉姆齐定价,034

劳动所得税抵免,236

老龄化,244

老年、遗属和残疾保险,236

老年人医疗照顾计划,236

离散型公共产品,051

　离散型公共产品的有效提供,051

理性,015

利润最大化,019

利益归宿分析,149

　利益归宿分析的参照系,154

　利益归宿分析的衡量指标,156

连续型公共产品,051

　连续型公共产品的有效提供,051,054

连续性,015

两部定价,034

林达尔价格,056,094

林达尔经济,056

林达尔经济第二定理,057

林达尔经济第一定理,057

林达尔均衡,055,094

林达尔模型,094

垄断竞争市场,031

垄断租金,109

炉边谈话,233

罗尔斯主义,100

洛伦兹曲线,037,154

马斯格雷夫和罗斯托的发展模型,122

美国病,258

免于匮乏的自由,233

内部成本,136

内部经济,075

内部收益,136

内部收益率,135

纳税人,120

尼斯坎南模型,107,122,192

拟凹函数,016

拟线性偏好,017,055,065,079

逆选择,032,234

农村医疗救助制度,262

帕累托改善,024

帕累托集,024

帕累托效率,022

帕累托最优,022,054

排放标准,084

排他性,049

　排他性公共产品,049

皮科克—怀斯曼假说,120

偏好,014

偏好强度,100

偏好显示机制,061

贫困家庭临时补助,236

平衡预算规则,193

平均成本定价,034

期望值分析法,145

其他交通部门,268

企业职工基本养老保险,237

起点公平,036,148

契约曲线,024

潜在产出,040

强制保险,034,234

清洁空气法案,084

穷人医疗补助计划,236

全国性公共产品,066

全民免费医疗,257

全民社会医疗保险,257

全球性公共产品,066

人力资本,042,195

人头税,036

萨缪尔森规则,053

萨缪尔森条件,053

商品平均主义,197

社会安全,231

社会保险,231

　社会保险基金,115,241

　社会保险基金预算支出,123,242

社会保障,231

　社会保障支出,242

社会成本,079,136

社会福利,238

社会福利函数,035,098,100,170

社会福利最大化,036,280

社会机会成本,140

社会基础设施,268

社会救助,238

社会时间偏好,140

社会收益,080,136

社会贴现率,140

社会卫生支出,253

社会无差异曲线,035,168

社会习俗,082

社会医疗保险支出,255

社会优抚,238

审视效应,121

生产函数,018

生产集,018

生产可能性边界,020,052

生产可能性集,019,054

生产外部性,072

生产者,018

　生产者剩余,137

生产转换函数,020

生均公共教育支出,210

生均预算内教育事业费,202

生命,138

生育保险,236,238

失业保险,236

时间,138

实际产出,040

世界人权宣言,233

世界卫生组织,249,257

市场出清,021

市场化指数,270

市场价格,016,137

市场均衡,020

市场失灵,030

市场势力,030

市场收益率,140

试验开发,219

收入分配,029,036

收入分配职能,029,036

收入再分配,038,231

收入转移,232

收益一成本比率,134

私人部门的成本收益分析,131

私人产品,048

私人成本,079

私人教育支出,195

私人生产,059

私人收益,080

私人提供,058

私人消费,048

私人研究开发支出,215

斯堪迪纳维亚传统,007

泰尔指数,037,266

谈判,076

特殊群体生活保障,231

梯度增长,121

替代效应,121,228

替换比率,245

条件要素需求函数,019

贴现率,132

统账结合,237

投票,094

　投票悖论,095

　投票操纵,095

　投票交易,100

　投票理论,093

　投票人,094

　投票循环,095

凸函数,020

凸集,016

凸性,015

瓦格纳法则,119,187

外部不经济,075

外部成本,079,136

外部经济,075

外部收益,136

外部性,032,071,195

　　外部性的相互性,072

　　外部性内部化,082

外交支出,183

完备性,014

完全基金制,240

完全竞争市场,019,031

完全垄断市场,031

卫生总费用,253

无差异曲线,016,053

希克斯—卡尔多准则,144

现收现付制,240

现值,132

消费可能性曲线,052

消费空间,014

消费外部性,072

消费者,014

　　消费者剩余,137

效率,030,036

效用,016

　　效用函数,015

　　效用可能性边界,035

　　效用人际可比性,099

　　效用最大化,016

协商一致原则,094

新型农村合作医疗制度,239,261

新型农村社会养老保险,239

信息不对称,031,234

行政管理,181

　　行政管理支出,181

行政管制,084

需求管理政策,041

需求函数,017

需求曲线,155

选民,091

选票份额,102

寻租,108

　　寻租理论,108

研究开发,215,218

　　研究开发的层次,219

　　研究开发的强度,223

　　研究开发活动,218

研究开发成果应用,216

研究与试验开发,215

养老保险,237

　　养老保险基金,242

养老金制度,244

药品供应保障体系,264

一般公共服务,181

　　一般公共服务支出,183

一般均衡,021

一般医疗服务,250

一般预算支出,123

一次总付补贴,036

一次总付税,036

一致同意规则,094

伊拉克战争,177

医疗保险,237,261

医疗保障体系,264

医疗服务体系,264

医疗卫生服务,253

医疗卫生体制改革,260

医疗卫生支出,249

依赖比率,245

以足投票,066

义务教育,197

益本比,134

应用研究,219

影子价格,137

拥挤费,084

拥挤性,049

　　拥挤性公共产品,049

优值商品,136

预算内教育经费,199

预算内教育事业费,202

预算外资金支出,123

预算最大化,107

正外部性,032,071,195

政党理论,103

政府机构改革,189

政府失灵,043

政府收入,124

政府卫生支出,253

政府性基金预算支出,123

政府支出,011,117

政府职能,029

政治程序,145

政治作为交换,092

支出范围,163

值函数,017

职业教育,196

制度环境,222

中等教育,196,202

中间产品,049

中间投票人定理,096

轴心机制,063

轴心人物,063

住房保障,238

转移性支出,113

准公共产品,050,196

资本市场,198

资本性支出,114

资本性转移,114

资源配置职能,029,033

资助者,107

自然垄断,033,059,269

自愿交换理论,007

总供给,041

总量控制与交易制度,084

总需求,041

纵向加总,053

最大最小标准分析法,145

最优国防支出,168

最优基础设施投资,280